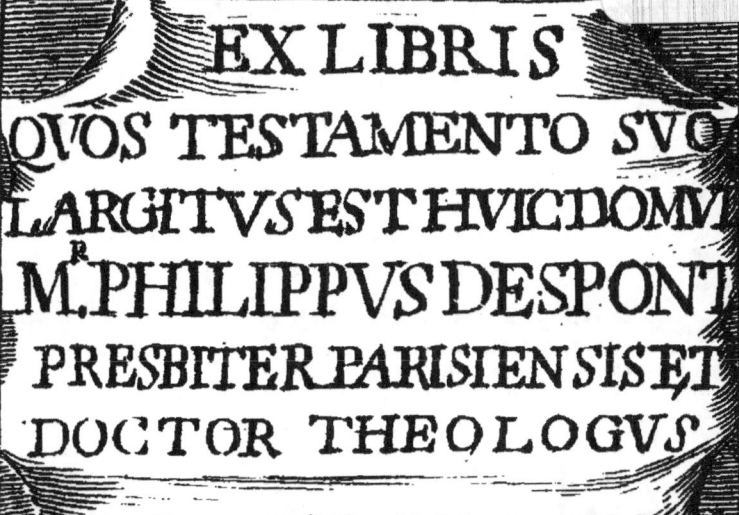

EX LIBRIS
QVOS TESTAMENTO SVO
LARGITVS EST HVIC DOMVI
M. PHILIPPVS DESPONT
PRESBITER PARISIENSIS ET
DOCTOR THEOLOGVS

ORATE PRO EO

Et, discite in terris quorum
Scientia vobis perseueret
in Cœlis
Hieronimus
Epist. 103

PALOMBE,
OU
LA FEMME
HONNORABLE.

HISTOIRE CATALANE.

Par M. l'E. de Belley.

A PARIS,
Chez Claude Chappelet, rue
sainct Iacques, à la Licorne.

M. DC. XXV.
AVEC PRIVILEGE DV ROY.

A MADAME
LA MARQVISE
DE GVERCHEVILLE.

MADAME,

Il y a long-temps que ie desirois témoigner au public la haute estime qu'auecque tout le monde j'ay de vos vertus. Et comme ie n'estois pas assez fort pour en soustenir la gloire, ma foiblesse me retenoit dans le silence, cultiuant par l'admiration ce que ie ne pouuois representer par mes paroles. Mais tout ainsi que les

EPISTRE.

Autels seroient vuides si on n'y osoit offrir que des choses dignes de celuy auquel ils sont erigez, de mesme la vertu seroit sans honneurs si on ne luy en deuoit rendre que de proportionnez à son merite. Que si le plus Sage d'entre les hommes a dit, qu'il n'est point de prix qui puisse arriuer à la valeur d'vne ame chaste, estât cet vnion inestimable, pour lequel acheter ce ne seroit pas assez, comme fit sainct Paulin, de se vendre soy-mesme; Où treuuera-t'on, mesme aux extremitez de la terre, quelque joyau assez precieux pour estre parangonné à la femme forte qui a mis la confusion en la maison de Nabucodonozor, & braué le Siecle dedans ses pompes, y viuant comme vne mere-perle

EPISTRE.

au milieu de la mer sans y contracter aucune amertume, ne s'y nourrissant que de la rosée des Cieux, & n'empruntât son lustre que des rais du plus grand des astres. A vous MADAME, qui portez toutes ces qualitez, à vous comme à la viue image de la vertu, l'honneur de la Court, & la gloire de nostre âge, s'addresse, ainsi qu'à vn azile sacré, cette FEMME HONNORABLE. Que si vous receuez en l'arche de vostre protection cette PALOMBE qui a le rameau de paix en la bouche, la douceur en l'ame, & la candeur sur le front, elle ne craindra nullement le deluge des censures & des calomnies. C'est la grace qu'elle se

DESSEIN DE CETTE HISTOIRE CATALANE.

APRES L'ARISTANDRE ou l'idee du VERTVEVX MARI, voicy la FEMME HONNORABLE que ie te presente, mon Lecteur, sous le nom de PALOMBE: Où i'ay pour visee l'image d'vne Dame toute pleine d'honneur & de vertu, qui par sa modestie, sa candeur, & ses souffrances tira son espoux des vicieuses passions où il s'estoit inconsiderément engagé. Le prouerbe commun fait vn bon mesnage d'vne femme aueugle & d'vn mary sourd, parce que pour conseruer la bonne intelligence du mariage, la femme doit fermer les yeux aux deportemens du mary, & le mary les oreilles aux repliques de sa femme, & aux faux rapports qui luy en sont faits pour trou-

A iiij

EPISTRE.

promet de vostre parfaitte courtoisie, & moy la faueur d'estre
auoüé,

MADAME,

Vostre tres-humble seruiteur
selon Dieu,

IEAN PIERRE E. DE BELLEY.

aux peines infernales que l'Escriture sacree compare la Ialousie. C'est ce tan furieux qui ne doit iamais estre ietté en l'esprit d'vn mary par vne honneste femme, ny en celuy de la femme par vn fidele mary: car il n'est point de cicuë dont la froideur esteigne plustost la chaleur naturelle comme cét auertin, ou plustost cét auorton des enfers, amortit la douce ardeur d'vne mutuelle bien-veillance. Et c'est pour cela que le grand Apostre exhorte auecque tant d'instance les maris à la tendre dilection de leurs espouses, & leur recommande de les traitter sans amertume, & auec honneur, tout ainsi que l'on manie auec circonspection les vases fragiles de terre & de verre de peur de les froisser. Et reciproquement il admoneste les femmes de reuerer leurs maris, & de leur obeir comme à leurs chefs; & les vns & les autres de s'entrecherir comme Iesus-Christ ayme son Eglise, & ainsi que l'Eglise cherit son Saueur: Euitant soigneusement toutes les occasions, non seulement qui peuent offenser la fidelité maritale, mais mesmes en ternir la belle blancheur, parce que le soupçon en ce sujet produit quelquefois les mesmes effets du crime,

DESSEIN

bler son repos. Mais comme ce sainct commerce est le plus sacré lien qui soit entre les hommes, & le champ où croist la pepiniere des esleus qui naissent en la terre pour apres remplir les sieges que les Anges reuoltez ont par leur cheute rendus vuides dedans le ciel; l'homme ennemy ne cesse de sursemer l'yuroye dedans ce terrein, pour mettre en la place du bon grain de la pure, frâche & cordiale dilection, les ronces des soupçons & des jalousies, pestes de la charité, dont le nœud est vn lien de perfection, qui se rompt par les imperfections vicieuses, ou par ce qui en donne l'ombrage. Et c'est ce que doiuent retrancher les ouuriers de la vigne, les Pasteurs fideles & vigilans, les Anges visibles que le Seigneur enuoye pour arracher de son Royaume tous les scandales : car tout ainsi que du meilleur vin se fait le plus aspre vinaigre, & des corps les mieux composez les plus fortes corruptions ; de mesme quand l'Amour qui doit estre extreme entre les mariez à cause de l'incomparable vnion, ou plustost vnité qui est en leur association, se change en auersion ou en haine, il n'est point en enfer de supplice plus rigoureux, veu que c'est d'où procedent mille miseres & calamitez: ce qui faisoit dire à ce Seuere Empereur ancien, qu'il vouloit vne femme & inculpable, & encore esloignée de toute apparence de mal. On ne peut tenir assez nette la glace d'vn beau miroir pour y voir clairement son visage, les espoux estans vnis se doiuent mirer l'vn en l'autre, & chacun d'eux ne voir que soy dedans le cœur de sa partie. Car comme il n'y a rien de plus outrageux à vn mary, que de voir vn riual, non qui ait part en sa couche, mais simplement qui pretende s'introduire és bonnes graces de son espouse, sçachant que le cœur estant gaigné le corps est bien tost rédu, selon le mot sacré, l'esprit est fort, mais la chair est foible: Aussi n'est-il rien de plus sensible à vne femme de bien que de voir son mary faire ailleurs l'empressé, transportant ses affections en vn sujet illegitime. Mais combien est-il plus cruel (comme en l'histoire que ie propose) de voir vn mary autant iniustement ialoux qu'il donnoit à sa femme vn iuste & manifeste sujet de l'estre? A dire la verité, tout ainsi que dans les pommes les plus delicates & les plus tendres les vers s'engendrent le plustost, de mesme és cœurs foibles des femmes la pointe de la ialoufie s'enfonce pour l'ordinaire plus auant: mais nous verrons icy la femme forte, qui comme l'acier a mis sa fermeté en la douceur de sa trempe, & dedans l'attrempance la force de son esprit. Son ame comme la bonne lame a plié sans rompre, elle a comme le roseau (symbole de la fragilité de son sexe) resisté en cedant; l'eau de sa suaue modestie a caué la terre de l'obstination de son mary; & elle a fait comme les femmes d'honneur, ausquelles il appartient en ces occasions de se monstrer tousiours les plus sages. Il est vray que l'adultere soit desiré, soit effectué, est selon Dieu égal és deux parties, & peut estre plus grief és hommes, à cause de leur vigueur naturelle plus capable de resister aux tentations, bien que la foiblesse des femmes soit vne mauuaise excuse pour le mal. Mais de la part du monde la faute est incomparablement plus lourde du costé de la femme, tant parc que tout son honneur est en la pudicité, qu'à cause de l'incertitude des enfans, du trouble des familles, de l'infamie de la race, & que la cheute en est moins reparable. En quoy si les femmes sont plus blasmées quand elles manquent à leur siecle, c'est de voir tant de mariez plus intemperans & desbauchez que plusieurs autres qui sont en la liberté de leurs desirs, & hors du mariage. A n'en point mentir, comme l'on voit plus de riches auares que de pauures larrons, parce que l'vsage des biens en irrite plustost le desir que la priuation ne le prouoque; il semble de mesme que la saincte licence des nopces aiguise plustost qu'elle n'appaise l'appetit insatiable des intemperans; la possession d'vn sujet legitime les poussant à conuoiter les autres d'autant plus asprement qu'il leur semble que se contenter d'vne soit aussi dur que se priuer de toutes: ainsi le boire altere ces hydropiques, & augmente la fiebure de ces gens là, qui ne laissent de brusler, comme vn vaisseau dans la mer, en leur propre remede, vne jouïssance legitime leur estant comme l'eau est aux forgerons qui embrase plustost qu'elle n'esteint leur deshonneste flamme. Certes on ne peut nier sans blesser les principes de nostre creance, que le sainct Mariage ne soit vn moyen tres-propre & ordonné de Dieu contre l'Incontinence, l'Apostre disant que chacun ait sa femme pour euiter la fornication. Mais il res-

ry que le tourbillõ impetueux d'vne passion déreiglée auoit emporté hors des bornes de la modestie. Car

Si les animaux plus sauuages
A la fin despouillent leurs rages
Sous vn gratieux traittement ;
Que ne pourra sur vn courage
Cette douceur qui nous engage
A l'aymer necessairement ?

Certes tout ainsi qu'il n'est point de cheual si rebours qui ne puisse estre mis en son manege, ou dompté par la main flatteuse d'vn adextre Escuyer : ainsi n'est-il aucune ame si farouche que l'empire de la douceur ne polisse & ne face tourner à toute main. Et veritablement on peut dire de l'homme sensuel & presque brutal, qui non content des legitimes plaisirs dont il peut vser dans le mariage, en profane la saincteté, portant ailleurs ses effections deprauées, cela mesme que dit le Roy Psalmiste,

L'homme estant en honeur ne l'a pas apperceu,
Si bien que de ses sens ayant esté deceu
Aux cheuaux sans raison il s'est rendu semblable,
Perdãt pour ses plaisirs le titre d'honorable.

Et ce qui se treuue digne de grande consideration dans la deprauation du

d'autant plus en vogue qu'elles sont voisines de l'Orient, où regne sous les Turbans la honteuse Poligamie. Si est-ce que comme il est peu de bois sans bestes puantes ou rauissantes, estant necessaire dans les forests qu'il tombe tousiours quelque arbre, quelque branche, ou tout au moins quelque fueille; la France d'ailleurs affligée d'erreurs en la foy n'est pas si nette en ses mœurs (à cause de la deprauation inseparable de l'heresie) qu'en ce grand & innombrable peuple qu'elle nourrit, il n'y ayt beaucoup de ces fornicateurs adulteres & concubinaires, qui selon l'Apostre ne possederont iamais le Royaume de Dieu (où rien de souillé ne peut entrer) s'ils ne se retirent de leurs mauuaises voyes. C'est pourquoy de peur que les honnestes femmes ne se laissent aller à l'exemple de la deprauation de plusieurs mauuais maris, & qu'elles ne pensent point auoir de la raison en vne imitation si miserable; ie leur propose vn exemplaire sur la montagne d'vne haute perfection, en la personne de cette PALOMBE sans fiel, fidele à son pair, patiente sans pair, & qui a sceu sans murmurer en ses lõgues souffrances, r'appeller à son deuoir vn ma-

devoir, celles aussi qui se tiennēt debout, pour parler auec l'Escriture, & qui maintiennēt leur principauté sans se precipiter dās l'infamie, meritēt vne double gloire, veu que dans l'infirmité de leur condition elles ont en partage & comme à prix fait l'obseruation d'vne vertu dont les combats sont plus ordinaires, & les victoires moins frequentes. Mais de quel front, dit vn ancien Pere de l'Eglise, peuuent les maris dissolus exiger la chasteté de leurs femmes, veu que par leur exēple ils les prouoquent au mal, auquel peut estre elles ne penseroient pas, sinon par l'inclination qu'elles ont moins forte à la sensualité qu'à la vengeance : quelle iustice y a-t'il de vouloir en autruy vne loyauté qu'on ne garde pas? Certes quelque liberté dont se pare l'auctorité, ou plustost la tyrannie des maris, ils sont tousiours blasmables s'ils treuuent mauuais en leurs parties ce qu'elles auctorisent en eux mesmes par leurs deportemens déreiglez. La gloire en soit à Dieu Pere des misericordes & des lumieres, duquel tout bien deriue; mais nostre nation a de quoy le loüer d'estre beaucoup plus chaste & plus continente que les Vltramontaines, où l'infame concubinage est

semble à ces remedes violents qui blessent en guerissant, car il expose à la tentation par la permission qu'il donne de l'esteindre. Ce n'est pas moy qui le dit, c'est l'Apostre, lequel menace les mariez de la tribulation de la chair ; & l'experience ne fait connoistre que trop la verité de ceste parole Apostolique. C'est vn Antimoine qui selon la disposition fait beaucoup de bien ou beaucoup de mal, n'estant pas de merueille si ce Sacrement rencontre des violateurs, veu qu'il n'y a rien de si sacré qui ne treuue son sacrilege, le pain de vie en l'Eucharistie adorable se changeant en viande de mort, & en iugement de reprobation és ames mal espreuuées. Les Sacremens sont bien les canaux par où la pourpre du Roy de gloire, qui est sa grace, découle en nos ames : mais qui ne sçait que l'esprit de tenebres fait comme Holoferne qui trancha les aqueducts & troubla les fontaines des Bethuliens pour les reduire à vne soif insupportable. Cét ennemy du repos comme du salut des mortels, tantost met des busches en leur pain, tantost dresse des embusches en leur train, tantost il tend des rets & des pieges à leurs pieds sur le Thabor des apparences

DE CETTE HIST.

parences mondaines. Et parce que tout ce qui est au siecle n'est que conuoitise des biens, des plaisirs, ou des honneurs, comme par l'ambition il trouble les Republiques, & par l'auarice les heritages & le commerce ; aussi par la mauuaise amour il trauerse la tranquillité des familles, & les liens du mariage. Et certes tout ainsi que plus juste est le soulier, plus fait de mal en marchant le petit caillou qui se met dedans ; d'où est tiré le nom & la metaphore de scrupule ; de mesme plus estroitte est la liaison des nopces, plus douloureux est le ressentiment de tout ce qui la semble diuiser. L'amitié qui se contracte par ce nœud indissoluble, est si delicate & mignarde, que la prunelle de l'œil pourroit mieux supporter vne paille, que l'autre vne jalousie ou vne contradiction. Vn simple rapport blesse mortellement : c'est pour cela que Rebecca receut par les mains d'Eliezer, de la part de son Isaac, des pendants d'oreilles, pour arres de sa foy nuptiale, afin que ce present luy apprist, non seulement à preseruer son corps de tout ce qui estoit contraire à l'honnesteté, mais mesme son cœur n'admettant aucune parole en son ouye qui pûst alterer la can-

B

deur & la netteté. Et ce qui se dit de ce sens là, par où les persuasions se glissent en l'ame, se doit aussi estendre aux autres, & entendre principalement des yeux, qui sont où les voleurs qui rauissent nos affections, comme dit Iob, ou les fenestres par où les larrons, qui sont les illicites obiects, entrent en nos poitrines. Tout cecy se verra en cette PALOMBE, dont ie descris la Sagesse, la Douceur, la Patience, & l'extreme Honnesteté. Et parce que ces Histoires sont dressées comme des miroirs pour les Dames, ou pluftost pour les ames mondaines, afin qu'elles y remarquent & leurs defauts & leurs deuoirs, & parce qu'il importe extremement que le mariage soit conserué en ces tiltres d'honnorable & de lict sans tache que luy dóne l'Apostre: pour cela ie m'essaye de le faire voir en sa splendeur, & mesme de releuer son éclat par les tenebres des passions desreiglees qui l'assiegent & l'assaillent. C'est à quoy vise cette HISTOIRE CATALANE que ie te presente, mon Lecteur, dans la connoissance de laquelle pour ne retarder d'auantage ton acheminement, ie tranche cette Preface en ce lieu, apres t'auoir donné le biscuit de ces auis precedents auant que tu t'y embarques, priant Dieu qu'il t'en rende la lecture auſſi fructueuſe, comme i'eſpere que la varieté des euenements, pluſtoſt que la beauté des ornements du diſcours (à quoy ie n'ay pas ſeulement penſé) te la feront paroiſtre agreable.

PALOMBE.

LIVRE PREMIER.

ARRAGONE est vne cité fort ancienne; autresfois non seulement la capitale de Catalogne, mais qui donnoit le nom à cette partie d'Espagne, qui de son nom s'appelloit Tarraconoise, & qui comprenoit vne grande part de l'Arragon, auec le Royaume de Valence, & le païs des Catalans. Maintenant elle est descheuë de cette magnificence & splendeur que l'histoire luy donne, parce que la ville iadis edifiee par le Comte de Barcine, à present appellee Barcelonne, soit pour la bonté de sa plage, soit pour le voisinage de la mer, soit pour la commodité du port, soit pour la fertilité de son champ, s'estant renduë plus grande

B iij

& plus peuplee, a emporté le dessus, & s'est renduë le chef de la Principauté de Catalogne, quant au temporel: car quant au spirituel, l'Eglise Metropolitaine & Archiepiscopale estant tousiours à Tarragone, luy laisse la preéminence de l'antiquité, & de la dignité Ecclesiastique. Ce fut en ce lieu là que nasquit vn Seigneur de parens fort illustres, & d'vn lignage fort signalé parmy les Catalans ; il n'est point necessaire de publier le nom de sa race, parce qu'il n'apporteroit pas dauantage de profit au Lecteur en la veuë de cette Histoire, & il importe de le taire pour les causes qui se feront connoistre en la suitte du Narré : nous nous contenterons de l'appeller Fulgent, pour marque de la splendeur de sa naissance, qui luy donnoit le tiltre de Comte ; qualité qui releue fort les Seigneurs en cette contree, & qui tire ceux qui le possedent bien haut par dessus la commune Noblesse. Cettuy-cy l'aisné & le chef de sa maison viuoit auec beaucoup d'éclat & de reputatiõ, ayant esté esleué à la Court & nourry premierement parmy les enfans d'honneur (qu'ils appellent du nom de Petits) de la Reine, & depuis Page chez le Roy, où parmy ses compagnons il s'estoit acquis beaucoup de gloire par la bonté de son naturel, la beauté de son esprit, sa bonne grace en son maintien, & sa gentille disposition aux exercices conuenables à vn Gentil-homme. Estant sorty de Page, & apres auoir employé quelques annees à se faire des amis & des connoissances à la Court, pour arriuer en son temps aux charges où son rang & son merite le pouuoient appeller, il s'en retourna en la terre de son origine autant chargé d'esperances qu'il laissoit de pretensions à Madrit, ville qui se peut appeller le païs des pretensions, car il y en a plus que d'idées dans le Palais de Morphée si artistement depeint par les Poëtes ; pretensions filles de l'esperance, qu'vn ancien appelloit le songe d'vn homme qui veille. Estant de retour en sa maison paternelle, en peu de temps il se vit majeur, si bien que deschargeant ses tuteurs du maniement de son bien, il entra en la charge de la tutelle de deux freres qu'il auoit, & de deux sœurs, dont l'vne fit profession de Religion peu apres sa venuë, l'autre fut reseruée pour faire vne alliance digne de leur rang. Son Cadet Croizé de Malte partit auec son congé pour s'embarquer à Barcelonne,

& par la coste de Gennes, de Toscane, & de Naples se rendre à l'Isle où l'appelloit son deuoir, & où son courage le portoit; son puisné demeura auprés de luy comme son bras droict, sage Gentil-homme, & qui luy rendoit des deuoirs de fils; car c'est vne loüable coustume és grandes maisons, où les Aisnez ont presque tout pour en conseruer le lustre, que les freres honnorent leur Aisné comme leur Pere, & cōme le chef de la famille; Fulgent de son costé luy rendoit des tesmoignages d'vne affection reciproque: tellement que ces freres se preuenans en honneur, mettoient en tel credit en la ville la dilection fraternelle, qu'on ne parloit que de leur concorde, comme d'vn rare exemple. Aussi est-ce vne si belle chose, que le Prophete Roy en faict vne exclamation comme d'vne merueille qui remplit de contentement & d'allegresse tous ceux qui la contemplent, & la compare au parfum d'Aaron, qui de sa teste coule sur sa barbe, & de là s'escoule à l'extremité de ses vestemens, pour monstrer que la bonne intelligence des freres ne conserue pas seulement la maison, & ne se répand pas simplemēt dans la famille, mais que son odeur ambaume tout vn voisinage & edifice toute vne ville. Et pourquoy penſons nous que les Poëtes ont logé dans les Cieux ces deux freres dont les eſprits vnis partagerent également l'immortalité par la viciſſitude de leur lumiere, ſinon pour enſeigner ſous le voile de cette fable, que la concorde des freres eſt vne choſe plus diuine qu'humaine, & qui faict voir en la terre vne image de l'harmonie des cieux. Et ce fut pour enſeigner à ſes enfans que leur vnion enſeueliroit leur empire que l'ancien Roy Scylurus ſe ſeruit du ſymbole des fleches que chacun ſçait. Mais las! le Vice, cét homme ennemy ſurſemeur d'yuraye, celuy qui ſepare nos cœurs de l'Amour de Dieu, les desjoinct auſſi de la dilection de nos freres, Dilection de nos freres en quoy conſiſte la vraye Vie, ſelon la ſaincte parole; au contraire celuy qui n'ayme pas eſt en la mort, & celuy qui ayme ſon frere reuient de la mort à la vie. Car comment celuy-là, dict vn grand Apoſtre, peut-il aymer Dieu qu'il ne voit pas, qui ne cherit pas ſon frere qui luy eſt ſi viſible? Malheur au deſreiglement des paſſions qui ſema des noiſes entre ces freres: car au lieu que les freres qui s'appuyent & aydent l'vn l'autre font en leur accord comme vne ville imprenable, dit le sacré Texte, depuis que la mes-intelligence se met entr'eux, c'est comme en vn ouurage de resueil, la rupture d'vne maille débiffe tout le reste. Elle arriua en la sorte que ie vay deduire. Fulgent estant fraischement reuenu de la Court, qui est le Theatre de la Vanité du Monde, pour continuer l'exercice qu'entre les autres il n'auoit que trop bien appris à Madrit, qui estoit de mugueter, cajoller, & chuchoter apres des femmes (car entre faire la court & faire l'amour il n'y a pas grande difference) se meit à frequenter les compagnies de Tarragone, qui le regardoient comme vn parfait miroir de Cheualerie, & tout ainsi qu'vn nouuel Astre qui venoit éclairer sur leur horizon. Cette nouueauté, mere de l'admiration, auecque sa qualité, accompagnée de tant d'autres bonnes parties, luy donne non seulement accez par tout, mais il est receu auec tant d'honneur & d'accueil, que c'est assez pour signaler vne maison de dire qu'il y frequente. Car tout ainsi que par tout où Apollon abordoit, les anciens estimoient qu'il laissoit quelque trace de sa lumiere, ainsi quand les personnes Illustres vont souuent en quelque lieu, ils y portent la communication de la splendeur & de l'éclat qui les enuironne; & comme la Panthere en attirant sur eux les yeux d'vn chacun par la pompe de leurs habits, la grandeur de leur train & la magnificence de leur suitte, ils parfument & embaument les endroicts où ils s'arrestent d'vne bonne odeur, s'ils sont vertueux, mais d'vne mauuaise si leurs deportemens tendent au vice; c'est ce que l'Apostre appelle odeur de mort à la mort, & odeur de vie à la vie, exhortant les fideles à estre par leurs saintes mœurs & leur bon exemple vne bonne odeur en Iesus-Christ, & de rendre par ce moyen leur conuersation recommandable. Tous les iours Fulgent (comme il estoit galand & de bon esprit) faisoit de nouuelles parties, & les dressoit auec tant de grace & d'inuention, que l'on ne parloit que de sa gentillesse : il faisoit vne belle despense, & neantmoins iudicieuse, car les Espagnols ont de la conduite mesme dans les desbauches, & il arriue rarement que la passion les transporte iusques là de passer la recepte par la mise. Nostre Comte sçauoit son conte, & comme il auoit vn grand reuenu qui luy auoit esté laissé par ses Ancestres, il le despensoit splendidement & liberalement, mais sagement, és esbats, és assemblees, és tournois : les deux freres estoient tousiours les tenans, & les tenans tousiours les vainqueurs : ils paroissoient comme deux beaux Astres en vne claire nuict, ou bien cōme ces jumeaux si fameux parmy les estoiles: toute la prouince Tarragonnoise n'auoit des yeux que pour eux, des admirations que pour leur galanterie, ny des langues, des bouches & des voix que pour publier leurs loüanges: Ces acclamations publiques que la faueur populaire esleuoit leur enfloient le courage, & cōme la gloire est naturelle aux Espagnols, ils ouuroient leurs voiles à ce vent de telle sorte qu'ils cingloient pleinement sur la mer de la Vanité du Siecle. Siecle, mer ondoyante pleine de brisans & de Syrtes, & où les meilleurs Pilotes ont de la peine à tenir le timon droict.

Mais tandis que Fulgent, aymant le changement,
 Couroit sur ceste mer de riuage en riuage,
 Comme se voulant perdre, & cherchant seulement
 Vn Roc qui luy semblast digne de son naufrage;
Il eut à contre-cœur cêt estat inconstant,

Soudain qu'vn digne objet l'eut mis en sa
puissance,
Asseuré que changer ce luy seroit autant
Manquer de jugement que manquer de
constance.

Mais comme fut-il pris, ah! par où il y pensoit, & par où il le deuoit le moins : ô aueuglement de la vie humaine, en quelles tenebres la passons nous. Apres mille passe-temps publics qui estalerent à ses yeux tout ce qui sembloit à Tarragone digne de sa veuë, rien ne fut capable d'arrester ses yeux, beaucoup moins d'enlasser son cœur. Il faisoit bien connoistre à tous ceux qui le voyoient, soit aux ioustes, ou aux courses de bague, ou au combat des Taureaux, ou aux exercices du cheual, ou à la dance, que ceux qui ont esté nourris dans la decence & la politesse de la Court, ont vne grace toute autre que ceux qui ne sont iamais sortis de leurs foyers domestiques, qui n'ont point esté despaïsez, & qui ont appris les mesmes exercices és Academies du lieu de leur naissance. Car il semble que la veuë des Roys & des Grands souffle en l'ame qui se desnouë en leur presence ie ne sçay quel air plus releué, & jette des impressions dans les cœurs plus hautaines que les vulgaires. Les regions les plus voisines du Soleil sont les plus odorantes, & ceux qui sont ordinairement à ses rayons le monstrent à leur couleur. Bien que Fulgent ne fust pas d'vne humeur si vaine, pourtant il estoit jeune, & c'est vne coustume née auecque la jeunesse de mespriser auec insolence ce qui n'est pas à son goust. Desia son propre païs luy semble rude, bien qu'il n'y ayt point en tout le monde d'air si doux à nostre sentiment, que celuy que nous auons humé le premier, en venant sur la terre. Et parce qu'il venoit de Madrit où s'assemblent, comme les lignes à leur centre, les plus rares objets de toute l'Espagne, il tient Tarragone pour vn desert qui n'est remply que de visages qui luy semblent affreux & sauuages. Que faittes-vous Fulgent? regrettez-vous les occasions de ne vous pouuoir perdre? la liberté vous est-elle si desagreable, le repos d'esprit si desplaisant, que vous le desiriez si promptement changer en vn esclauage plein d'amertumes & d'inquietudes? ie voy bien ce que c'est, vous sortez des fers doux de la Court; vous estes faict à la cadene, vous ne sçauriez cheminer sans mords, & sans enraues. La femme de Loth regardoit en arriere l'embrasement de sa Cité, & vous semblez souspirer l'abandonnement de Madrit, qu'vn Historien appelle vne ville de feu, parce qu'elle est toute bastie ou de bricques qui sont de terre cuitte au feu, ou de ces cailloux qui frappez poussét des estincelles; mais il eust eu meilleure raison de l'entédre des pierres viues que des mortes: car ce ne sont par tout que lampes funestes de feux & de flammes qui portent vne totale consommation de vie, de biens, de santé & d'honneur. O si vn Prophete a autresfois dit de Ierusalem, que comme vne bagasse elle se prostituoit en tout lieu, que ne peuuent dire sans estre Prophetes, ceux qui ont veu celle-là, où l'imprudence & l'impudicité vont tous les iours en des chariots de triomphe, fruicts ordinaires de l'intemperáce des Courts: vrayement Fulgent, puisque le bon-heur vous ennuye, & que vous cherchez vn brisant pour eschoüer, il est raisonnable que le Ciel qui vous a faict libre, vous laisse courir és desirs de vostre cœur, & vous permette d'aller selon la vanité de vostre sens, & l'essor de vos pensees. Il se plaint à son frere de la disette des Maistresses (bien que Tarragone n'ait pas la reputation d'en estre infertile) au prix de l'abondance de Castille, où elles sont cōme les espics durāt la moisson, & la glace durāt l'Hyuer. Ce qu'il voit le dégoûte plustost que de le satisfaire: il plaint la despence pour des gēs de si peu de merite, estimant qu'il semoit sur le sable de la mer, & qu'il faisoit des peintures sur les ondes. Desia il minute d'aller en Barcelonne & à Valence chercher des Syrenes de Mer capables de l'enchanter: Quel Matelot est-ce icy qui va de bāc en banc recherchant son naufrage? Siridon (appellons ainsi son jeune frere depositaire de ses pensees) craignant qu'il quittast le païs, & que son absence ne fist esclipser les ioyes publiques ou les siennes particulieres, faisoit tout ce qu'il pouuoit pour luy persuader la demeure, luy remonstrant le dire de Cesar, qui eust mieux aymé estre des premiers en vn village, que des derniers à Rome, luy faisant voir les grandes commoditez qu'il auoit en ce lieu de sa naissance, pour y paroistre & y viure à son aise, & l'asseurant que s'il auoit vn peu de patience & se donnoit le loisir de gouster l'air & la maniere de traitter des Tarragonnois, il ne manqueroit pas de trouuer vn sujet capable

capable d'arrester ses pensees, & de prendre la possession de cette liberté qui luy pesoit tant : & disoit cela ce Cadet craignant que si son aisné passoit en vne autre ville, il ne le laissast sur les lieux pour mesnager son bien, & auec peu de moyē de continuer la despense à la splendeur en laquelle il viuoit auprés de son frere; ou, ce qu'il redoutoit d'auantage, que le trainant apres soy comme vn grand quartier de Rocher, qui meine à sa suitte en se destachant de son faiste plusieurs autres masses, il ne luy fallust abandonner la presence de celle où il auoit logé toutes ses affections, & dont la biē-veillāce luy estoit plus chere & precieuse que l'esprit qui l'animoit, ny mesme que la presence de son frere. En fin voyant vn iour Fulgent dans ses ennuis ordinaires par vne incōsideration digne de son âge, mais qui n'eust pas esté pardonnable à vn homme meur & prudent, il fut si peu iudicieux de luy dire : Mon frere, ie suis bien d'accord auec vous qu'entre tant de sujets qui se sont presentez à nos yeux depuis vostre retour de Castille, il y en a peu qui meritent d'arrester en leurs mains vostre liberté : Car bien que plusieurs vous pûssent amuser cōme amies,

C

ie voy que l'honnefteté de voftre courage vous fait defirer vne maiftreffe à qui vous puiffiez legitimement addreffer vos vœux & vous attacher à elle par les nœuds d'vn fainct Hymenée. En cela certes vous eftes louable, & voftre deffein ne peut eftre que fauorifé du Ciel, où fe font, à ce qu'on dict, les alliances qui fe contractent en la Terre. Vrayement vous faictes bien, car eftant venu à voftre majorité, & tenant maintenant en main le gouuernail de noftre maifon qui vous regarde comme fon principal Pilote, ces feux volages qui ont de couftume d'occuper les efprits de voftre âge font non feulement blafmables, mais dangereux, d'autant qu'il eft mal-aifé de fe defgager des lacs d'vne affetee, qui eftablifsât fa fortune fur la ruine & le defhonneur de celuy dont elle poffede le cœur par des liens fenfuels, & fouuent il arriue qu'on fe iette à foy-mefme la honte fur le front, & qu'on fe foüille de fes propres ordures. De ces mariages difproportionnez & mal faits prouiennent les defolations des familles, & ceux qui les contractent legerement, ont tout loifir de s'en repentir par la fuitte d'vne vie defplaifante & longue; car il efchet ordinairemēt que les pires alliances sont de plus de duree, cōme seruans d'vn large suplice à vne courte ioye. Or de ces partis là i'envoy peu pour vous en cette cōtree, car l'eleuation de nostre race secōdee de beaucoup de biens, qui sont presque tous ramassez en vostre teste, vous met en vn rang de grandeur qui faict que plusieurs vous desirent bien pour gendre, mais peu vous peuuent esperer. Aussi croy ie qu'il faudra que vous imitiez feu nostre Pere, qui pour s'allier selon ses moyens, fut cōtraint de se dépaïser, & d'aller au Royaume de Valence chercher vne compagne, qui est celle dōt par luy nous sommes sortis. Quād vous suiurez ses pas, ie croy que c'est le meilleur conseil que ie vous puisse donner, & que vous puissiez prendre. Et bien, Siridon, puisque c'est là le meilleur auis que vous luy puissiez donner, taisez-vous icy, car iusqu'à cette heure vous n'auez rien dict qui vous puisse estre preiudiciable : Pourquoy pauure oyseau vous voulez voꝰ perdre par vostre cry ? Si vous découurez vostre tresor, comme fit Ezechias les siens aux Ambassadeurs Babyloniens, vous estes en danger de le perdre, gardez vostre sens pour vous. L'Amour & le vin ne valēt rien éuentez. Ne sçauez-

C ij

vo⁹ pas biē que pour auoir découuert vostre mine, & n'auoir pas assez accortemēt caché vos pretensions, vous estes dãs les agonies qui trauersent toutes vos liesses? Mais aussi qui se pourroit deffier d'vn frere, & d'vn frere qui luy tenant lieu de pere luy en tesmoigne les effets, & monstre desirer son auancement & son bien; de qui peut-il esperer du support & de l'aide en son dessein & soulagement au trouble qui le presse, que de celuy qui tient en ses mains les resnes de sa bonne ou mauuaise fortune, & qui luy peut faire, selon la loy du païs, telle part qu'il voudra, selon le tesmoignage qu'il luy rendra de deuoir & de reuerence. Ah! pauure & ignorante ieunesse, il me fasche de te voir perdre ainsi en te pensant gagner, & enfoncer dedãs les desplaisirs d'où tu te penses tirer. Il poursuiuit donc son discours ainsi: Et bien qu'il n'y ait personne qui perde plus que moy en vostre esloignemēt, neātmoins l'obligatiō que i'ay de souhaitter en vostre auantage la gloire de nostre maison me fait passer par dessus mes interests & mes desirs, & sacrifier à la splēdeur de nostre race mes contentements particuliers. Car il est assez euidēt que ne paroissant icy qu'autant que vous m'en donnez de moyen, & n'ayant autre lumiere que celle que j'emprunte de vous, voſtre abſence me couurira de tenebres & me reduira aux termes ou i'eſtois ſous vos tuteurs, qui pour faire les bons meſnagers de voſtre bien, & ſouſtenir, à ce qu'ils diſoient, les deſpences que vous faiſiez à la Court, nous tenoient la bride ſi haute & ſi ferme que ce nous eſtoit bien aſſez d'auoir les choſes neceſſaires ſans aſpirer aux ſuperfluës ou ſur-abondantes. Icy Fulgent penſant le conſoler luy dit, qu'il ne vouloit pas le laiſſer croupir comme vn caſanier aux foyers domeſtiques, mais le mener auec ſoy & le traitter à l'égal de ſa perſonne en toutes choſes, comme celuy qui par la naiſſance eſtoit vn autre luy-meſme. Et c'eſt cela, reprit Siridon, que ie redoute, non pas plus que de demeurer icy ſans vous, mais plus que la mort. Car de viure ſans ame, & ſeparé de celle à qui i'en ay donné la poſſeſſion, ce m'eſt tout vn. Car

L'abſence eſt vn plus dur tourment
A l'ame d'vn fidele Amant.
Qu'vn pur Amour tient aſſeruie,
Qu'au cœur conſtant ne ſont les pleurs,
Et que la bize n'eſt aux fleurs,

Et que la mort n'est à la vie.

Si bien que me mettant entre les deux Calamites de l'Amitié que ie vous porte, jointe à la Reuerence que ie vous dois, & de la Passion que i'ay pour celle qui possede, mais sainctement, toutes mes pensees; il faut que ie vous auouë franchement cōme à celuy à qui ie ne puis, ni ne dois, ni ne veux rien celer (& si vous auez quelquesfois fortement aymé, vous me pardōnerez bien cette libre parole) que l'Amour a de si grands auantages sur l'Amitié, qu'il y a peu de gens qui ne facēt ceder celle-cy à celle-là, & qui ne quittent vn Maistre quel qu'il soit pour faire les commandemens d'vne Maistresse à qui l'on s'est donné sans reserue.

Si ie pense à part moy qui a plus de pouuoir
De la loy du deuoir, ou de l'Amour honneste,
Si le deuoir m'appelle, & mon amour m'arre-
L'Empire de l'Amour passe sur le deuoir [ste,

A ce que ie voy, mon frere, reprit Fulgēt, vous aymez, & comme ie le veux croire, vous aymez en bon lieu, & hōnestement, & à dessein d'espouser; & vrayement ie vous en ayme d'auantage, & vous asseure que ie seconderay vos pretēsions, ou plustost vos saintes intentions, autant que ie pourray, & ne suis point marry de l'aucu

que vous m'auez faict de preferer le seruice de voftre Dame à ma suitte, auffi bié ne
me suiuriez vous pas qu'auec le lien de la
liberté, tiré plutoft par les chaifnes inuifi-
bles de voftre amitié, que par celles du deuoir: car ie n'eftois pas si mécognoiffant,
que ie ne fçache qui ie suis, & qui vous
eftes, ny si indifcret, que ie vouluffe faire
vn seruiteur de celuy qui fans le priuilege
de l'âge, & la loy humaine, eft autant que
moy, né de mefmes parẽs, & appellé en la
mefme part d'vn mefme heritage, en vn
mot, ma chair, & mon sang propre : rien
que le parfum de ma bienveillãce ne vous
peut attirer auprés de moy parfois qui a
toute sa force en sa douceur : car quant
aux deuoirs que vo⁹ me rẽdez, ie les veux
pluftoft attribuer à la bonté de voftre naturel qu'à aucune neceffité qui vous oblige à m'en gratifier, auffi la tiens-ie pour
autãt d'hõneur, & non pas pour seruices.
Mais comme feray-ie pour vous pardonner la diffimulation dont vous auez vfé
enuers moy, ne me faifant paroiftre en tãt
de rencõtres, de cõpagnies & d'afsẽblees
où nous nous fommes trouuez depuis
mon retour de la Court, ny par parole,
ny par aucun signe, qui eftoit celle qui
vous tient ou à la gefne, ou à la chaifne:

C iiij

vrayement cela tesmoigne trop de deffiance enuers vne personne qui vous est si asseuree : encore vous pardonnerois ie si c'estoit quelque amourette qui n'eust point le mariage pour visee, ou que ce fust la possession de quelque creature dõt la fidelité vous obligeast à cõseruer l'honneur & la reputation par le silence: car en ce cas là, ie ne croy pas qu'vn vray amy doiue entrer en part de ces secrets là, parce que cela porte à la recherche de pareille faueur, & entre les riuaux il n'y a iamais vne dragme d'amitié. Monsieur, reprit Siridon, il ne faut point de pardon à qui n'a point failly, & certes ie n'ay aucunement failly en la façon que vous dittes : car par quel signe vous eusse-ie peu exprimer les sentimens que i'auois pour vne personne qui ne s'est iamais trouuée en aucune des cõuersations où i'ay eu l'hõneur de vous accompagner. A ce conte, mon frere, repartit brusquement Fulgent, vous faictes l'amour à la Platonique, & en idée, ou celle dont vous estes le Medor a l'anneau d'Angelique. Nullement, repliqua Siridon, mais quand vous sçaurez l'histoire de mes affections, & que vous en aurez veu le sujet en luy mesme, ou en son pourtraict, & quand vous aurez appris pour quelle occasion sa mere la bannit ainsi des compagnies, vous direz que ie souffre vn dur tourment pour vn obiect de tant de merite, que la beauté de la cause en allege la cruauté, & s'il se pouuoit adiouster quelque chose à l'extremité de ma passion, vous me condamneriez à l'aymer encore d'auantage: car cela ne se peut assez aymer, qui ne se peut assez estimer.

Elle a receu du Ciel des traits si fauora-
    bles,
    Qu'au corps, ny en l'esprit rien n'est à
      desirer:
Elle a des qualitez tellement admirables,
    Que mon extreme Amour s'en doit moins
      admirer.
Nul aussi n'eut iamais l'heur de sa con-
    noissance
    Qui volontairement ne s'en soit veu
      charmer,
Et qui n'ait en l'aymant senti la repen-
    tance
    De n'auoir pas plustost commencé de l'ay-
      mer.

Là dessus il se mit à enfiler des Panegyriques de celle qui occupoit son cœur, à la façon de ceux qui font faisis de cette passion, qui n'a que des termes superlatifs, pour exprimer les perfections de ce qu'elle cherit. Ce qui mettoit comme l'on dit l'eau à la bouche de Fulgent, qui n'estoit pas (ainsi que vous pouuez iuger par ce que nous auons dit de sa disposition) des plus dégoustez, & dont l'appetit ouuert se sembloit halleter qu'apres semblable proye. Au commencement ce ne fut qu'vne curiosité qui s'alluma en son esprit, de sçauoir en quel lieu Siridon auoit logé ses pensees, ne songeant pas encore à la trahison qu'il luy brassa depuis, reduit à cela par la force d'vne beauté qui rangeoit tout sous son empire par la violence de sa douceur: l'ayant donc pressé de luy declarer le nom de cette creature, des loüanges & belles qualitez de laquelle il l'entretenoit si peu discrettement, & peut-estre plus conformément à son imagination malade & blessée, que selõ la verité. Vous n'estes pas si estranger en vostre propre païs, luy dit Siridon, & depuis huict ou neuf ans d'absence, vous n'auez pas tellement oublié le nom des familles de cette ville, que vous ne vous souueniez d'vn vieil Cheualier de nostre voisinage &

des plus grands amis de feu noſtre pere, & Commãdeur de l'habit de Calatrana, qui s'appelloit Domnio. Ie me ſouuiens fort bien de ce braue homme, repliqua Fulgent, il eſtoit tous les iours en noſtre maiſon & de nos plus familiers amis. Cettui-cy, pourſuiuit Siridon, eſpouſa en ſon âge auancé vne femme d'aſſez remarquable beauté, mais de peu de moyens, de laquelle il n'a eu qu'vne fille vnique, qui eſt l'vnique merueille que i'honore, c'eſt le paradis de mes yeux, & l'enfer de mon eſprit; celle-cy porte vn nom tres-conuenable à ſes mœurs douces & ſans fiel, car elle s'appelle Palombe (ce mot en Eſpagnol eſt le meſme que Colombe,) & ie me ſentirois arriué au ſupréme point de ma felicité, ſi ie pouuois eſtre Colombeau de cette Tourterelle, car ie croy qu'en l'amitié ce ſeroit le pair le plus parfaict du monde. C'eſt toute la fleur & la creſme du païs, & en richeſſe & en beauté : car c'eſt vne heritiere à qui Domnio a laiſſé de grands biens, & quant aux beautez, i'en feray iuge voſtre œil quand vous l'aurez veuë : elle eſtoit encore ſi ieune quand vous partiſtes de ce pays pour aller au ſeruice de leurs Majestez, qu'à peine sortoit-elle de l'enfance, car à present, c'est le tout si elle a quinze ans ; c'est le commun objet des yeux & des cœurs de la Noblesse Tarragonnoise, les Musiques ne resonnent que pour elle, les airs & les Ecos ne rebattent que sa gloire, les Romances & les Poësies n'ont point de plus digne sujet que ses perfections : toutes les festes & tous les partis se dressoiët autrefois pour elle, les compagnies n'empruntoient leur lustre que de sa presence, elle estoit l'enuie de ses compagnes, le blanc des desirs de plusieurs poursuiuans, l'espoir des vns, le desespoir des autres, le tourment de tous. Mais la Fortune riuale de la Vertu, & si coustumiere de défauoriser le merite, a esleué des vapeurs deuant ce bel Astre qui en enuient la clarté à mes yeux, imitant en cela la nature, qui cache les choses belles, l'or dans les entrailles de la terre, & les pierreries au fond de la mer ou des lieux escartez, & en voicy la cause. Sa Mere, que l'on appelle Dogne Eriberte, ayant encor quelques restes de cette beauté qui la fit aymer à Domnio, & qu'elle a toute transmise auec auantage à sa fille, s'est laissé prendre par les yeux à vn Cheualier de l'Ordre d'Alcantara, nommé Don Odile, qui n'a qu'vn fils appellé Nilamon, le plus hideux, & le plus contrefaict petit monstre que la terre puisse porter : car outre qu'il est boiteux & bossu, il a encore d'autres difformitez au visage qui le rendent tel, que sa seule rencontre est d'vn mauuais presage. Ce Gentil-homme qui n'a que cét enfant vnique, tout laid qu'il est, l'ayme comme son enfant, car la nature a mis de certains ressorts dans le cœur des Peres qui les retournent tousiours du costé de leur sang, & pour desagreable qu'il soit, leurs yeux y treuuent tousiours quelque prise pour leur bien-veillance, & n'ayans que de l'aueuglement pour les defauts : cettuy-cy est non seulement vn parfaict remede d'Amour, mais vn obiect d'honneur & de haine, parce qu'il ne semble marcher sur la terre, que pour faire despit au Soleil, neantmoins tel qu'il est, Odile le regarde comme son heritier, luy souhaitte plus de bien qu'à soy, & comme si c'estoit quelque fleur de l'Andaluzie le garde precieusement pour en auoir de la race. Outre cela il ayme le bien, de sorte que sçachant que la Dogne Eriberte vefue du Cheualier Dominio n'en eſt pas trop pourueuë, & que tout appartient à ſa fille, il luy promet de la prendre à femme, pourueu que l'on donne cette Cithere à ſon Vulcan. Cette folle mere pour contenter ſa paſſion veut bien ſacrifier cette Iphigenie à cette miſere, le Ciel & la Terre s'y oppoſent, non ſeulement toute la jeuneſſe de la Ville, mais la Cité toute entiere reclame, la fille meſme declare qu'elle eſpouſera pluſtoſt vn tombeau qu'vn tel mary. Sa mere la tempeſte, la tourmente, & comme vne furie domeſtique eſt touſiours attachee à ſon collet pour arracher ce conſentement qu'elle n'aura iamais, car outre que la fille y eſt reſoluë, elle a tous ſes parens du coſté de ſon pere qui la ſouſtiennent, & qui ne veulent pas que l'on côtraigne ſa liberté: elle pour ſe deffaire hôneſtemēt des importunitez de ſa mere, dit qu'elle n'eſt ny en âge, ny en volonté de ſe marier, s'eſtāt comme voüee à vn autre eſpoux qui vaut mieux que tous les hommes enſemble; c'eſt à dire en termes clairs, qu'elle veut eſtre Religieuſe, deſſein que cette bonne Dogne n'empeſcheroit pas ſi elle pouuoit eſtre ſon heritiere, & auec cet heritage conquerir les bonnes graces de son Odile; mais le mal eſt pour elle que les ſubſtitutions du bien luy oſtent cette eſperance, & les heritiers ſubſtituez que ſes richeſſes regardent, la maintiennent pour ce ſujet en la liberté de cè choix qui ne leur pourroit eſtre qu'auātageux. Voila l'occaſion pourquoy cette Megere la traitte ſi mal, l'empeſchant de frequenter en aucune compagnie, ne la laiſſant voir à perſonne, ny ne luy permettāt de voir aucun, parce qu'il n'y a celuy de tous les Gentils-hōmes de cette contree pour peu fauoriſé qu'il ſoit des graces de la nature, qui ne puiſſe paſſer pour tresbeau, eſtāt conferé à cét Æſope, qui n'a pas meſme au viſage la reſſēblance d'vn homme. Toutes les compagnies ſouſpirent cette priuation, & n'y a celuy meſme des moins intereſſez qui ne regrette de voir vne Colombe ſouffrir vn traittement ſi barbare, & qui ne croye que la Lune ſoit tombée des Cieux en ne la voyant pas paroiſtre cōme cét Aſtre au milieu des Eſtoiles, ou cōme vne Diane parmy ſes Nymphes. Vn Poëte de mes amis, & qui ſçait ma paſſion, laquelle i'ay, auſſi bien que pluſieurs autres, aſſez ouuertement declarée, me fit l'autre iour quelques vers qui flattent mon déplaisir: mais las ces foibles remedes & ces legeres fomentations ne font qu'aigrir & enuenimer ma playe: ils disent ainsi.

 Ce bel Astre dont Tarragonne
 Empruntoit toute sa clarté,
 Se voit par sa Mere felonne
 Caché dedans l'obscurité,
 Et la rigueur de cette auare,
 Qui recele vn tresor si rare,
 L'enferme dedans sa maison,
 En sorte que l'or dont Acrise
 Vit iadis sa fille surprise,
 Ne forceroit pas sa prison.
Palombe par elle enfermee
 Ne se monstre plus en ces lieux,
 Et ma puissance desarmee
 M'empesche d'estre officieux.
 Il faut que mon courage cede
 Au cruel Sort qui la possede,
 Et que miserable Ixion
 Ie me contente d'vne nuë
 Qui ne peut estre maintenuë
 Que par egale fixion.
Elle me cherit, ie l'honore:
 Mais las! elle ne peut sçauoir
 Ny le souci qui me deuore,
 Ny son desir me faire voir,
 Le respect nous tient en silence,

Et

Et la douceur d'vne esperance
Qui trompe toute la Cité,
Nous faict attendre la iournee
Que le Destin a ordonnee
Pour voir nostre Hymen souhaitté.

A ce que ie voy par ces vers, reprit Fulgent, vous estes bien auant en ses bonnes graces & dans les termes des propositions de mariage : mais par quelles voyes, c'est ce que ie desirerois sçauoir pour vous y seconder selon ma puissance. Icy le passionné Siridon se jettant la larme à l'œil aux pieds de son frere, qui le releue aussi tost : Seigneur Comte, dit-il, ce sont bien vrayement des propositions ; mais le Prouerbe n'est que trop vray, que l'homme propose, & les Dieux de la Terre, c'est à dire, nos Superieurs & nos Maistres disposent de nos destinées, & cependant que les pauures Amans se repaissent de songes, d'espoirs & d'imaginations, ceux dont les volontez sont les premiers mobiles de leurs pensees en ordonnent souuent tout au rebours de leurs desirs. Mon sort pour ce regard est en vos mains, & selon la part que i'auray en vos graces,& que vous me ferez de vos biens, ie pourray donner attainte à ce party, qui me peut mettre en vne splendeur digne de la maison dont i'ay l'honneur d'estre sorty. En cela outre la gloire qui vous demeurera d'auoir auancé vostre Cadet, ie croy que vous suiurez le dessein du Ciel & de la Terre: Le party est de telle sorte, qu'estant trop peu pour vous, qui pouuez atteindre plus haut & esperer dauantage, il est trop riche pour moy, qui comme Cadet n'ay que la cappe & l'espee : car les loix de la Catalogne nous rangent tout à fait à la mercy & discretion de nos aisnez. Si bien qu'en ma recherche ie n'ay eu autre responce des parens sinon que i'estois bien d'assez bonne race, mais que ie n'auois pas des facultez qui pussent arriuer à aucune correspondance auecque celles de Palombe : de maniere que semblable à l'enfant de l'embleme, l'aisle de mon desir est contre-balancee par le poids de la dure & implacable necessité : il est en vous de l'obliger, vous qui me tenez rang de pere, qui estes mon Seigneur & mon Maistre, & la seule ancre de mon espoir en la tourmente qui agite mon esprit, de vous depend ma bonne ou mauuaise fortune, & si vous m'aydez tant soit peu, non tant de vos moyens que d'vn vent fauorable, ie croy qu'il me feroit facile de furgir à bon port. Il y a plus, c'eft que le Ciel, comme ie penfe, fauorife cette alliance, parce que noftre amitié creuë auecque nos ans a prefque eu fon principe dans le berceau, car comme Domnio frequentoit fort en noftre maifon, le Seigneur Comte noftre pere eftoit ordinairement en la fienne, paffant le temps au jeu auec ce bon Cheualier : fi bien que i'ay ouy dire que de cette vnique heritiere, Domnio proiettoit de faire vne alliance en noftre maifon; & ie me fouuiens que fuiuant quelquefois feu mon pere quand il alloit voir Domnio & Eriberte, lors qu'il me voyoit empefché autour de Palombe, comme font ordinairement les enfans en leurs petits jeux, il me difoit, Sus Siridon faictes bien l'Amour pour voftre frere, & aymez cette Damoifelle comme voftre Sœur. Ce qui me fait coniecturer qu'on la deftinoit pour vous, & que les deux peres eftoient d'accord & en cette commune intelligence. Auffi à la verité elle ne peut en cette ville eftre felon fon rang & fa dignité colloquée autre part qu'en noftre maifon, & fi i'auois seulement le quart du bien que vous possedez, il y a long-temps que ses parens me l'auroient promise & mesme donnée, nonobstant les oppositions de sa mere, qui ne cherche au sordide mariage de Nilamon que son propre interest, voulant immoler sa fille à ses particuliers plaisirs. Voyez comme ce pauure oyseau engendroit la glus qui deuoit empaster ses ailles, & comme sa langue filoit la corde qui deuoit estouffer ses esperances : De maniere qu'il pourra dire auec ce Poëte :

Las ! par mes propres traicts, ie suis couuert de playes.

Mais il est mal-aisé de se deffier de celuy sans lequel aussi bien ne pouuoit-il rien faire, & puis il est difficile de cacher si secrettement vn brazier en son sein que par la bouche il ne s'en éuapore tousjours quelque estincelle : quand les oiseaux sont en amour c'est lors qu'ils gazouïllent le plus, & c'est le temps le plus propre aux Oyseleurs pour les surprendre : on a ordinairement la main à la playe du corps, & la langue à celle du cœur :

Qui peut cacher vn feu sans monstrer sa lumiere,

Qui peut faire du cœur vne playe meurtriere.

Vous souuient-il, Siridon, de ce que vous disiez tantost, que vous immoleriez à la splendeur de vostre famille vos contentements particuliers? certes vous disiez mieux que vous ne pensiez & outre vos intentions: cette prophetie ne sera que trop veritable pour vostre bien, vous troublez par trop de caquet vostre propre feste. Estant à la table du Prince, dit Salomon, c'est à dire de ton superieur, ou de celuy qui a sur toy vne pleine puissance, mets la pointe du cousteau sur ta gorge, c'est à dire parle auec tant de retenuë, de iugement & de discretion, que tu ne sois point autheur de ta disgrace: sage conseil & mal pratiqué par ce Gentil-homme.

Dieu! qu'il est penetrant dans les choses futures.

Prophete tres-certain en ses mes-auentures.

Vn sage mary ne doit iamais trop loüer la beauté de sa femme deuant vn amy, quelle asseurance il ayt de sa fidelité: car c'est luy donner la curiosité de connoistre si ces loüanges sont veritables, c'est de la veuë le porter à la conuoitise, & le tenter de desrober ce qui ne se peut achepter. Vne habile femme ne loüera iamais sa seruante deuant son mary, ny son mary deuant sa voisine. La poule est vn sot animal, si tost qu'elle a faict son œuf elle crie, & par ce cry elle donne sujet d'aller chercher ce qu'elle a tasché de cacher. Quand le Cerf brame il faict entendre au chasseur que la biche n'est pas loin, & luy donne occasion de les tuer ensemble, ou de leur dresser des embusches. L'estime que Iacob faisoit de son mignon Ioseph donna pied à l'enuie de ses freres, qui le vendirent malheureusement. Le François estant en vn festin a cette imprudence par sa promptitude de publier la delicatesse d'vne viande aussi-tost qu'il en a tasté, si qu'attirant au plat toutes les mains voisines, la moindre part luy en demeure: le Tramontain est plus accort, car apres auoir satisfait à son appetit, il se contente de dire que ce mets estoit bon, lors qu'on ne peut plus luy faire la part du plus ieune. Ie dis tout cecy par auance à cause qu'vn rusé liseur iuge bien quelle est la fosse où se precipite ce Cadet par sa sottise, aussi le leurré Courtisan & Courtisan Espagnol, c'est à dire dissimulé en cramoisy, ne dit pas ce qu'il en pense, comme il ne pense à rien moins qu'à ce que sa bouche profere en ces termes : Mon cher frere, s'il ne tient qu'à vous faire part de mes biens que vous ne soyez bien logé, vous deuez de ce costé là estre asseuré de vostre fortune, car ie vous dis en verité que tout ce que i'ay est vostre, comme ie croy (ô qu'il n'est que trop vray) que tout ce qui est vostre est mien. Helas! que faites vous Fulgent, ne craignez-vous point de tomber en la faute de Dauid, Siridon n'a qu'vne petite Brebis, comme Vrie, qui repose doucement sur le sein d'vne douce esperance, il est engagé de longue main dans vne affection que d'vn reuers vous allez trancher, bien qu'elle ait plus de lacqs que le nœud Gordien, serez vous bien tant impitoyable à vostre frere que de luy leuer ce qui luy est aussi precieux que la vie?

Et d'vne rigueur inhumaine
 Estouffer en luy vne Amour,
Sans qui la lumiere du iour
 Ne luy luira qu'auecque peine.

Mais la passion est aueugle, & sans égard de sang ou de fidelité, elle renuerse toutes les loix qui s'opposent à sa fureur, & comme que ce soit, par fraude ou par valeur, pourueu qu'elle arriue à son but il ne luy importe. Et puis le moule est plus

D iiij

que le pourpoint, & n'y à celuy qui ne s'ayme mieux que tout autre: car si la dilection du prochain se mesure sur celle que nous nous portons à nous mesmes, il est assez euident que celle-cy en toutes façons doit preceder celle-là, comme l'original deuance la copie. Fulgent, qui sent chatouiller son ame de la prophetie de feu son pere, qui disoit que Siridon feroit l'Amour pour luy, & luy prepareroit vne espouse, sent son cœur attiré par ie ne sçay quelles inuisibles chaisnes, ny plus ny moins qu'vne nauire chargee de fer coule legeremét vers des rochers d'aimãt. L'importãce est de voir cette Reine des beautez de la prouince Tarragõnoise & cette vnique perle cachee comme dãs vne nacque és grottes de l'Ocean, il s'imagine desia que c'est le bel escueil de sa liberté; & sa fantasie rappellant le pinceau de la langue de son frere, l'encherit des plus viues couleurs qui se puissent representer. Cette difficulté mesme qu'il y a de l'abborder aiguise son desir, & luy faict croire que c'est le bras de Theano, qui ne peut estre que beau, puisqu'il est rare. Voyla ce qu'a gaigné Siridon de s'estre decouuert; mais parce que ce n'est rien faict qui n'acheue, s'estant mis sur la course, il faut qu'il arriue à la fin de la carriere de sa ruine. La pierre qui vne fois a pris le branle sur la pante d'vn precipice, ne cesse de rouler iusqu'à ce qu'elle soit paruenuë au pied : Et voicy qu'il se va (comme l'on dict) acheuer de peindre, & cela par vne peinture. L'importance à Fulgent est de voir ce digne object de tāt de trauaux en son frere, & tant desiré par luy. Eriberte estoit si dépitée qu'elle auoit iuré que sa fille ne verroit le monde, que quand elle auroit pris la resolution de luy obeyr. Et Palombe aymant mieux vne retraitte sombre qu'vne liberté malheureuse, possedoit son ame le mieux qu'elle pouuoit par la patience, attendant comme vne Andromede que quelque Persee perçant les murailles qui luy seruoient de grille la vinst deliurer de la gorge de ce monstre qui menaçoit de la deuorer. Autant de poursuiuans qu'en eut iadis Penelope, rodoient tous les iours autour de la maison où estoit enclose cette toison d'or, paissans leurs ames de souhaits, tandis que leurs yeux sont priuez de la veuë de leur Ourse. Siridon ne manquoit point d'y perdre ses pas comme les autres, entre lesquels il estoit des premiers & des plus fignalez, sinon en biens, au moins en Noblesse, en bonne grace, & en gentillesse, qui sont de grands charmes & de puissantes armes pour vne semblable coqueste. Aussi se promet-il bien d'auoir autant de part qu'aucun autre au cœur de cette enfermee: mais parce qu'elle est extremement honneste, & non moins chaste que belle, il ne faut rien esperer d'elle que par le consentement de tous ses parens: & l'on sçait qu'en faict de mariage, on regarde plustost à la bourse qu'au visage, aux biens de fortune, qu'à ceux du corps, ny de l'esprit, encore qu'ils soient moins nostres. La premiere demande est celle-cy: Combien a-t'il, ou qu'à-elle vaillant? Il y a peu de Catons qui cherchent vn homme qui ayt besoin de richesses, plustost que des richesses qui ayent besoin d'homme. Tout l'auantage dont Siridon emplit les voiles de son espoir, c'est la familiarité qu'en sa ieunesse il a euë auec cette fille, l'ancienne amitié de leurs peres, & quelques legeres inclinations: mais tout cela est bien debile pour y ietter de solides fondemens, c'est le songe d'vne ombre, & l'ombre d'vn songe, autant en emporte le vent: adioustez que les paroles des filles, & les mou-

uemens des fueilles ont vne grande affi-
nité, les voicy, les voyla.
Ce n'est que souppleffe & destour
 En vn moment ce n'est plus elles,
 Et s'imagineront l'Amour,
Plustost sans flammes, que sans aisles.
Or quel moyen auoit-il de faire voir à
son frere ce doux sujet de ses peines, si
luy-mesme ne pouuoit repaistre ses yeux
de cette nourriture, qui estoit le plus
doux entretien de son ame: aussi à ce defaut, tandis que cette Damoiselle estoit
encore visible, & que les assemblees
estoient embellies de sa presence, il apo-
sta vn Peintre qui luy en fit à diuerses reprises vn pourtraict à la desrobee, qui re-
presentoit que bien que mal quelques
lineamens de ce visage, qui de sa neige luy faisoit naistre tant de feux. S'il
n'estoit accomply, son imagination sup-
pléoit le reste, & auec ce fuzil il attisoit
sans cesse le feu qui le reduisoit tout en
cendre: artifice estrange de cette passion
qui s'attache à de faux obiects quand les
vrais luy defaillent, & qui faict
 Auec des traicts si faux, des coups si ve-
 ritables.
Siridon qui eust voulu auoir la fenestre
de Momus pour mieux descouurir son
cœur à son frere, ne treuua point de plus

prompt moyen pour luy faire connoistre quelque eschantillon des graces de Palombe, que de luy faire voir ce pourtraict qu'il portoit toufiours deſſus ſoy comme ſon Palladium, ou ſon tizon fatal, auſſi ſoigneuſement que ſi c'euſt eſté quelque ſaincte relique; mais ce fut en blaſmant ſi fort le peintre, & releuant ſi exceſſiuement le naturel, ſelon que luy dictoit ſon imagination, que Fulgent qui n'eſtoit pas de marbre ny d'aucune matiere qui fuſt inſenſible, à la ſeule veuë de ce pourtraict en fut touché comme d'vn éclair qui luy ſilla les yeux, éclair preſage du tonnerre de la preſence qui le doit reduire en poudre. Tãt eſt puiſſante vne premiere & vehemente impreſſion, & que de grands accidens elle cauſe, dit la maxime philoſophique. Il le regarda quand ce premier eſtonnement fut paſſé aſſez long temps, & aſſez attentiuement, comme vn homme qui ſortant des tenebres à la lumiere en eſt eſbloüi au commencement, mais peu à peu y eſtant habitué ſe plaiſt à voir cette belle clarté qui donne la couleur & la beauté à toutes choſes.

Car comme les couleurs ſans lumiere ſont triſtes,

La lumiere est aussi triste sans les couleurs.

Mais dissimulant en ruzé Courtisan la pointure certaine qu'il venoit de receuoir de cette seule figure, & cachant le traict qu'il auoit encore tout sanglant dans sa playe: Vrayement, dit-il, mon frere, ie croy que comme Pigmalion vous estes amoureux d'vne image; de moy, ie ne suis point si contemplatif, & si ie ne voy l'original ie ne sçay bónement qu'en dire; i'approuue neantmoins vostre dessein, puis qu'il est honneste & digne de vostre courage, & ie vous y appuyeray de telle façon, que vous aurez occasion d'en estre content. En fin il fallut que Siridon (remerciant son frere, qui en son cœur se mocquoit de luy) mist la derniere main à l'œuure de sa sottise, ce fut en luy monstrant des Stances que ce Poëte de ses amis, qui estoit le Peintre de ses passiós, fit sur ce pourtraict. Cette peinture parlante par ces vers disoit ainsi:

Que celuy fut audacieux
Qui oza pourtraire ces yeux
Sans faillir à son entreprise,
Et les regardant fixement,
Où i'auois perdu ma franchise
Ne perdis point le iugement.

Ils sont si chastes & si doux
Que mon esprit mesme est jaloux
De l'art du Peintre, & de sa gloire,
Qui les a peu si bien tirer
Que rien fors ma seule memoire
Ne les pouuoit mieux figurer.
Bien qu'ils soient morts en ce pourtraict ;
Ils ont tant de grace & d'attraict,
Leur flamme est si viue & si claire,
Qu'on brusle aussi tost à les voir :
Eux-mesmes que peuuent-ils faire
Si leur pourtraict a ce pouuoir.
Pourtraict de mes larmes baigné
Quand de mon obiect esloigné
Ie te dy ma triste auanture;
Que de bien ton ombre me faict ;
Mais ce bien là n'est qu'en peinture ;
Et ma douleur est en effect.

Fulgent trouua vn vent fort à son gré, plus parce qu'ils representoiét naïuemét les passions dont desia son cœur estoit assiegé, que pour estre l'image de celles de son frere : car comme la meilleure musique dont on peust chatouiller les oreilles d'Alexandre, estoit celle qui chantoit ses hauts faicts; de mesme il n'est point de plus agreable poësie que celle qui flatte nos passions, c'est vne douce piperie qui est en vne ame picquée plus aimable que toutes les veritez qu'on luy sçauroit propofer: pauures veritez alors mal-venues : car comme la Verité n'eft que dans la Raifon, dire des raifons à vn paffionné, n'eft-ce pas monftrer des couleurs à vn aueugle, & chanter deuant vn fourd? Conclufion il faut voir, c'eft ce que veut faire Fulgent, auant que s'engager, pour ne s'amufer à pourfuiure vn fantofme, il fera temps de faire le fol quand il aymera tout à faict: maintenant qu'il luy refte vn peu de fageffe, & que la lumiere de fes yeux eft encore auec luy, il veut connoiftre auant que prendre la refolution d'aymer. Ainfi font les prudens: car Prudence veut dire preuoyance ou prouidence; comme qui diroit voir deuant foy, non feulement ce qui eft à fes pieds, mais ce qui eft plus efloigné: il eft bon de faire dans le monde côme fur la Mer, fur celle-cy celuy qui eft fur la Hune voit bien auant fur le dos de la marine, & s'il defcouure quelque vaiffeau en donne aduis au Pilote; la Sageffe faict le mefme office, & auant que commencer vne entreprife elle jette les yeux fur la fin, dit l'Axiome, derniere en l'execution, premiere en l'intention. Encore Eriberte ne tient pas Palombe, tellement prisonniere qu'elle luy rauisse l'vsage & l'exercice de sa Religion ny la veuë de ses plus proches parens, autrement c'eust esté vne tyrannie qui eust crié vne ouuerte vengeance, & que les loix publiques n'eussent iamais supportée. Les deux freres espient donc les occasions de la voir és Eglises ou és compagnies priuees de sa parenté, car c'estoit seulement des grandes assemblees, des festes publiques, & de l'abord de la jeunesse qu'Eriberte la retiroit : cecy ne fut pas mal-aisé. Ce fut donc à l'Eglise, qu'au lieu de rechercher l'Amour de Dieu, Fulgent trouua celuy du monde, & au lieu de s'auancer aux graces du Createur il poursuiuit celle d'vne chetiue creature. O Seigneur où est ce fouet à triple cordage duquel vous purgeastes le Temple de Ierusalem, que ne venez vous en ceux de Tarragone en chasser ces Pigeons, ces vendeurs de Colombes : car comme voulez vous que i'appelle ces gens icy qui marchandent vne Palombe, ces achepteurs de Brebis, ces Taureaux indomptez, ces trafficqueurs de marchandise de contrebande. Que ne reiettez vous bien loing de vos sacrez pasturages, de vos

eaux

LIVRE PREMIER. 45

eaux de refection spirituelle, ces estalõs de haras, ces cheuaux, comme dit vn Prophete, hannissans apres toute sorte d'obiects, ces Asnes & ces Mulets qui n'ont point d'entendement, ou s'ils en ont, il est tout englouty dans la chair & le sang: ou bien quand ils approchent de vos Autels, que ne leur mettez vous dans les maschoires le frein du respect qui vous est deu & le camorre de la crainte qui vous rend terrible & redoutable aux plus grãds de la terre? Mais las! comme craindroient de prophaner les temples insensibles, ceux qui ne se soucient pas de soüiller les viuãs, c'est à dire leurs corps, temples du S. Esprit, consacrez à Dieu par le Baptesme? Celuy qui s'adonne à la deshonnesteté, peche contre son propre corps, & Dieu n'a point pour innocent celuy qui viole son domicile, & qui rend les mẽbres dediez à IESVS-C. sujets à l'impureté. Mais mal-heur à ces nations, qui au defaut des conuersations priuees dans les lieux seculiers, se seruent des Eglises pour y faire des entreueuës, & pour y porter des infections, plustost que pour y pratiquer de sainctes affections. Encore que ie n'exempte pas tout à faict la France de ce crime là, si

E

est-ce qu'elle est incomparablement plus religieuse en ce point icy, à cause de la liberté de la frequentation & de la facilité de se voir parmy les compagnies, que ne sont ces nations qui habitent par delà les Alpes & les Pirenées : car de leurs Eglises ils en font communément des theatres de Vanité (entrans pompeusement, comme parle vn Prophete, en la maison d'Israel) & de plusieurs mauuais commerces que ie n'oserois dire, changeans, pour parler selon l'Euangile, la maison d'Oraison en vne cauerne de larrons. Car quels plus grands larrons que ceux qui entrent par les fenestres des yeux, ainsi que parle l'Escriture, pour voler les cœurs. Ce fut donc là que Fulgent fut pris, & qu'il reconnut au visage de Palombe, que vrayement le Peintre auoit faict de grandes incongruitez auecque son pinceau, la representant bien loin au deça de ses perfectiõs, au rebours de ceux qui flattẽt, & qui pour plaire à ceux qu'ils representent & hausser leur recompense par cette fausseté, les fait paroistre à l'auãtage, & auec des graces qu'ils empruntent des couleurs & des ombres, & qui ne se monstrent point en l'original. Graces mortes sur le vif, & seulement viues sur le mort, c'est à dire, sur la planche ou sur la toile inanimee. Fulgent auoit vn autre esprit, & comme le corps mieux composé & façonné, aussi l'entendement plus poly que Siridon, si bien qu'il ne luy falloit pas aller à l'emprunt pour exprimer ses passions en vers : car à la Court d'Espagne il n'est pas habile homme qui ne rhime, & iusques aux artisans ils sont experts à faire des Romances, qu'ils appellent, c'est à dire des Poëmes sur les sujects qui se presentent, & les chantent fort gracieusement. Fulgent fit ceux cy sur sa prise : mais il ne fut pas si peu consideré, que de les communiquer à celuy qu'il eust picqué au vif du ver de jalousie. Ce fut au soir estant au Salut en certain Monastere qu'il vit la premiere fois Palombe, & aussi tost qu'il l'eut veuë il en fut esperdu. Et voicy à peu prés de l'Espagnol comme il exprima cette rencontre.

Vn soir i'auois ouy mille chants de liesse
Entonnez à l'honneur de la Reine des Cieux,
Et mon esprit rauy d'vn chant si gracieux

Bannissoit loin de moy toute noire tristesse,
Quand me trouuant meslé parmy la tourbe
  espesse
Du peuple, se pressant, m'apparurent des
  yeux,
Qui me firent penser qu'en ces augustes
  lieux
Le iour recommençoit quand aux autres
  il cesse.
Ainsi mon cœur fut pris quand i'y pensois le
  moins,
Car comme eusse-ie creu qu'entre tant de
  tesmoins
On eust iamais commis vn si grand bri-
  gandage.
Ie ne suis pas pourtant du tout exempt du
  tort,
Car ie deuois preuoir, si i'eusse esté bien
  sage,
Que sortant du salut, ie courrois à la mort.

Voila comme les mondains cheminans en la vanité de leur sens, ayans l'esprit obscurcy de tenebres, & escumans leurs passions, se resiouissent en leurs maux, & s'esgayent en leurs folies, n'ayans de la subtilité en leurs inuentions que pour les choses de la terre, & se glorifient en ce qui leur deuroit apporter de la confusion & vne honte salutaire. Ainsi le chantre Toscan declare sa prise en ce iour funeste auquel le Sauueur souffrit pour nous, s'amusant à songer à sa passion plustost qu'à celle du Redempteur : mal-heur à ceux qui trainent l'iniquité en des liens de soye. Oseray-je encore produire ces autres Stances, ou il se delectoit en sa misere, ie l'oseray, puisque les Sages Spartains faisoient expressémét enyurer leurs esclaues pour faire voir à leurs enfans leurs deportements extrauagans, & par cette impression leur donner horreur de l'yurongnerie : il faut mettre la playe au iour pour les guerir. Elles sonnent ainsi.

Dans ce Temple sacré où mon affection
 Embrasa tout d'un coup tous les coins de
  mon ame,
Ie n'eusse iamais creu qu'vne terrestre
 flame,
M'eust osté la deuotion.
Mais au lieu de pointer mon penser vers les
 Cieux,
Mon œil s'alla ficher vers vne viue
 image,
Alors ie m'estonnay d'entrer en esclauage
Dans la franchise des saincts lieux.

E iij

*Dés le premier esclat de cet estonne-
 ment
Mon ame triompha de se sentir bles-
 see,
Et l'Autel ne pouuoit oster à ma pen-
 see
L'entretien d'vn si doux tourment.
Encore que le Ciel me deust faire perir,
Ie mesure ma peine auecque mes an-
 nees,
Et si ie me fais fort d'oster aux desti-
 nees
La puissance de me guerir.*

Tout ce que Midas touchoit deuenoit or, & deuient ord ce qui est de plus sainct quand il passe par des mains profanes; ce ne sont pas seulement les gourmands qui font vn Dieu de leur ventre, mais tous les vicieux font vne idole de leur passion : ce sont leurs dieux que leurs conuoitises : Car qu'est-ce que l'auarice, sinõ vne adoration de l'or & de l'argent? les simulacres des Gentils, disoit Dauid, sont d'or & d'argent; ces beautez idola- trees par les Amans, que sont-ce, sinon de viuantes Idoles? Fut-ce pas l'Amour profane qui rendit fol le plus sage des mortels, qui fit Salomon idolatre? Si vous mettez vn fer entre deux morceaux d'ayman, il volera au plus petit s'il en est plus proche, car encor qu'il n'ait pas tant d'esprits attractifs que la plus grosse piece, neantmoins sa proximité supplée à ce defaut: Il en est de mesme de l'Amour du ciel & de la terre, celle-cy attire plus de cœurs à cause de son voisinage, non qu'elle ait plus de force & plus d'attraits que l'autre : ainsi les influences de la Lune se font plus viuement sentir, que celles des autres Planettes, non qu'elles soient plus fortes, mais parce qu'elles sont plus proches de nous, & c'est cela mesme qui faict paroistre à nos yeux ce Planete plus grand que les autres, encore que selon la doctrine des Astrologues il soit beaucoup moindre. Vne seule chose rend en quelque façon excusable la procedure de Fulgent, c'est la difficulté de voir ailleurs cette fille, & de plus l'hōnorable fin qu'il donne à son affection, qui est celle du Mariage, car aussi bien sçait-il que l'on ne peut entrer en possession de cet object, que par la porte de l'Eglise; si bien qu'il ne fait point de difficulté de regarder, & de commencer d'aimer dans l'Eglise celle qu'il pretend espouser en la face de l'Eglise, le mariage estant vn but si plein d'honneur, qu'il

E iiij

iuſtifie tous les moyens qui y cōduiſent. Siridon impatiēt de ſçauoir ce qu'il ſemble à ſon frere de ce ſujet de ſon tourment, luy demande ſi ſa folie n'eſtoit pas belle, d'eſtre inſenſé pour vne cauſe de tant de merite: Il faudroit, reprit le cauteleux Fulgent, auoir vos yeux pour y trouuer toutes ces excellences que vous eſleuez iuſques aux nuës, ou pluſtoſt auoir l'imagination bleſſee comme vous l'auez; c'eſt faute d'experience qui vous faict ainſi parler, en quoy, outre voſtre paſſion, vous eſtes pardonnable : car il n'y eut iamais de laides amours; mais ſi vous auiez eſtudié en l'Aſtrologie à Madrit, & ſi vous auiez veu les brillantes eſtoiles qui ſont au ciel de la Court, vous ne bruſleriez pas tant pour les menus flambeaux de cette contree : neantmoins par ce que ie ſçay que la complaiſance eſt ſœur de l'amitié, pour ne rien faire cōtre celle que ie vous dois, ie ſuis bien ayſe de vous voir content, & qu'vn ſi digne ſujet vous occupe, ſes moyens rehauſſeront encore ſa valeur : car cōme il n'eſt point de ſi eminente beauté, qui ne tire encore quelque auantage des parures, de meſme quelque grace & quelque vertu qui enui- ronne vne fille, ſi eſt-ce que la ceinture d'or de la bonne reputation, & plus encore la riche dotte la releuent plus que tous les chappins qu'elle sçauroit porter: Vrayement ie vous veux seruir en cette occasion comme moy-mesme, & vous monstrer en tout que ie suis vostre frere, & que ie ne me souhaitte pas plus de bien qu'à vous, ny à vous moins de contentemés qu'à moy. Paroles subtiles, doubles & affilees comme vn razoir trenchāt des deux costez: Car desia ce Iacob ne meditoit que les moyés de supplāter cét Esaü. En quoy il me sera permis de remarquer icy en passant vn estrāge effect de la puissance de cette fureur qui fait aymer, puis que d'vn Cheualier si frāc, si loyal, si bien né, & accompagné des bonnes qualitez que nous auons tātost remarquees en ce ieune Comte, elle le rend traistre, desloyal & trompeur (tiltres honteux & odieux,) mesme à l'endroit de son plus proche parent, trahissant les esperances qu'il luy dōnoit, comme vn appast, pour apres luy deschirer les entrailles quand il auroit aualé cet hameçō; & en l'affligeant du plus sanglāt déplaisir qu'il eust peu luy faire, il violoit aussi laschement les loix de l'amitié, qu'il offençoit cruellement celles du sang.

A quoy ne portes-tu de fraude & de feintise,
   Iniuste conuoitise.

Mais quoy! trahir & seduire en faict d'amour & de mariage, c'est le joüet & l'exercice ordinaire des Courtisans. Et pour bien ourdir la trame de sa fourbe, il sceut si bien tirer les vers du nez de ce pauure Cadet, qui se fust volontiers renuersé les entrailles, comme l'on dict que faict la Seiche de mer, pour faire voir à clair toutes ses intentions à son aisné, qu'il apprit que iamais il n'auoit eu de paroles obligeantes, ny de priuautez ou faueurs particulieres de cette simple & honneste Colombe, qui sans dédaigner ses offres & ses seruices le renuoyoit tousiours à la volonté de ses parens, comme au bouclier de son honneur & à l'azile de seureté des filles modestes & honnorables. Et quant aux parens, qu'il les auoit trouuez d'assez bonne volonté, s'ils n'eussent point esté refroidis par le peu de moyens qu'il pouuoit esperer sans la grace de son aisné de son illegitime legitime; que s'il faisoit paroistre dauantage, alors ils l'escouteroient plus ouuertement, mais qu'autremeut cette Palombe estoit si bien assaisonnée, que comme vne perdrix delicate, ce morceau n'estoit que pour la bouche d'vn Grand. Voila, disoit Siridon, où portent les richesses au siecle où nous viuons.

Siecle certes tout d'or, siecle vrayment doré,
Puisqu'à la regle d'or tout y est mesuré,
Puisque le nombre d'or y faict plus que l'addresse,
La grace, la vertu, l'honneur & la Noblesse.

Si c'est par ces degrez, reprit Fulgent, qu'il se faut esleuer à ce trosne, asseurez-vous que nous y aurons accés, car outre le nom de nostre maison & la gloire de nostre naissance, i'ay de quoy sans me faire tort vous faire d'assez grands auantages pour vous faire atteindre à ce party: mais il faut faire prouision de patience & vser icy d'vn stratageme qui esblouira les yeux de tous vos competiteurs & de tous les parens de la Dame. Vous dittes que vous auez fait autrefois l'amour pour moy, selon que vous disoit le seigneur Comte nostre pere, que Dieu ait en sa gloire, il faut maintenant que ie vous rende ce mesme office, & que je face semblant de rechercher cette fille de laquelle vous estes si passionné, ie croy que les parens & elle aussi donneront les mains à cette proposition, la plus aduantageuse qu'ils puissent esperer en tout ce païs : si la mere ennemie de l'auancement de sa fille & pour son particulier interest y resiste, nous vaincrons aisément cette opposition par vne lettre du Roy, sans l'adueu duquel peu de grands se marient en Espagne : & ie m'asseure qu'ayant esté elleué à ses pieds il est si bon maistre qu'il ne me refusera pas cette premiere grace, qui obtenuë pour moy sera facile à changer & la faire passer à vostre aduantage, veu que ce sera tousiours pour ma consideration & pour le bien de nostre famille. Siridon qui ne pensoit à aucune fourbe, & qui eust pensé outrager son frere d'en auoir vne simple idée, trouua cét expedient le meilleur du monde, & baisant les mains de son aisné les arrouse des larmes que la ioye espreignoit de ses yeux. Pauure perdreau qui baille dans la tonne où toutes ses esperances seront moissonnees: Cependant il ne peut assez estimer, ny dignement louer l'extreme bonté de son cher frere, qui preferant son bien à son propre contentement, veut differer son voyage de Barcelonne, ou de Valence, pour luy conquerir vne maiſtreſſe, & luy appreſter vn morceau qu'il penſe deſia auoir dans le bec: ſimple pigeon tu ne ſçais pas encore les occupations de la Court, qui ne viſent qu'au boute-hors, le profit de l'vn eſtant le dommage de l'autre: tiens ce que tu as, qu'vn autre ne prenne ta couronne : prends garde que ton chandelier ne ſoit enleué de ſa place; c'eſt ton frere, mais c'eſt vn Courtiſan,à la Court l'intereſt oſte la plus proche parenté. Les fers ſont mis au feu, auſſi-toſt rougis, auſſi-toſt preſts à battre: car à la premiere propoſition qui fut faicte du Comte pour Palombe, tous les parens tindrent cette alliance à grand honneur, chacun cherchant deſia de ſe mettre à l'abry ſous ce grand arbre, toute la ville en eſt en vn inſtant abbreuuée: car de ſemblables nouuelles en des Citez mediocres, comme eſt Tarragone, courent auſſi viſte que des eſclairs; chacun applaudit à ce deſſein, on s'en promet de grandes feſtes, tous beniſſent cette aſſociation, comme le plus beau pair & le plus accomply qui ſe pûſt ſouhaitter, tous deux ieunes, tous deux beaux comme des Anges, riches à merueilles, de bonne grace, & d'heureuse rencontre. Qui ne donneroit sa voix à cette acclamation populaire; & si la voix du peuple est celle de Dieu, Siridon, tes affaires sont faites, cherche hardiment party ailleurs. Mais le voyez-vous qui se rit sous son manteau de ces ioyes publiques; qui pense voir vne comedie derriere le rideau, & qui croit deuoir estre le principal personnage : mais les mocqueurs seront mocquez, car ce n'est pas pour luy que se prepare la feste. Il n'y a qu'Eriberte d'estonnée parmy toutes ces resiouyssances; car elle voit bien que ce party va tout à fait destruire ses intentions, que sa fille y donnera aussi-tost le cœur & les mains, quand ce ne seroit que pour sortir d'esclauage & se deliurer de sa tyrannie. Elle imite donc les faucons de Noruege qui se despeschent de fondre sur la proye si tost qu'elle est leuée à cause de la brieueté du iour de cette region; elle redouble ses tempestes pour presser sa fille à l'alliance qu'elle desire plustost pour soy, que pour elle, & pour auoir pour elle vn beau pere (car Odile estoit d'assez belle deffaitte) elle luy veut donner vn laid mary tel que nous auons dépeint Nilamon. Ce cruel traittement fait que le Côte assemble les parens, & le leur ayant remonstré, ils font ordonner par la Iustice que la fille sera mise en sequestre és mains d'vne sienne Tante, sœur de feu son pere le Cheualier Domnio, ce qui pensa mettre au desespoir cette mere, qui de fureur deuint vne Megere; de quelles iniures n'outragea-t'elle son innocence, de quels coups n'affligea-t'elle sa beauté, elle crie, elle dépite, elle deteste,

Elle appelle les Cieux & les Astres cruels,
Sans songer qu'elle estoit elle-mesme cruelle,
Tirannizant sa fille aussi sage que belle.

Tout ce qu'elle pût faire en ses derniers efforts, ce fut de charger d'imprecations cette simple Colombe, qui pour dire la verité n'estoit pas marrie de sortir de dessous l'aisle d'vne mere vraye marastre & tout à faict impitoyable. Elle ne fut pas plustost sous la conduitte de sa Tante (que nous appellerons Dogne Hedose) que le Comte commence à faire sa recherche à camp ouuert, à publier Palombe pour sa maistresse, & à se declarer son seruiteur. Tout le monde le croit ainsi,

& Palombe mesme à qui Siridon (ainsi que Fulgent luy auoit defendu, luy alleguant la fragilité du sexe incapable de garder vn secret) n'osoit declarer la fourbe & l'intelligence qu'il auoit auecque son bon frere. La part qu'il a en cette conuersation est telle qu'il plaist à Fulgent, qui luy faisoit bien la portion de cadet: car tandis qu'il deuore des yeux ce visage aymé, Fulgent a le priuilege de luy parler & de l'entretenir des familiaritez de son enfance auec son frere, alors son procureur en ses afflictiōs: il luy remonstre que leur alliāce est faicte au Ciel dés leur berceau, par le commun consentement de leurs peres (ce que Palombe luy confirma auoir appris d'vn vieil seruiteur de feu son pere, & mesme de sa gouuernante,) de plus qu'à son retour de la Court il n'auoit trouué aucun sujet capable d'arrester ses yeux & ses vœux que le sien ; il luy proteste qu'elle estoit l'ancre où desormais s'arresteroient ses inconstamces, & tout plein d'autres semblables entretiens qui plaisoient fort à cette prisonniere nouuellemét deliuree. Le change fut aisé à faire prendre à ce ieune cœur, qui outre la legereté du sexe, & la foiblesse de l'âge, n'estoit pas autrement

ment attaché à Siridō que par vne commune & fort simple bien-veillance. Adiouſtez à cela, qu'il n'y auoit nulle comparaiſon entre la façon de ce Cadet, qui n'auoit iamais perdu de veuë la maiſon, c'eſt à dire, groſſier comme vn Tarragonois, non dépaïſé, & pour le dire en vn mot vn diamant brun, & celle de ce Côte eſleué à la Court, dreſſé aux reuerences, & à la bône mine, diſſimulé, fin, madré comme vn Page de Madrit, releué en habits, en ſuitte, en parures, hardy en contenance, aſſeuré en ſon maintien, affilé de la langue, parlant vn Caſtillan pur, faict à la muguetterie, & à la cajollerie, c'eſtoit vn diamant poly mis en œuure, taillé à facettes, & dont le luſtre eſbloüit auſſi toſt cette Colōbe ſeduitte, qui n'auoit point de cœur encor determiné. Si bien que trouuant cette Ame toute neuue, & comme vne carte blanche raze & non occupee, il y eſcriuit en lettres de feu les eternels caracteres de ſa bié-veillance: & puis ce tiltre eſleué de Comteſſe chatoüilloit doucement ſon imagination, parce que c'eſtoit vn honneur non vulgaire, & le deſir de la gloire eſt le Demon qui a le plus de puiſſance ſur l'eſprit des Eſpagnols, de quel que ſexe qu'ils

F

soient : car si les hommes ont plus d'arrogance, les femmes n'ont pas moins de vanité, & les vns, & les autres en sont enflez iusqu'à la folie. Tout cecy se passoit auec vne telle, diray-ie confiance ou stupidité de Siridon, que voyant assez manifestemēt que Palombe s'engageoit entierement, & sans dissimulation, dans l'affection de son frere, il ne s'en faisoit que rire, estimāt que les filles n'ont point d'autre volonté que celle qui leur est inspiree par ceux de qui elles dependent; si bien que son frere traittāt auec eux pour luy, il possederoit aussi-tost ce que son frere auroit conquis : & pour tesmoigner le peu de deffiance qu'il auoit de son procedé, il luy disoit quelquesfois, Seigneur Comte, vous ioüez si parfaictement vostre personnage en cette Comedie, qu'il n'y a pas vn de tous ceux qui vous contemplent, qui ne croyent que vous ne soyez extrememẽt passionné pour Palombe, ie vous coniure de continuer : car pour couurir bien nostre affaire, ie vous iure qu'il faut faire ainsi. Voiez comme ce bon Catalan se laissoit prendre à la pipee : & le ruzé Courtisan pour se dōner carriere de sa bestise, luy disoit, Et vous mon frere, faictes si bien vostre folle en vous taifant, & diffimulant prudemment voftre flamme, qu'il n'y a celuy qui ne vous iugeaft tout de glace, & qui ne creuft que mon refpect euft tout à faict gelé vos pretenfions : mais ce n'eft rien faict de commencer, il faut acheuer, afin que vous ayant logé ie me loge moy-mefme: vous voyez comme vos affaires font icy en bon train, & comme ie fçay amufer, ou pluftoft emmufeler tout ce monde, il faut que vous vous aydiez, car chacun eft artifan de fa fortune. l'ay nouuelles d'vn Gouuernement preft à vacquer fur le riuage de la mer entre Valence & Grenade, fi ie puis le vous faire donner, comme ie me promets affez de credit pour cela, ou quelque charge dans les armees de fa Majefté, auec vne terre de noftre maifon, & vne Croix de Monteze, qui vous pourra apporter quelque bône Cōmanderie, ie croy qu'auecque cela vous pourrez auoir raifonnablement pour arriuer à ce party: eftant en outre par mon addreffe, & à la confideration de mes feruices, porté par le Roy, que ie feray entendre me vouloir marier en quelque plus grand lieu. Siridō qui outre fon Amour auoit encor, cōme ont d'ordinaire les cadets de bonne maisō, vn merueilleux appetit d'eſtre riche & eſleué en hōneur, deuorant tous ces biens là qui n'eſtoient encore qu'en herbe, comme s'ils euſſent eſté en gerbe, ſe figure que ſi auecque tout cela il peut ioindre le grand heritage de la belle Palombe, il ſera plus riche que ſon frere, & luy fera la part : mais il ſera bien deſceu quād il ſe verra decheu de ſes vaines eſperāces : pareil à celuy, dit vn Prophete, qui en ſongeant pēſe eſtre à vn releué feſtin, & y faire bonne chere, & puis eſtāt éueillé ſe trouue auec l'eſtomac creux & famelique. Pour arriuer à ſes pretenſions, Fulgent luy propoſe vn voyage à la Court, qui en eſt le territoire. Siridon preſſé de tous ces aiguillōs, du deſir, des biens, des charges, de ſon Amour, & encore de celuy de voir, & de voir la Court, qui eſt ſi naturel à la ieuneſſe, & à la Nobleſſe, y eſt pluſtoſt reſolu que ſon frere ne l'y a cōuié : il croit que ce reculement n'eſt que pour faire vn plus grand ſaut, que ce retirement d'arc n'eſt que pour aſſener vn coup plus fort, que s'il perd de veuë ſa claire Tramontane pour vn temps, c'eſt pour la voir pour touſiours, & pour l'auoir plus à ſon aiſe : l'inexperiēce des affaires les luy faict trouuer faciles ; il croit qu'aussi tost qu'il sera arriué il obtiendra tout ce qu'il demande, que les seruices tous frais de son frere,& les anciens de ses predecesseurs,sonneront haut, que c'est peu au prix de beaucoup qu'on leur doit. Pauuret,qui faute de sçauoir le train du monde, ne sçait pas que mille & mille Pretendans à Madrit se morfondent, ie ne diray pas plusieurs annees, mais toute leur vie, pour auoir vne audience,pour faire respondre vne triste requeste, pour auoir vn assignat, pour tirer vne chetiue recompense, & que les longueurs sont telles és procedures d'Espagne, que ce flegme faict tomber en langueur ceux qui ne le peuuent digerer par vne extreme patience. Les grandes maisons ne sont iamais sans proces, c'est vne tigne inseparable du drap, vne ombre qui suit necessairement les grands corps, là comme icy, qui terra a guerre a, la playe des chenilles &des sauterelles, qui est la chiquanerie, s'est de l'Egypte respanduë par tout l'vniuers,les formalitez qui seruoient iadis pour dresser le niueau de la Iustice,ne seruent plus qu'à allonger iusqu'à l'infiny les procedures de l'art de Iudicature, & à rendre incurables les miseres des pauures parties, & curables leurs bourses pour emplir celles des Iuges, si l'on peut emplir le tonneau des Danaïdes. Les sangsuës que les Medecins appliquent aux corps pour les purger, tirent le sang, non tant pour donner la santé à ceux qu'elles picquent, que pour en gorger leur auidité : Les Roys establissent souuent des personnes pour purger l'iniustice des peuples, mais ils les purgent si bien qu'ils tirent le bon & le mauuais, non tant pour faim & soif qu'ils ayent de la Iustice publique, & du bon reglement de l'establissement, que pour satisfaire à leur appetit particulier : & comme les sangsuës tirent quelquefois tant de sang, que le bon s'en va quant & le gasté, & le corps du patient en tombe en syncope & defaillance : de mesme, à force de Iustice on ruine toutes les parties, tant celles qui ont bon droict, que celles qui ont tort ; tesmoin celuy qui auoit gaigné tous ses proces, & perdu tout son bien: & cependant ces gorges beantes crient tousiours, comme dict le Sage, Apporte apporte ; vn abisme en appelle vn autre, d'vn incident on tombe dans vn accident, c'eſt vne roue, c'eſt vn cercle qui recommence ſans ceſſe, vne vis ſans fin : ſi que plaider eſt vn ſupplice en terre, qui a quelque image de ceux que les Poëtes font ſouffrir aux enfers à Ixion & à Siſiphe. Le ruzé Fulgent qui n'a pas pour vn proces (car ces plantes-là croiſſent par deſpit comme les chardons en vne bonne terre,) mais entre les autres qui en a vn d'importance au Conſeil d'Arragon, qui ſe tient à Madrit, ſe reſout de donner à ſon frere, outre les pretéſions des charges, l'ébatement de cette pourſuitte, ſous pretexte qu'il regarde la Seigneurie qu'il luy veut donner en partage. Il n'eſt rien de tel que de faire vn homme procureur en ſa cauſe, ou d'intereſſer en la pourſuite d'vne affaire celuy à qui l'on en commet la conduitte, car la propre vtilité eſt le vray aiguillon de la diligence. Siridon ſe charge librement de tout, parce que c'eſt ce luy ſemble pour ſon profit; pareil à ces vendāgeurs & moiſſonneurs qui ne ſont iamais plus contens, que quand ils ſont biē chargez, ce fardeau luy eſt doux, ce poids leger; ce luy eſt vn pois ſucré: or Fulgēt faiſoit tout cecy à deſſein pour le tenir long temps à la Court, & l'eſcarter

F iiij

de Tarragonne, de peur qu'à la fin cette groffiereté venant à fe defniaifer par l'amour (paffion qui fubtilife l'efprit) ne vinft à luy donner de la deffiance de fe voir fupplanter, & que cela n'allumaft en fon cœur vn feu ardant de ialoufie qui le portaft à quelque effect de defefpoir; non pas que le Comte redoutaft fa valleur & fon addreffe aux armes, car il en auoit incomparablement plus que luy, mais pour éuiter le fcandale qui naiftroit de cette querelle qu'il tenoit pour ineuitable, eftant plus feant qu'elle fe defmeflaft de loing, que de prés, ioint qu'il n'y a rien de plus redoutable qu'vn defefperé : car tout homme qui mefprife fa vie eft maiftre de celle d'autruy, & rien ne porte tant à cette fureur que la ialoufie, ou la rage de fe voir enleuer ce que l'on ayme auecque paffion. L'Empereur Commodus eftoit fi ftupide qu'il ne s'efmouuoit point des diffolutions de fa femme, tout le monde s'en rioit, & il ne les voyoit pas, à la fin comme fi cette Imperatrice euft eu fa liberté en haine, elle s'auifa de le picquer en publiant fa vie deprauée, & faifant des infolences à fa veuë auecque fes muguets : tout à coup, comme vn plomb qui fe fond,

LIVRE PREMIER. 69

cette grosse masse de chair se vint à enflammer de telle façon, qu'il la chastia cruellement sans aucune misericorde; pareil au Lyon qui met en pieces sa femelle quand il la voit s'accointer du Leopard. Il estoit de mesme à redouter à Fulgent que le simple Siridon venant à reconnoistre sa trahison & sa ruze ne se portast à toute extremité pour vanger cét outrage, & le punir de sa perfidie: c'est l'ordinaire de ceux qui font mal d'estre meffians, parce que la conscience qui les remord leur fait voir que toute coulpe porte en croupe sa peine. Mais nous verrons en la suitte, qu'encore que ce soit icy vne marque de sa Prudence, neantmoins il aura bien meilleur marché qu'il ne pense du pauure Siridon. A l'ennemy qui s'en va, dit le Prouerbe, il faut faire vn pont d'or, bien que Fulgent le tienne pour son frere, si est-ce qu'il l'a pour competiteur, & par consequent pour aduersaire & pour ennemy de sa pretension ; il s'en deffait donc honnorablement en luy dressant vn bel equipage, & luy baillant pour conducteur vn de ses plus fidels seruiteurs, qu'il rendit depositaire de ses intentions, afin que selon ses desirs & ses desseins ils gouuernast ce voyage & le tirast en longueur: il faict croire à Siridon qu'il met auprés de luy cét homme experimenté en la conduitte des affaires, pour luy donner conseil, pour le soulager en leur sollicitation, & aussi pour luy faire trouuer les addresses necessaires afin de venir à bout de ce qu'il pretendoit. Voyla nostre Cadet braue & bien en ordre qui s'en va sourdement en exil: & puis dittes que ceux qui ont bon esprit ne meinent pas les autres comme ils veulent. L'importance est d'empescher qu'à ce depart il ne laisse aucune impression en l'esprit de Palombe, qui puisse trauerser le dessein qu'a le Comte de l'espouser, tandis qu'il sera absent: c'est àquoy il veille auec plus d'yeux que n'en eût Argus en gardant Ino. Aussi ne luy permet-il pas de luy parler qu'en sa presence; & cóme il a l'esprit fin & subtil, il sçait auecque des mots ambigus rendre des oracles si doubles, que Palombe croyoit (comme il estoit vray) qu'il parlast de ses propres affections. Siridon s'imaginoit qu'il parloit pour luy à cette fille: levres trompeuses qui parloient en vn cœur & en vn cœur; cousteau, dit Dauid, doublement aigu & trenchant

LIVRE PREMIER. 71
des deux coftez. En voulez-vous vn
exëple, en voicy vn efchantillon, afin que
Par vn feul de fes traicts vous les connoif-
fiez tous.
Voila mon frere, difoit il à cette Damoifelle, qui s'en va à la Court à fon
tour, ie m'affeure qu'il n'en reuiendra
que plus galand hôme: car c'eft le païs où
fe poliffent tous les efprits, & où fe façô-
nent les corps, s'il vient à bout des pretenfions que ie luy ay mifes en main, il
approchera de biē prés des biēs que mes
parens m'ont laiffé par heritage, il iouïra
de la recompenfe de mes feruices ; & ie
croy que fa Majefté me fera fi bon maiftre, que mes premieres demandes ne feront pas efconduittes. Vous m'auez autrefois en mon abfence & fans m'auoir
connu aymé pour l'amour de luy, & puif-
que vous connoiffez fon merite, & qu'il
eft Cheualier plein de vertu, & de defir
de vous feruir, vous l'aimerez en fon abfence pour l'amour de moy, qui refteray
icy cōme la caution du feruice qu'il vous
a voüé & de l'honneur qu'il vous veut
rendre toute fa vie. Siridon appreuuant
par de femblables complimens ce que
le Comte auançoit ne retiroit de la bouche de la fage & difcrette Palombe,

que des paroles de bienseance & d'honnesteté, & qui estoient indifferentes, comme celle qui procedoit auec vne grande simplicité en tout cecy, sans entendre aucune supercherie : il n'y auoit que le Comte qui estoit vn Ianus à deux fronts, vn tableau à deux prospectiues, soufflant en mesme instant le chaud & le froid d'vne mesme bouche. Siridon s'en va là dessus fort satisfaict de son frere & de Palombe, & fort ioyeux de voir la Court, c'est ce qui luy fait d'autant moins redouter cette absence, qui est l'ennemie mortelle des Amans : car outre qu'il la croit necessaire pour l'acheminement de son dessein, le plaisir de voir le païs & le diuertissement de tant de differents objects dont vne Court est composée, luy seruira à son aduis d'vn charme puissant pour endormir l'ennuy de la priuation de son cher object. Fulgent pour ne laisser rien en arriere, & n'obmettre aucun point qui pust retarder son contentement, le charge de lettres à diuers Seigneurs pour en obtenir par leur moyen vne de commandement de la part du Roy, afin que le mariage de Palombe se fist sans attendre le consentement d'Eriberte, qui auoit pro-

testé de mourir pluftoft que de donner
fon confenrement à ces nopces, appellant cette recherche vn rapt, & difant
qu'on luy auoit iniuftement enleué fa
fille d'entre les bras, empliffant le monde de vacarmes: Donc pour arriuer à ce
but il eut des lettres des autres parens &
vn acte de leur confentement à cette alliance; Et afin, difoit Fulgent à Siridon,
que l'affaire paffe par delà fans contradiction, fous peine de mon indignation &
de mon abandonnement, gardez-vous
bien de dire que vous ayez aucun deffein
fur la fille: car outre que vous me déplairiez, vous ruineriez voftre affaire entierement, & les parens auffi-toft reuocqueroient leur confentement, qu'ils
n'ont donné qu'en ma confideration:
ne parlez donc que de moy par delà côme deçà ie ne parleray que de vous, tafchant tout doucement de vous infinuer
peu à peu en la volonté de Palombe, &
gaignant ceux qui peuuent difpofer d'elle l'vn apres l'autre, pour leur faire treuuer bonne la ceffion que ie vous feray
de cette Maiftreffe. Siridon promit de
ne s'efcarter pas de la largeur d'vne ongle de tout ce qui luy eftoit prefcrit, n'entrant iamais en aucun ombrage qu'on

luy vouluft faire vne supercherie. Hesique seruiteur confident du Comte luy est donné poursuiuát, pour adjoinct, pour solliciteur de toutes les affaires qui luy estoient commises; mais à dire le vray c'estoit pour estre conducteur de sa despense & surveillant de ses actions, auec charge de le laisser diuertir librement en d'autres objects, de le faire paroistre selon le rang de sa naissance parmy les compagnies, & de faire en sorte par ces amusemens qu'affriandé de la Lethe de la Court, il effaçast petit à petit les impressions de son païs: & afin de luy oster toute occasion de nourrir sa passion pour Palombe, & d'enleuer le bois qui pourroit entretenir son feu, il donna ordre que par les chemins ce portraict qu'il en emportoit, comme son vnique consolation en son esloignement, luy fust subtilement soustrait, afin que le temps auec vne esponge insensible en effaçast l'idée de sa fantaisie. Auant qu'il fust arriué à Sarragoce, capitale d'Arragon, cette peinture, qui estoit tout son entretien, se treuua esgarée: que de larmes non feintes versa-t'il sur la perte de cette image peinte, il ne fut pas plustost arriué à cette fameuse Cité, qui porte le nom de Cæsar Auguste (Cité dõt on ne peut assez dignemẽt loüer la beauté, soit pour la Pompe de ses Temples, soit pour la magnificence de ses Palais, soit pour la multitude de ses Monasteres, soit pour la fertilité de son terroir, qui la rend si abondante qu'elle en est appellée la Pleine) qu'il escriuit ce grand desastre qui luy estoit arriué au Comte, preuenant la diligence de Hesique à l'en auertir : & parce qu'il n'y put treuuer aucun peintre qui sceust faire vn tableau selon le crayon que luy en formoit sa fantaisie, il s'addressa à vn Poëte (& il y en a là de tous mestiers & de tous estages) qui faisant profession de representer au naïf des idées, & des chimeres, luy forgea des vers pour le soulager en son affliction ; il les treuua tellement à son goust, qu'il en enuoya vne copie à son frere pour luy faire voir, que mesmes des gens incognus à qui il auoit raconté sa disgrace en auoient esté touchez de compassion. Fulgent aussi, tant il estoit de bon naturel, en pleura, mais ce fut de rire, en considerant la simplicité de son bon frere : la doleance sur cette dragme esgarée disoit ainsi:

Ie l'ay donc perdu ce portraict
   Dont mon cœur cherissoit le traict,

D'vne passion peu commune,
Et cét euenement fatal
M'enseigne comme la fortune
Après le bien, donne mal.
Le fier destin pour m'empescher
De iouir d'vn gage si cher,
M'a rauy cette douce image
Qui me consoloit en tous lieux,
Afin de m'oster tout courage
Durant cét exil ennuyeux.
Mais que l'implacable destin
Ait enrichi de ce butin
Qui que ce soit, il ne m'importe,
Ie sçay bien que iamais malheur
N'ostera celuy que ie porte
Graué au milieu de mon cœur.

Tandis que cét aualeur de portraicts s'en va resueur & melancholique par le chemin,

Vuide de ioye, & remply d'esperance, retournons à Tarragone voir ce que faict le Comte: certes il auance si dextrement son project, & sa dignité luy en fait trouuer les routes si aisees, qu'en peu de iours son mariage est conclud, tous les parens en font d'accord, & le signent derechef, n'y ayant celuy qui ne tinst à hôneur & faueur d'entrer par cette alliáce, où il ne prestoit que son aueu, en sa protection. Il n'y a que la mere qui ne se peut vaincre; quant à la fille qui n'auoit iamais regardé Siridon que comme vne personne indifferente, elle se prend si bien par les yeux, & puis par le cœur, aux charmes ineuitables de la conuersation de nostre Courtisan, qu'elle ne vit plus que pour luy, & ne respire que luy, c'est l'idole de sa pensee, & tout son bien; il semble que Siridon n'ait serui qu'à preparer son cœur, come la cire qu'on amolit, pour receuoir l'impression de la belle forme du Côte. Toute l'impatience des deux parties est en l'attente des lettres du Roy, qui doiuent suppléer au defaut du consentement de la mere. Mais ils s'auisent que le Roy est éd par tout ses longues mains, par le moyen de sa Iustice, que la tyrannie de cette mere est si manifeste, & la violence qu'elle veut faire à la volonté de sa fille, la donnant à vn petit homme monstrueux pour espouser le Pere, & entretenir sa bonne chere & sa vanité, aux despens des biens de sa fille, qu'ils croyent que les Iuges des lieux, eu esgard au consentement que la Damoiselle donnoit sous l'aueu & l'auctorité de tous ses autres parens à vn party si auantageux & si honorable que celuy de Ful-

G

gent, pouuoient donner permiſſion de paſſer outre, veu meſme que rien ne doit eſtre plus libre que le mariage, & qu'elle a rendu tous les deuoirs & reſpects qu'elle eſtoit obligee de rendre à ſa Mere, de la main de laquelle comme cruelle & tyrannique elle auoit eſté oſtee, pour eſtre remiſe en celle de Sedoſe ſa Tãte, ſage & Vertueuſe veufue, & qui auoir eſté des grãdes amies de la mere du Cõte; ſi bien qu'elle deſiroit ce Mariage auec autant de paſſion qu'il excitoit de rage au cœur d'Eriberte. On paſſe dõc outre sãs la permiſſion de la Iuſtice à la publication des bancs, à quoy la Mere s'oppoſe, mais ſon oppoſition eſtãt declaree nulle comme fondee ſur des cauſes deſraiſonnables, en peu de iours auec vne reſioüiſſance vniuerſelle par le ſacré bien que la ſeule mort peut diſſoudre, Palombe ſe vit entre les bras aymez de ſon cher Fulgent, & Fulgent en poſſeſſion de cet object qu'il auoit ſi ardemment deſiré, ſi ſubtilement pourſuiuy, & ſi heureuſement conquis : Et cela ſans qu'Eriberte, plus furieuſe qu'vne tygreſſe à qui l'on enleue ſa littee, y puſt reſiſter. Si bien que ſe voyant d'vn coſté fruſtree de l'eſperance d'eſpouſer Odile, & priuee du maniement du grãd bien de ſa fille pour estre reduitte à vn chetif doüaire, qui r'abatroit beaucoup de son train, & du vol qu'elle auoit pris ; remply de trop de vanité, & de plus se voyant desobéye en la chose du monde, en quoy les parens desirent plus la soumission de leurs enfans, qui est le Mariage; elle recourut aux armes des femmes enragees, qui sont les maledictions, & les imprecations, disant à peu prés comme cette femelle outree d'vn cruel affront.

Si ie ne puis tirer les douces influences, [cieux,
Ny les benins aspects des lumieres des
Ie prendray des enfers les demons furieux
Pour estre executeurs de mes hautes ven-
     geances.

Et certes ses malheureux souhaits n'eurét que trop de lieu, ce qui nous enseigne cóbien sont redoutables les maledictiós des Peres & Meres, & que rarement s'éuanoüissent-elles sans produire de funestes effects, quelque iniustice, colere & aueuglemét qui en soit la cause. C'est ce qui a faict dire aux Canonistes, que les Anathemes des Pasteurs, qui sont Peres des ames, quoy qu'iniques, prononcez & fulminez contre les formes, doiuent tousiours donner de la crainte & terreur, comme le tonnerre, qui faiét

G ij

toufiours peut encor qu'il ne frappe pas à chaque fois qu'il eftonne. Ie sçay bien que l'Eglife bonne Mere, dict à ses enfans intimidez de ces foudres indiscrettement lancez, le mesme que Rebecca difoit à Iacob, que cette malediction tombe fur moy: mais l'experience faict voir que cette grande auctorité que le Ciel & la terre donnent aux parens fur les enfans, ne lance guere de coups en vain. Cecy fe verifiera clairement en la fuitte de cette histoire: car foit que le iufte Ciel vouluft chaftier la tromperie (Dieu haiffant l'homme trompeur) que Fulgent auoit faicte au pauure Siridon, auquel il auoit faict croire tout ce que fes artificieufes cajolleries auoient defiré, foit que l'impatience d'attendre les lettres du Prince, qui comme Pere de fes fubjets peut redreffer l'iniuftice des parens, & fe mettre en leur place, rendift le mépris de la Mere plus grand; il arriua diuers efclandres en la fefte de ces nopces, qui furent attribuez aux imprecations & execrations de cette mere transportee, qui ne fe voulut iamais trouuer à aucune des ceremonies, des accords, des fiançailles, ny des espoufailles, ny ne put eftre appaifee en fes rages & en fes cris dont elle emplissoit tout l'air, & tous les esprits qui les oyoient, de scandale & de vacarme. Quelques prieres ou quelques remonstrances que luy fissent des personnes honnorables, venerables & Religieuses, elle ne cessa point ceste musique horrible, tant elle estoit hors de soy. Icy diroit cét ancien Poëte:

Qui sçait où va l'esprit d'vne femme ou-
trageé
Qui se veut voir vangee.

A quelles furies ne déuoüa-t'elle les festes de ces espoux? quels desastres ne leur souhaitta-t'elle? quels flambeaux de dissension? quelles pointes de jalousie? quelle pomme de discorde ne desira-t'elle qu'ils vissent en cét Hymenee, qu'elle appelloit infortuné.

Dieu! mais qu'elle fut vraye, és mauuaises
promesses,
Et que ces feux de ioye eurent peu de liesses.
Que bien tost ces beaux iours furent chan-
gez en pleurs:
Pleurs, le triste tribut de beaucoup de mal-
heurs.

Tout le monde se mocqua de cette femme qui escrimoit ainsi sa colere, ny plus ny moins qu'vn tonneau de moust qui se purge par son emboucheure, & en se

G iij

purgeant se salit, car il est vray que les maledictions & les iniures rendēt odieuse, sale, & detestable la personne qui les vomit, monstrant son imperfection lasche & ridicule. Fulgent & Palōbe triomphans en ce beau iour en leur plus haut appareil, se rirent à leur tour de ces outrages: mais ny le Dieu du Ciel, ny ceux de la terre ne souffrent pas impunément les risees. Qui mesprise les Superieurs irrite Dieu, & qui les offence, le touche en la prunelle de l'œil: il est le Dieu des vengeances, & qui en a d'effroyables pour ce sujet icy. Les plus estranges effects de la foudre, sont ceux qui paroissent le moins au dehors, comme le brisement des os sans endōmager la chair, & semblables. Plusieurs ne remarquerent que les accidens visibles : mais il en arriua vn inuisible à cette nopce, noté de peu de gens, mais si merueilleux, que peut-estre les Histoires anciennes auroient-elles de la peine à en fournir vn semblable. En voicy quelques vns que i'estime, & que ie tiens pour legers, à comparaison de celuy que ie diray le dernier, & qui faict le plus fort de cette veritable Narration. Le iour des nopces, l'espouse estant sortie en haut appareil pour aller à l'Eglise, couuerte de tant d'ornemens, qu'elle en estoit pluſtoſt ſurchargee & accablee, que paree, ſoit que ſes veſtemens l'incommodaſſent, ou que les parfums que toute l'aſſemblee auoit en abondance l'enteſtaſſent, ou que la chaleur de la preſſe l'eſtouffaſt, elle tomba apres la ceremonie en vn tel éuanouïſſemét, qu'on la tint pour paſſee. Deſia la ſedition & l'eſmeute ſe mettoit dans la populace contre cette Mere, que l'on eſtimoit auoir eu recours ou aux empoiſonneurs ou aux ſorciers pour executer ſa végeance; & ſans les ſignes de vie que l'on remarquoit en cette belle paſmee, qui paſmoit de pitié ceux qu'elle auoit vn peu auparauant paſmez par les merueilles de ſa beauté, on euſt eſté incontinent ſaccager en ſa maiſon cette maudiſſante bouche: mais en fin apres beaucoup de trouble, de confuſion, & de remedes, elle reuint à ſoy, plus agreable que iamais, cette ſincope eſtant attribuee à la multitude du peuple, des flambeaux, & des caſſolettes qui oſtoient preſque la reſpiration dans l'Egliſe. Eriberte ſeule ſçachant cette nouuelle s'en reſiouyt, ſouhaittant mille maux, & la mort meſme à cette

G iiij

innocente, jadis le sujet de ses cruautez & de ses felonnies. Ie laisse à dire la perte d'aucunes pieces de pierreries, dont quelque charitable main la deschargea pour iamais: car en la presse où chacun veut voir plusieurs veulent prendre, & se treuuent là pluſtoſt pour deffiler que pour enfiler des perles: mais tout cela n'eſt rien la vie eſtant ſauuée, ie n'inſiſte point ſur le trouble de l'eſpoux; car il fut tel, que pour le bien repreſenter il faudroit auoir les meſmes mouuements qui lors agiterent ſon ame. Apres le ſouper de ce iour, qui vrayement doit eſtre appellé funeſte, à l'entrée d'vn balet que l'on fit, il y auoit vne machine auec des artifices de feu qui donnerent contre la tapiſſerie qui s'alluma, & ſans vn prompt remede toute la maiſon euſt eſté miſe en cendre. Si bien que toute la compagnie ſe retira au plus grand deſordre & auec la plus eſpouuantable confuſion que l'on puiſſe imaginer: chacun en s'en retournant de nuict, (qui à pied, qui ſans flambeau, auec des embarraſſemens eſtranges) portant à cauſe de l'effray l'image de la mort ſur ſon viſage. Ce n'eſtoient que cris & hurlemens, & la peur fit entendre à pluſieurs les hi-

LIVRE PREMIER. 85

boux & les orfrayes parmy cette musique deseperée. Vn estourdy pensant se sauuer du feu se ietta par la fenestre & se tua, vn autre par les degrez se rompit vne jambe, plusieurs se blesserent, tous eurent peur de voir le tombeau. Le lendemain chacun racontoit sa disgrace & son estonnement, le repos de la nuict n'ayant presque pu calmer & r'asseoir les esprits. Parmy ce desbris & ce fracas à peine le lict nuptial fut-il beny, Palombe plus morte que viue auecque ses parens se retire à sa chambre, tandis que son espoux est auec ses amis l'espée à la main, sur la creance qu'il auoit fondée sur quelques rapports, & sur vn iuste soupçon, qu'il y eust quelque partie dressée pour l'assassiner de la part d'Eriberte ou d'Odile; ou, ce qui estoit assez croyable, que l'on vouluft voler sa maison, pleine lors de riches meubles & de vaisselle d'argent. Quand ce tintamarre fut passé & l'assemblée escoulée sans prendre autre congé que la fuitte, & auec plus de feu, de poussiere & de fumée, que quand les Sorciers finissent leur sabbath, il vint trouuer son espouse, qui estoit pour luy en de mortelles angoisses: car elle estimoit que tout cét esclandire arriué fortuitement fust prattiqué à dessein pour le perdre. Cecy me fait souuenir de ces nopces infortunees de la Reyne de Carthage & du Prince Troyē si bien representées par ce grand Oracle des Lettres en nostre âge,

Qui a sceu marier par la pompe du style
La majesté d'Homere à l'honneur de Virgile.

La veuë de ces beaux vers merite bien que le Lecteur s'arreste vn peu en ce lieu pour les considerer.

Tandis l'air obscurcy commence à se troubler,
De l'Olympe agité la voûte on oit trembler,
Vn orage meslé de gresle & de tempeste
De tous les lieux du Ciel s'amasse sur leur teste,
De la cime des monts sous l'orage croulans
Les torrents comme mers par ondes vont roulans,
Seuls dedans vn mesme antre où les Destins les tirent,
La Princesse & le Prince à l'abry se retirent,
La terre à qui les Dieux de mere offrent le nom

LIVRE PREMIER. 87
Donne le premier signe, & la grande Iu-
non
Deeſſe maritale aux nopces reuerée :
L'air reſplendit d'éclairs , & la plage
etherée,
Complice de l'Hymen, ſe voit eſtinceler,
Et la croupe du Mont oit ſes Nymphes
vrler,
Ce iour fut le premier cauſe de ſa ruine,
Et de tous ſes malheurs la cauſe & l'o-
rigine.

Outre la beauté de cette peinture en
ſoy, i'y voy vne ſi viue repreſentation
de l'eſtat de nos mariez, que ie ne ſçay ſi
ie dois me reſiouyr ou pleurer tandis
que l'on chante, Io ! Hymenee ! ô Dieu
quel Hymenée, où les torches ſont auſſi toſt eſteintes qu'allumées, où la haine
prend en vn moment la place de l'A-
mour, où l'Amour & la Mort ſemblent
changer leurs carquois & leurs fleſches,
où la triſteſſe ſurmonte la ioye, où le regret remplit de ſon fiel, le miel de ces
delices, que la ſenſualité releue au deſſus des nuées, où la iouyſſance eſt ethi-
que & languiſſante, où le corps eſt
preſent & l'ame tranſportée en vn autre
objeƈt, où Fulgent n'eſt pas où il eſt, où
la reſuerie tiét la place de l'allegreſſe, où

l'on ne possede pas ce dont on jouït, où l'on ne jouyt pas de ce qu'on possede, où le repentir estouffe le contentement, ou les plaisirs ne paroiss nt qu'ombre, fumée, peinture; où Pa ombe tient vn espoux desia possedé par vn autre, dont elle a le corps qui gemit auprés d'elle, son ame en estant separée & esloignée non par le trenchant de la mort, mais par le funeste flambeau d'vne mauuaise & illicite amour; où le mespris & le desdain tiennent desia le lieu des caresses, où elle perd bië son integrité, (si c'est la perdre que la quitter dans les liens d'vn sainct mariage) sans acquerir les graces de celui qui la pille, & la saccage, sans autre recónoissance que l'ingratitude & l'infidelité; où tout ce qu'elle a de plus precieuses faueurs est exposé à la fureur, à la mercy, & à l'appetit d'vn homme qui l'auoit auparauant si religieusemët adorée, & qui la desdaigne maintenant qu'il en est possesseur, qui en va estre plustost maistre que mary, plustost tyran que maistre, & qui la va traitter plustost en seruante qu'en espouse, & plustost en esclaue qu'en chambriere, & plustost en criminelle qu'en esclaue. O traistresse & trompeuse nature des humains, s'escrioit icy cét Ancien, est-ce ainsi que tu rauis si promptement vn bien qui de soy passe auec tant de legereté. Au lieu que parmy ces embrassemens tant desirez, poursuiuis auecque tant d'instances, recherchez auec tāt de trauerses, la ioye se deuoit treuuer toute pure en ces ames purifiées par tant de peines & de contradictions, sans aucune meslange d'ennuy, ou de chagrin ; voila Palombe honneste comme vne roze, entiere comme vn lys, belle comme le iour, riche à merueilles, douce comme porte son nom, vertueuse autant qu'il se peut desirer, qui se treuue seule Amante, seule fidele, seule loyale, seule passionnée, seule sage, seule contente, mais helas d'vn contentement qui ne durera pas beaucoup.

Que d'espines, ô monde, enuironnent tes
  fleurs,
Que tes plaisirs sont pleins de funestes
  malheurs,
Ton miel remply de fiel, ta ioye dè tristesse,
Bien-heureux qui connoist ta misere &
  te laisse.

Les Poëtes qui font sortir Venus de la Mer sont-ils pas agreables en leur inuention, qui donne à connoistre de combien d'amertumes la volupté s'accompagne.

C'est de l'amour l'ordinaire coustume
De meslanger dedans un mesme cœur,
Et la douleur auecque la douceur,
Et le plaisir auecque l'amertume.

D'où vient que quelques-vns ont pensé que le nom d'Amour se tiroit de l'amertume, comme si aymer & sentir quelque chose d'amer estoit vne mesme chose.

Car les biens de l'humaine vie
Par vne fortune ennemie,
Sont tousiours trauersez de maux:
Dedans cette mortelle voye,
Iamais le Ciel ne nous enuoye
Les biens qu'à force de trauaux.
Qui est celuy qui vit sans peine
Dedans cette carriere humaine
En laquelle nous respirons,
Qui franc de douleur & d'angoisse
Cueille des roses de liesse,
Sans se blesser aux picquerons.

C'est ce qui a faict dire à vn Sage, qu'en ce monde nous ne goustons rien de pur: car comme tous les corps sont mixtes & composez des elemens, qui sont les qualitez principales & fondamentales, de mesmes és choses morales il n'est rien qui ne soit mixtionné: l'or a tousiours son escume, le vin est tousiours frelatté, le miel a sa cire; ie veux dire,

Qu'il n'est point icy bas de pure volupté,
Le bien se voit tousiours meslé d'aduer-
sité.

C'est à quoy vise le grand & diuin Chantre, quand il mit vn hanap entre les mains de Dieu, où il fait taster tous les pecheurs de la terre.

L'Eternel tient en main vne coupe rem-
plie
De vin trouble & meslé,
C'est pour tous les meschans, le fonds ius-
qu'à la lie
Sera d'eux aualé.

Allez mõdains, & souhaittez desormais auec tant d'impatience, les voluptez, les honneurs & les facultez de la terre, & puis quand vous viédrez au point de les posseder, vous y treuuerez le dégoust inseparablement attaché à leur iouyssance.

Miserables mortels sujets à tant d'encom-
bres,
Qui sentons en nos tours tant de cala-
mitez,
Ne verrons-nous iamais sans Hyuers
les Estez,

Les roses sans picquans, le Soleil sans des ombres.

Encore dit-on que quãd cet Astre est en son Apogee, & en son plus haut point, là où il bat à plomb les ombres cessent. Icy nous sommes bien en autres termes: car en la derniere periode des cõtentemens humains tout est remply de tenebres & d'ombrages. Le voluptueux n'a pas plustost assouui son plaisir, qu'il mesprise soudain ce qu'il a auparauant estimé plus que sa vie. L'auare a-t'il amassé force tresors, il s'est faict des chaisnes d'or qui luy lient les mains, & l'empeschent de jouyr de ce qu'il a acquis auecque beaucoup de peine. Et l'Ambitieux est-il arriué à la dignité qu'il pretendoit, elle ne luy paroist plus si grande : car il regarde sans cesse au dessus de soy, iamais au dessous, & le present se faict vil, dit vn Ancien, quand on espere des choses plus grandes : il ressemble à ceux qui s'elleuent sur les hauts monts des Alpes ou des Pyrenees, qui plus ils mõtent, plus ils treuuent à monter, & le faiste qu'ils estimoient au commencement si haut & voisin des nuës, ne leur paroist que la baze & le marchepied de ceux qu'il leur faut encore surmonter. Mais pour reuenir à ceux qui ont la Volupté

lupté pour le but de leurs pretenſions il leur en prend d'ordinaire comme à ces marchands qui riſquent ſur la Mer, mettans leur fortune à la mercy des vents & des ondes; deux Elements inégaux & inconſtans, mais égaux & conſtans en leur perfidie, car aualans deſia de grand profits par l'eſperance, ils ſe treuuen engagez en de rudes pertes, & en des ruines totales, meſme ſouuent il leur aduient de faire naufrage au port, & de voir perir deuant leurs yeux ce qu'ils ſont recherché bien loin auecque mille perils & mille peines. Il faut ſi peu de choſe pour trauerſer le gouſt, ou pour intereſſer la ſanté, il ne faut qu'vne areſte dans vn poiſſon, qu'vn petit morceau de bois dans le pain, pour eſtrangler celuy qui le mange. O que tout cecy ſe verifiera bien en l'hiſtoire que ie repreſente; veu que Fulgent reſſemble à Iſrael qui auoit la manne à contre-cœur; & qui regardoit en arriere l'Egypte en meſme temps qu'on le menoit par les eaux claires & emmiellées du deſert dans les delices de la terre de promeſſe. Ie ſçay que tout ce que i'auance ſont des Enigmes pour celuy qui a la veuë ſur ces lignes, & que

H

cette longue suspension exerce vn peu sa patience: mais s'il se donne le loisir de ruminer cette digression que ie viens de faire pour preparer son esprit à ce que i'ay à dire, il verra par le profit qui luy reuiendra que son temps n'aura pas esté vainement employé. Peut-estre qu'en son imagination il se forge des impressions, des ligatures, des sorcelleries, & autres telles abominations que les personnes execrables ont de coustume d'employer pour retarder l'effect & la consommation d'vn sainct mariage: mais outre que i'ay marqué par vn traict en passant que cela n'estoit pas, il y auoit pis, car l'adultere mental se glissa dans l'vsage legitime, selon les termes de ce Poëte prophane:

Te tenant il desire vne beauté absente,
En possedant ton corps, son ame n'est contente,
Priuée du sujet qui la fait souspirer,
Et vne autre que toy ardamment desirer.

Mais comme se peut-il faire qu'en si peu de temps vn changement si grand se soit faict en l'esprit du Comte ? si vous me donnez le loisir de le vous raconter, vous le sçaurez au Liure suiuant.

Fin du premier Liure.

PALOMBE.
LIVRE SECOND.

'A PRESDISNEE du fu-
neste iour de ces nopces
infortunées, Fulgent se-
lon la coustume si com-
mune par toute l'Espagne,
voulut donner les Taureaux & estre luy-
mesme des combattans pour faire paroistre sa bonne mine & son addresse, qu'il
auoit desia tesmoignée en beaucoup de
semblables occasions depuis son retour
de Madrit. Il estoit braue & orné d'or &
de pierreries, comme vn homme qui
se marie, au reste tout couuert des faueurs de sa nouuelle espouse, & si content qu'il ne se pouuoit rien voir de plus
gay, ny de plus satisfaict : vous pouuez
penser s'il fit prouision d'vn de ses meilleurs & plus adroicts cheuaux, & s'il le
caparraçonna de precieux harnois pour
paroistre en la place où se deuoient faire
les courses, comme vn Alexandre sur

H ij

son Bucephal. Quand les Theatres, les feneſtres & les eſchaffaux furẽt remplis de leur plus bel ornement, qui ſont les Dames, Palombe y parut ſur vn balcon couuert de carreaux & de riches tapis, ainſi qu'vn aſtre parmy des flambeaux. Quelques Gentil-hommes & ſeigneurs des parens & amis, tant de l'vn que de l'autre des eſpoux, firent diuerſes entrées en la place veſtus fort auantageuſement, & montez ſur des Genets d'Eſpagne qui iettoient le feu par la gorge, & paſſoient le vent, leur pere, en viſteſſe & roideur, au reſte richement harnachez: en outre ils eſtoient ſuiuis de Pages & Eſtafiers parez de diuerſes liurées ſelon la fantaiſie de chacun. Mais l'eſpoux y entra qui fit à tous ceux qui l'auoient deuancé, le meſme affront que le Soleil fait tous les matins aux Eſtoiles: car ou ils ne paroiſſoient plus, ou s'ils paroiſſoient, c'eſtoit pour le faire dauantage paroiſtre. Cecy neantmoins fut ſans enuie, car en vn iour de nopces les mieux parez cedent volontiers à celuy de qui ſe faict la feſte qui eſt lors en ſon plus haut appareil: ie ne veux point m'amuſer aux particularitez de ſon equipage, eſtant l'occupation d'vne plume de plus grand loiſir & d'vne perſonne autant curieuse de ces remarques, comme i'en mesestime la vanité, il me suffira de dire qu'ayant monté vn cheual qui estoit vne fleur d'Andaluzie, duquel il tira des passades auec tant de iustesse & de grace à la veuë de toute cette assemblée, qu'il se fit tenir (comme il estoit) pour vn des meilleurs Escuyers de la Catalogne; si bien que ceux qui auoient pris beaucoup de plaisir de le voir en la sale & dans la conuersation de la compagnie, confessoient que ce n'estoit rien au prix de celuy qu'ils receuoiét de le voir en cette actiō digne d'vn Cheualier de son sang & de son merite. Les yeux des assistans, tantost se retournās vers l'époux, & puis vers l'espouse, auoüoient d'vn commun consentement que c'estoit le plus beau pair qui se pust contempler, l'enuie mesme. *[bis.*

Qui porte vn cœur de loup, sous vn frōt de bre- auoit de la peine à s'empescher d'en publier les loüanges, car on voyoit en eux vne grauité si naturelle & si prisée des Espagnols, meslée auec tant d'attraits & de douceur, qu'encore qu'ils eussent vne grande majesté en leur port, il n'y auoit rien de si courtois, ny de plus affable. En l'vne on admiroit la beauté auecque la simplicité & l'humilité, cho-

H iij

se d'autant plus raré que ce mot est vray.

Comme l'ombre le corps, l'orgueil suit la beauté,

Rarement vn beau front a-t'il l'humilité.
En l'autre la valeur & la bonne grace, benefices qui semblent incompatibles: car le Comte pour estre dressé à ces mignardises & delicatesses, qui rendent les Courtisans si polis, n'en estoit pas moins genereux; & bien qu'il monstrast de la fierté dans le port des armes, ce n'estoit que gentillesse & courtoisie en la conuersation. Et Palombe pour estre modeste & retenuë en son maintien n'en estoit pas moins gracieuse, ny moins amiable, qualitez capables d'éleuer tous les cœurs, ou par force, ou par douceur. Les entrées estans faictes on lascha le premier Taureau qui parut tout irrité par les aiguillons dont il estoit outragé par ceux qui l'auoient mis en furie, il auoit les yeux si ardans qu'il sembloit qu'on luy eust attaché deux flambeaux à la teste, il emplissoit l'air d'vn mugissement épouuätable, & bransloit des cornes qui faisoient fremir d'horreur ceux qui le regardoient, il frappoit la terre du pied & souffloit d'vne façon terrible, il n'y auoit celuy qui ne creust qu'il feroit acheter bien cherement sa peau:

(car il se passe rarement de ces courses
que quelques hommes n'y perdēt la vie,
spectacles tragicques, & que ce peuple
sanguinaire voit neantmoins à yeux
secs, comme s'il s'abbreuuoit des ces sanglants succez.) Fulgent donna la pointe
par honneur à ceux qui estoient venus
pour honnorer sa feste, se reseruant à
monstrer son addresse des derniers. Le
Taureau fut donc accueilly par deux braues Cheualiers, qui en peu de temps le
despescherent & l'estendirent sur la place, auec vn grand applaudissement de
tous les spectateurs & vne belle cha-
marre de trompettes. Le second fit vne
entrée encore plus furieuse que le premier, & ce redoutable animal se venoit
jetter de roideur au trauers des Cheualiers qui estoient en haye pour le combattre par ordre & selon le signal qui seroit donné: mais auant que l'on eust pu
iuger où tendoit sa fouge, il surprit vn
de ces Cheualiers en desordre, & comme
tous les cheuaux ne sont pas maniables,
& quelques vns sont ombrageux en de
semblables rencontres, apres auoir
heurté le cheual par le poitrail, il le porta & l'homme aussi par terre: vn autre
approche pour tenir la place de celuy qui

H iiij

auoit esté abbatu, mais son cheual au lieu de joindre se cabra, en sorte que le Cheualier fut cõtraint de vuider les arçõs, & se pēsa briser du tout. Sur ces deux cheutes, s'esleua selon l'ordinaire vne telle huée de peuple, que si les oyseaux eussent en mesme temps volé sur l'air de la place, ils eussent tenu compagnie aux tombez: mais les malheurs ne viennent iamais que cõme des grands Seigneurs bien accompagnez, ou plustost en troupe, & en fourbe. Dom Fulgent voyant le danger où estoient ses amis, y court pour les secourir, & pour vanger leur terrassement en faisant mordre la terre à l'horrible beste, qui enflee de ces deux victoires venoit droict à luy pour le choquer, la teste basse, & les cornes prestes à luy faire prēdre le mesme sault que ceux qui l'auoient deuancé: imaginez-vous en quelle peine deuoit estre la tremblante Palombe, voyant son pair comme entre les griffes & les serres du Gerfault, certes ces transes là sont difficiles à exprimer. Le Comte adroit à cheual, & monté sur vn genet extremement souple & bien maniant, gauche au heurt, & passe, mais au retour apres auoir donné de fort bonne grace deux coups d'espee à cet animal qui estoit enragé de voir le pourpre de son sang, & comme il l'alloit percer au cœur pour la troisiéme fois, fâché d'estre si long temps à vaincre,&que ce Colosse demeurast encore en pieds deuant luy, il se retourna tout à coup si brusquement, contre la coustume de ces animaux, qui ne vôt que de force, & non d'adresse, que dõnant vne attainte dans le flãc du braue coursier, la corne entra si auant, qu'il le coucha mort contre la terre. Fulgent paré d'vne grande & longue escharpe, se voulant mettre sur les pieds sans autre mal que de la honte d'estre cheu, se pensa perdre dans l'ambarrassement de cette escharpe, qui se tenant à la selle,& à la bride de son genet qui se demenoit en mourant, l'eust tout brisé s'il n'eust prõptement abãdonné les estriers. Tãdis qu'il essaye de se desmesler de cette fascheuse attache, le taureau blessé viẽt auec fureur pour mettre le maistre en la compagnie de son cheual, vn grãd bruit s'esleue, qui luy crie qu'il prenne garde à sa vie, & bien luy prit de faire la canne, & de se coucher dextrement, ne pouuant encore se défaire de son escharpe, le taureau bondit par dessus luy, sans l'assener, à ce coup neantmoins ceux qui le virent par terre le tindrent pour mort: Voila des Cheualiers qui accourent au secours & mesme des gens de pied, le monstrueux animal fait là dedans vn escarre effroyable, car comme on ne songeoit pas tant à le tuer qu'à sauuer le Comte du peril, il bouleuerse l'vn, blesse l'autre, & couche vn estafier roide mort sur le sable. En mesme temps, Fulgent s'estant despestré, se releuoit en deliberation de prendre vne sanglante vengeance de cét affront ; quand chacun commença à crier que Palombe estoit morte, & d'effect, croyant que Fulgent ne fust plus entre les viuans, elle fut portee par la violence d'vne pasmoison en l'estat de ceux qui bien mieux que les nauigeans tiennent vn milieu entre les viuans & les morts : on ne vit iamais vne telle confusion, l'espouse estoit enuironnee de tant de femmes qui la vouloient secourir, que l'on pouuoit dire d'elle ce que de cet Empereur ancien, que la multitude des medecines & des remedes la faisoit mourir : En bas à la place l'Espoux effrayé de cette nouuelle, & despité de se voir en vn tel iour dôpté par vne beste, la veut faire mourir; mais tant de gens estoiët accourus à son secours, qu'il n'en put percer la fourbe pour faire payer au taureau la perte de son bon cheual.

Tout est en discorde: mais encor ce n'est rien, car tandis que le taureau faict vn grand carnage, voyla vn des plus grands theatres ou principaux eschaffaux, soit qu'il fust trop chargé, ou soit qu'il fust disloqué de sa droitte assiette, chacun des spectateurs accourant pour voir du costé de la batterie qui vint à creuer, & fondant sur les pieds de ceux qu'il soustenoit, fit voir en vn coup diuers spectacles pitoyables. Deux hommes furent tuez, d'autres furent emportez demy-morts, entre lesquels deux moururent à quelques iours de là: il y eut des bras cassez, des iambes brisées, des testes froissees, ce fut vn desbris de grande desolation. Cependant le Taureau auquel on ne pensoit plus, pour le grand bruit que fit cette cheute, alloit bien faire vn autre rauage, car de Taureau il alloit deuenir torrent, & entrainer tout ce qu'il eust rencontré, perçant toute la presse, si l'on ne se fust auisé d'ouurir la porte par où il estoit entré, & luy donner la vie pour la sauuer à tãt de gens. Voyla comme portent au precipice de mille malheurs ces combats des bestes: & certes, si Dauid a souhaitté que ceux qui adorent les simulacres de pierre ou de bois, leur fussent faicts semblables, qu'il nous soit permis de dire qu'il faut tenir de la beste pour mettre sa vie au hazard & de gayeté de cœur, pour combatre vne beste, & qu'il faut estre bien alteré de gloire, pour mettre son honneur au point de l'abbatre. Vrayement c'est vne digne loüange que celle-cy, d'estre estimé vn peu plus adroit qu'vn boucher, qui tue tous les iours de pareilles bestes, mais quand prudemment il les a bien attachees. Ce pendant ce sont là les grandes valeurs de cette nation, qui croit que le Soleil ne luit au Ciel que pour éclairer sa vaillance. Or soient faicts bestes ceux qui mesurent leurs forces, leur adresse, & leur courage auec des bestes, & s'ils ayment tant ces tristes, malencontreux, & vains spectacles, qu'ils soient rendus pareils à ce qu'ils ayment. Le Taureau estant sorty de la place couróné de tant de Lauriers, pour en faire vn Dieu Apis des Egyptiens, & redoutable comme la foudre de celuy qui en reuestit la figure pour enleuer Europe, ceux qui trembloient à l'abbord de ce tourbillon, tournent face du costé de l'eschaffaut rompu, pour ayder à soulager ceux qui gemissent sous cet accablement. Ce fut là où courut le secours, tout de mesme que le sang accourt à la partie blessee. O Dieu! quel triste spectacle, de cét ou six vingts personnes qui se trouuerent pour leur malheur sur ce theatre il y en eut quinze, que de blessez que d'estropiez, & pas vn exempt de la peur de la mort, soit à cause de la ruine, soit à cause de la fureur du Taureau qui bruyoit dans la place comme vn éclat de tempeste. Qui demande son Maistre, qui son Pere, qui crie son fils, qui appelle sa Mere, qui son frere,

Par tout va de la Mort l'espouuentable image,
Qui l'a empraincte au cœur, qui peinte en son visage.

Fulgent comme estant le plus interessé au bon-heur, en l'honneur, & aux succés agreables ou desastrez de cette feste, se mesle aussi tost dedans cette presse pour y apporter ou faire donner le secours necessaire, & comme ses amis l'auisoient de prēdre garde à soy, de peur qu'il n'y eust sous ce fracas quelque trahison cachee, & qu'on ne vouluft dans ce tumulte & cet embroüillement se deffaire de luy, neantmoins comme il estoit plein de courage, les priant de ne l'abbandonner point : Aussi ne veux-ie pas, dict-il, laisser au besoin ceux qui ont honoré mon beau iour de leur presence. Durant tout ce fracas, frappe ses oreilles la nouuelle de la pasmoison de son Espouse, qui le faict partir de la main pour y aller remedier: mais comme il alloit vn de ses domestiques venoit de la part de cette belle reuenuë, sçauoir de quelle façon il se trouuoit: comme donc il sceut que ce n'estoit que l'apprehension qu'elle auoit euë de sa perte qui l'auoit faict éuanouïr, il retourne sur sa brisee, où il va rencontrer, non pas la mort de son corps, mais celle de son cœur. Helas! si quelque Prophete eust peu percer dans l'auenir, & en le retirant de cette œuure de misericorde, qui le rendra impitoyable à soy-mesme, luy dire, où allez-vous Comte? la mort est dans ce plat là, vne vipere vous va mordre, vn serpent est caché sous l'herbe, fuyez, fuyez deuant ce Basilic qui vous va tuer de sa veuë: Basilic, animal dont le regard est mortel, & qui se rencontre ordinairement dans l'air pestilent des cauernes & des caues qui sont dans les mazures & le desbris des bastimens ruinez.

O qu'il est mal-aisé d'éuiter vn desastre,
Et le malin aspect d'vn triste & mauuais
    astre.

LIVRE SECOND. 107

Bien souuent en fuyant on trouue son malheur;
Et au lieu de guerir, on aigrit la douleur.
Par combien de hazards coule-t'on cette vie,
A combien d'accidents se void-elle asseruie?

Le païsan de la fable ayant pitié du serpent engoudy de froid le mit dans son sein,& en l'y mettant il y porta la mort. Ainsi Vrie pensant seruir son maistre, porta dans le sien le pacquet de sa ruine. Côbien de gens fuyans l'ennemy, se iettét en des precipices & en des riuieres,& se perdét en se pésant sauuer? Ainsi fit ce Seigneur dót nous parlós:mais cóment? Le voicy. Quand en vne plage de mer, ou côtre des falaises vne nauire chargee de riches marchandises a eschoüé ou faict naufrage, vous voyez que chacun court au desbris pour faire son profit de quelque butin, vous verriez flotter sur l'eau les balles de soye, les tonneaux de vin, les boucs d'huille, les coffres pleins d'or ou de pierreries, les cassettes, les escreins remplis de joyaux precieux ; les corps des matelots flottét sur l'eau, d'autres se pendent aux cordages, d'autres se balancent sur des ais (parmy les ondes) qui tantost cruelles les engloutissent, tantost pitoyables les vomissent, ce ne sont que cris & gemissements de ceux qui font naufrage ; tandis que ceux qui sont en terre ferme font profit de leur dommage & s'enrichissent de leurs dépoüilles. Imaginez-vous quelque chose de semblable au desbris de ce theatre, car ceux qui estoient tombez estourdis de leur cheute ne sçauoient s'ils estoient morts ou vifs ; tel estoit sain qui pensoit estre blessé, tel estoit estropié qui pensoit estre bien sain : tel estoit sauué qui cherchoit sa mere, sa fille, son amy, son parent ; telle se voyant sans froissure plaignoit la perte de ses ornements ou de ses joyaux : en cette confusion de voix il estoit impossible de s'entendre. On estendit les morts sur le grauier, on emporta les estropiez & les blessez, qui sur les espaules, qui sur les bras, qui en le soustenant, qui d'vne façon, qui d'vne autre ; le Comte fit des merueiles à donner ordre que chacun fust soulagé selon son besoin. Cependant Palombe impatiente de sçauoir des nouuelles de son cher Fulgent, & ne voulant pas croire le messager qui l'asseuroit

seuroit qu'il estoit sain, estimant que ce fust pour flatter sa douleur, voulant rendre ses yeux tesmoins de ce rapport reuient au balcon, & ne sçachant rien du fracas de l'eschaffaut qui estoit tombé durant qu'elle estoit éuanouïe, d'vne premiere œillade elle vid trois morts estendus sur la place, & plusieurs que l'on emportoit accompagnez de cris & d'hurlements effroyables: à ce coup, auparauant qu'on eust le loisir de luy expliquer d'où prouenoit ce mal-heur, estimant ou que ce fust le carnage du Taureau, ou le massacre de quelque trahison qui auroit des premiers despesché Fulgent, elle retombe en vne nouuelle syncope pire & plus longue que la premiera : on la leue de là & la porte-t'on prôptement sur vn lict, où tandis qu'on fait tout ce qu'on peut pour rappeller sa vie, on mande à Fulgent qu'il vienne, autrement que Palombe est morte d'apprehension de le perdre : trop heureuse si elle fust passée en cét estat auant qu'ouurir les yeux pour voir l'infidelité que vous allez entendre ! que ne luy peuton crier aux oreilles, mourez belle Palombe, plustost que de suruiure à la perte

I

de l'affection de celuy qui s'esuanouït à voſtre Amour, en meſme temps que pour luy vous éuanouyſſez d'amour, par la peur que vous auez de ſa mort. On luy porte cette nouuelle, mais il n'eſt plus téps, il a bien d'autres penſees en l'ame; en vn inſtāt ce n'eſt plus luy, l'image de Palombe tant aimee a faict place à vne autre qui le rauit, & qui le tient en vne extaſe qui le rēd vn autre luy meſme. Car vous deuez ſçauoir qu'outre les tables, les piliers & les aix de cet eſchaffaut ammoncelez confuſément ſelon le deſ-ordre de la cheute, ſe treuua vne Dame anciēne & venerable veſtuë en vefue, qui legerement bleſſée en vne cuiſſe & rele-uée fort humainement par le Cōte, Ha! Seigneur Dō Fulgent, dit-elle, que ſera deuenuë ma fille dont la vie m'eſt beau-coup plus precieuſe que la mienne! Ma-dame, reſpondit le Comte, n'ayant pas autrement le bien de vous connoiſtre, ie puis encore moins diſcerner en cette vaſte troupe quelle eſt voſtre fille: mais il faut faire diligence pour la chercher. A l'inſtant s'approche vn ieune Gen-til-homme, qui ſentant faillir l'eſchaf-faut ſous ſes pieds lors eſtant ſur le bord s'estoit ietté en la place, & n'auoit aucun mal, Ha! ma mere, dit-il à cette Dame, que ie suis aise de vous treuuer, he! bien estes vous offencee? Vn peu, reprit la bonne vefue, à la cuisse, mais cela n'est rien, où est doncques vostre sœur? Alors Fulgent se mit auec ce jeune Gentil-homme dans la presse, où chacun secouroit ceux qu'il affectionnoit le plus; & apres auoir bien regardé çà & là elle ne paroist point. Cleobule, (nous appellerons ainsi le fils de la vefue, & celle-cy se fera connoistre sous celuy de Dionée.) retourne à sa mere & luy dit qu'il ne la voyoit point: Ha! dit la triste Dionée, ne seroit-ce point Sindulphe qui eust fait ce stratageme, ou qui se fust seruy de cette occasiõ pour l'enleuer? Si cela estoit, reprit le courroucé Cleobule, ie luy ferois perdre mille vies. Madame, adiousta Fulgét, ie secõderay vostre fils en la vengeance de cet outrage contre qui que ce soit, si vostre soupçõ est veritable, ie suis interessé en l'affrõt, car il auroit troublé ma feste & le iour de ma ioye. Le monde s'estant vn peu éclaircy, on regarde çà & là parmy les poutres & les tables, & voyla que l'on apperçoit

I ij

vne perfonne cōme accablée fous cette ruine, on defmefle ce bois le plus doucement que l'on peut, de peur de l'achetier d'accabler, & c'eftoit vne ieune fille toute pafmée & qui paroiffoit morte, le vifage blanc comme la neige, les yeux fermez, la bouche entr'ouuerte, & le fang qui luy fortoit par le nez coulant fur vne jouë faifoit voir comme de l'yuoire teinte dans du pourpre. Ce fpectacle par la porte de la pitié fit entrer l'Amour en l'ame du Comte, & par cette bouche ce petit voleur luy déroba le cœur qu'il deuoit conferuer à fon efpoufe legitime. Ce fut icy la part malencontreufe que prit Fulgent, ou pluftoft qui prit Fulgent à ce desbris, ce fut le coffret de Darius qui luy demeura pour enfermer, non pas fon Homere comme fit Alexandre, mais fon cœur: ce fut le diamant qu'il rencontra comme le coq de l'Apologue, dans les balieures; ce fut la lampe d'or qu'il treuua dans la bouë. En fomme cette belle demy-morte qui auoit nom Glaphire, fut la pomme d'or que la difcorde ietta en ces nopces: & parce qu'elle luy fembla (peut-eftre par illufion, mais fans doute par tentation) plus specieuse que Palombe, son cœur fut diuisé, & de ce partage proceda la mort de son ame & la perte de son repos. On dict que le chasseur qui a treuué les petits de la Tygresse, la mere estant à la proye, si en les emportant il se veut deffaire de la Tygresse qui le suit à la trace, il n'a qu'à en laisser vn à terre, que cette beste charge soudain sur son dos & l'emporte en sa tasniere pour gros qu'il soit, auecque plus de legereté que si elle n'estoit point chargée, l'amour naturel allegeant ce faix, & cependant en luy enleuant les autres il gaigne auecque eux le lieu de sa retraitte : il y a icy quelque crayon de ce que ie vay dire. La triste Dionée voyant sa chere fille en tel estat, qu'on la tenoit pour morte, lance des cris pitoyables vers le Ciel, qui percent le cœur de tous les assistans : mais soudain qu'on eut recogneu au mouuement du cœur qu'il y auoit encore esperance de vie, soudain, nonobstant sa blesseure, comme toute rauigorée, elle la prend entre ses bras & l'emporte aussi legerement que si elle l'eust encore peduë à sa mammelle : mais en fin les jambes manquerent à son courage, & son fils Cleobube la priant de s'en soulager sur elle, le passionné Fulgent laissant le fils pour ayde à sa mere, Madame, dit-il, permettez-moy que ie me charge de ce doux poids, & que ie porte cette Damoiselle en ma maison, où vous viendrez apres, & y serez receuë comme en la vostre. Seigneur Comte, dit la mere, nous ne sommes pas de cette ville, mais nous y auons vne maison de retraitte chez vn de nos amis, permettez que nous nous y retirions, la vostre n'est que trop embarassée. Il n'estoit pas temps de discourir ny de raisonner, mais de secourir & promptement la belle pasmée, qui par son nouuel Amant fut emportée plus legerement que ne le fut la fille de Ceres par celuy que les Anciens estimoient presider au plus bas estage du monde, plus doucement que le Berger endormy ne le fut par la Lune, plus ardamment qu'Hyppolite par Diane, & plus suauement que Flore par lo Zephir. Le Comte entre auecque cette chere proye, comme jadis le beau Pâris auec Helene dans Troye,

Livre second.

portant l'embrazement de son Palais en ses bras: on luy parle d'aller au secours de Palombe, il n'a point d'oreilles pour cela, mais vne langue & vne voix pour crier à l'ayde & au soulagement de la blessée qui l'auoit blessé, de cette fille pasmée. Il la porte, si grand estoit son estourdissement, en la chambre mesme de son espouse (funeste presage) & la iette, ayant fendu la presse, sur le mesme lict où Palombe estoit sans pouls, sans mouuement, & presque sans vie. A la venuë de l'espoux, l'espouse comme vne Palme qui sent les transpirations de son Palmier, & le fer le voisinage de son aimant, commence à reprendre vn peu de couleur & d'haleine, & la nature faisant son coustumier office de mere pitoyable accourut pour restaurer les parties plus affoiblies, & luy ayant peu à peu rendu de la force, luy fit ietter vn grand souspir, presage de ses futurs malheurs, ainsi que les larmes de nostre naissance sont les augures des miseres où la vie nous donne entrée; & comme elle eut ouuert ses yeux foibles & si abbattus qu'à peine pouuoient-ils supporter la lumiere, elle eut le premier en la bouche le nom qu'elle auoit si profondément graué dãs le cœur, en disant, Ha! Cieux, m'auez vous dõcques si tost rauy mon Fulgent? ô mes amis! que ne me laissez vous mourir auec luy, pourquoy m'auez vous esté si cruellemẽt pitoyables? mais vous auez beau faire, ie suis resolue de le suiure dãs le tombeau: car comme ie ne viuois que pour l'aimer, ie veux enterrer ma vie & mon amour auec luy dans vn mesme sepulchre. Et comme elle auoit encore la veue basse, foible & toute esblouye de son esuanouissemẽt (car en ces accidens les yeux sont les premiers qui s'en vont, & les derniers qui reuiennent,) en la retournant vers ce corps qui paroissoit mort à son costé, elle creut soudain que c'estoit celuy de son cher Fulgent tout ensanglanté, si bien que se iettant dessus toute transportee, elle se cola sur sa bouche toute pleine de sang, & dit en le baisant tendrement ces pitoyables paroles: Beau corps qui possedes maintenant les affections qui m'estoient si cheres & precieuses, qu'en elles consistoit mon plus cher tresor, reçoy ie te prie par ces baisers les reliques aymees d'vne ame qui n'a iamais esté empreinte d'autre idee, que de celle de tes perfections, tire la apres la tiëne: car sans toy, ma lumiere, le Soleil se chãgera pour moy en tenebres, & le mõde en horreur. Cieux! qu'auois-ie commis contre vostre rigueur, pour me separer ainsi de la meilleure partie de moy-mesme? encore si ie sçauois pourquoy vous me reseruez à vn si cruel supplice, peut-estre que la cognoissance de la cause en allegeroit la cruauté, mais traitée plus rigoureusemët que les ames les plus criminelles, vous voulez que ie souffre vne peine dont i'ignore le sujet: & bien vous voulez que le iour de ma vie soit celuy de ma mort, i'y consens· car aussi bien de suruiure à la perte d'vn cœur qui estoit toute mon attente, c'est vne chose impossible. Elle eust continué bien plus long temps ses plaintes, dans lesquelles elle estimoit noyer plustost sa vie que sa douleur, que dis-ie plaintes, mais plustost propheties; si les remedes qu'on vouloit apporter à la pauure Glaphire n'eussent pressé de les interrompre. Sedofe sa tante qui luy tenoit rang de mere en cette celebrité de ces nopces, luy dict qu'elle a tort, de croire que Fulgent soit mort, que cequ'elle embrassoit, dont on ne la pouuoit separer, n'estoit pas luy, mais vne fille esuanouye, & blessee par la cheute d'vn eschaffaut. à peine auoit elle des oreilles pour ouyr cette verité, & des yeux pour la voir, en fin on la separe de ce corps, auquel par la chaleur & l'ardeur de ses baisers, elle auoit comme rendu l'ame, ayant meslé ses larmes auec son sang: & comme la distance luy eust faict connoistre son erreur, Helas! dit-elle qu'est cecy? sont-ce des illusions ou des songes? sans doute il y a des charmes & des enchantements en campagne, les Demons ont conspiré nostre ruine, & les Furies nous troublent le sens: où est donc le cher corps de mon Seigneur & de mon Espoux, afin que ie luy rende les deuoirs d'vne vraye & fidele Amante? ah! pourquoy me le rauit-on? pourquoy en subroge-t'on vn autre à sa place, non pas pour tromper, mais pour augmenter ma douleur. Que dis-tu à ces paroles qui fendroient les plus durs marbres, insensible Fulgent, le plus ingrat des hommes? les rochers en font amollis, & tu t'y endurcis comme la boüe aux rayons du Soleil. Le voyez vous qui se tapit en la presse, feignant d'estre bien aise, de voir ces tesmoignages de l'Amour de son Espouse, à peu prés comme ces Meres, ou ces Nourrisses, qui se cachent pour faire debattre leurs petits enfans, & esprouuer leur amitié. Mais le traistre trompant tous les yeux qui le considerent, ne destourne les siens que sur la belle Glaphire, ne crie au secours que pour elle, n'a soin que d'elle, dict que Palombe estant reuenuë il faut prouuoir au necessaire, & puis se monstrant à cette esploree comme vn rayon de Soleil qui fend vn nuage, il fit le mesme effect que cet astre au lys dont il releue la fleur quand elle est appesantie de quelque orage ou surchargee de pluye. Quand elle vit l'object de sa vie, soudain elle ressuscita; & comme elle le vit empesché à faire secourir Glaphire, son Amour, enfant de la complaisance, la porta aussi tost à l'aider en ces denoirs. On dict que pour esprouuer quel est l'aiglon couué le plus prés du cœur de l'aigle, & par consequent qu'elle cherit le plus, il ne faut que mettre la couuée hors du nid, & que le petit qu'elle y reportera le premier, sera celuy là qu'elle prise le plus ; ô qui eust bien attentiuement consideré de qui le Comte estoit plus empressé, de son Espouse, ou de sa nouuelle Amie, eust bien reconneu aussi tost de quel costé pâchoit son cœur. Mais las ! il en est de la picqueure de la mauuaise Amour, comme de celle des scorpions, la playe, quoy que mortelle en est imperceptible, & le venim se glisse tant insensiblement dedans les veines, qu'on est bien auancé dans la mort, auant qu'en ressentir les attaintes. Helas ! nous verrons par la funeste suitte de cette Narration, combien fut profonde l'attainte qui causa tant de fascheux & scandaleux effects, encore que maintenant, comme dict le grand Poete de sa Didon,

Cette blesseure soit cachee en la poitrine.
L'œuf du Crocodille d'où sort vn si prodigieux animal, est fort petit, & la pierre qui abbatit le Colosse de Nabuchodonosor estoit bien petite : la tentation en sa naissance n'est qu'vne four-

LIVRE SECOND. 121

my qui chatoüille, en sa fin c'est vn Lyon qui deuore. Mais tandis que nous nous amusons à discourir sur la secrette passion de Fulgent, nous ne songeons pas à remedier à Glaphire qui est aux portes de la mort par la perte de son sang, elle se trouua blessee à la teste & au bras, & meurtrie au costé ; en fin à force de la tempester on la fit reuenir : Dieu ! que deuint le Comte, quand ses yeux en s'ouurant luy semblerent plustost donner la clarté au iour que la reprendre ; ceux-là le disent, qui sçauent les effects de ce feu qui faict tant de prodiges. Ah ! le pauure Fulgent en fut reduict en cendre. En les tournant lentement & langoureusement, comme demy baignez de larmes, & presque noyez dans la Mort, quand elle ne vid en toute la compagnie aucun de sa cognoissance, ne sçachant comme elle auoit esté transportee en ce lieu là ; & croyant que l'esclat de l'eschaffaut eust esté vne ouuerture de la terre qui l'eust engloutie & mise en vn autre Monde, ne sçauoit que penser, ny que dire : alors d'vne voix tremblante, entre la peur & le gemiſſement, mais voix argentine, qui ſortoit d'entre deux rangs de perles qui eſtoient ſous deux branches de corail, elle reclama ſa chere Mere & ſon frere Cleobule, faiſant en cela le deuoir d'vne fille ſage & vertueuſe, qui ne doit rien tant apprehender que de perdre de veuë ceux qui doiuent eſtre les gardiens de ſon integrité. A ces mots le Comte tout hors de ſoy, luy dict, Ne craignez rien, belle Damoiſelle, vous eſtes chez vous, & en lieu de ſeureté, Madame, voſtre Mere n'eſt que legerement bleſſee, & voſtre frere qui n'eſt aucunement offenſé eſt demeuré auprés d'elle pour la ſoulager. Sedofe, & les parentes, tant de Fulgent que de Palombe, qui eſtoient là en grand nombre, luy donnerent la meſme aſſeurance : Ce qui la conſole vn peu, c'eſt de ſe voir parmy tant de femmes, dont l'honneſteté paroiſſoit ſur leurs fronts. On auoit enuoyé querir le Chirurgien, qui tardoit à venir, à cauſe de la multitude des bleſſez, qui demandoient tous à eſtre panſez de leurs

playes : sur cette attente arriue Cleobule, portant sur ses bras, aydé d'vn
de ses seruiteurs, sa Mere Dionée,
qui n'eut point de cesse qu'on ne
l'eust amenée auprés de sa fille : que
de ioye quand elle la vid ressuscitee,
l'ayant tenuë pour morte ; elle n'a-
uoit plus de sentiment de son propre mal, toute attentiue à la guerison de sa fille. Le Chirurgien arriue, les Dames pour faire mettre
quelque appareil aux playes de ceste blessee, prient les hommes de se
retirer, ce que Fulgent fit, auec la
peine que ressent celuy que l'on ar-
rache de la presence d'vn object passionnément aymé. Il recommanda in-
stamment cette guerison à l'assistance
de Sedofe, de Palombe, & des autres Dames, qui luy promirent d'en
auoir grand soin. La pauure Palombe
qui creut que c'estoit quelqu'vne des
parentes du Comte y rendit de grands
deuoirs : pauurette qui ressemble à la
cheure de l'Apologue, qui allaitta le
louueteau dont lors qu'il fut grand elle
se vit deuoree. O Palombe! si tu sçauois
ce que tu panses auecque tant de cha-

rité, c'eſt ta plus grande ennemie, & celle qui te rauira tout ton bien, peut-eſtre n'en ſerois tu pas ſi empreſſée; mais que dis je, pourſuy hardiment, vertueuſe Comteſſe, car iamais vn bien n'eſt ſans recompenſe, quand elle ſeroit ton ennemie il eſt commandé d'aymer ſes ennemis, il leur faut rendre bien pour mal, & ſurmonter celuy-cy par celuy-là, & par les bien-faicts leur jetter des charbons ardans au viſage. Comme le Comte, auecque Cleobule & les autres hommes ſortoient de la chambre, il y en eut vn qui ſe cacha ſi ſubtilement entre deux pentes de tapiſſerie, qu'on ne s'apperceut point qu'il fuſt demeuré, il les tenoit fermées ſur ſoy, ne laiſſant qu'vne bien petite ouuerture à l'endroit de ſon œil pour apperceuoir tout le meſnage de cette cure: ô! que de diuerſes agitations eſmouuoient ce paſſionné, car les moindres cris que faiſoit cette tendre vierge, quand on luy penſa la playe qu'elle auoit en la teſte luy eſtoient autant de mortels élancemens: quand il vit oſter vn peu de ces cheueux qui eſtoient les liés de ſon ame, comment les deſiroit il pour en faire de
grands

grands trophées! ce bras blessé fut découuert qui le navra de mille traicts: mais les meurtrisseures de la poitrine en releuant par leurs noires contusions la blancheur voisine le mettoient tout en feu: ô qu'il admira le priuilege des Chirurgiens, leur grād pouuoir sur les corps humains, qu'il souhaitta leur apathie ou insensibilité: car il semble que ces gens là ont des cœurs de bronze, & aussi peu susceptibles d'Amour que de pitié, trauaillans en la chair auec aussi peu de sentiment, que les statuaires sur la blancheur du marbre ou de l'albastre. La belle Patiente ne se trouua pas si offencee de ses playes, comme estourdie de sa cheute, & estonnee de cét accident inopiné; si bien que la peur luy troublant le sāg, luy laissa vne grosse fievre qui estoit le pire de ses maux. Quand l'appareil fut mis, le Chirurgié se retira pour aller aux autres cures qui l'appelloient: car ces gens là, qui ne se resioüissent que quand tout le mōde est en allarme, auoiét alors vne ample moisson, comme si l'eschaffaut ne fust tombé qu'à leur profit. Sa sortie fut le retour du Comte & de Cleobule, qui attendoient à l'antichābre auec impatience; la fievre ayant saisi Glaphire

K

il estoit question de la mettre au lict, Dionee supplie qu'on luy baille des seruiteurs pour la porter dans vne chaire à la maison, où elle se deuoit retirer elle mesme, ayant aussi besoin d'estre portee, à cause de la meurtrisseure de sa cuisse: Mais Fulgent espargna bien cette voiture, si tost qu'il fut entré: car sçachant ce besoin, il vouloit ceder sa chambre & son propre lict de nopces à ce nouuel object, mais iamais Dionee ny Cleobule, ny Glaphire mesme n'y voulurent consentir: voyant donc que la bien-seance mesme estoit contre luy, Au moins, dict il, ne sçauriez-vous refuser vne chambre ceans, puis qu'aussi bien vous estiez logez en cette ville en vne maison d'amy. Sans plus de discours il fallut ceder à la necessité, & voila le cheual de Troye, ou le Sejan logé chez Fulgent, qui y mettra l'embrasement horrible que vous entendrez: elle est mise en la mesme chambre où logeoit Siridon, & dedans son lict, presage de ce qui arriuera apres beaucoup de miseres. Sa Mere se fit dresser vn lict en la mesme chambre pour ne perdre point de veuë celle qu'elle cheriſſoit plus que ſes yeux, & qui eſtoit tout ſon treſor. Mais i'oubliois preſqu'à dire vn éuenement émerueillable, cōme on ſortoit en foule de la chambre des mariez pour aller en l'autre, cét homme qui s'eſtoit caché derniere la tapiſſerie, voulant ſortir de ſa cachette fut apperceu par vne Dame, qui commença auſſi-toſt à crier au voleur. Le galand ſe voyant découuert, faict mine de mettre la main à l'eſpee, & de vouloir vendre ſa peau cherement à quiconque l'attaquera : ce qui redouble le tumulte, le Comte ſe retourne vers le bruit, qui ne le connoiſſant pas luy voulut ſauter au collet & ſe ſaiſir de luy, en diſant, C'eſt touſiours parmy les confuſions & les deſordres que ſe fourrent ces gens de bien : Ie ſuis homme de bien, repart l'autre, & Gentil-homme d'honneur, & qui vous ſçauray faire paroiſtre qui ie ſuis : auec ces paroles en ſe retirant quelque peu en arriere il mit la main à l'eſpee, & Fulgent l'y eut auſſi toſt que luy, en luy repliquant, C'eſt ainſi que diſent tous les larrons, quand ils ſont pris ſur le faict, faiſans rempart de leur impudence : l'autre se sentant cruellement outragé, vint furieusement (comme vn homme qui se voit pris & desesperé) se lancer sur le Comte pour vanger cette iniure, la disposition de Fulgent & son addresse aux armes le garantit du plus grand coup qui se pouuoit donner & receuoir, encore ne le peut-il pas si bien esquiuer qu'il ne luy en restast au bras gauche vne legere attainte, qui faisant plus de sang que de mal, anima le Comte de la plus forte colere qu'il eust iamais sentie, si bien qu'entrant de pointe sur son ennemy, son espee s'enfonça dans la garde de celle de son aduersaire, & luy perçant la main, luy fit lascher la prise de sa lame, & Fulgent sentant son espee faussee apres auoir faict voler du poing celle de son homme, le chamaille du trenchant si rudement sur la teste & sur le corps, qu'en vn moment il le couche par terre où il se veautre dans son sang: imaginez-vous durant ce combat le cry où l'effroy des femmes qui poussoient à la porte pour sortir, & s'enfuir de mesme ardeur que les hommes qui estoient à l'antichambre pour entrer & venir au secours du Comte: le premier qui arriua fut Cleobule, qui reconnut aussi-tost l'infortuné Sindulfe, l'Amant forcené de sa sœur, qui comme vn Chorebe insensé voyant enleuer sa Cassandre naurée s'estoit outré de douleur precipité en ce desastre. Il empescha que le Comte ne l'acheuast, luy criant que c'estoit vn Gentil-homme de son voisinage transporté de l'amour de Glaphire, & qu'il auoit trop d'honneur pour exercer le brigandage. Fulgent à ce discours vit son esprit estrangement partagé, car comme il estoit extremement marry d'auoir ainsi traitté en larron vn homme noble & vaillant, aussi se faschoit-il de l'entendre appeller amoureux de Glaphire ; si bien que le voulant conseruer comme Cheualier de merite, il le vouloit tuer comme Riual.

Car l'Empire & l'Amour haïssent les Riuaux.

Mais de peur de donner en vn temps si peu opportun connoissance de sa nouuelle flamme, il prit le party de l'humanité & de la courtoisie, & maudissant son destin, il courut les bras ouuerts au secours de ce pauure Gentil-homme qu'il auoit si mal accommodé. Cleobule mesme luy ayda, encore qu'ils fussent assez mal ensemble, pour les raisons que nous deduirons plus à loisir. La generosité du Comte le vouloit loger en vne autre chambre de son Palais: mais tout estoit si ambarrassé comme en vn iour de nopces, qu'il le fallut mettre en la maison d'vn voisin, où le Comte eut le soin de le faire penser, & de luy faire fournir tout ce qui luy estoit necessaire. Ie n'ay rien dict de l'épouuante de Palombe qui fut bien plus grande que quand elle vit son Espoux renuersé par le Taureau furieux, l'histoire neantmoins ne dict point qu'elle pasmast, peut estre pour ne pouuoir dire tant de choses à la fois, peut estre aussi parce qu'ayant faict nature des mal-heurs, & mis vn cal à son cœur contre les efforts de l'aduersité, elle en estoit deuenuë moins sensible. Quant à Glaphire, cette derniere peur redoublant sa fievre, la rendit si ardante qu'on desesperoit de sa santé, ce qui mit vne chaude allarme au cœur du Comte, qui mal-heureux, eust bien voulu que ces nouuelles luy eussent esté dittes de Palombe, plustost que de son hostesse, tant il estoit

LIVRE SECOND. 131

aueuglé. Il fit voir fa bleffeure qu'il auoit au bras gauche, mais ce n'eftoit prefque rien, vne petite emplaftre en arrefta le fang & prefque la douleur en vn inftant. Parmy tous ces orages fe paffa l'aprefdifnee de ces fanglantes nopces, foüillees de tant de meurtres qu'on ne parla que de cela durant le feftin du fouper: apres quoy fe fit le balet dont nous auons parlé, de forte que la nuict ne fut gueres plus tranquille que le iour, au contraire plus redoutable à caufe du feu, élement horrible en fa fureur, terrible en fes effects, & inexorable en fon cours. Quand on cria au feu au feu fur le milieu de la nuict, imaginez vous quelle huille c'eftoit fur celuy de la fievre ardante qui embrafoit Glaphire: plufieurs ont perdu leurs fievres par d'extremes terreurs, mais cette fille en empira la fienne. Or qui eft-ce de tous ceux qui liront cette Hiftoire qui fe pourra perfuader que tant d'accidens foient arriuez coup fur coup, & en fi grand' foule, en vn feul iour de nopces? qui font ceux qui battus d'vn orage fur mer ou d'vne penible iournee fur terre, ne foient bien aifes de fe donner du repos la nuict, fi encore on peut repofer.

K iiij

la nuict apres tant d'allarmes : que si les songes se forment selon les idees du iour, alterees par l'horreur des tenebres nocturnes, de quels sursauts deuoient estre saisis les Espoux en leur sommeil apres tant d'effroyables spectacles? Aussi Fulgent confessa-t'il depuis, que de sa vie il n'auoit passé vne si malencontreuse nuict que celle qu'il estimoit deuoir estre le comble de ses joyes, & de laquelle il auoit chanté à fausses enseignes,

O nuict douce & debonnaire,
Belle obscurité, plus claire
Mille fois que la clarté,
Qui m'as heureuse apporté,
Sous ta paupiere endormie,
Le plus grand bien de ma vie.

Car de sa part sentant son cœur deuoré d'vne flamme illicite, sa conscience luy donnoit mille transes & mille allarmes, selon cette parole veritable, que l'esprit desordonné est bourreau de soy-mesme; joinct que ce qu'il possedoit ne le pouuoit satisfaire estant emporté d'vn autre desir: à quoy si vous adioustez que les viandes qu'on aime le plus quand on est sain viennent à côtre-cœur quand on est malade, & que les passions sensuelles s'esteignent dans la iouïssance côme le feu dans l'eau,& que la facilité nuptiale émousse la pointe de ce desir, auquel consiste la principale force de l'Amour, vous treuuerez qu'il est en vne condition pire que Tantale, puisqu'en l'vsage mesme de ce qu'il a le plus ardamment souhaitté il ne treuue point de satisfaction, selon cette maxime,

Ce qui est defendu se rend plus desirable,
Et ce qui est permis est soudain mesprisable.

D'autre costé Palombe ayant l'imagination toute occupée des frayeurs qui l'auoient saisie durant tout le iour,& ces impressions du feu, des precipices, des glaiues, des playes du sang, des morts, des cris, de la confusion, des plaintes, des soupçons, des vengeances, des desespoirs, des pleurs, des fracas, des combats, des desordres qui auoient ioüé sur le theatre de cette feste, non de feintes, mais de veritables tragedies, non seulement ne pouuoit treuuer de repos ny de soulagement à ses peines entre les bras de son cher Fulgent, mais aussi tost que le sommeil vouloit appesantir sa paupiere, elle estoit réueillée par des spectres estranges, par des terreurs Paniques, en sorte que criant & se lamentant à tout propos, elle pensoit qu'on luy rauist son Amour.

Les feux, les larrons, les Taureaux,
Occupoient toute sa pensée,
Et mille autres monstres nouueaux
La tenoient sans cesse oppressée.

Elle auoit autresfois ouy parler de certains oyseaux fabuleux, appellez Harpies, animaux à visages de femmes, beans apres la proye & tousiours ensanglantez; entre le veiller & le dormir, elle resua qu'vn animal de cette forme se paissoit du cœur de Fulgent, qui apres la perte de son cœur, ne laissoit pas de viure & de luy dire, voyez Palombe, vous n'auez plus que mon corps, car ceste beste deuore mon cœur. Soudain en dissipant cette importune vision, elle la raconta à son espoux, qui n'en connut que trop l'interpretation, & vit bien que les songes ne sont pas tousiours des mensonges, cela luy donnoit de grands remords & luy faisoit voir assez clairement que tous ces mal-heurs qui luy estoient arriuez n'estoient que les iustes chastimens de sa perfidie & de son ingratitude, mais la dureté de son obstination & son impenitente malice rendirent son cœur inflexible, comme celuy d'vn Pharaon à ces fleaux de la main de Dieu. La nuiɕt qui luy deuoit paroiſtre vn moment luy fut vn tourment qui luy dura vn ſiecle, les faueurs luy furent des fureurs, les delices des ſupplices. O! que le grand Apoſtre a bien diɕt parlant des mariez, qu'ils endureroiẽt la tribulation de la chair, lors que par l'intemperance de leurs deſirs, ce qui eſt eſtably de Dieu pour remede ne ſert que pour irriter leur incontinence. Le iour ſuiuant il parut ſombre & melancholique, ainſi qu'vn captif qui traine ſes fers & qui a ſa ſeruitude à contre-cœur. Tout ſon ſoin eſt autour de ſa belle hoſteſſe, il n'eſpargne rien pour prouuoir à ſa ſanté; & Palombe qui ne voit que par les yeux, & ne iuge que par la connoiſſance de ſon Comte, ne peut qu'elle n'honnore ce qu'elle luy voit eſtimer, joint que la pitié ſi naturelle à vne ame douce & amiable cõme la ſienne luy donnoit vn extreme reſſentiment du mal de la vertueuſe Glaphire, pour laquelle ne plaindre pas, il euſt fallu eſtre tout à faiɕt ſans humanité. Quelques iours auant ſes nopces Fulgent auecque ſes amis s'eſtoit preparé à vn ieu de Cannes, qui eſt vn combat à Cheual qui ſe faiɕt auecque tant de caracols & de figures, que cela donne beaucoup de recreation aux spectateurs, ils en font grand estat en Espagne, & semble que ce soit vn reste des passe-temps & exercices des Rovs Mores qui y ont si long-temps dominé, les Arabes & les Affriquains y sont fort addroicts, & faut que les Cheuaux soient extremement souples & manians pour ne faire point de desordre. Celuy que le Côte auoit destiné pour cette recreation luy ayant esté tué par le Taureau furieux il fallut differer quelques iours pour en dresser vn autre : ce ieu fut precedé par plusieurs tournois & courses de bague, où Fulgent fut tousiours accompagné de tant de mal-heur, qu'encore qu'il eust en toutes les precedentes assemblées emporté le prix de tous les exercices, & qu'il fust reconnu generalement pour la Cauallerie le plus accomply qui fust en la Prouince Tarragonoise, neantmoins comme s'il eust perdu tout iugement (& vrayement il l'auoit bien perdu) tant s'en faut qu'il en rapportast aucune gloire, qu'au contraire mesurant la terre plus d'vne fois, il ne s'en releua pas sans dépit & sans honte, honte neantmoins couuerte sous le nombre de ses associez en semblable mal-heur, d'autāt que les Espagnols sõt assez coustumiers de faire de ces actes de Cheualerie, car bien qu'ils ayent sans contredict les plus beaux & les meilleurs Cheuaux de l'Europe, ils ont neantmoins la reputation & l'effect d'estre les plus pauures Escuyers de la Terre : de maniere que de sēblables cheutes ou passages de la selle en bas ne leur tournēt point à note d'infamie. Luy qui auparauant auec tant de iustesse & de fermeté enfiloit les bagues & passoit les carrieres à plaisir, ne peut y donner les moindres atteintes, ce qui le desespere. O Fulgent cherchez premierement le Royaume de Dieu par l'obseruance de sa loy, & le Ciel vous couronnera de gloire & d'honneur, cette ombre de la reputation humaine vous suiura par tout, Ceux qui me glorifient, dict le Seigneur, serōt honorez, & ignobles ceux qui mesprisent mes voyes : Parce que vous vous en estes esloignez, dit Dieu aux pecheurs par la bouche de Malachie, & auez rompu mon alliance & faict scandale, pour cela ie vous rendray contemptibles & meprisables à tous ceux qui vous ont autrefois estimez. Le ieu de Cannes ne se passa point sans sang, non pas qu'il en fust tant respandu, qu'à la bataille de Cannes: mais tousiours cét exercice qui se faisoit par recreation se termina-t'il en dispute & en querelle, qui depuis engendra des meurtres: deux Gentils-hommes picquez de quelque ialousie se prindrent de paroles, & de là vindrent aux effects, d'où sortirent des blessures, & le Comte les voulant separer il y eût vne cane brisée, dont l'esclat luy perça le bras droict, si bien qu'il fut en peu de iours blessé aux deux bras, peut-estre parce qu'il les vouloit estendre à deux objects, dôt l'vn estoit vn arbre chargé du fruict defendu. S'il eust esté aussi bien frappé aux deux jambes on eust pû luy dire, pourquoy boittez vous de l'vn, & de l'autre part, Pourquoy iurez vous en Dieu & en Melchô, ne sçauez-vous pas qu'on ne peut voir le Ciel & la terre en mesme temps, le cœur vnique loger deux Amours, le monde souffrir deux Soleils, ny l'homme seruir à deux maistres. Palombe attribuoit tous ces desastres aux imprecations & maledictions de sa mere, Fulgent à l'infidelité qu'il auoit commise enuers son frere, disant à peu prés côme ceux de Ioseph, Ie souffre à bon droict tous ces maux, parce que i'ay peché contre mon frere : & cependant aueugle qu'il estoit il ne consideroit pas que son peché estoit tousiours deuant luy, & qu'à la presence de sa folie se pourrissoient & enuieillissoient ses cicatrices. Lauez lauez vostre cœur de sa malice, ou leuez de vostre esprit cet vlcere qui le ronge, rangez-vous au train bien reglé du commerce nuptial, n'ayez point d'autre object de vos chastes affections, que celle que Dieu vous a donnée pour compagne; & lors vous serez beny de la rosée du Ciel & de la graisse de la terre, & pour vous le Ciel ne sera plus de brôze, ny la terre d'airain : mais il est trop conjuré à sa ruine pour faire son profit de ces remonstrances. Tant d'accidens & d'euenemens sinistres amoncelez les vns sur les autres, changerent en dueil les musiques, & les festes de Tarragone, si bien que chacun faisoit d'estranges iugemens sur cette alliance infortunée : ô pauurets, vous ne voyez que ce qui paroist aux yeux, mais Dieu penetre les pensées du cœur, tout est nud & ouuert en sa presence, il void les pensées de Fulgent & se rit de leur vanité, il dissipera comme la poussiere l'est par le vent, tous ses conseils & ses mauuais desseins. Le voyla retiré chez soy, viuant en reclus & tout à fait à l'Espagnole, il ne se laisse plus voir parmy les compagnies, ce n'est plus le Comte de qui l'on faisoit tant de compte, il ne paroist plus comme il auoit accoustumé auecque splendeur & apparat, il n'est rien de si melancholique & de si morne: Ce n'est plus ce Fulgent qui animé d'vne gentile & honnorable flame n'auoit que de pudiques affections, dont la bruslure bien que viue & sensible, n'auoit ny noirceur ny fumée, tousiours luisante bien que cuisante: mais maintenant il est dans le labyrinthe entortillé dont parle le Prophete Roy, quand il dit, que les pecheurs cheminent en vn cercle: c'est à dire, comme il l'explique luy mesme, que l'esprit de tournoyement est en leur ceruelle, qui les met en vn fouruoyement d'où ils ne se peuuent r'addresser. O Seigneur, ceux qui vous delaissent seront abandonnez, leurs noms seront escrits en la terre, c'est à dire, que possedez d'vne humeur noire & terrestre ils n'auront point de ioye, ou s'ils en ont

ont, ce fera la ioye de l'hyppocrite, qui ne dure qu'vn inftant: leurs nôs font efcrits en la terre, car c'eft là que de voftre doigt, vous efcriuez les noms des adulteres & des des-honneftes, qui n'auront point de part en la poffeffion du Royaume des Cieux, dit voftre Apoftre. Les os difloquez & defmis de leur place font vne continuelle douleur iufques à ce qu'vne docte main les ait remis en leur emboëtture naturelle: le centre du cœur humain c'eft la Vertu, c'eft viure felon Dieu, hors de là, ce ne font qu'inquietudes, c'eft pour cela que l'Efcriture dict, que les pecheurs n'ont point de repos & ne reconnoiffent point les fentiers de la paix. Ô qu'il eft amer, dict celuy-cy, d'auoir delaiffé Dieu, au contraire, dict cét autre fainct, qu'il eft bon de s'attacher à luy & de ietter en luy fes penfées & fes efperances. La mal-heureufe chofe que de feruir les Dieux eftranges qui ne donnent ny treues ny repos, ny nuict, ny iour. Bien-heureux ceux qui portent le ioug de Dieu, car ceux-là feuls tiennent la tranquillité de l'ame. Dauid en fon adultere n'experimenta que trifteffe & inquietude, c'eft pour cela qu'il di-

L

soit à Dieu, venāt à resipiscéce, Rendez moy, Seigneur, la ioye de vostre salutaire, & me confirmez de vostre esprit principal. O que les peruers ont grande raison chez le Sage, de dire, qu'ils ont cheminé par des voyes difficiles : car, côme dit le bel œil de la Philosophie des Stoïques, il y a beaucoup plus de peine à faire le mal que le bien. Quel plus grand tourmēt que la colere, quelle delice que la douceur, dont le seul nom emplit l'ame de ioye? est-il riē de plus trouble que la vengeance, rien de plus paisible que la debonnaireté? la chasteté est en paix, tandis que la deshônesteté est en côtinuelle transe, de peur que son infamie soit descouuerte. Grāde paix, dict Dauid, à ceux qui aiment & qui pratiquent la loy de Dieu, le scandale ne leur arriue point, & les fleaux du courroux diuin n'abbordent point de leur tabernacle. Au contraire, les impies se tairont en leurs tenebres, ils brusleront en silence, sans oser se plaindre, leurs voyes sont obscures & glissantes, & l'Ange de Dieu les poursuit sans cesse, comme celuy qui chassa nos premiers parens du Paradis terrestre, ou celuy qui saccagea les Assiriens, ou celuy qui menaça le traistre

Balaam. Ie dis tout cecy par precaution, & pour munir le cœur de celuy qui lira cette Histoire, de peur que son ame ne defaille en luy-mesme : voyant arriuer Fulgent iusques aux portes de la mort, & de la mort eternelle, le voyant cheminer en tenebres en la region de l'ombre de mort, qui est le peché. Car tout ainsi que ceux qui entrent en des lieux contagieux & infects prennēt des preseruatifs pour se garder du mauuais air; de mesme ayant à conduire mon Lecteur par les voyes obliques de l'iniquité, i'ay creu luy deuoir pendre au col ces epithemes cordiaux de l'Escriture sacree, & luy faire prēdre ces cōtrepoisons salutaires, pour preseruer sō esprit de toute maligne impression. Car qui pourroit sans scandale considerer les artifices malicieux dont le Comte veut couurir son mal-heureux dessein, ni plus, ni moins que Dauid couurit son adultere par vn homicide, neantmoins

Ie les vay raconter, quoy que m'en souuenāt
Mon ame auec horreur s'en aille destournant.

De mesme que celuy qui escarte sa veuë de dessus le bassin où on le saigne pour sa santé, & cela pour faire

L ij

voir le vice en sa laideur ; afin que cette laideur le face detester à ceux à qui il reste quelque goutte de bon sang, & quelque bluette de bon sens. Nous auons dit que Fulgent auoit receu chez soy ce tison fatal de l'embrasemēt de son ame, la trop belle Glaphire; la fieure ardante qui la trauaille n'a rien de comparable en son ardeur à la flamme qui deuore les moëlles de cét infortuné Seigneur : Et c'est icy le mal d'autant plus grand qu'il paroist moins au dehors, estant certain que le moindre vlcere dans les intestins ou dans le coffre du corps est plus dāgereux & difficile à guerir, qu'vne grande playe qui n'est que sur la peau, & en la surface. Et tout ainsi que Themistocle couppa la queuë de son beau chien, afin que le peuple s'amusant à parler de cette action, & à en rechercher les raisons, destournast ses enquestes de dessus les monopoles secrets qu'il brassoit contre la liberté publique : de mesme tādis que les Tarragonnois s'entretiennēt des diuers accidēs arriuez en ces funestes nopces, & en forment diuers iugemens, le Comte est resserré dedans sa maison comme vn ver à soye occupé à filer vne trame toute autre que l'on ne pense : car qui pourroit croire qu'vn nonueau marié s'amusast à faire l'Amour, veu que le mariage est le bannissement des libertinages de la ieunesse, & le fleau de toute mauuaise & illicite affection? Mais las! ce lien tout d'or & de soye luy est vne chaisne de fer, vne gesne d'enfer, le ioug à peine mis sur ses espaules luy paroist insuportable; pareil à ces ieunes Taureaux indomptez, qui ont bié de la peine à s'accoustumer à celuy où on les attache; iamais la liberté ne parut si douce ny si agreable; la belle chose que d'estre à soi, ô que n'en est il là! Es tu libre de fēme, n'en cherche point, dict l'Apostre: mais acheuez Côte, Estes vous lié à vne femme, recherchez encore moins la rupture de ce lien. Celuy qui comparoit le mariage aux nasses à prendre du poisson, auoit-il pas bonne grace, chacun sçait pourquoy. N'en est-il pas de ce contract comme des cages où les oyseaux libres veulent entrer, & ceux qui y sont desesperent d'en sortir: mais comme il n'y a point d'autre porte pour y entrer que celle de l'Eglise, il n'y en a point pour en sortir que celle du Tombeau. C'est vne folie de penser dénoüer ce nœud Gordien, que le seul tranchant du trespas, comme le seul glaiue d'Ale-

L iij

xandre peut diffoudre : l'homme ne peut feparer ce que Dieu a conioint, toute la fageffe humaine eft icy deuoree, la liberté vne fois engagée ne fe peut dégager par des montagnes d'or, non pas pour tous les Royaumes & Empires de la terre. Et c'eft là le defefpoir de Fulgent, qui donneroit volontiers tout fon bien pour eftre libre, & qui voudroit bien, maintenant qu'il eft picqué d'vn autre obiect, donner la Ruth & fon heritage à fon frere. Mais on ne fe ioüe pas ainfi d'vn fi grand Sacrement, qui eft de la qualité de ces contracts qui font, difent les Iurifconfultes, au commencement volontaires, & apres de neceffité. Ce qui faifoit que cét Ancien appelloit fa femme fon mal neceffaire, & l'exercice de fa patience. L'oyfeau qui eft dans la cage cherche fans ceffe vne voye pour reprendre fon air : mais il a beau faire, fa prifon eft telle, qu'il voit la liberté fans en pouuoir iouyr. Fulgent n'eftime en fon ame que ceux qui ne font point mariez, mais il a beau fueilleter tous les paffages de fa ceruelle, il n'en trouuera vn feul qui puiffe brifer fa chaifne de diamant, ny luy promettre d'issuë que par le cercueil ; ce qui l'enfonce en vne telle tristesse, que déplaisant à soy mesme, il se cacheroit s'il pouuoit à ses propres yeux. Vn iour pour diuertir cette melancolie, ou plustost pour l'entretenir, (car rien ne la nourrit d'auantage que d'y penser) il fit dire à sa guitterre cette plainte.

Iamais ne pourray-ie bannir
Hors de moy le fier souuenir
De ma liberté tost passée,
Tousiours pour nourrir mon soucy
Vne tristesse sans mercy
L'offrira-t'elle à ma pensée.
Tyranne implacable des cœurs,
De combien d'ameres langueurs
Me troubles-tu la fantaisie ?
De quels maux me tourmentes-tu,
Et dans mon esprit combatu,
Que ne faict point ta frenesie ?
Mes yeux aux pleurs accoustumez,
Du sommeil ne sont plus fermez,
Et dessous mon visage blesme
Mon cœur qui ne faict que fremir,
Et ma bouche rien que gemir,
Monstrent que mon mal est extrême.
Aux caprices abandonné

L iiij

J'erre d'un esprit forcené,
La raison cedant à la rage :
Mes sens des desirs emportez,
Flottent confus de tous costez,
Comme un vaisseau parmy l'orage.
Blasphemant la Terre, & les Cieux,
Ie suis à moy-mesme odieux,
Tant la fureur trouble mon ame :
Et bien que mon sang amassé
Autour de mon cœur soit glacé,
Mes propos ne sont que de flame.
Pensif, frenetique & resuant,
L'esprit troublé, la teste au vent,
L'œil hagard & plein de furie,
Le malheur me fait espreuuer
Mille maux, & sans me treuuer
Ie me cherche en ma resuerie.
Cependant tandis que ie veux
Par raison obseruer mes vœux,
Rendant ma flamme refroidie,
Pleurant i'accuse ma raison,
Et treuue que ma guerison
M'est pire que ma maladie.
Vn regret pensif & confus
D'auoir esté sans estre plus,
Rend mon ame aux douleurs ouuerte,
A mes despens, las ! ie voy bien
Qu'vn bon-heur, comme estoit le mien,
Ne se connoist que par la perte.

Voila comme celuy qui auparauant ne pouuoit viure libre, souspire & gemit sa liberté perduë, si c'est la perdre, que de l'engager sous vn joug sacré, pepiniere du Christianisme, lien honorable dont la couche est sans tache, & dont les fleurs sont des fruicts d'honneur & d'honnesteté. Mais depuis que la raison est vne fois debilitee par la passion, il ne se faut pas estõner si d'vn faux principe suiuent mille absurdes consequences. Fulgent qui ne souhaittoit rien tant que de voir la vertueuse Palõbe en sa maison comme son Espouse, maintenant l'en souhaitteroit autant esloignee qu'elle en est prés; & quoy que son malheur y ait amené Glaphire, il met en cette reception le comble de son bon-heur, il ne bouge d'auprés de cette malade, luy rendant des deuoirs & des assiduitez nompareilles. Les accés de sa fievre, & les excés de ses desirs ou de ses apprehensions s'accordent comme les marees auec la Lune. Tout son soucy est de faire en sorte que la vie de sa chere hostesse soit mise hors de danger, ce qui arriua en peu de iours, car sa bonne constitution, sa ieunesse, le soin de sa Mere, l'art des Medecins, leurs remedes aidez, d'vne cõplexion fleuriſſante & vigoureuſe, la remirent en eſtat que l'on pouuoit bien eſperer ſa ſanté & aſſeurer de ſa vie. Fulgent la vouloit bien ainſi, car il auoit deſia peur que l'entiere conualeſcence la luy rauiſt auparauant qu'il euſt dreſſé tous ſes artifices pour faire cette conqueſte mal-encontreuſe. Que cét homme a de peine à ſe perdre, & qu'il a de peur de ne ſe perdre pas; ô que les mauuaiſes prattiques ſont de difficile execution : car ſi l'on apperçoit tant ſoit peu leur fin des-honneſte & leur fineſſe maligne, la mine eſtant euentée n'a plus d'effect, le piege deſcouuert ne ſert plus de rien, & le poiſſon qui a vne fois reconnu l'hameçon caché ſous l'appaſt n'a garde d'y mordre. Fulgent prend le meſme ſoin (quoy que non ſi empreſſé) du pauure Sindulphe, & certes il eſtoit bien raiſonnable qu'il le fiſt penſer des playes qu'il luy auoit faittes, & qu'il le fiſt traitter durant ſa maladie apres l'auoir ſi cruellement charpenté. En le viſitant, comme il eſtoit accort & ſelon que dit l'Eſcriture, prudent au mal, il tira de luy le ſecret de toutes ſes pretenſions ſur Glaphire, meſme il crocheta ses desseins, luy promettant de luy estre fauorable en sa recherche, ce qui r'ouurit toutes les playes du cœur de ce pauure Amant, à mesure que celles de son corps se fermoient, si bien qu'il ne luy cela aucun des replis & ressorts de son ame. Estant remis en estat de pouuoir sortir, le Comte luy conseilla de se retirer en sa maison, & là d'attendre de ses nouuelles, luy promettant de l'aduertir de ce qu'il mesnageroit pour l'auancement de son affection : en quoy il auoit autant d'enuie de le tromper comme il auoit deceu Siridon pour le regard de Palombe. Le pauure Sindulphe au lieu de se ressentir de ce cruel affront qu'il luy auoit faict dans sa maison, de le prendre pour vn voleur, & de le martyriser de la sorte, se reconnoist redeuable de la vie à celuy qui la luy auoit voulu oster, & qui veut encore luy rauir celle de son contentement, en le mettant plustost en la mauuaise qu'en la bonne grace de sa Maistresse. Il s'en va sur cette creance, glorieux de l'appuy du Comte, & bien aise d'auoir achetté par ses blesseures vn peu d'esperances, dont il se repaist. Voyla Fulgent deffaict honnestement de son riual. Maintenant sa peine est de faire voir à Glaphire cette extreme passion qu'il a pour elle, & la luy faire voir en sorte que ny sa femme, ny sa mere, ny son frere, qui sont tousjours autour de son lict, comme des Anges, ne s'en apperçoiuent point. Ce n'est pas icy vne petite ny facile entreprise. Car si l'vn de ces trois s'apperçoit de la moindre action, ou remarque vn regard ou vne parole vn peu moins balancée qu'il ne faut, ou si ne rencontrant pas dans le cœur de cette honneste fille des propositions propres pour y jetter ses impressions, & qu'elle le descouure, tout est perdu, elle sortira de sa maison, elle esuanouïra de deuant ses yeux, adieu ses pretensions & ses esperances. D'ailleurs de se resoudre à perir d'vne muette douleur auprés de celle qui la cause, & mourir auprés de son remede, en cachant son mal, dissimulant son desir, sans se hazarder à le tesmoigner par quelque plainte, c'est bien vne cruauté inexplicable. Voir ce qui est aimable & ne l'oser affectionner, ou en l'affectionnant ne l'oser monstrer, c'est vn tourment qui ne se peut naïuement depeindre. Doncques pour preuenir toutes deffiances & fermer la porte aux soupçons, il essaye de tenir sa contenance si reglee qu'on ne puisse auoir aucune prise sur ses gestes, sa veuë & ses discours: vous diriez que c'est la seule courtoisie qui le fait approcher de ce lict pour soulager la malade; vous diriez qu'il ne la voit que comme la mesme indifference: s'il parle, c'est auec beaucoup de respect & de circonspection: aussi n'est-il pas si retenu qu'il face paroistre vne composition estudiée en sa conduitte, car cela mesme pourroit engendrer de l'ombrage; c'est auecque tant de soupplesse & d'accortise qu'il meine son ieu, qu'estant esclaue vous diriez qu'il est maistre de soy, & que son art soit la simplicité mesme. Ainsi quelques artisans contrefont si dextrement les fleurs auecque la soye & la peinture, que d'artificielles qu'elles sont, on les prendroit pour naturelles: Mais aussi ce grand art est nuisible à son propre Autheur, car cela ne sert qu'à prolonger son martyre, non à le soulager. O combien il est vray que celuy qui fait mal hait la lumiere, de peur que ses œuures indecentes n'apparoissent, & ne soient aussi-tost reprises. Tout ce que la venimeuse araignée se tire des entrailles pour façonner sa toile, est abbatu en vn instant par le balay, destiné à racler de sēblables ordures: Tout ce que les esprits cauteleux machinent contre l'honneur des filles est dissipé aussi-tost qu'il est recōnu par celles qui sont sages, ou par leurs parens. Fulgēt dressé aux finesses & aux caiolleries de la Courr, s'insinuë premieremēt aux bōnes graces de Dionée, qui s'estimāt fort honnorée des deuoirs qu'il luy rēdoit, & de la soigneuse assistāce qu'il faisoit à sa fille, recōpensoit ses feintes submissions par de veritables & sinceres ressentimēs. Elle ne parle à sa fille & à son fils que de la bonté du Comte, des obligations qu'ils luy auoiēt, & de l'eternel caractere qu'ils en deuoient grauer en leur souuenir. Ces ieunes ames esleuées à la Vertu, sous l'aisle d'vne si bonne mere, luy tesmoignent que iamais tāt de faueurs ne mourrōt en leurs memoires, & que l'ingratitude ne noircira iamais leurs courages de la mesconnoissance de tant de bien-faicts Glaphire qui estoit la douceur & la grace mesme, & qui estoit la principale obligée, recōpensoit les soins du Cōte auec des complimēs si amiables, qu'ils eussent

LIVRE SECOND. 155

enchâté les Rochers; & Cleobule Gentilhôme bien né ne pouuât se laisser surmonter en courtoisie, luy rendoit tât de remerciemens, & se môstroit tant son redeuable, qu'il n'estimoit pas se pouuoir iamais dégager des obligations qu'il acqueroit sur luy en la persône de sa sœur. Le Côte ne mâquoit pas de protestatiôs de seruice, ni de belles paroles, pour correspondre à tât de marques d'amitié, desquelles il tire des coniectures toutes aduantageuses pour son dessein. Si biê que s'emparant peu à peu de la bien-veillâce du frere, il croyoit par là se faire vne insensible voye à celle de la sœur. En sôme il côtracte vne telle amitié auec Cleobule, que cettuy-cy ne parle plus que du Côte, ne fait conte que de luy, glorieux d'estre honoré des caresses d'vn tel Seigneur, qui le rédoit comme maistre dans sa propre maison; il ne peut plus faire aucun conte, que le Côte n'en soit le sujet, c'est sô maistre, c'est sô amy, c'est sô Idole. Fulgent de sa part cultiue cette inclination par toutes sortes de bons offices, ne fait estat que de ce Gentil-homme, l'a tousiours à ses costez, luy offre tout son bien, le rend maistre de sa volonté, ne sçauroit viure sans luy, ne feignant point de rendre au frere les demonstrations de bien-veillance qu'il n'ose faire paroistre à la sœur, qui ne laisse pas d'en ressentir l'obligation sur le recit assez indiscret que luy faisoit son frere des familiaritez qu'il auoit auecque le Comte, en luy representant sa gentilesse, sa discretion, sa liberalité, auec des couleurs bien viues & bien naïues, & telles que si Glaphire n'eust esté fort enracinée en la Vertu & jalouse de son honneur, il eust allumé en elle vn feu qu'il n'eust pas pû esteindre. Telle est l'imprudence de la ieunesse, qui faict quelquesfois des discours hors d'œuure, ne sçachant pas à cause de l'inexperience, le mal qui en peut reüssir : de grands embrasemens naissent de petites estincelles, il ne faut point approcher le feu du Naphte qui ne le veut voir consumer. Vn iour que les deux amis estoient ensemble dans le jardin du Palais du Comte, s'entretenans de diuers sujets, Fulgent voulant sçauoir de Cleobule l'histoire de la passion de Sindulphe, pour sçauoir si l'autre luy auoit dit la verité : S'estans assis sous vn cabinet d'Orangers, cettuy cy la luy raconta de la sorte. Sindulphe est vn Gentil-homme autant pauure des biens de la fortune, ne que riche de nobleſſe, & pour dire le vray, & ne taire point les iuſtes loüanges de nos propres ennemis, il eſt fort plein de vertu. Mais las! cette vertu eſt bien foible, quand vne fois l'Amour s'empare d'vn ieune eſprit, ſinon que la vertu puiſſe compatir auec les folies que cette paſſion faict produire. Son Pere appellé Geminian, auoit ſa terre voiſine de ce fameux Monaſtere de Poblet, ancienne Sepulture des Roys d'Arragon, & apres l'incomparable Conuent de l'Eſcurial, l'vn des plus beaux qui ſoient en toutes les Eſpagnes ; ſa proximité honnore beaucoup cette ville de Tarragonne, qui en eſt non ſeulement ornee, mais comme couronee. Ce Gentil-homme eſtant en l'aage de chercher party, ie veux dire de prendre femme, vint en noſtre ville de la Selua, où il fit quelque ſejour pour voir ſi parmy les filles qui eſtoient lors à marier, il en pourroit rencōtrer vne qui luy fuſt conuenable. Il y arriua au temps que feu mō Pere, qui s'appelloit le Cheualier Narciſſe de l'habit de Monteze, eſtoit en meſme aage que luy, & en meſme queſte. Mais comme il auoit tous ſes biens & ſes habitudes en la ville, il y éſtoit bien mieux veu & plus accueilly

M

parmy les compagnies que Geminian qui n'y estoit cósideré que cóme estranger, c'est à dire, non Citoyen. Ils se virent souuent & en diuers lieux, comme personnes ieunes qui cherchent à passer leur temps, & à voir le monde : mais ils se voyoiēt en places publiques, és festes, és Eglises, és theatres, és assemblees, selon la coustume de nostre nation, sans contracter autre amitié qu'vne connoissance cõmune, soit parce que leurs astres eussent quelque diuers aspect, ou soit par ce que leurs humeurs cõtraires ne peussent arriuer à cette sympathie, d'où l'amitié s'engendre. Mon Pere auoit de longue main pratiqué la bien-veillance d'vne fille vnique, mediocre en moyens, & encore en beauté : mais és petites villes ce qui est mediocre paroist grand, & comme elle estoit des premieres en bonne grace de toutes celles que Narcisse auoit tous les iours en veuë, il en deuint espris, & quoy qu'il fust plus riche qu'elle, son affection suppléant à ce defaut de moyens, la luy fit desirer pour femme. Il le fit entendre par vne personne tierce à sa Mere qui estoit veufue, proposition qui luy aggréa fort, & qui facilita l'accez à mon Pere à sa maison en qualité de seruiteur & pourſuiuant de ſa fille. Elle s'appelloit Agerice, & comme elle auoit l'entendement fort bon, elle vit bien que ce party luy eſtoit auantageux, ſi qu'elle ſe reſolut d'engager le plus auant qu'elle pourroit (ſon honneur ſauue) les affections de Narciſſe, luy permettant des familiaritez, non pas telles qu'elle en peuſt eſtre des-honnoree, ny ſouffrir aucun tort en ſon integrité, mais peut eſtre qui paſſoient la bien-ſeance & la modeſtie requiſe en vne fille extremement jalouſe du point d'honneur; comme (pour m'expliquer, & afin qu'il ne s'en engedre aucun mauuais ſoupçon en voſtre ame contre la mere de Sindulphe) de ſe laiſſer voir aux feneſtres, luy bailler ſes liurees, luy parler la nuiƈt à trauers des jalouſies, receuoir de ſes lettres, & de petits preſens, accueillir, & aggréer les proteſtations de ſon ſeruice, luy teſmoigner vne reciproque amitié, auec des noms fauorables (car mon Pere a proteſté pluſieurs fois qu'il n'auoit iamais eu plus de part en ſes graces) en fin elle viuoit auec luy comme celle qui penſoit vn iour l'eſpouſer, & mon Pere le croyoit auſſi. Mais les affaires de la ſucceſſion d'vn parent, qu'il alla recueillir à

Torrillos ayans interrompu cette recherche, le sejour qu'il fit en cette ville là, qui fut d'vne annee, effaça peu à peu les traicts du visage d'Agerice de dessus la toile de son cœur, le temps ayant cét effect insensible sur les meilleures memoires, & quelquesfois sur les plus fortes affections, & comme qui est desgousté du premier marchand, se laisse aisément aller au second, la hantise de cette ville là meilleure que la nostre, qui n'est que comme vne bourgade, luy descouurit des objects, en qui les biens de fortune & de nature estoient plus grãds qu'en Agerice, & dont il pouuoit esperer plus de commodité, & de contentement. Entre lesquels la Dogne Dionée alors fille, & depuis ma Mere, luy donna dans les yeux, & comme vn clou chasse l'autre, acheua d'effacer tout à faict le portraict d'Agerice de sa fantaisie. Elle estoit lors en la fleur de ses annees, & pour les restes qui vous en paroissent, vo⁹ pouuez iuger à peu prés de ce qu'elle estoit en son printemps : ie laisse à part ses vertus, car luy estãt ce que ie luy suis, ie ne la puis loüer sans vanité, ny blâmer sans sottise. Cette succession ayant vn peu enflé le courage de mon Pere, luy fit paroiſtre le bien d'Agerice trop inegal au ſien, & puis ne luy eſtant engagé que de ſimples paroles, ſi cōmunes entre ieunes gens qui ſe paiſſent de cajolleries, il ne creut pas que cela paſſaſt en tiltre d'obligation, veu meſmes

Que le ciel ne faict que rire
Des plus ſolemnels ſermens
Que proferent les Amans
Pour exprimer leur martyre.

Si bien que cét objet abſent eſtant ſupplanté par vn preſent, qui luy ſembloit plus preſſant, & dōt la dotte & la beauté ſurmontoient celles d'Agerice, il ſe laiſſa doucemēt aller à cet heureux change, s'imaginant que ſi Agerice continuoit à luy vouloir du bien, il l'aymoit mieux pour Maiſtreſſe que pour Eſpouſe, l'ayāt rencontrée, ce luy ſembloit, vn peu trop libre, & craignant que celle dont la priſe (comme d'vne ville foible) luy auoit eſté ſi facile luy ſeroit difficile à garder. Cependant Agerice eſtoit au rebours : car comme cette cire dont on cachette les lettres, ſi elle auoit receu facilemēt l'impreſſion d'vne dilectiō, elle la garda auec tant de fermeté, que rien ne fut capable de luy en faire receuoir vne autre, s'appuyant ſur les paroles & les belles promesses de son Pere, qu'elle tenoit pour Oracles, & attendant tousiours qu'à son retour par vn desiré mariage, il la comblasse de biens & de contentement; Que deuint-elle, quãd mon Pere amena quant & soy sa nouuelle Espouse, le disent ceux qui sçauent ce que dict, ce que faict, ce que pense vne fille embrasee en mesme temps d'Amour & de haine, se voyant outragee d'vn pareil affront. Elle auoit durant cette longue absence refusé plusieurs partis, assez aduantageux pour vne fille de sa condition; entre lesquels estoit Geminian, qui piqué de sa bonne grace, & plus encore du desir de posseder son bien, r'anima ses esperances & renouuella sa recherche, quand il vid que mon Pere estoit prouueu. La Mere d'Agerice luy monstrant lors le tort qu'elle s'estoit faict par son imprudence, de rebuter tant d'honnestes recherches sur l'attente d'vn homme dont les vents auoient emporté les paroles, la fit resoudre à arrester ses yeux sur celuy qu'elle auoit auparauant desdaigné, puis qu'elle estoit desdaignee de celuy sur qui elle auoit ietté ses yeux, & assez legerement basty son esperance. Ainsi fut-elle aisément la cõqueste de Geminian, qui treuuât le sejour de noſtre ville meilleur que ſa demeure champeſtre, & la mere d'Agerice eſtãt bien aiſe que ſon gendre demeuraſt auprés d'elle, pour receuoir de luy & de ſa fille l'aſſiſtance que les parens ont de couſtume de ſe promettre de leurs enfans ſur leurs vieux iours, il deuint Concitoyẽ de mõ Pere, & euſt ſans doute eſté ſon amy, ſi Agerice outrée de dépit n'euſt ſemé entr'eux de la zizanie, craignant peut eſtre que mõ Pere ne luy deſcouuriſt quelque traict de ſes legeretez, ou la part qu'il auoit euë en ſes faueurs, ou pluſtoſt pour aſſouuir cet appetit de vengeãce, d'autãt plus fort és femmes que leur ſexe eſt foible. Que fit cette ruzee & dépitee femelle pour engager ſon mary à la vengeance de l'infidelité, ainſi appelloit-elle la legereté de Narciſſe, elle s'auiſa de luy dõner de la ialouſie, taon furieux, & qui porte ceux qui en ſont attaints à d'eſtranges manies. Elle luy fit croire que mon Pere, duquel il auoit ſceu & veu l'ancienne recherche, luy parloit encore auec les yeux, & ſembloit la mugueter, tout marié qu'il eſtoit, & elle toute mariee; & comme il eſt peu de fumee ſans feu, c'eſtoit

M iiij

la verité que toutes les fois que mon pere rencontroit Agerice, soit és Eglises, soit és places, soit és compagnies, ou qu'il la voyoit aux fenestres, il luy estoit mal-aisé de contenir sa veuë, & d'empescher que son cœur, comme vn fer autrefois frotté de cét aimant ne se retournast vers ce Nort, & ne consideraft si à ses actions il ne remarqueroit point les estincelles de sa flame passée, & si sous la cendre de sa grauité de Matrone, il n'y auoit point de charbon viuant. Ce qui n'estoit que trop vray, comme elle luy fit paroistre en diuerses rencontres où il luy parla: car quels outrages, quelles iniures sa colere ne vomit-elle contre son inconstance & sa desloyauté, l'appellant traistre & perfide, & luy disant tout ce que ces femmes laissées par leurs Amans ont de coustume de leur reprocher chez les Poëtes. Sur quoy il iugeoit qu'à tant de tonnerre & d'esclairs, il y deuoit auoir beaucoup de feu, & que dans la flamme du courroux, celle de l'Amour n'estoit pas tout à faict amortie, car le despit n'estant qu'vn effect du desir frustré qui en estoit la cause, descouuroit assez les restes de son ancienne affection, & qu'elle ne s'estoit rangée

auprés de Geminian, que sur le desespoir de pouuoir conquerir Narcisse. Sur
quoy appellāt le Ciel & la terre à la vengeance de son affront, elle luy faisoit
des menaces, ausquelles il ne repar-
toit que par vn vray mespris coloré de
foibles excuses meslées de quelques petits mots de risée & de mocquerie, qui
aigrissoient encore dauantage cette femelle vindicatiue. Et comme c'est vne
humeur naturelle aux femmes de se plaire à estre honnorées, caiollées, adorées,
aussi ne peuuent-elles supporter de se
voir dédaignees par ceux qui les ont
seruies auec des humilitez & des sou-
missions extraordinaires. Le mesme
peut-on dire des hommes, que quelque
dédain qu'ils conçoiuent pour des sujets
dont ils ont autrefois experimenté l'a-
mitié: neantmoins c'est vne chose si naturellement desirée d'vn chacun, que
de se faire aimer, qu'à peine se peut-on
resoudre de perdre vn cœur acquis
pour estre l'object de sa haine. Mon pere estoit fasché de se voir esloigné de
l'affection de celle qui l'auoit autrefois
chery auecque l'empressement d'vne
honneste fille qui espere espouser, &
(telle estoit sa ieune vanité) il eust bien

voulu la tenir en ces mesmes alteres, sans considerer que ce feu là est pareil à ces artifices qui nuisent ordinairement à ceux qui les composent : il est mal-aisé de donner de l'Amour, & n'en receuoir point, qui veut prendre se treuue pris en ce ieu. Elle qui n'auoit autre dessein que de se vanger en mettant mal ensemble Geminian son mary & son infidele Narcisse s'armant de dissimulation pour le mettre dans les filets, feignit de prendre cette passion qu'elle vouloit jetter au cœur de mon pere, si que sans Amour vrayement formée, ils iouoient à qui se tromperoit. Que si Agerice vouloit donner de la ialousie à Geminian, Narcisse se treuua disposé à pareil dessein ; Tellement qu'ils visoient à mesme but, sans sçauoir leur finesse l'vn de l'autre. Doncques aux reciproques actions tendantes à ce blanc, ou plustost à ce noir project, il fut aisé à Geminian (à qui l'ancienne recherche donnoit desia de l'ombrage) de conceuoir de la ialousie. Mon pere qui n'auoit aucun desir d'offencer son honneur, & à qui vne femme plus belle qu'Agerice ostoit toute folle pensée, par ie ne sçay quelle petite malignité estoit bien aise de le voir en cette humeur, & Agerice de son costé aggrandissoit ses soupçons par de faux rapports, luy representant mon pere comme vn hôme fort artificieux & qui estoit bien passionné d'elle, en quoy elle faisoit d'vne pierre diuers coups, augmentant en son mary l'Amour qu'il auoit pour elle, par l'opinion de sa probité, & hastant de l'enflammer à la vengeance qu'elle cherissoit, selon la coustume des femmes, plus que sa vie. Ce qui le fit resoudre à guetter Narcisse & à espier toutes les occasions où il luy pourroit nuire, tant pour contenter sa passion, que pour satisfaire aux instigations de la bonne partie. Plusieurs fois les femmes se prindrêt de paroles, mais tout cela estoit femelle, les seuls effects estoient reseruez aux masles. Agerice auoit elle pas bonne grace de reprocher à ma mere qu'elle estoit estrangere : car c'estoit le plus grand outrage qu'elle luy pouuoit facer, & quand elle vouloit signifier mon pere elle l'appelloit le mary de cette estrangere, ou l'amoureux de Torrillos. Ce qui me faict souuenir des filles d'Israël, qui se faschoient par enuie que le braue Samson cherchast vne fême hors de son païs,

& n'auifoit pas Agerice qu'à mefme tiltre elle eftoit la femme de l'eftranger: mais c'eft la couftume des petites villes d'appeller eftranger tous ceux qui ne font nez que dans l'enceinte d'vne trifte bourgade, comme fi les habitans de ces petits lieux n'auoient de la veuë que de la longueur de leurs bras, & comme fi les efprits de ces eftroittes demeures deuenoient petits & refferrez à proportion du lieu de leur naiffance, fans confiderer que ce Torrillos, ce Manreze, & Barcelonne, & Tarragone, & Girone, & tant d'autres Villes, compofent cette fameufe Principauté de Catalogne, & qu'en fin nous fommes tous Catalans: & neantmoins felon le langage du vulgaire groffier, chaque terre eft appellé païs. Mais laiffons-là ces piccoteries feminines. Geminian preoccupé de fa paffion, ne voyoit mon pere qu'à trauers vn milieu, diray-ie coleré ou coloré, milieu fallacieux & qui le trompoit, car il eftoit fort efloigné d'eftre amoureux d'Agerice, puifqu'il fe mocquoit ouuertement de fes affeteries: cependant il s'imagine que Narciffe n'a des yeux que pour fa femme, que tous fes regards ont des deffeins, que fes con-

LIVRE SECOND. 169

tenances sont des paroles, que ses promenades par les ruës (& en nostre bourgade il n'y en a que deux ou trois) estoient pour le brauer; s'il s'arrestoit deuant sa maison, soudain il estoit criminel, & nos deux maisons estoient assez voisines, & en mesme ruë, qui est la grāde. En fin representez-vous vn ialoux qui est en inquietude de son ombre propre. Des menaces qui furent les esclairs precedans le tonnerre, ils vindrent aux effects : à celles-là mon pere ne respondit que par mespris & risees, ioyeux de luy voir tant de marteaux dans la teste; mais à ceux-cy ses responces furent plus vertes, ou plustost plus rouges : car Geminian fut tousiours le porteur des coups, & y quitta souuent de son sang. Vne fois ils se porterent sur le pré, d'où il fallut rapporter Geminian sur vn brancard, qui en fut en grand danger de sa vie, sans pouuoir attribuer son mal qu'à sa faute, car il auoit esté l'appellant, & les autres fois l'aggresseur, & tousiours sa bonne femme luy preschoit la vengeance, comme si elle eust eu autant d'enuie de se deffaire de luy que de mon Pere. Les querelles faittes à diuerses reprises durerent plusieurs années. Et tousiours l'estranger auoit du pire, car mon pere estant mieux apparenté, & par consequent plus appuyé dans la ville, quand Geminian auoit esté bien battu, souuent encore payoit-il l'amende, & la honte, la perte, le reproche, & les playes tomboient sur luy. Vn soir que mon pere se promenoit auec vn de ses amis deuant sa porte, Geminian sortit furieusement de la sienne, accompagné de deux ou trois hommes tous l'espée à la main, qui vindrent se ietter sur Narcisse & celuy qui l'accompagnoit, mais ils se defendirent si courageusement qu'ils eurent moyen de faire vne retraitte honnorable chez nous, Geminian ne remportant de cette brutale saillie qu'vne playe dans le costé, de laquelle il guerit, mais en sorte neantmoins qu'elle ne se peut refermer; pour luy seruir de memorial perpetuel de ses boutades & d'auertissement pour cesser ses fougues. L'amy de mon pere fut legerement blessé, ceux qui accompagnoient Geminian s'effrayerent quand ils le veirent atteint, & comme la lascheté est mere des mauuais actes, ils le laisserent au peril, en sorte que mon pere l'eust tué s'il euſt voulu, mais il ayma mieux luy donner la vie. Depuis comme ſi ſa ialouſie ſe fuſt écoulée par ſa playe, il ſe repentit d'auoir creu le conſeil de ſa femme, & reconnut que mon pere l'auoit traitté en homme de bien. Il mourut quelques années apres, laiſſant deux fils à Agerice; & bien qu'il mouruſt auec cette playe, ſi ne mourut-il pas de cette playe, & neantmoins cette bonne mere ne pouuāt perdre ſon appetit de vengeance, nourriſſant ſes petits garçons comme de moëlle de Lion, & la leur tranſmettant auec le laict, leur monſtroit quelquefois la chemiſe ſanglāte de leur pere pour les inuiter à tirer vn iour raiſon de ſa mort, de mon pere ou de moy. Ce qui me fait ſouuenir des imprecations de cette Reine de Carthage, qui diſoit contre celuy que ſon extreme amour luy rendoit odieux,

Vous Tyriens ayez en ſouuenir,
D'exercer guerre & haine à l'auenir
Sur les neueux d'vn tel ſang demeurez,
Et de ce don mes cendres honorez,
Nulle amitié entre vous puiſſe naiſtre,
Hors de nos os, toy quiconque dois eſtre
Noſtre vangeur, & t'oblige par vœu
De guerroyer & par mer, & par feu,
Les ſucceſſeurs de la race Troyenne,

Or à iamais en quelque temps que vienne
Nostre pouuoir l'vn auec l'autre estriue
Flot contre flot & riue contre riue,
Camp contre camp ; alarmes contre alar-
mes,
Et tousiours soient les deux peuples en ar-
mes.

Et ce fut Asdrubal qui depuis fit iurer à Hannibal son frere, de ne faire iamais de paix auec les Romains, mais d'exercer contre eux vne continuelle guerre. Neantmoins Agerice fut aussi peu secōdee en sa vengeance par ses enfans que par son mary, car ils estoient fort petits, & que durant leur bas aage mon Pere soit allé à Dieu sans crainte de leurs coups, quand ils sont deuenus plus grands, sans que i'employasse mon bras pour les tenir en deuoir, ou pour me defendre d'eux: l'aisné qui est Sindulphe (l'autre estât encore fort ieune) a esté tellement abbatu par les yeux de ma sœur, que ses regards luy sont des éclairs & des foudres q ̃ ti reduisent son cœur en cendre. De moy i'ay plus de pitié que de despit de son Amour, car ayant quelquesfois aymé, i'ay reconnu par experience que c'est vne dangereuse maladie. Sa Mere est au desespoir de le voir esclaue, que dis-ie,

dis-je, mais adorateur; que dis-ie, mais
victime de la fille de celuy, que tout
mort elle nomme encore son plus mortel ennemy.

Iusques où va la haine d'vne fame
Frustree de sa flame.

Que s'il est captif de ce peu de beauté
que la Nature a mis sur le front de ma
sœur, il se peut dire le maistre du frere:
car comme puis-ie appeller autrement
celuy de qui ie tiens la vie, non certes
qu'il me l'ait donnee en me battant auec
luy (car c'est chose que les grands courages ne demandent iamais pour eux, ny
ne refusent iamais à ceux qu'ils ont vaincus,) mais parce qu'il me l'a sauuee en
me defendant autant inesperément
qu'inopinément. Ce fut vn iour que de-
uisant en nostre ruë, & deuant la porte
de nostre maison auec de ieunes insolens qui mesdisoient outrageusement
d'vn mien parfaict Amy, & qui disoient
de luy des choses que ie sçauois estre
fausses, ie me sentois obligé, tant par
les loix de l'amitié, que par celles de noblesse & de conscience, de defendre son
honneur interessé par ces langues serpentines, ce qui me fit repartir pour mō
Amy en termes si forts, qu'ils s'en senti-

N

rent offencez, si bien que tout à la fois l'espec à la main se ictterent sur moy, qui me sentis en vn instant persé en deux endroits, quoy que legerement; ie mets la main aux armes, & me defends le mieux qne ie puis, tantost parant, tantost esquiuant les coups, tantost les leur rendant en lettres de change, & leur donnant vne partie de la peine, & de la peur : mais entre tant d'espees me voyant seul, que pouuois-ie attédre que la mort, à laquelle ie me resoluois, en vendant ma peau au plus haut prix que ie la pourrois encherir, quād voicy arriuer Sindulphe qui auec vn de ses compagnons vindrent fondre sur cette canaille qui m'assassinoit, alors ils s'escarterent comme vne troupe de moineaux timides, quand le superbe emerillon se faict paroistre au milieu ; & Sindulphe me rendit viuant, quoy que blessé entre les bras de ma mere & de ma sœur, lors occupees aux ouurages ordinaires & bié-seantes à celles de leur qualité & de leur sexe. Ie vis bien que c'estoit vn traict de son Amour, & qu'il auoit secouru l'vn en consideration de l'autre, qu'il auoit eu pitié de luy à cause d'elle, ie veux dire de moy, à raison de ma sœur, me regardant en quelque façon comme son beau-frere. Aussi tost qu'il m'eust deliuré des sanglantes mains de ces Harpies qui me chamailloient, & m'alloient sans doute faire vn mauuais party, il remercia sa bonne fortune de luy auoir faict naistre vne si fauorable occasion, pour me tesmoigner le desir qu'il auoit de me rendre seruice. Si i'auois esté estonné de le voir joindre à mes costez, & me defendre du peril dont me menassoit la fureur de mes assaillans, luy qui eust acheué de me perdre, s'il se fust rangé de leur part, ie le fus encore plus de l'entendre parler de la sorte : mais quand ie consideray la main qui me venoit de rendre vn si bon office, ie vis que sa langue y correspondoit, & que le cœur qui animoit l'vn & l'autre ne pouuoit estre d'vn ennemy. Ie luy en fis le remerciement, à quoy m'obligeoit vne telle grace, loüant sa valeur & sa courtoisie, auecque protestation de luy en estre à iamais redeuable. Luy qui ne desiroit rien tant que de gaigner mon amitié, afin qu'elle luy seruist de porte à l'accez qu'il pretendoit

N ij

en nostre maison pour se faire connoistre à celle qui possedoir son ame, me repart: Le ciel me soit tesmoing, braue Cleobule, de l'extréme desir que i'ay de voir finir en nous les mauuaises intelligences qui ont esté entre nos Peres, afin de pouuoir joüir de l'honneur de vostre conuersation, que ie souhaitte plus que chose qui soit au monde. Mais quand mon mal-heur m'en priueroit, & me feroit receuoir devous ou des vostres tout le fascheux traittement que l'on sçauroit imaginer, (ce que ie ne veux pas croire de si nobles courages,) cela pourtant ne sera iamais suffisant de m'empescher de vous aimer, & de vous rendre tous les seruices qui me seront possibles. Gentil Cheualier, luy repliquay-ie, en me sauuant de la mort, vous auez entrepris de me ruiner de courtoisie: mais souuenez vous que ie ne me laisseray iamais vaincre aux deuoirs d'amitié, & que ie n'auray iamais de bien que ie ne vous aye tesmoigné mesmes aux despens de la vie que vous m'auez donnee, combien ie me sens vostre obligé, car apres la Mere qui m'a mis au monde, & qui m'a donné cét estre, que vostre valeur m'a conseruè, à qui dois-ie plus iustement appartenir qu'à vous : tenez-moy donc deformais pour voſtre eſclaue, & diſpoſez de moy, comme de choſe que vous auez acquiſe au hazard de voſtre ſang, & à la pointe de voſtre eſpee. Laiſſons les morts enſeuelir les morts, & que les haines s'enterrent dans les ſepulchres : de cela vous puis-ie aſſeurer, que ie ſuis né d'vn Pere qui a touſiours honoré le voſtre, & qui a touſiours plaint ſes deſaſtres, quand il luy eſt arriué de le bleſſer en ſe defendant. Il ne faut pas que les inimitiez ſuruiuent les cendres, la vengeance n'eſt point vne portion de leurs heritages, ou ſi c'en eſt vne part, nous y pouuons renoncer comme courageux, & le deuons comme Chreſtiens. De moy, reprit Sindulphe, il y a long temps que i'ay renoncé à ce funeſte article, & quoy que ma mere me tempeſte, ie luy laiſſeray démeſler ſes querelles & digerer ſes paſſions comme il luy plaira, la mienne ſera de vous ſeruir, & de vous honnorer : il diſoit cecy, me ſouſtenant ſous les bras, eſtanchant mon ſang, & m'aydant à monter pour aller en ma chambre, où ma mere & ma sœur arriuerent aussi tost, le Chirurgien banda mes blesseures, qui estoient legeres comme prouenuës de mains lasches & poltronnes. Dionee transportee d'vne affection maternelle, & de ioye de voir son fils vnique sauué à si bon marché, ce qui la conuioit à remercier son liberateur, elle le fit auec des termes pleins de loüanges & de témoignages d'vne vraye bien-veillance & de l'oubly de tout le passé. A quoy Sindulphe, Madame, ie meriterois plustost d'estre blasmé de temerité, que prisé comme valeureux, de m'estre mis au costé d'vn Gentil homme dőt le courage luy promet beaucoup de gloire dans les plus hazardeuses entreprises, car à n'en point mentir, en cette rencõtre où ses ennemis l'assailloient en troupe pour la connoissance qu'ils auoient de sa generosité, ils luy ont faict acquerir beaucoup d'honneur, pour peu de mal, ils l'ont voulu perdre, mais ç'a esté aux despens de leur honneur qui y demeurera tousiours engagé, ne l'ayans pas attaqué en gens de bien. Et moy qui ay desiré le seruir, luy ay osté le moyen de chastier leur folie, sans considerer le peu de besoin qu'il auoit d'vne aide si miserable. Si neantmoins en cela i'ay esté si heureux, que de me trouuer en mesme hazard auec vn si braue homme, ie dois remercier le Ciel qui en vn euenement si soudain m'a presté le moyen de vous faire voir vn eschantillon du beaucoup que ie voudrois faire pour me rendre digne de vos graces. Icy ma sœur qui participoit à la joye de ma deliurance, & qui s'estoit teuë par modestie, rompant le silence se sentit obligée de luy repliquer, Seigneur Sindulphe, vous nous venez de rendre vn office tellement obligeant en sauuant mon frere d'vne mort euidente, qu'il ne se peut rien adiouster à l'infinité d'vne telle obligation,& neantmoins vostre courtoisie aussi grande en la conuersation que vostre valeur dans le peril vous la faict estimer petite: mais ce nous seroit trop d'ingratitude de seconder en cela vostre opinion, qui sera telle qu'il vous plaira, & la nostre telle que nous la deuons auoir. De ma part il ne me reste qu'vn desplaisir, qui est de sentir mes forces trop foibles pour m'en pouuoir dignement reuancher ; mais si c'est payer que bien reconnoistre ma bonne volonté suppléera au défaut de ma puissance, & me tiendra lieu de merite enuers vous. Incomparable Glaphire, reprit Sindulphe, ce payement est si grand que toute la flotte des Indes ne m'est rien à comparaison : il suiuit cette boutade par des protestations si passionnees, que le seul Amour qui les dicta les pourroit redire : ie voyois bien qu'il nageoit dans vne grande aise, & que ces doux propos de celle qu'il adoroit auoient mis son front parmy les estoiles du Ciel : Car il n'y a rien qui flatte tant vn cœur, ny qui esleue tant le courage qu'vne parole de faueur qui sort d'vne bouche aimée. I'estois extrémement aise, que ma sœur par ses paroles de compliment eust recompensé cette action de Sindulphe, car c'estoit la plus desirée monnoye dont on eust peu payer cét Amant. Il sort si raui & transporté de contentement, qu'il ne se peut tenir de me dire à l'oreille, Mon frere, c'est de vous de qui ie tiens auiourd'huy la vie, & non vous de moy, continuez moy vos faueurs, si vous ne voulez ma mort. Il me laissa là dessus, gaignant la porte, sans me donner loisir de luy repliquer. Ma mere le voyant party applaudit aux complimens de sa fille, & luy fit paroistre qu'elle l'auoit obligée de recognoistre auecque tant de courtoisie & d'honneur, vne occurrence si importante à leur commun contentement, comme estoit ma conseruation. Sindulpe retourné en sa maison eut bien vne autre reception de sa mere: car comme elle eust sceu tout aussi-tost, à cause du voisinage, que son fils s'estoit exposé au peril pour m'en tirer, & qu'il m'auoit remis iusques dans mon logis pour me faire penser de mes blesseures, de quelles imprecations ne l'accueillit-elle: car outre les maledictions qu'elle luy auoit données s'il ne cessoit d'aimer celle qu'elle auoit desia euenté estre l'idole de son cœur, comme si ce mal là s'en alloit ainsi que les demons des corps par coniurations, elle y adiousta les souhaits (horribles en la bouche d'vne mere) qu'il y fust demeuré. Ouy, disoit-elle, car i'aimerois mieux te voir perir deuant mes yeux que de te voir receuoir la moindre courtoisie du fils du meurtrier de ton pere, duquel tu deurois exterminer la race; & quels tourmens te dois-ie desirer te voyant voler à son secours & à la defence d'vne vie que tu deuois arracher de son corps, & de plus te sçachant l'esclaue de sa sœur: mais ne me tiens iamais pour mere, comme ie ne te tiendray iamais pour fils, si tu n'es ennemy de mes ennemis, & si tu n'es le fleau de toute cette race, qui m'est execrable: autrement ie te verray mal-heureusement mesurer la terre à la recherche de cette affettée, (ainsi de sa grace appelloit-elle ma sœur.) Et certes elle n'a esté que trop bonne prophete, veu l'estat auquel l'autre iour vous reduisistes sa temerité. Redoutables, quoy qu'iniustes sont ces maledictions des meres courroucées, car elles remuent tant de pierres qu'il en tombe tousiours quelqu'vne sur la teste de celuy qu'elles déuoüent aux furies en la fureur de leur rage, & souuent elles ont tout loisir de se repentir quand le Ciel les a prises au mot. Combien de meres ont souhaitté baiser leurs enfans morts, qu'elles ont en mourant de regret accompagnez à la sepulture, incapables de soustenir leur colere & leur priuation, impatientes & impuissantes en l'vn & en l'autre. Sindulphe ne se peut em-

pescher se sentant toucher en l'œil ;
c'est à dire aux lieux plus tendres de
ses affections, de reietter ces maledictions auec des termes de mespris, ce
qu'il ne faut iamais faire, mais pluftost
se parer par le silence des outrages d'v-
ne femme, & sur tout d'vne mere,
autrement c'est irriter vne Bacchante &
vne guespe, & ietter de l'huille sur son
feu : la femme qui crie ne demande autre chose qu'vne replique pour s'entretenir en cette humeur, tout ainsi que le
fieureux ne demande que le boire d'où
s'augmente & se fomente l'ardeur de sa
fievre. Il luy remonstra que iamais feu
son pere n'auoit hay le mien de soy-
mesme ; mais seulement à son instiga-
tion, & que pour contenter sa fantaisie,
il s'estoit precipité en diuers mal-heurs
& en des entreprises qui selon leur iniustice luy auoient tousiours mal reüsfi;
que pour luy il renonçoit à l'heritage
de cette haine, & que me reconnoissant pour homme de bien, & nostre maison pour vn lieu d'honneur &
de vertu, il s'en vouloit pluftost acquerir l'amitié par ses seruics, outre qu'il deuoit cela à la qualité de
Chrestien, dont il faisoit profession,

& que c'eſtoit viure pluſtoſt en Payen ou en Demon qu'en Catholique de nourrir ſi long-temps des rancunes en ſon cœur & mediter des vengeances, qu'elle n'eſperaſt pas auoir trouué en luy la meſme flexibilité à ſes paſſions qu'elle auoit rencontrée en feu ſon pere, pour ſe lancer inconſiderément en des hazards de perdre l'ame & le corps pour ſatisfaire à ſes iniuſtes appetits, qu'il ſçauoit diſtinguer les deuoirs dont il eſtoit obligé à Dieu & à elle, qu'en ce monde ſe damnoit qui vouloit, & ſe ſauuoit qui pouuoit, noſtre perte dependant abſolument de nous, mais noſtre ſalut prouenant de la grace d'enhaut, d'où tout bien deriue; qu'elle eſtoit mere de ſon corps, non de ſon ame, & qu'il deuoit pluſtoſt obeïr à Dieu qu'à elle, & craindre l'indignation du Ciel que la ſienne, aimant mieux eſtre abandonné d'elle que du Pere celeſte, veu meſmes qu'il ſçauoit que ſon pere mourant auoit pardonné à ſes ennemis, & luy auoit en particulier defendu de ſe reſſentir des querelles qu'il auoit euës auecque Narciſſe, luy diſant que comme il n'y auoit rien de ſi iuſte que Dieu, il n'y auoit rien de plus iniuſte que le duël, rien de ſi brutal que la vengeance; à cela il adiousta vne remonstráce à la furieuse Agerice de se repentir du passé, de deposer la malice de la haine presente, & d'en faire penitence à l'aduenir. Ces raisons estoient saines & ces exhortations saintes, mais la seule qualité des personnes les rendoit sans effect, car outre que iamais vn enfant n'a raison contre ses parens, ce n'est pas aux inferieurs à exhorter les superieurs, en vsurpant vne auctorité qui ne leur est pas acquise: c'est comme le bon conseil donné aux Spartains par vn mauvais homme, lequel pour suiure, ils firent proposer par vn homme de bien : les subjets ayans à representer à leurs maistres des choses vtiles & tendantes à leur bien, les doiuent suggeter à leurs superieurs ou à leurs egaux pour leur en faire les propositions. Ainsi Absalon pour adoucir le courroux de son pere interposa Ioab, & Ioab la Thecuite, & mit encore vne parabole en la bouche de cette femme pour traitter auec Dauid selon le respect deuà sa grandeur. Ces exhalations de fils à pere renuersent l'ordre du monde, confondent le respect, sont de mauuaise grace, & se tournent ordinairement en colere, ou en risée, ou en mespris, ou en dépit. Car côme l'on ne peut penser des playes, ny des vlceres sans les voir, aussi ne peut-on reprendre les defauts d'vne personne sans descouurir sa honte, ce qui est criminel aux enfans enuers leurs peres, témoin le peché de Cham. Aussi Agerice luy faict-elle bien paroistre qu'elle a ces sermons là pour odieux, en le couurant d'opprobres, de menaces, & mesme le chassant honteusement de sa maison,

En disant à cét innocent,
Auec vn furieux accent,
Tout ce que faict dire la rage
Quand elle possede vn courage.

Il en sortit plus par discretion que par force, ny par auctorité, pour dôner place au torrent, dont nulles digues ne pouuoient arrester le cours impetueux. Et de là en auāt, il noüa auec moy vne amitié vrayement fraternelle, l'obligation que ie luy auois me rendoit soigneux de chercher toutes les occasiōs de le seruir pour fuir cette vilaine tache d'ingratitude, la plus laide dont vn cœur puisse estre soüillé, & luy de son costé pour venir par moy à bout de ses pretésions, qui eſtoient, qui ont eſté, & qui ſont encore, d'eſpouſer ma ſœur, me rendoit des deuoirs que le ſeul Amour peut produire : i'ay remarqué en luy vn fort bon naturel, & qui n'a pû eſtre corrompu en malignité par la mauuaiſe education d'Agerice, il eſt vertueux, homme de courage, fidele, d'aſſez bon eſprit, ſi cét eſprit ne ſe fuſt point gaſté & comme troublé par la violence de cette paſſion, qui faict tourner les ceruelles les mieux timbrées : mais s'il ne faut qu'vn petit nuage pour nous cacher le Soleil, que dis-je, s'il ne faut que coucher noſtre doigt ſur noſtre œil pour luy oſter la veuë de tous les objects les plus deſirables, s'il ne faut qu'vn brin d'abſinthe pour enleuer la douceur à beaucoup de miel, que ſera-ce ſi à vne ſi bonne action que celle qu'il fit en me ſauuant genereuſement la vie, nous y en attachons mille d'extrauagantes & inſupportables, & que ie croy bien qu'il n'a pas commiſes de ſang froid, c'eſt à dire d'vn iugement bien raſſis & guidé par la raiſon, mais emporté par cette fureur d'aimer, qui rend inſenſez les plus Sages. Aymant doncques ma ſœur paſſionnément,

& ressentant pour elle de violentes flames, bien que toutes abboutissantes à ce nœud sacré qui s'appelle mariage, car autrement il n'eust pas fallu qu'il eust regardé la porte de nostre maison, il ne demeura pas long temps sans me prier de la luy faire auoir pour espouse, comme estant cette alliance le comble de ses desirs, & encore de sa fortune: Car bien que nous ne soyons pas fort auantagez en biens, si est ce que nous le sommes honnestement selon nostre condition, & sans difficulré pour ce regard des premiers de nostre ville. L'obligation que ie luy auois estoit si grande, & telle que i'auois contractée auecque luy, que ie ne pensois pas la pouuoir mieux reconnoistre qu'en luy faisant vne part honnorable de mon bien, & le rendant par cette alliance vn autre moy-mesme; ie luy promis d'en parler, & de plus d'y apporter tout ce qui seroit de mon pouuoir, ma volonté luy estant tellemēt acquise qu'il n'en pouuoit douter sans me faire vn insigne tort. Et d'effect sur la proposition que i'en fis à ma mere, & le recit que ie luy fis des bonnes parties de ce Gentil-homme, qui pouuoient recompenser le defaut de

ses

LIVRE SECOND. 189

ſes biens; elle iugea que c'eſtoit le vray moyen de pacifier par cette alliance tant de vieilles querelles, & que par vne genereuſe reconnoiſſance, on luy feroit voir qu'il n'auoit point obligé des ingrats. Ie r'apportay incontinēt à ma ſœur ce que i'auois traitté pour elle auecque ma mere, & i'y adiouſtay tant de fleurs de Rhetorique pour luy faire voir en bōne forme, le merite, la grace, le bon naturel, la valeur, & le reſte des vertus & des qualitez recommandables de ce Cheualier, que ſi elle n'euſt point eſté auſſi froide que le marbre, elle euſt ſans doute reſſenti pour luy quelque étincelle de ce grand feu qu'elle auoit allumé dans la poitrine de cét Amant: mais ie croy qu'il en eſt des belles & ſages filles comme du Soleil, qui eſchauffe tout le monde, ſans auoir en ſoy aucun degré de chaleur. Glaphire eſt ſemblable à ces machines qui ne ſe meuuent que par reſſorts; ſon reſſort c'eſt la volonté de ma mere, elle ne va qu'où celle-cy la pouſſe; elle ne voit que par ſes yeux, ne parle que par ſa bouche, ne iuge que par ſon ſens: ie croy quand on la mariera, qu'il faudra que ma mere diſe ouy pour elle, tant elle eſt indiuiſiblement & inſeparablement colee

O

à ce qui plaira à sa mere. Cette indifferen-ce que ie trouuois mauuaise au cōmence-ment à cause des inclinations puissantes que i'auois pour mō amy, m'a depuis pa-ru tres-vertueuse, & estre le vray rāpart de l'honnesteté des filles: car il arriue tāt de trauerses, dict le Prouerbe, entre lo verre & la bouche, entre les accords, & les espousailles, que celles qui suspédent leurs affections iusqu'à ce qu'elles soient entre les bras de ceux à qui le Ciel & leur consentement les donnent, sont les plus auisees, joint que les plus indifferentes auant la nopce sont celles qui s'attachent auec plus d'amour & de fermeté à leurs maris, parce qu'elles n'ont iamais eu les cœurs frelatez d'autres impressions, ny tracassez d'autres affectiōs, qui quelque-fois reuiennent aux plus sensees durant les dégousts d'vn mariage. Il en a bien pris à ma sœur d'auoir tenu son esprit en cette assiete, car si elle eust pris le feu que par mon recit imprudent j'attizois au-prés de son cœur, nous fussions tombez en de grandes peines, & elle en d'extré-mes miseres, comme vous allez entēdre. Il y a de certaines regles faictes, non seu-lement par les loix Ciuiles & Canoniques, mais auſſi dictées par la ciuilité & la bien-ſeance, qu'il n'eſt pas loiſible d'outrepaſſer à ceux qui veulent dreſſer leur cõduitte ſelon le niueau de la droitte raiſon. Ie porte à Sindulphe le conſentement de ma mere, auquel eſtoit annexé l'obeïſſance de ma ſœur, mais à telle condition, & non autrement, qu'il auroit de ſa part le cõſentement, & la benediction de ſa mere. Il m'euſt ſans doute dõné les eſtrenes pour cette bõne nouuelle, mais ie luy meſlay tãt de vinaigre parmy tant d'huille, tant de fiel & de miel, tant de facilité & de difficulté, qu'il me dit qu'en luy dõnant le pain d'vne main, ie l'aſſommois de l'autre, & que c'eſtoit luy dõner la vie & la mort en meſme temps; la vie en la promeſſe que ie luy faiſois, la mort en la cõdition que i'y appoſois, ne ſe pouuant promettre de pouuoir incliner ſa mere à condeſcendre à cette alliance. Ie luy dis que quand ce ne ſeroit que pour la forme, il falloit touſiours tenter ſon eſprit, & luy rendre ce deuoir, & qu'à tous les maux il y auoit des remedes, & des moyens pour vaincre les difficultez qui ſe mettent deuant les deſſeins. Cecy remit vn peu de vigueur en son esprit, si bien que ie le laissay auec quelque sorte d'esperance de reuenir à son but par quelque autre voye, & aussi auec vne apprehensiõ qui le remplissoit d'inquietude, d'espoir & de crainte, demõs extrememẽt puissans pour troubler ceux qui se laissent accabler à la force de leur passion. Il fit faire cette proposition à Agerice par vn de ses parens, qui estant sans animosité iugeoit bien sainement que ce party luy estoit fort auantageux. Mais cette mere, vraye megere, dés la premiere ouuerture pensa sauter aux nuës, & deuenuë vne furie, elle dict en sa fureur des paroles qu'autre qu'vne femme outree ne sçauroit proferer. Car outre les maledictions & imprecations, qui estoient les fleurs ordinaires qu'elle respandoit sur la teste de Sindulphe, elle y adiousta des execrations abominables, & qui faisoient fremir d'horreur celuy qui les oyoit; elle protesta qu'elle se tueroit plustost, nõ que de consentir à ce mariage, mais que de le voir faire, qu'elle estrangleroit son fils s'il y pensoit, & que s'il estoit si hardy que de luy donner contre son gré Glaphire pour belle fille, elle luy enfonceroit dés le premier abbord vn cousteau dans le sein: que s'il la tenoit hors de sa maison, elle l'iroit massacrer entre ses bras : voyez que d'horribles projects entassez les vns sur les autres, cõme les Geans qui mettoient montagne sur colline pour escalader les Cieux. De plus elle adiousta, ce qui estoit de consideration, que le meilleur du bien de la maison estãt de son chef, & son mary l'ayant par son testament faitte heritiere, afin que ses enfans dependans entierement d'elle luy fussent plus soumis, elle protestoit de le des-heriter, au cas qu'il se mariast contre son gré. Ce qui estoit d'aussi bonne grace que l'ordonnance de ce Iuge, qui menassoit d'estre pendu celuy qui commettroit telle faute pour la premiere fois, & à la seconde du foüet. Car apres auoir dit qu'elle tueroit ou soy, ou luy, ou sa femme, elle declare qu'elle le priuera de son heritage : Mais tout ainsi que le courroux bouleuerse la raison, il peut bien encore renuerser l'ordre du discours. Voyla donc Sindulphe desesperé de ce costé-là, le rapport de cette responce enragee nous estant faict, non par luy, qui la deguisoit le mieux qu'il pouuoit, celant comme bon fils & à son profit l'imperfectiõ de sa mere, imaginez-vo⁹ si ma mere qui ayme ma sœur

O iij

si esperduëmēt qu'à peine la croit-elle où elle la voit, & si moy-mesme qui la cheris comme frere, & qui l'honnore particulierement à cause de sa vertu, pouuions nous resoudre de mettre Glaphire entre les mains d'vne marastre, qui ne luy promettoit rien moins que ce que Polifeme à Vlysse, de la marier & de la donner à vn homme desia assez pauure auec son heritage, sans estre reduict à la necessiteuse extremité d'vne exheredation. Les femmes & les filles sont naturellement timides, parce qu'elles sont foibles d'esprit, ainsi que de corps; quand ces menasses vindrent aux oreilles de Dionée & de Glaphire, ô il ne fallut plus parler de Sindulphe; son seul nom leur faisoit peur, & de plus les maledictions & execrations d'Agerice les faisoient fremir, ne se pouuans persuader que le mariage fust semblable à cette herbe, qu'on dict profiter & croistre d'autant plus qu'on la maudit. Comme il vouloit continuer ses visites en nostre maison, ma mere le supplie de s'en deporter, & que l'effect cessast d'vne cause qui n'estoit plus, parce que ne pouuant y frequenter, que sous l'aueu d'vne recherche honorable, le mariage ne se deuāt plus esperer, il falloit qu'il desistast de sa poursuitte: le voila au desespoir, & c'est ce desespoir qui, cōme les chiennes, ne produisēt leurs petits qu'aueugles, ne faict aussi ses productions qui precipitees & sans iugemēt. Si la colere est vne courte fureur, on peut dire que l'amour est vne lōgue folie, mais cette folie deuient frenaisie quand l'esperance commence à mãquer au desir, car c'est l'huile sãs quoy la lampe s'esteint. Il s'en prend à moy, & dict que ie le trahis, que ie fay semblant d'estre son amy, mais que ie suis vn dissimulé, vn ennemy couuert, que ie veux estre cause de sa mort, comme mon pere l'auoit esté de celle du sien ; vous eussiez dit qu'il me dépeignoit des couleurs des hyppocrites, qui parlent de paix auecque leurs prochains, & ne machinēt que mal en leurs cœurs. Ie voyois bien que ce n'estoit pas luy qui parloit, mais la rage par luy, ou luy par elle: c'est pourquoy ie ne fis point estat de ces outrages, donnant ces offences presentes à nostre amitié passee, & faisant surmonter ma colere par ma gratitude, ie luy remonstray le plus doucement que ie peu, forçant les bouïllons de mon iuste ressentiment, de quel pied ie m'estois porté en son affaire dequoy ie ne voulois, cōme ie n'en pou-

O iiij

uois prendre d'autres tesmoins que ma mere & ma sœur, de qui, estás persónes libres, ie ne pouuois pas forcer les volótez, & luy faire voir assez clairemét, s'il eust eu des yeux pour cela, qu'il auoit tort de se deffier ainsi de ma sincerité. Ma modestie (comme c'est l'ordinaire) accrut son insolence, qui luy fit dire que les volótez se reconnoissoient par les effects, & que ie ne le repaissois que de vét & de paroles, mais que luy m'auoit payé d'autre monnoye, qu il sçauoit faire, & ie ne sçauois que dire. Alors me sentant vn peu esmeu, ie luy dis que les paroles (entre gens de bien) estoient tousiours suiuies des effects, & qu'entre dire & faire il n'y auoit que peu de difference en vn bon courage, & que ie le priois de considerer qu'il ternissoit par ce discours le bon office que par fortune il m'auoit rendu, parce qu'il n'est point de si grand bien-faict qui oblige tant que desoblige la moindre reproche, & que si mon bonheur faisoit naistre pour luy vne semblable occasion, ie luy ferois paroistre que i'auois vn bras aussi bien qu'vne langue, & vne espée qui trancheroit pour son seruice quand il la voudroit employer. Si vostre espee, me repliqua-t'il, m'est aussi peu fauorable que voſtre langue, ie n'en puis pas eſperer grand ſecours, & mon mal fera bien ſans remede, ſi ie ne l'attends que de là. Ie voy bien, repris-ie, que vos propos ne tendent qu'à me vouloir faire croire que ie vous ay offencé, comme ſi i'eſtois garand de l'euenement d'vn ſeruice que vous auez deſiré de moy, en quoy ma conſcience m'aſſeure que ie vous ay traitté en amy. Vous en aurez telle creance qu'il vous plaira, mais ie n'eus iamais deſir de vous nuire, & ie continueray touſiours en cette volonté tant que vous me tiendrez digne de voſtre amitié. On dit que le miel enflamme les playes, comme l'huile le feu: le meſme auint à celles de Don Sindulphe, car ces paroles pleines de courtoiſie, au lieu de le ſatisfaire le porterent iuſqu'à telle outrecuidance de me repliquer: Ie veux bien croire que n'auez pas eu deſſein de m'offencer, ny moy auſſi de laiſſer paſſer aucune choſe au preiudice de mon honneur: car en ce cas là ie vous euſſe appris que ie ſçay auſſi bien combattre ceux qui l'entreprennent, que cōbattre pour ceux qui ſont opprimez; & vaincre les vns, que defendre les autres. Cela c'eſtoit aller trop auant, si bien que me sentant obligé de repartir à ce fol selon sa folie, & de reprimer par la hardiesse son arrogance, cela me contraignit de luy dire d'vn ton aigu & poignant, que puisque mes seruices luy estoient deuenus des offences, & mes courtoisies des sujets de se porter hors des termes de la bienseance, ie luy ferois paroistre, quand & où il luy plairoit que mon courage égaloit mon honesteté, & que mes effects correspondoient à mes paroles: Prenant au pied leué ce marché que ie luy mettois à la main, il m'assigna vn pré sur le riuage de l'Hebre, entre des Tamaris, pour y decider vne querelle qui n'estoit fondée que sur vn vain ombrage qu'il auoit contre ma fidelité; il me marqua l'heure, qui estoit sur le tard, afin que la nuict auec son voile fust fauorable à celuy qui se voudroit sauuer apres auoir faict mordre la terre à son compagnon. Ie n'y manqueray pas, luy repartis-je; que si le sort des armes tombe sur moy, i'auray cette consolation en ma mort, de perir pour assouuoir la passion d'vn Gentilhomme que ie tenois pour le meilleur de mes amis. Nous nous separasmes ainsi, & soit que quelques-vns nous eussent ouy contester (car c'estoit en pleine ruë qu'il me donna cette funeste assignation) ou qu'il en éuentast quelque chose, ou qu'on me visse sortir auec vne espée de combat, nous fusmes aussi tost suiuis de gens qui nous empescherent de nous ioindre, de quoy ie ne fus pas marry, car pour dire la verité, i'allois bien à ce combat sans crainte, mais non pas sans regret, car si le sort eust voulu qu'il fust tombé sous la pointe de mon espée, i'eusse tousiours esté diffamé d'ingratitude, ayant osté la vie à celuy qui auoit si genereusement conserué la mienne ; i'estois resolu de ne faire que parer pour luy laisser passer sa furie, sinon que la necessité de sauuer ma vie aux despens de la sienne m'y obligeast, autrement ie la desirois conseruer pour luy rendre ce qu'il m'auoit presté, & payer ma debte en semblable monnoye : Dieu qui fauorisa mon bon dessein y prouueut à l'auantage, mettant des obstacles à nostre abbord. Mais ce furieux cherchant son mal-heur me querella vne autre fois & me dit que malgré moy ma sœur seroit sa femme, qu'elle luy auoit esté promise, qu'il l'enleueroit, qu'il la forceroit, qu'il la voleroit, en fin à quelque prix que ce fuſt qu'il l'auroit, ou qu'il me feroit perdre la vie & à elle l'honneur. L'vn vous fera auſſi mal-aiſé que l'autre, luy repliquay-ie, tant que i'auray vn bras pour manier mon eſpée, & pour chaſtier la temerité de voſtre entrepriſe. A ces mots tout tranſporté de fureur, il met la main aux armes & vint fondre ſur moy comme vn tourbillon, i'eſquiue, & ſon eſtourdiſſemēt fut tel que ſon eſtoc donnant dans la muraille (car c'eſtoit en la ruë) ſe rōpit la pointe aſſez auant dans la lame: moy qui ne demādois qu'à me démeſler de ce brutal ſans eſpandre ſon ſang, pour lequel eſpargner i'euſſe volontiers donné du mien, m'aydant de cette occaſion comme d'vn accident fauorable, ie luy dis que ce qui luy venoit d'arriuer eſtoit vn coup de ſa mauuaiſe fortune, & qu'il eſtoit en moy de luy taſter les coſtez par où il me plairoit, mais que ma courtoiſie defendoit à ma valeur de ſe ſeruir de cét auantage, & qu'il ſe ſouuint ſeulement que deſormais nous ferions quittes & amis s'il vouloit, luy ayant rendu la vie qu'il m'auoit conſeruée. Voyez iuſques où va la fureur quand elle allume vn eſprit de ſon furieux brandon.

LIVRE SECOND. 201

Tu me peux bien oster la vie, me respondit-il auec vn œil enflammé de courroux, & tu me feras plaisir de l'acheuer de perdre, puisque ta trahison frustrant mes esperances me la rend odieuse, acheue, acheue moy, c'est ce que ie te demande, non pas que tu me conserues pour prolonger mon tourment auecque mes iours. Ie ne dis pas que tu me la demandes, luy fis-je; mais cela n'empesche pas que ie ne te la donne, il ne faut pas escouter le desir enragé de celuy qui veut perir. Quoy que face ta cruelle courtoisie, repliqua-t'il, si ne me tiendray-ie iamais pour vaincu tant qu'il me restera vn tronçon à la main dont ie te pêse encore arracher l'ame du corps; disant cela comme vn hôme qui cherchoit la mort, il se láce sur moy à corps perdu, & il m'alloit colleter, si ie ne me fusse brusquement desmeslé de sa prise, si bié que retiré en arriere, & luy tousiours me poursuiuant, faisant mine de me lancer sa dague, ie creu que ie deuois arrester sa fougue, & me mettant en defence luy-mesme s'enferra dans la cuisse auprés du genouïl, ce qui le porta par terre, alors luy portant l'espee à la gorge, Tuë moy, me disoit ce desesperé, car tu le peux faire, mais non pas me vaincre, ny faire en sorte que ie manque de courage pour mourir, encore que ie manque d'armes & de forces pour me defendre. Vis, luy dis-je, malgré toy inuaincu si tu veux & inuincible, peut-estre qu'vn iour guery de la fureur qui t'aueugle, ton desespoir se dira redeuable à ma vertu. Ie le laissay de cette façon, maudissant son sort & sa vie, & presque deschirant sa playe, tant il estoit outré de déplaisir: ce fut en vn quartier escarté que tout cecy se passa, on nous vit de loin, on accourut à téps pour le secourir, ie m'escoulay dans la presse, tandis qu'on porte Sindulphe en sa maison, où sa mere sçachant ce qui s'estoit passé le receut à bras ouuerts, appellant ses playes honnorables, & sa frenesie resipiscence. C'est maintenant, disoit-elle, que ie te reconnois pour mon fils, c'est maintenant que ton sang propre t'inuite à la vengeance de celuy de ton pere, ô qu'il est bien vray que le sang ne peut mentir, & bien tu vois & tu connois maintenant de quoy t'a seruy l'amitié de ce traistre qui t'a blessé, voila où t'a reduict la passion que tu auois pour cette affettée sa sœur, c'est ainsi que tu voulois loger des aſſaſins, des meurtriers, & des perfides dans ma maiſon, & faire l'alliance des loups auecque les brebis ; apprends à preſent à eſtre ſage, ſinon par mes remonſtrances, au moins par ta propre experience. Ie ſuis plus vieille que toy, ie cognois mieux l'humeur de cette race deſloyale, tu me donnois de plaiſans conſeils quand la rage de ta recherche te poſſedoit, il euſt mieux vallu que tu euſſes embraſſé les miens, & tiré raiſon de ceux qui ne traittoient d'amitié auecque toy, que pour te perdre. Ainſi tourmentoit ce pauure affligé cette mere tempeſtatiue, diſant par cy par là en ſa fureur, comme ces Preſtreſſes des Anciens Dieux, tantoſt des veritez, tantoſt des menſonges, tantoſt des propheties, tantoſt flattant la paſſion de colere que ſon fils auoit cōtre moy, tantoſt aigriſſant & irritant celle d'Amour qu'il auoit pour ma ſœur, & qu'il ne pouuoit oſter de ſon ame, non plus que Glaphire loger ſon Idée dans la ſienne ; car ſi elle auoit eſté indifferente vers luy lors meſme que l'obligatiō que ie luy auois eſtoit ſi recente, elle cōceut vne horreur & vne extreme auerſion de luy quand elle ſceut les paroles

indiscrettes, insolentes & furieuses que son aueuglement precipitoit de sa bouche, si bien qu'elle eust plustost choisy le tombeau, que l'alliance d'vn tel homme, & ne croy pas qu'il y eust eu ny supplication de frere, ny commandement de mere, ny conseil de parens qui l'eust peu incliner vers cet arrogant qui tousiours faisoit le forcené & le desesperé: Car il ne fut pas plustost guery de sa blesseure qui n'estoit pas grande, qu'il recommença de plus beau ses rages & ses manies contre moy, & ses poursuittes insensées de ma sœur, voulant autant de mal à l'vn que de bien à l'autre, & tyrannisé de ces deux cruelles passions, qui deschiroient ses entrailles, ny plus ny moins que ces jumeaux antipatiques, qui estoient dedans les flancs de Rebecca: de moy i'estois rauy d'estonnement de ce qu'vne si forte obligation que celle qu'il m'auoit n'auoit pû calmer les bouillons de son courroux, mais quand d'autre part ie considerois en quels actes d'hostilité le portoit l'extremité de la bien-veillance, ie disois, Est-il possible que tant de feux puissent produire tant de glaces, & qu'vne cause de tant d'Amour engendre des effects d'inimitié

tié si dissemblables à leur principe? I'e-
stois tousiours attendri de la premiere
affection que ie luy auois portée, & luy
plus endurci que iamais en la haine mortelle qu'il auoit conceuë contre moy, car
au lieu que ce dernier bien-faict qu'il
auoit receu de ma main,& qui surpassoit
infiniment celuy que i'auois ressenty de
la sienne, en ce que ie luy auois donné la
vie que ie luy pouuois facilement oster,
& que l'indignité dōt il auoit traitté mon
honneur me pressoit de luy oster, luy
n'ayant que donné par sa presence sujet
de s'escarter à ceux qui si laschement at-
taquoient la mienne, ioint qu'il estoit
picqué de son propre interest plus que
de bien-veillance qu'il me portast, bien
dis-ie, que cette grace deust auoir adoucy la fierté de son courage, il n'auoit seruy que comme l'eau qui rend la trempe
des lames d'espee plus dure & plus ace-
rée, estant meslee auecque la chaleur de
l'embrazement de la fournaise d'où l'on
les tire. Tandis qu'il continuë vers moy
des menasses, que ie craignois aussi peu
comme ie redoutois sa supercherie, il
continuë par des personnes interposees
à faire demander ma sœur à Dionée, estimant la vaincre par le mesme artifice

p

que pratiquent sçauamment toutes les femmes, qui ne se lassent iamais, quelque rebut qu'on leur fasse, d'estre importunes en leurs demandes. Il s'imaginoit que l'eau d'vne douce supplication, caueroit la pierre de leur fermeté : mais c'estoient des vagues contre vn rocher, & des paroles perduës : car si auparauant la seule opposition de l'extrauagance de sa mere auoit faict eclypser (comme quand la Lune se met au deuant du Soleil) la lumiere de sa pretension, maintenant que la terre de ses propres defauts s'entremet, que se doit-il promettre qu'vne noire nuict, & nuict de tenebres eternelles? La finesse qu'il employe en sa conduitte retourne à son preiudice, car il faisoit bouclier & couuerture de l'inimitié qu'il me portoit pour contenter le caprice de sa mere; & d'autre part, mais en cachette, il perseueroit és pratiques de sa recherche, en quoy il trahissoit ses intentions. Malheur à ceux qui sont doubles de cœur : menant ainsi sa barque auec deux rames, dont

L'vne trempe dans l'eau, l'autre rade la terre,

D'vn costé traittant paix, de l'autre faisant guerre,

imaginez-vous comme son esprit estoit partagé, ruinant d'vne main ce qu'il bastissoit de l'autre ; cordier de l'embleme, dont l'asne rongeoit la corde à mesure qu'il la filoit, car il n'auoit pas plustost faict parler à ma mere, non à ma sœur, d'autant que ces impertinentes propositions n'arriuoiēt iamais iusqu'à ses oreilles, que cette bonne femme m'en faisoit le rapport, auec des mespris, des desdains, & des rebuts, capables de changer en glace la mesme flamme, d'autant que

Pleine de colerique ardeur,
D'vne passion aussi grande
Qu'elle detestoit la demande,
Elle outrageoit le demandeur ;

Iusques à l'appeller bourreau, qui gratte d'vne main, tandis qu'il tuë de l'autre, race de vipere, qui veut donner la mort à ceux de qui il se dict attendre la vie : Comme si elle estoit si desnaturee de donner sa fille à l'ennemy de son fils. O s'il n'eust tenu qu'à rentrer en amitié auecque moy pour reconquerir les graces qu'il auoit sottement & follement perduës, qu'il se fust bien tost ietté, non seulement entre mes bras, mais à mes pieds : car l'Amour

P ij

reduir à toute sorte d'extremitez vne ame qui en est possedee, mais il croit m'auoir si outrageusement offencé, qu'il n'y a plus en moy de pardon pour luy, ioint que son esprit rogue & hautain luy persuade qu'il doit emporter son dessein de haute lutte, & gaigner du haut poinct, n'ayant besoin côme Archimede que d'vn poinct hors de la terre pour enleuer toute la terre; ce poinct qui n'estoit point comme il se le figuroit, c'estoit la promesse qu'on luy auoit faicte, promesse qu'il regardoit comme absoluë, & sans la condition du consentement de sa mere, condition qui venant à manquer, faisoit que le poinct n'estoit plus. Ioint que les choses n'estoient plus és termes où elles s'estoient veuës, car s'il m'auoit iniustement esloigné de son amitié, ie pouuois iustement retracter mon consentement, sans quoy (estant de bonne intelligence auec ma mere) ie suis fort asseuré que iamais homme du monde ne pourra rien estre à ma sœur: elle me feroit vne trop grande iniure, luy tenant en quelque façon lieu de pere, de se marier sans mon auis. Et quiconque trameroit cette affaire sans m'en communiquer, pourroit bien faire son conte de se voir descheu en ses esperances, car ie veux bien que l'on sçache, que quiconque l'espouse, fust il vn Prince, sera tousiours blasmé, s'il l'entrepéd contre ma volonté. Beaucoup moins le pouuoit entreprendre Sindulphe, mon vaincu & mon inferieur en toutes les façons qu'il le voudra prendre. Que faict il, au lieu de flechir & de plier, il ayme mieux rompre, & au lieu de chercher les voyes d'humilité, de douceur & de courtoisie, qui sont les vrais moyens de se faire aymer, ainsi que les brauades & les menasses de se faire hayr, il ne tonne que Rodomontades contre moy, que violences contre nostre maison, menasse de fer, de feu, de rauage, de force ouuerte, de trahison couuerte, comme s'il eust dict auec cét autre,

Par fraude ou par valeur, qu'importe que l'on dompte
Son ennemy iuré, ce qui faict qu'on surmonte
Est tousiours glorieux, comme vtile au vainqueur,
En l'vn se voit l'esprit, & en l'autre le cœur.

Et de faict, comme il ne faut qu'vne petite Remore pour arrester vn grand vais-

P iij

seau, de plusieurs partis assez honnorables & auantageux qui se sont presentez pour ma sœur, pas vn n'a reüssi, soit par ses artifices, soit par sa violence, car faisant croire à sa mere qu'il veut ruiner d'honneur sa fille, & arracher la vie au fils de Narcisse, il n'est rien qu'il ne tire d'elle, se ruinant en despense pour entretenir des Braues, gés de sac & de corde, pestes des villes & sanglants boutefeux des familles, furies suscitées par l'Enfer pour exercer toutes sortes de meschancetez & de cruautez, decidans les querelles qu'ils n'ont pas faictes, & vangeants des torts qu'ils n'ont pas receus; personnes en vn mot, qui se donnent au diable pour de l'argent, & iamais assez recherchees ny punies par le Magistrat. Plusieurs se sont destournez de ceus par ces subtilitez, mesdisances, calomnies & artifices, dont il est bon artisan, & ayant assez d'esprit pour cela; d'autres redoutans d'attaquer vn desesperé, & d'espouser vne querelle au lieu d'vne femme, & de se voir assassiner le iour de leurs nopces, se sont retirez de leur poursuitte : mais nostre patience est plus forte que toutes ses insolences. Quand il parle de Rauissement ie m'en mocque, mais les femmes & les filles, à qui ce mot de Rapt est beaucoup plus espouuentable, comme touchant à l'honneur, que celuy de Mort, ne s'en rient pas ; ce sont animaux pusillanimes, qu'il est autant aisé de garantir du mal, qu'impossible de les guarir de la peur, veu qu'elles ne font rampart & bouclier que de leurs apprehensions, tremblantes à la moindre menasse comme la fueille au moindre souffle de vent. O si elles auoient autant de crainte de Dieu, qu'elles en ont des hommes, elles seroient toutes aussi Sainctes qu'elles sont feintes. Cent fois ma mere m'a proposé de quitter le sejour de nostre ville pour aller à Torrillos, soit qu'elle y fust attiree par le charme si naturel de l'air de sa patrie, soit pour diuertir par quelque longue absence la furie de cét enragé, le feu de l'Amour ne s'esteignant qu'auec force terre, c'est à dire en s'esloignant, & s'escartant vn peu loing : mais ie me suis tousiours courageusement opposé à cette retraitte, qui est en effect vne honteuse fuitte, qui me couuriroit de blasme d'auoir cedé à vn homme qui me faict plus de pitié que de peur, & de qui l'inimitié m'est aussi peu redoutable, que l'amitié necessaire. Au contraire si i'auois le courage aussi mauuais que luy, & si i'estois animé de pareille rage, il me seroit facile de l'exterminer & de le reléguer au village d'où son pere est sorti pour venir emplir, & durant sa vie, & apres sa mort par sa semence nostre ville de vacarme, d'autant qu'ayant tant de parens & d'amis sur le lieu que i'en ay trop, si ie voulois employer leur credit & leur valeur, nous aurions aussi tost donné la chasse à ces braues qui enuironnent Sindulphe comme les guespes vne charongne tant qu'ils y trouueront à ronger, car apres cela ils s'enuoleront côme les mousches d'vn lieu froid, côme les Aigles d'vne carcasse qui n'a plus que les os tous secs, & côme de la vermine se retire d'vn corps mort. Et faict de depuis quelque téps, soit que la course des eaux de sa bourse soit basse, soit qu'il se lasse de se voit mâgé par cette canaille, comme Acteon le fut de ses propres chiens, ie le voy vn peu plus moderé & côme desireux de me r'accoster, il file plus doux, & semble qu'il vueille chanter sur vn autre ton, & monter sa guiterre d'vne autre maniere. Il a mis de l'eau dans son vin, rabbatu ses fumées, il faict du repentant & du courtois, fait le ciuil, le ioly & l'honneste: mais moy qui cognois par experience l'inegalité de cét esprit, ie m'escarte d'autant plus qu'il s'approche, & par des fuittes premeditées & estudiées redoutant plus sa trahison que sa force, sa fraude que son courage, ie me tiens (comme le pot de terre de celuy de fer en la fable) le plus sequestré de luy que ie puis. Car bien que les castilles des amans soient des rengregemens d'Amour, ie ne sçay si le mesme en est de l'amitié, d'autant que si les playes des offences se guerissent; (& par la grace de Dieu ie ne luy veux aucun mal) neantmoius la cicatrice de la deffiance demeure tousiours comme vne espine dedans le cœur; ce qui altere la franchise & la sincerité de la communication, en quoy consiste la soudure de la vraye amitié. Les affaires en estoient en ce poinct là, quand les tournois, & les magnificéces de vostre feste, quand la pompe & l'éclat de vos nopces, & les courses des Taureaux, nous ont fait venir en cette ville, auec beaucoup de personnes de tout le voisinage, & cette apprehension du Rauissement de sa fille, estant la plus forte impression de l'esprit de ma mere, fut la cause, quand vostre courtoisie nous secourut si genereusement au débris du theatre, que Dionée soupçonna que ce ne fust quelque stratageme de Sindulphe, ou de ses Braues pour enleuer Glaphire, qui à ce que ie voy attiré & par la curiosité des spectacles & pour iouïr de la veuë de celle qui est le Paradis de ses yeux, & l'Enfer de son esprit, se glissa parmy tout ce tumulte dans vostre maison, où sous l'opinion qu'il fust vn voleur vous accommodastes sa temerité selon son merite: vous l'alliez acheuer, comme mes ennemis qui me tenoient à la gorge, quand il les escarta d'autour de moy, lors que ie suruins assez à temps pour implorer vostre clemence, afin de luy laisser la vie. Dieu vueille que les tayes luy tombent des yeux, & qu'il puisse vn iour recognoistre cét entassement de courtoisies que i'ay amoncelées sur sa teste, & que deuenu sage à ses despens, sa folie s'esuapore par tant de playes. Au moins ma mere, ma sœur & moy auons receu ce grand bon-heur en nostre disgrace, d'auoir rencontré l'honneur de vostre connoissance, & (comme vous le

témoignez par tant d'effects & de bien-
faicts fignalez,) place en voftre bien-
veillance; fi bien que nous pouuons appeller noftre mal-heur heureux, noftre
difgrace gratieufe, & noftre infortune
fortunée. Cela fçay ie, que fi ma mere &
ma fœur par leurs bleffeures & maladies ont efté affligées au corps, elles
ont eu vn grand repos d'efprit depuis
qu'elles font en cette ville, & principalement en ce Palais, azyle de franchife, &
le vray fejour de la courtoifie, de la gétil-
leffe & de l'hofpitalité. A tout cela nous
ne pouuons correfpondre qu'en la mefme façon que nous nous comportons
enuers les graces du Ciel, par vne cordiale reconnoiffance, & par le vœu perpetuel d'vne deuotieufe feruitude.

PALOMBE,
LIVRE TROISIESME.

AINSI Cleobule finit son recit, que le Comte escouta auecque beaucoup d'attention, non sans imiter la mer qui change de couleur en sa surface selon les vents qui l'agitent. Car à qui eust pû penetrer par la deffiance ses pensées, eust bien reconnu aux variations de son visage, qu'il auoit interest en tout cecy, & que son cœur estoit pressé d'vne violente passion, car lors que ce Gentil-homme parloit de Glaphire & de ses humeurs, celuy estoiet autant d'allarmes, quand des pretensions de Sindulphe, quand des autres partis qui la recherchoient, ce luy estoient autant de violens assauts : mais il n'auoit pas la fenestre desirée par Momus, & Cleobule n'estoit pas si bon Phisionomiste qu'il pust à ces alterations de visage deuiner les pensées du cœur que

Dieu a reseruées à sa connoissance, car c'est luy seul, dit Dauid, qui sonde les reins & les cœurs, & qui contemple la vanité des imaginations humaines. Neantmoins la fin du discours rasserena le front de Fulgent, & luy donna la vie quand il vit que Sindulphe estoit esloigné de son but, & reconnut que Dionée & ses enfans se ressentoient en gens d'honneur, des biens & des faueurs receuës en sa maison; puis se sentant obligé à quelque repartie; Ie suis bien-aise, dit il, d'auoir appris de vostre bouche la verité de ce que Sindulphe m'auoit déguisé auec beaucoup d'artifice, car taisant toutes les obligations que ie voy qu'il vous a, il me fit sonner si haut celle de vous auoir sauué la vie, qu'il sembloit à ses termes pleins d'insolence & de reproche que vous fussiez le pourtraict de la mesme ingratitude, & que ce mariage fust la moindre faueur dont vous deussiez reconnoistre les redeuances qu'il s'estoit acquises sur vous, redeuances que tout vostre bien ne pouuoit payer, veu qu'il n'est aucune richesse conferable à la vie qu'il croit que vous tenez de luy: mais à ce que ie voy c'est vn impudent & vn ingrat luy mesme, &

vn homme tout à faict indigne, non seulement de faueur, mais de consideration. De façon que quand sa mere consentiroit à ses nopces, & quand ses facultez seroient plus grandes, ie ne vous conseillerois iamais de sacrifier Glaphire à ce barbare, qui n'a nõ plus d'humanité qu'vn sauuage, ny non plus de raison qu'vne beste. Ce seroit exposer à vn monstre vne belle Andromede, de laquelle ie voudrois estre le Persée pour l'en deliurer. Vostre courtoisie, Seigneur Comte, repliqua Cleobule, l'a desia deliurée des mains de deux monstres, le premier d'vne mort cuidente qu'en son euanouïssemẽt elle alloit encourir sans vostre prompt secours, l'autre de Sindulphe mesme qui ne s'estoit sans doute glissé dans la chambre où vous le mesurastes si bien, que pour deuorer son honneur. Mais ne vous a-t'il point dit durant les visites que vous auez daigné faire où vous l'auiez logé, comme il s'estoit glissé dans cette chambre, & quel estoit son dessein ? A cela Fulgent, Ie voy bien qu'il ne faut s'arrester à ses paroles trompeuses, que comme à ces fausses glaces qui representent les objects autrement qu'ils ne

font, car outre qu'il ne m'a iamais
auoüé d'auoir eu aucune finistre intention, finon d'enleuer le corps de celle
qui luy auoit enleué le cœur, & d'espou-
fer celle qu'il dict luy auoir esté promise,
il ne m'a point confessé qu'il eust dressé
aucune partie pour cela venant en la so-
lénité de mes nopces, ouy bien rédre s'il
eust pû quelque feruice à fa maistresse au
fracas de l'eschafaut, afin de l'obliger en
luy fauuant la vie, à conseruer la sienne,
qu'il dict ne pouuoir subsister fans la
possession de cét obiect aimé. Quand
ie la portay entre mes bras de la place à
la chambre, il me dit que me suiuant il
fut plusieurs fois en termes de me vouloir ayder à porter ce doux faix, mais
que ma disposition qui luy paroissoit
n'auoir besoin de soulagement, & la
crainte de me desobliger, le retint, qu'il
entra dans mon logis & dans ma chambre auec le reste de la presse, desirant sçauoir que deuiendroit cette belle éuanouye, & que le desir de voir
penser ses playes le fit cacher derriere vne tapisserie, d'où il eut tout
moyen de descouurir des tresors,
dont fa fantaisie faict vne enchere

par dessus tout l'or du nouueau monde, car il exprimoit cette veuë auecque tant de transport à la façon des amoureux, qu'il sembloit qu'il eust veu les Anges, & beu du mesme Nectar dont les Poëtes abbreuuent leurs Dieux, car pour dire la verité, il paroist sage en toute autre chose, excepté au recit de sa passion, en laquelle il treuue des raisons, des gousts & des imaginatiõs si pleines d'extrauagances, qu'il monstre bien que ce ne sera pas luy qui commencera à faire mentir le Prouerbe, qui met les Amans & le fols en mesme degré d'impertinence. Encore les Medecins ont-ils treuué des secrets pour guarir ceux-cy, mais ceux-là sont tellement incurables, que sans les mettre en des Hospitaux comme les seconds, on les laisse vagabonder par le monde; monde en general qui n'est autre chose qu'vne cage d'insensez: Neantmoins (si le vice est excusable) ie treuue sa folie agreable, & en quelque façon pareille à celuy qui se persuadoit que toutes les Nauires qui abbordoient de toutes parts chargées de riches marchandises au port de Pirée estoient à luy, son imagination le rendant opulent & satisfaict, & qui se fascha

LIVRE TROISIESME. 221
cha contre ses amis qui l'auoient rendu miserable & necessiteux en luy ostant la folie qui le tenoit en cette gracieuse erreur: car ne desirant que vostre sœur, de laquelle il est passionné iusques a la rage, & se faisant croire qu'elle est à luy, qu'est-ce autre chose, sinon se tenir possesseur d'vn tresor ardamment souhaitté? & n'a-t'il pas raison de se fascher contre vous, qui le voulez oster de cette plaisante humeur, dont la guerison luy semble pire que la maladie? De moy, ie cessay d'admirer l'effect d'vne si prodigieuse manie lors que i'eus attaché mes yeux sur la belle cause qui la produict en luy, car voyant l'obiect qui luy enleue l'esprit, ie le condamnerois à l'aimer encore d'auantage, si l'on pouuoit estendre les forces de l'esprit au delà l'vsage de la raison.

Ie ne le blasme point de s'aller empres-
  sant
Pour vn si rare obiect, dont l'aspect ra-
  uissant
D'vne si chere attainte a son ame meur-
  trie:
Car se treuuant en luy tant d'aimable
  douceur,
Ne le desirer point est plus manquer de
  cœur,

Q

Que de le souhaitter ce n'est de resuerie.
Pourquoy parer son ame encontre ses at-
 traicts,
Si la victoire suit le moindre de ses traits,
Fust-ce aux plus grands Seigneurs qu'ils
 menassent la guerre,
La liberté s'enfuit de deuant ses re-
 gards,
Monstrant que si par tout ils élançoient
 leurs dards,
Ils l'iroient à la fin bannissant de la
 terre.

Permettez-moy de vous dire, Cleobule, que les freres sont iniustes iuges & estimateurs iniques du merite de leurs sœurs, parce que le sang leur defendant de les regarder de cét œil de l'Amour, qui trauerse tous les bandeaux, & qui est plus clair-voyant qu'vn Linx, ils ne peuuēt sçauoir quelles sont les impressions que leurs graces font en des courages disposez à en receuoir la forme. Quand vous auez parlé de Sindulphe & de sa passion, vous l'auez iugé par vous mesme, & creu qu'il luy estoit aussi facile d'éuiter la rencōtre de cette fatale flamme, comme à vous qui estes sans sentiment à la presence du sujet qui l'affole: non pas certes que ie vueille le soustenir en sa recherche, à laquelle au contraire ie vous conseille de vous opposer ; moins veux-ie auctoriser son aueuglement en sa conduitte, & sa brutalité en sa colere : mais seulement le treuue-ie digne de pitié en vn poinct, de le voir emporté par le torrent d'vne passion à laquelle les Poëtes font ceder, non seulement les hommes, mais encore leurs Dieux. Quoy, & nos Prescheurs ne nous apprennent-ils pas que les fils de Dieu, c'est à dire les Anges, voyās les filles des hommes qui estoient belles, en deuindrent tellement amoureux, qu'en elles ils engendrerent les Geans? ce qui faict voir la violence de l'Amour, qui fléchit les Anges, c'est à dire, les ames les plus esleuees, sous son Empire, & pousse l'esprit d'vn Amant à de si grands effects, que d'vne outrecuidance Gigantine il met sa bouche dans le Ciel, & ne treuue rien d'impossible pour venir à bout de son dessein, les obstacles mesmes luy seruans d'amorce :

Car qui ne sçait qu'on voit se renforcer
    l'enuie,
Quand les difficultez sont iointes aux de-
    sirs,
Les attraicts aux desdains, les peines aux
    plaisirs,

Q ij

Et l'espoir à la crainte, & la mort à la vie.

Vn ancien Capitaine excusa vn soldat qui auoit quitté sa sentinelle (faute impardonnable en la milice) pour aller secrettement voir celle qu'il aymoit, preferāt son amour à sa vie. L'Amour estant aueugle bande les yeux aux perils, & cache tous les defauts de ceux qu'il possede, ou s'il ne les cache, il les rend non seulement dignes de pardon, mais quelquesfois de gloire. Il est autant mal-aisé de cognoistre les effects de ce feu subtil, comme de rendre raison de ceux de la foudre : si vous auez quelquesfois aymé, Cleobule, vous entendez ce que ie dis, sinon ie parle à vn sourd, ou du moins à vn homme qui oit bien le son de mes paroles, mais qui n'en entend pas le sens. I'ay aymé, dict Cleobule, mais par la grace du Ciel, ce n'a point esté auec tant d'aueuglement, ny tant de rage ; ie suis en l'aage auquel ce doux mal semble ineuitable, & presque necessaire, mais ie n'ay pourtant point esté iusques à la folie, ie croy qu'il faut taster de cette passion comme du miel, mediocrement, de peur de vomir ; prise moderément, elle éueille l'ame, luy donne vne chaleur agreable qui n'est point sans lumiere, c'est elle disoit Platon, qui est mere de l'honnesteté, de la gentillesse, de la politesse, & de toute vertu: mais quand l'excez y est, c'est vne frenaisie, la discretion, la courtoisie, la ciuilité, la bien-seance se perdent, ce n'est que brutalité, violence, rauage, desespoir, indignité, iniustice.

Il est bon d'aymer peu, & d'aymer sagement,
Car quand on ayme trop, on ayme follement.

I'ay aymé, non selon le cauteleux conseil de cét ancien, comme ayant à hayr vn iour, car cét auis repugne à la franchise & sincerité, ame de la vraye amour, mais discrettement & honnorablement, sans perdre le respect & la reuerence qu'on doit à la chose aymee : car l'honneur & la veneration leuez, ie tiens qu'il n'y a plus d'Amour, ou comme le poisson hors de l'eau, que cette Amour est hors de son element, & ne peut estre de duree: toute Amour qui sort des termes de l'honnesteté & de la pudeur, merite pluslost le nom d'infection que d'affection, car elle ne vise qu'à contenter vn appetit brutal & furieux, qui transforme l'homme en beste, ce que les Poëtes ont enseigné sous la fable des compagnons d'Vlysse changez en animaux par la Magicienne, ou pluftost Courtifanne Circé. Auffi ne voyons-nous pas que ceux qui s'addonnent aux femmes perduës & desbauchees, soient honnorez du nom d'Amans, ny celles-cy du nom d'Amantes, au contraire, ils portent des tiltres infames & odieux, qu'on ne peut proferer fans offencer & fouiller les oreilles. A ce que ie voy, reprit le Comte, vous aymez philofophiquement, & femble que vous foumettant aux loix & au feruice d'vne Dame, vous voulez eftre poffeffeur de vous mefme; ce qui eft vouloir eftre enfemble maiftre & valet, chofes incompatibles: ceux qui ayment auec tant de moderation, font bien voifins de n'aymer point du tout, ce font foldats timides, indignes de la Milice de l'Amour, qui veut que l'on s'engage, & que l'on s'auanture en forte dans la meflee, que l'on fe perde à foy mefme, pour ne fe retreuuer qu'en l'obiect aimé, autrement ces referues font autant de femences de deffiance, deffiance couppe-gorge de l'Amitié. Aymer fagement, c'eft

cōme qui diroit, se chauffer froidement,
ou se geler chaudement, & mettre les
contraires en vn mesme sujet; ouy, car la
Prudence estāt vne Vertu extremement
clair-voyante, & qui cognoist les choses
de fort loin, & l'Amour estāt vne passion
aueugle, & à qui le bandeau sur les yeux
sert de principal ornement, n'est-ce pas
mettre les tenebres pelle mesle auecque
la lumiere, & confondre toutes choses
cōme elles estoient dans l'ancien chaos?
Chaos, reprit Cleobule, que desbroüilla
l'Amour, si nous en croyons les Poëtes
Philosophes, mais c'est à dire l'Amour
hōneste qui a cette differēce essentielle
d'auec le deshonneste, de n'auoir point
la veuë bandee, encore qu'il ait aussi bien
que l'autre son brandon, son arc, ses flef-
ches & son carquois: l'vn certes a raison
de se boucher les yeux, car s'il voyoit la
fin miserable & infame où il precipite
ceux qui sont attaints de ses flesches em-
poisonnees, & de son bourdon furieux,
il auroit pitié de leur desastre, & ne feroit
pas tant de rauage dedās le monde; mais
l'autre a la veuë fort penetrante, il pre-
uoit la fin dés le cōmencemēt, il dispute,
cōsulte, cōsidere auātque s'engager, veut
connoistre auāt qu'affectiōner, & encore

Q iiij

ne faict durer son affection qu'autãt que la cire de la vertu donne vie à son flambeau, flambeau dont la pure & celeste flamme ne faict ny noirceur, ny fumee: ie hay l'hyppocrisie plus qu'autre mal, mais il me semble qu'elles peuuẽt moins entrer en comparaison que la boüe auec l'or & les simples cailloux auec les pierres precieuses, aussi se connoissent elles aux effects, comme les arbres par leurs fruicts. Les mauuaises Amours n'ōt que souspirs, larmes, sanglots, inquietudes, desespoirs, rages, fureurs, melancolies, chagrins, despits, ialousies, & toute la foule des maux que les Poetes mettent dans la bouette de leur Pandore, & de cette sorte estime-ie estre, quelque mine qu'il fasse, celle que Sindulphe a pour ma sœur, bien qu'il se couure du pretexte du Mariage. Mais les bonnes sont douces, égales, gracieuses, gentiles, galantes, amiables, patientes, courtoises, les Graces sont leurs associees, le ris, & la vraye ioye, sans honte, sans crainte d'infamie, & sans remords de cõscience.

Des fleurs que nul hyuer n'efface
Sont répanduës sur la face
De ces cœurs heureux & contens,
Monstrãs que leurs fleurs & leurs flames

Eschauffant doucement leurs ames,
Y causent tousiours le Prim-temps.
Encor que parmy ces fleurettes
Viuent quelques plantes secrettes
De soucis arrosez de pleurs,
Et qu'ils ayent en leurs poitrines,
Les cœurs aussi percez d'espines
Que leur teint est semé de fleurs.
Neantmoins si quelque tristesse,
Tourmente leur cœur & le presse,
Donnant la gesne à leur vouloir,
Constans ils souffrent & se taisent,
Ou soit que leurs peines leur plaisent,
Ou soit qu'ils n'osent s'en douloir.
Ainsi leurs ames genereuses
Par des recherches vertueuses
Attendent doucement le iour
Qui doit d'vne saincte victoire
Vnir aux lauriers de la gloire
Les fruicts de leur honneste Amour.

De la façon que vous parlez, reprit le Comte, à qui ce discours comme trop lumineux donnoit dans la veuë, & ne pouuoit plaire, l'on pourroit aimer la mesme Diuinité, nous ne parlons pas en Theologiens, mais en Cheualiers & en Courtisans, qui cherchent à se donner du bon-temps auec les Dames, selon la varieté des rencontres qui se font parmy les compagnies. Ie l'entends bien ainsi, repliqua Cleobule, & ie croy que les Cheualiers & les Courtisans sont gens nobles, & qui plus que les autres doiuent faire profession d'honneur, veu mesme

Que la Noblesse est la seule Vertu,
Par qui le vice est tousiours combattu:

Et non seulement combatu, mais abbatu, car qui se laisse dompter à ses propres passions a beau tuer des gens, briser des murailles, prendre des villes, & gagner des batailles, auant que ie l'aye en estime de vaillant homme. Pensez qu'il faict beau voir vn Cheualier honnorable, vn Seigneur de marque, vn Gentil-homme bien né, vne personne qualifiée, qui doit seruir d'exemple & de modelé à tous ceux qui la considerent, addonnée à la recherche de ses plaisirs brutaux: pensez qu'vn Courtisan qui a la gloire de paroistre tous les iours deuant les yeux d'vn grand Monarque, & de viure dans vn Palais sacré, où rien de souïllé ne doit auoir entrée non plus que dans vn Ciel, ou dedans vn Temple, a bonne grace de courir toute la nuict apres des voluptez indignes, ie ne diray pas d'vn Chreftien, mais d'vn homme qui a le courage affis en bon lieu. Auffi eftime-ie que ce que vous en dittes, Seigneur Comte, eft pluftoft pour donner carriere à voftre bel efprit (comme cét ancien qui fit des Panegyriques de la Goutte & de la Fievre) que par vn vray fentiment que vous femblez vouloir defendre les fureurs & les extrauagances de Sindulphe. Ie vous ay defia dict, refpondit Fulgent, que ie blafmois cét homme, & ie vous dis maintenant que ie detefte fon procedé comme indigne d'vn Gentil-homme : mais pour eftre gentil, c'eft à dire noble, il ne laiffe pas d'eftre homme, c'eft à dire fujet aux infirmitez humaines entre lefquelles celle de l'Amour n'eft pas des moindres, & pour eftre entaché d'vne mauuaife affection, ie ne vous croy pas fi rigoureux que vous vouluffiez degrader de Nobleffe celuy qui viendroit d'vne race honnorée de cette qualité; car bien que la Vertu ait engendré la Nobleffe, & qu'elle fe doiue conferuer par le mefme principe qui luy a donné l'eftre, fi eft ce que parlant felon le monde, comme vn vicieux ne laiffe de demeurer Prelat, Comte, Duc, Prince,

Roy, Magistrat, de mesme demeure-t'il noble nonobstant son peché, autrement il s'ensuiuroit qu'vn Roy addonné à ses plaisirs seroit roturier, chose mal-aisée à faire, & ie ne croy pas que le plus seuere de tous les Prescheurs vouluſt maintenir cette opinion. C'est pour cela que sans soustenir l'impudence de Sindulphe, j'excuse aucunement son imprudence, comme d'vn ieune homme transporté d'amour pour vn sujet qui le merite, & qui rend sa fureur tellement pardonnable, que s'il euitoit la reproche d'insensé, il tomberoit aussi-toſt dans celle d'insensible. S'il y auoit sujet de perdre le sens & le iugement à l'espect d'vne beauté supreme, dit Cleobule, il faudroit conclurre de là que tous les bien-heureux iouissans de la veuë de la souueraine bonté de Dieu seroient insensez. Aussi sont-ils, repartit brusquemét le Comte. Cleobule: Comment cela? vrayement voicy vne nouuelle Theologie. Fulgent; Mais tres-bonne & tres-vraye : car n'est-il pas escrit qu'ils seront enyurez de l'abondance de la maison de Dieu, & abbreuuez iusqu'à regorger d'vn torrent de voluptez indicibles? Dieu ne dit-il pas en quelque endroit de l'Escriture, que nous entendons tous les iours resonner és chaires : Venez mes tres-chers, beuuez & enyurez-vous : & Dauid parlant de la Gloire, l'appelle vn Calice enyurant. Et qu'est-ce que l'yuresse sinon vne folie? Certes, suiuit Cleobule, vous parlez comme vn Docteur, Ie vous auoüe, dit Fulgent, que ces passages auroient meilleure grace en vostre bouche, qui estes Licentié de Lerida, qu'en la mienne, mais ie les ay apprises par routine à la Court, lors que i'estois Page, & que leurs Majestez qui sont si deuotes nous faisoient entendre des seruices plus souuent que moy ny mes compagnons n'eussions desiré; car le Prescheur auoit beau dire, nous n'en estions pas plus esmeus à bien faire. Il est vray, Seigneur Comte, dit Cleobule, que i'ay estudié à Lerida, où tous les Escoliers, cóme par toute l'Espagne, s'appellent Licentiez, mais i'ay peu profité aux lettres pour la grossiereté de mon esprit, & pour auoir plus aimé les armes, ioint que depuis i'ay eu tout loisir d'oublier ce peu que i'auois appris de Philosophie, ne me restant qu'vne legere teinture des lettres dittes humaines

& vne extreme passion pour la Poësie, qui comme cousine Germaine de l'Amour a bien quelque degré de folie: mais pour reuenir à nostre premier propos, à quoy me conuie vostre dernier mot, cette yuresse qui possede les bien-heureux dedans le Ciel, outre qu'elle doit estre entenduë spirituellement & saintement, n'est pas vne alienation de sens, qui fasse perdre l'vsage de la raison, ny qui fasse commettre les inciuilitez & sottisses que l'yuresse produit en la terre en ceux qui sont trop pleins de vin; mais c'est vne extase sacrée, vn rauissement diuin, qui suspend tellement les esprits des Esleus à l'aspect de cette ineffable beauté de la Diuinité, que comme hors d'eux mesmes, & se perdans pour se retreuuer plus heureusement dans l'abisme de cét object incomprehensible, ce qu'ils peuuent faire est de s'escrier alternatiuement comme les Seraphins, Sainct, Sainct, Sainct, le Seigneur Dieu des armées, qui a esté, qui est, & qui sera à iamais. Ainsi quand il est parlé de ce vin mystique qui engendre les Vierges, vous pouuez penser que ce n'est pas de ce materiel, dót nous vsons tous les iours, dont l'Apostre dict, Ne

vous enyurez pas de vin qui excite à
deshonnesteté. Vous disiez tantost que
ie parlois comme vn Docteur, dit le
Comte, mais comme quoy diray-je que
vous parlez, sinon comme vn Liure, ou
comme la doctrine mesme; pardonnez
moy, Seigneur Cleobule, veritablemét
ie ne pensois pas que vous fussiez si grãd
Clerc : mais laissons ces discours-là, ils
sont trop serieux pour nostre aage, &
trop sçauans pour des gens de nostre
condition, il les faut resigner à ces Peres Graues qui nous viennent dire des
nouuelles de l'autre monde, & nous
acheminer à la vie eternelle, de moy ie
confesse que ie suis sujet à la loy du peché, & que ie ressens cette continuelle
rebellion du sens & de l'esprit qui trauailloit tant ce Docteur du troisiesme
Ciel, lequel en sçauoit plus que vous
ny que moy, ny qu'homme du monde.
Quoy! dit Cleobule, criez-vous famine
sur vn monceau de bled? est-ce aux nouueaux mariez de tenir ce langage? vous
deuez vous plaindre d'vn mal que nous
portós par tout, puis qu'il est enclaué en
nous, estant en possession d'vn si beau, si
rare & si sainct remede? ie croy que

L'abondance vous perd, & vous rend di-
setteux,

Puisque vous vous plaignez comme ne-
cessiteux.

Est-il vn object en toute la Prouince Tarragonnoise, ie diray plus, mais en la Catalogne, qui esgale, ny mesme qui seconde Madame la Comtesse? de quelque costé que ie regarde le col de cette incomparable Palombe, ie ne voy que transparences de couleurs qui font honte à ce bel arc celeste, que les anciës ont fait naistre de l'admiration. Car de quelque part qu'on la considere, ce ne sont que merueilles, elle est belle, ieune, riche, noble, aimable, elle vous adore, elle est honnorable, chaste, bien esleuée, de bon esprit, d'vn visage rauissant, d'vne taille droitte, & qui plus est douée de tant & tant de vertus, que vous diriez qu'à l'enuy & en foule elles se pressent pour loger en ce beau corps vn chef d'œuure de nature & de grace. O Cleobule, dit le Comte, vous voyez bien la rose, & non les espines. Quelles espines, respondit le Cheualier, certes vous pouuez dire que vostre mariage en est exempt, mais ie croy que c'est pour esgayer vostre belle humeur que vous iouez cette Comedie. Mon amy, respondit Fulgent, c'est dire

toutes

toutes les espines, que de nommer le mariage: & quand les ronces furent données pour malediction à la terre, ce fut au mesme temps que Dieu dõna à l'homme la femme pour compagne. Vrayement vous m'estonnez, dict Cleobule, de parler de la sorte, veu qu'à peine estes vous dãs les premieres delices du mariage (desquelles tout le monde fait tant de cas) qu'il semble que vous soyez desia dans la Confrerie des Penitens. Les voluptez, dict Fulgent, en leur plus haut appareil sont douloureuses, dangereuses les grandeurs trop eminentes, & importune l'affluence des richesses; en tout la mediocrité l'emporte, mais par dessus tout viue la liberté, il n'y a rien qui la puisse égaler, c'est le plus grand & l'vnique bien de l'homme. Vous estes, dict Cleobule, pareil à ces ieunes taureaux non encore accoustumez au joug, quand vous y serez habitué, vous y treuuerez plus de soulagement que de peine: quoy on s'accoustume bien aux prisons, à la misere, à la pauureté. Le seul nom de ioug, dict Fulgent, est vne gesne à vn cœur genereux, il n'est que d'estre franc & libre; ô que la vie des Courtisans, qui me reuient sans cesse deuãt les yeux, me

R

paroist agreable maintenant que ie suis lié & garrotté en mon mesnage, cóme vn forçat à la cadene. A la verité, vous me faictes peur, suiuit Cleobule, car ie croyois qu'il n'y eust point en toute la prouince de bon-heur semblable au vostre, cóme nous auons peu de Seigneurs de vostre qualité, de vostre merite, de vostre rang, & de semblables facultez. Mais en fin, d'où vous peut venir ce dégoust de la Dogne Palombe? Car ie ne croy pas que l'on puisse rien adiouster au comble de ses perfections : Elle a vne imperfection insuportable, & qui ne se peut iamais corriger, dict le Comte. Cleobule: O Dieu! quelle? C'est qu'elle est femme, dict Fulget, & ce mot n'est-il pas le nom de l'imperfection mesme, puisque la femme est appellee vn default de la nature, & vn homme imparfaict? Or quel desplaisir est-ce à vn cœur genereux, de se voir attaché, mais qui pis est de liés indissolubles, à vn animal timide, imbecille, & la mesme pusillanimité? Quelle misere de deposer son honneur en des mains si foibles, en vn sexe si fragile? car chacun sçait que la cheute ou la faute de la femme couure de vergoigne le mary: Ie laisse à part les jalousies, les riottes, le souci du ménage & des enfans,

& vn millier de trauersátes inquietudes, accidens inseparables du plus heureux mariage qui puisse estre. Car j'auouë que ma femme est extremement vertueuse, qu'elle m'aime esperduement, qu'elle a vn grand soin de moy & de ma maison, qu'en vn aage fort tendre elle a desia vn esprit fort meur, qu'elle est riche, noble, belle, desirable, douce, chaste, & telle que l'on la pourroit prendre pour le patron d'vne FEMME HONNORABLE. Mais apres tout c'est vne femme, ie l'aime cóme le deuoir m'y oblige: mais y a-t'il riē qui se face plus mal par deuoir que l'Amour, dont l'obligation est la gesne, & la contrainte la mort: ie l'aimois passiōnément auāt que ie l'eusse espousée, en l'espousāt mō feu est deuenu vn glaçon; & ie croy que pour acheuer d'aimer vne femme, c'est le vray remede que de l'espouser, cela c'est guerir l'Amour par le mariage, & pour le rendre sainct l'esteindre : la froideur maritale est telle, que sous sa cendre ie ne sçay comme il se peut conseruer vn charbō. C'est vn si sage & graue marché que l'Amour semble bány d'vn si serieux cōmerce, ie ne sçai qu'est deuenue cette grād'Amour que ie lui portois:

Ie ne le connois plus pour l'astre de ces lieux,

*Et ſes perfections me paroiſſent des ſon-
ges,
Et quand ie l'eſtimois deſcenduë des
Cieux,
Ce n'eſtoient que menſonges.
Or ie ſuis tout confus en ne la voyant
pas
Auec cette douceur, qui me la rendoit
telle,
Que i'eſtois tout rauy, quand i'admirois
en elle
Tant de ſortes d'appas.
Maintenant ie voy bien que c'eſtoit ſans
raiſon,
Que de tant de beautez ie l'eſtimois prou-
ueuë,
Et que ie me ſuis mis dedans cette pri-
ſon
Ayant perdu la veuë.
Ie connois à preſent que ces charmes ſont
faux,
Qui m'ont en fin reduit à ce honteux
ſeruage,
Et que ce qu'en ſon corps i'eſtimois d'a-
uantage,
Sont autant de defauts.*

Au contraire, ſuiuit Cleobule, il faut
par neceſſité qu'il y ait quelqu'œil maling, qui voyant de trauers la felicité

dont vous alliez eſtre comblé par vne vnion ſi ſainᶜte, ſi douce, & ſi deſirable, ait jetté quelque ſortilege qui charme tellement voſtre veuë, que la plus eminente beauté de cette contree vous paroiſſe vne Meduſe, à la façon que vous la dépeignez, ou qui trouble tellement voſtre imagination, qu'il vous face auoir en horreur ce qui eſt ſi ſouhaittable, que l'ombre ſeulement d'vn pareil bien ſeroit capable de me rauir d'aiſe & de contentemét: car ie ne tiens rien en ce monde d'égal à la poſſeſſion d'vne femme belle, riche, & vertueuſe, qui ſont les trois graces aſſiſes ſur le front de Palombe. Ce n'eſt point ſorcellerie, repliqua le Comte, qui m'altere les yeux ou la fantaiſie; car ie la voy & la reconnoy auſſi belle qu'elle fut iamais; au contraire, il eſt manifeſte que depuis noſtre Mariage elle eſt deuenuë plus belle féme qu'elle n'eſtoit belle fille, par la ſatisfaction qu'elle a de me poſſeder, & d'eſtre esleuee en vn honneur qu'elle n'auoit pas auparauant: ce n'eſt pas auſſi que i'aye perdu l'opinion de ſa vertu, moins encore de ſa richeſſe, dont ie ſens mes facultez accreües, & capables de ſouſtenir vne plus ſplendide deſpence: mais quand ie pense au lien qui m'attache, ie ne puis aimer ma prisõ, quoy que dorée, quoi que parée, quoi que specieuse, quoi que riche, i'en suis tousiours là, qu'vn bien si grand qu'est la liberté ne se connoist que par la perte. A cela Cleobule: Vray Dieu! & que seroit-ce donc, si pour l'interest de vostre grãdeur & de sa conseruation (fondement ordinaire de l'alliance des personnes eminentes) vous auiez espousé quelque creature difforme, ou qui n'eust point tant de beautez pour vous forcer doucement à l'aimer? si elle estoit fiere & arrogãte, ou d'vne humeur chagrine & melancholique, ou criarde & colerique, ou jalouse & soupçonneuse, ou taquine & auaricieuse, ou imperieuse & insuportable, cõme sont beaucoup d'autres femmes, qui paroissent des Anges en la ruë, & sont des démons en la maison, esprits de contradiction, d'orage & de tempeste? dittes-moy, Seigneur Comte, où en seriez-vous? Fulgent: Ce qui ne m'est à present odieux qu'en qualité de chaisne, me seroit lors detestable en qualité de gesne, car s'il est quelque enfer en cette vie, ie croy qu'il se treuue en pareille association. De là viennent tant de sanglants effects par-

LIVRE TROISIESME. 243

my les infortunez mariages, à cause de l'incōpatibilité des humeurs, effects qui font horreur, non seulement à reciter, mais à penser. Car tout ainsi qu'vn chien furieux fait tāt qu'à la fin il ronge & rōpt la corde qui le tiēt à l'attache, de mesme plusieurs sçachās que ce nœud ne se dissoult que par la mort, ne pouuans viure en patience, se resoluent à des determinations épouuantables. Sans doute il y a de la tentation violente en vostre esprit, reprit Cleobule, en ce que vous prenez le tison par où il brusle, & de la gauche ce que le Ciel fauorable vous presente de la droitte. Vous regardez le Mariage, non comme vn Sacrement, non cōme vn lenitif des angoisses humaines, non cōme vne aide mutuelle, non cōme vne associationhōnorable, qui rend legitimes les plaisirs, & fait qu'vne couche est sans tache, non cōme la pepiniere du Christianisme, non comme le vray Paradis terrestre : mais tout de mesme que la malignité de nostre œil laissant, les autres parties qui rendent vn visage beau, s'arreste sur vne legere tache ou sur quelque petite verrue qui le deshōnore ; de méme laissant tāt de cōmoditez que les nopces menēt quant & elles, vous les regardez cō-

R iiij

me des ceps, des menottes, & des entraues: pareil aux mousches qui laissent le poly d'vne belle main, pour s'amuser à vne petite bube, & qui s'asseoient plus volontiers en des lieux rabboteux que sur la glace des miroirs. Iouyssez, Seigneur Comte, iouyssez en paix des plus cheres delices, & des plus iustes & aymables douceurs de la vie; & pour vn brin d'absinthe, ne rendez pas insuaue tant de miel: il n'est rien de si amer qu'vne noix verte, & toutesfois à force de sucre on en faict vne confiture fort vtile & delicatte. O qu'il y a de gens au monde qui voudroient estre prisonniers & forçats de la sorte, & auoir changé leur importune & miserable liberté à vostre desirable & heureux esclauage. Vous estes au port, ne faictes pas comme les mariniers, qui n'y sont pas si tost arriuez, qu'ils souhaittent auec impatience de retourner tenter les perils de la mer parmy les tourbillons & les tourmentes: S'il n'y a que le lien qui vous fasche, encore qu'il soit tout d'or & de soye, estant tousiours lien, dittes moy quelle sorte de vacation n'a ses liens? Y a-t'il gens moins libres, & plus esclaues que les Courtifans?& quoy que leurs fers foient dorez, fi font-ce des fers: Rien de plus captif qu'vn foldat qui eft en faction, de laquelle il n'oferoit fortir fans renoncer à la vie? Quoy de plus aftraint que les gens de Iuftice collez à leurs Tribunaux, comme Thefée à fon fiege, & côme des ftatuës à leurs niches? Voyez les Pafteurs en leurs refidences, les Matelots coufus à leurs Nauires, les Marchands à leurs Boutiques, les Laboureurs à leurs Charuës; les Roys & les Princes plus ils font grands, plus ils ont de deuoirs, & plus ils ont de charge, plus grande eft leur feruitude; maiftres & libres en apparence, forçats & valets en effect. Se faut il donc eftôner fi les mariez sôt en quelque forte de fujettion, mais fujettion douce & cômode, au lieu que les autres ont mille incômoditez qui ne font fouffertes que par la confideration du gain ou de l'honneur. O Dieu, que c'eft bien vne plus rude feruitude d'eftre efclaue de fes paffions, toufiours en quefte, toufiours en courfe, fans arriuer au but, toufiours cherchant fans treuuer, toufiours en fentinelle fans rien defcouurir, toufiours en incertitude de ce qu'on deuiendra. Quelle mifere que de brusler à autāt de feux que paroissent deuant les yeux d'objects agreables & desirables, quel supplice de Tantale d'estre alteré parmy les eaux, & voir parmy les compagnies assez de filles que l'on desire pour espouser, mais peu qu'on puisse raisonnablement esperer : car ordinairement les riches sont laides, & les belles pauures, si que l'esprit suspendu en son choix ne sçait s'il doit preferer le delectable à l'vtile, & de quelque costé qu'il incline il treuue tousiours des repentirs. Tel est l'estat des ieunes gens comme moy, qui cherchent à se loger, ie dis honnorablement, (car quant aux plaisirs des-honnestes & illicites, ie n'en veux pas souiller ny vos oreilles ny ma pensée, comme indignes d'approcher de vous, & de partir de moy) d'autant qu'il est si difficile que cela presqu'auoisine l'impossible de rencontrer vn sujet où l'honnorable, l'vtile, & le delectable (les poles de nos desirs) fassent ensemble leur residence, & il est mal-aisé de treuuer de la satisfaction en vn obiect qui manque en quelqu'vne de ces trois pieces, la Beauté, la Richesse, la Noblesse, & sur tout la Vertu, sont les quatre rouës du chariot de triomphe d'vn marié. Parmy les assemblée où se rencontre la ieunesse, & où selon les inclinations se forment les desseins des alliances, par où subsiste l'estat de la chose publique, qui n'est composé que de familles, ce ne sont qu'esprits qui cherchent où s'attacher, faschez de flotter sur la mer des incertitudes.

On y voit de tous les costez
De toutes sortes de beautez,
Dont l'Ame peut estre agitée,
Mais tout cela n'est que du vent,
Et ie pense que le Protée
Ne se changeoit pas si souuent.
Leurs pensers sans paix ny repos,
Sont occupez à tous propos
A forger quelque amour nouuelle,
On ne voit rien de si changeant,
Et semble qu'au lieu de ceruelle,
Ils n'ayent que du vif-argent.
Iamais ils ne sont en vn lieu;
Meslans le bon iour à l'adieu,
Selon leur humeur inegale:
Si que pour viure dedans l'air
Sans cesse ils inuocquent Dedale,
Pour apprendre l'art de voler.

Vous diriez que la feinte de l'Androgine de Platon est vne verité, chacun recherche sa moitié & ne la peut rencontrer parmy cette multitude. Plusieurs considerations attirent le desir, d'autres le retirent, c'est vn tison allumé des deux bouts, vous ne pouuez manquer de vous brusler de quelque costé que vous l'empoigniez. Tres-bien ce Philosophe ancien à celuy qui luy demandoit conseil s'il se marieroit ou non, Quoy que vous faciez, respõdit-il, vous vous en repentirez; la raison de cela est en l'inconstance de l'esprit humain, qui comme le cœur n'a du repos que dans son mouuement, & comme vn oyseau ne faict que voltiger de branche en branche iusqu'à ce qu'il ait rencontré le lacs qui l'arreste. Vn ieune homme libre & deslié est vn vaisseau battu des vents & des flots, qui ne cherche que la terre, ou vne cale pour se mettre à l'abry, ou vn haure pour se retirer à sauueté. La pire condition de toutes est n'en auoir point, & le plus mauuais choix est plus à priser que l'incertitude. Tant les filles que les ieunes hommes sont des esprits de naphthe, si susceptibles de flamme, qu'ils en sont espris aussi-tost qu'elle leur est presentée, flamme qui n'est pas illicite quand elle est renduë legitime par vne bonne fin.

Celles-là peuuent desirer de plaire à plusieurs pour en gaigner vn, qui conquis par l'Hymen doit estre le but & l'arrest de toutes leurs pensées. Il en est de mesme des autres, mais que ces feux volages sont affligeans, que les pretensions sont des passions tourmentantes. Tantost on veut, tantost on ne veut pas, on iure, on se parjure, on proteste, on deteste, ce qui plaist à l'œil sera desnué de richesses, qui sont les piliers des mesnages & le soustien des familles; ce qui est riche sera desagreable, & voila vne guerre continuelle pour le sens; ce qui est beau n'aura point d'esprit, ce qui a de l'esprit manquera de bonne mine; qui a des biens, de la grace, & de l'esprit à suffisance aura quelque defaut en sa race; on regarde à tout, & la moindre tache, fust-ce en la face de la Lune, est suiette aux reprehensions. On veut l'impossible quand on desire à la fois toute sorte de perfections : Tout le monde n'est pas Fulgent & des mignons de la Fortune, pour rencontrer en vn sujet tout ce qui se peut souhaitter.

Si que l'vsage des plaisirs
Surmonte mesme les desirs.

Cleobule, dit Fulgent, vous vous donnez aisément carriere, parce que vous estes libre, & c'est ainsi que vous vous mocquez des prisonniers, si iamais vous estes de la confrairie, vous sçaurez combien pesent ces liens. Vostre ayse vous perdra, & côme vn papillon vous voltigerez tant autour du flambeau que vous y bruslerez vos ailles. Et si quelque iour ie vous voy dans la nasse, ie me riray de vostre captiuité, vous aurez beau alors faire le Philosophe & le Theologien, vous connoistrez quand on est en santé, qu'il est aisé de donner des côseils aux malades, mais quād on se treuue mal, les sentimens sont bien contraires à tous ces auis. Le peuple de Dieu qui auoit tant desiré la manne s'en dégousta aussi-tost qu'il l'eut. Ie ne m'estône plus de ce ieune homme Grec, qui ayant rangé à sa mercy par ses seruices & sa longue perseuerance la volonté de celle qu'il aymoit, n'en voulut pas iouyr, de peur, dit-il, d'esteindre cette gaye flāme qui me tient en belle humeur, & d'amortir ce feu gaillard qui me tient en haleine. Nous ressemblons aux chasseurs qui mesprisent la proye quand elle est prise, nous quittons volontiers celle que nous tenons, & qui est asseurée, pour courir apres celle qui fuit: quand le

Soleil donne au front, l'ombre fuit celuy qui la fuit, & si on se retourne elle fuit alors celuy qui la suit. L'inexperience vous fait parler comme vous faittes, & vous donne vn dégoust de la liberté la plus delicieuse manne de la vie, & qui contient toutes les saueurs & toutes les faueurs plus souhaittables. Mais moy, pauure moy! ie parle par experience, car helas! i'ay esté libre comme vous & plus libertin que vous, qui auez esté esleué comme vne fille, tant vous parlez des plaisirs de la ieunesse à petite bouche, ie suis vn Page & Page de Court, à qui la continence ressemble au Phœnix, dont on fait assez de discours, mais ne tombe point sous la veue. O quel regret quãd ie repense à ce temps-là heureux, lors que libre de tout joug, ie passois mes yeux comme vne abeille sur toutes sortes de fleurs, ie me paissois de tous objects, ie m'eschauffois le cœur de toute flãmes, aymant en general la beauté sur quelque front qu'elle sist son siege.

Lors ie voyois en chaque lieu
Ou naistre, ou mourir quelque feu,
Et le change estre des delices,
Lesquelles me faisoient iuger
Que cette vertu de changer
Est mise à tort entre les vices.

Maintenant d'vn si doux plaisir
Ie ne puis plus me dessaisir,
Mon ame en reçoit nourriture,
Ie l'ay si long-temps exercé
Qu'il s'est en coustume passé,
Et puis de coustume en nature.

Tout chãge, Cleobule, les Cieux ne sõt que tournoyer, les Astres principaux sont appellez Planettes à cause de leurs erreurs. De là les vicissitudes de la nuict & du iour, & des saisons encore : les Elemens changent, les animaux, les arbres, les familles, les Republiques, les Prouinces, les Royaumes, & les Empires : c'est le propre de l'homme, de ne demeurer iamais en vn mesme estat, il n'y a que la seule loy de mariage qui malgré le changement de l'Vniuers, nous veut rendre constans & nous priuer de cette diuersité, par qui la nature est embellie. Sçauez vous, Seigneur Cheualier, quel secret les Galands ont treuué à la Court pour adoucir vn peu la rigueur de cette Loy, qu'ils ne pouuoient rompre à cause des preceptes de l'Euangile, ils se sont auisez de faire des Amoncelades, qui font vne espece de Poligamie Affricaine & Asiatique, & cela à la face de la Iustice & de la Royauté.

LIVRE TROISIESME. 253
Royauté. Faittes la Loy, reprit Cleobule, faittes la tróperie, dit le Toscan. Ie ne suis pas si neuf dans le monde, que ie ne sçache le nom de cette execrable pratique qui deffigure, non pas Madrit seulement, mais la face de toute l'Espagne, où les concubinages sont si publics & les dissolutions si visibles, que les estrangers s'en retournent tous scandalisez de cette terre, & s'estonnent comme l'integrité de la foy y peut subsister parmy des mœurs si déprauees. Aussi ne void-on par cét vsage malheureux (auquel il semble que les Loix conniuent, pour qui la Iustice dort & paroist permis ce qui est si public) que desolations & ruines de familles, que massacres & assassinats, que jalousies & fureurs, qu'enfans illegitimes qui font la part aux legitimes, qu'Ismaels qui battent les Isaacs, qu'Agars insolentes, en vn mot que confusion & desordre. Et ie ne croy pas que ce que vous en dittes soit en termes d'approbation, car vous tomberiez dans l'anatheme foudroyé par la bouche du Tout-puissant contre ceux qui appellent le mal bien, & qui mettent les tenebres en la place de la lumiere. Et s'il n'y auoit quelque sorte de raison en cette tollerance,

S

reprit le Comte, pourquoy est ce que les Magistrats sommeilleroient, eux, qui comme les Chirurgiens, ne viuent que de playes, & ne tirent leur auantage que des maluersations? Pourquoy est ce qu'on permettroit en l'Espagne les lieux où l'Isle de Cypre se charge de funestes Cyprés, si ce n'estoit pour éuiter vn plus grand mal, ou bien la recherche des femmes mariees? Ce n'est pas à moy, dict Cleobule, de iuger les Iuges, mais c'est Dieu qui iugera leurs iustices, & qui chastiera vn iour bien seuerement leur conniuence aux crimes; d'autant que l'impunité est vn si grand allechement au mal, que c'en est vne espece, non de permission seulement, mais d'approbation: Et que sçauons nous si ceux-là mesmes qui deuroient reprimer & punir ce desbordement, ne se donnent point eux-mesmes cette licence? ce qui faict qu'ils n'osent chastier en autruy ce qu'ils auctorisent par leur exemple. Tant y a que ie deteste de tout mon cœur ces permissions, & plus encore les abominations qui s'en ensuiuent: car il me semble qu'il ne faut point flatter le mal, ny traitter les vices de main morte: si nous ne les perdons, ils nous perdront, & il vaut bien mieux les ruiner, que de les voir causer nostre ruine. Vous ne parlez pas seulemét comme vn Licentié de Lerida, mais comme vn Docteur, comme vn Theologien, comme vn Iurisconsulte, comme vn Philosophe, mais encore comme vne fille, ou comme vn Prescheur, ou comme vn Moine fort austere. Ie voudrois que nous deuisassions cóme mondains, & comme gens qui cherchent fortune, dict le Cóte. A quoy Cleobule: Ie parleray comme il vous plaira, pourueu que ie parle en Chrestien, & en homme d'honneur, c'est là la barriere où ie combats, qui la leue, m'oste le moyen d'acheuer ma carriere, car i'en suis logé là, de mourir plustost, que de perdre vn seul point de l'honneur où i'ay esté esleué. Le Comte vit bien à ce discours, qu'il auoit beau tenter ce genereux courage, auant que le faire desmordre vn tant soit peu de la Verité: Verité si forte, que comme vn Soleil d'Esté, elle fend, & dissipe tous les nuages qui s'opposent à sa splendeur: si bien que ruzé qu'il estoit & leurré ainsi qu'vn homme de Court, il tourna tout ce qu'il auoit dit en risee, comme ayant soustenu vne opinion contraire à son sentiment, pour essayer si

S ij

l'ame de son amy estoit de franc alloy, & si sa Vertu estoit de fine trempe, luy protestant de l'en aymer d'auantage desormais, bien qu'il dist tout cecy au plus loin de sa pensee; mais les Courtisans sont fort coustumiers de traitter de cette façon, mesme auecque leurs plus familiers, le prouerbe de la foy Punique leur conuenant fort proprement. Cependant qu'il faict ce qu'il peut pour couurir son ieu, non sans apprehension d'auoir vn peu trop descouuert sa mesche, & esuenté sa mine, de mesme, craignant de s'accuser d'auantage par de mauuaises excuses, commençant à rire sur cét entretien. Veux tu, dict-il, mon Gentilhomme, que ie te declare à quoy nous ressemblons tous deux, nous sommes semblables, moy à ces oyseaux qui sont en des cages gorgez de mangeaille, bien nourris, bien entretenus, & exposez au Soleil, afin de gringotter leur ramage, & resiouyr leurs maistres ils chantent aggreablement, & font bonne chere, & neantmoins ils ne laissent pas de souhaitter & de chercher tous les moyens pour sortir de cette trop heureuse prison, ceux qui sont dehors les viennent visiter, & font tous leurs efforts

LIVRE TROISIESME. 257
pour entrer auecque ces prisonniers, afin de iouyr de leur bon traittemēt & prendre part à leur abondante & delicieuse nourriture, ce qui faict que souuent ils sont pris au tresbuchet : Mais si vous demandez quelle est la plus desirable condition des vns & des autres, ie m'asseure que vous auouerez, que mieux vaut aux libres qui se balancent à leur gré dans le vague des airs, visitans comme il leur plaist les montagnes & les vallees, les fleurs des prairies, & la largeur des campagnes, les fontaines & les boccages, les buissons & les ruisseaux, vn petit grain de pasture rencontré fortuitement, que les auges si remplis de ceux qui sont r'enfermez dans les cages, ou dans les volieres. Voila, mon amy, l'image de nos conditions : Tu dis qu'il n'est que d'estre marié, qu'on est le maistre, qu'on est riche, qu'on iouyt des plaisirs innocemment, & toutes les belles raisons que tu as alleguees : Mais moy ie dy qu'il n'est que d'estre garçon, & qu'à vn esprit moins scrupuleux comme est le mien, les eaux desrobees sont les meilleures : c'est pourquoy ie suis d'auis pour recréer nostre malade, & donner du passetemps à nos Dames, que

S iij

tu faces des vers en faueur du Mariage, (car à toy qui n'y es point engagé, il te sera bien seant de le loüer) & moy au contraire, que ie chante les miseres de ce lien; & tu verras que ce passetemps ne leur sera pas peu agreable. Vrayement, dict Cleobule, ie le veux bien, & quoy que ie rime fort grossierement, comme celuy qui n'a iamais frequenté la Court, & à qui le langage Catalan, que i'ay de naissance, sert d'obstacle à la pureté de la langue Castillane, neantmoins puisque vous me donnez pour supporter ma foiblesse le meilleur & le plus sainct party, j'accepte cette offre, à la charge que nous accorderons nos voix à nos guitterres; & que les Dames iugeront pluftost les raisons que les vers ny le chant, ny le toucher des cordes, car en tout cecy ie me tiens desia pour vaincu. C'est vostre courtoisie, Gentil Cleobule, qui vous faict parler de la sorte, reprit Fulgent, car estant comme ie suis, vn ignorant au prix de vous, non seulement és lettres, mais mesmes en la Musique, qui est l'art de sonner & chanter, ie dois

desia donner les mains à voſtre victoire; & puis ie ſuis fort aſſeuré que nos
Dames ſont trop ſages pour ſe ranger
du coſté de mes licentieuſes imaginations ; neantmoins ie ſubiray leur
cenſure, car deſia ie me ſens condamné par leur iugement : & pourueu que cecy ſerue de diuertiſſement
au mal de noſtre febricitante, ie n'e-
ſtimeray pas ce peu d'effort mal employé. Seigneur, dict Cleobule, il
eſt iuſte que vous ſoyez le plus grand
en tout, & encore en complimens,
& en courtoiſie, ma sœur ne merite pas le ſoin que vous prenez,
non ſeulement de ſa ſanté, mais par
ſurcroiſt de gentilleſſe de ſon contentement ; à quoy ie contribueray
volontiers, tant pour vous plaire,
que pour reſpondre à vos ſubtili-
tez ; & correſpondre à tant de graces que nous receuons tous les iours
de voſtre liberale main. De ce pas
s'eſtans leuez, ils monterent à la
chambre, ou les Dames eſtoient
autour du lict de la malade, qui
petit à petit, comme vn Aurore
qui ſe leue, en reprenant ſa vigueur,

prenoit de nouuelles fleurs dont elle embelliſſoit ſon teinct. Ils vont entretenir cette bonne compagnie du recit des deuis, mais ſommaire, qu'ils auoient eus dans le iardin ; & de la concluſion qu'ils en auoient tiree. Dieu ſçait ſi cette gentille troupe, qui faiſoit comme vne brigade de Nymphes, fut contente de leur diſpute, puis qu'elle auoit à ſe deſmeſler auec la langue & le pouce, non auec l'eſpee & le poignard: Mais quand on ſceut tout au rebours de leur attente, que le Comte deuoit rimer contre les nopces, & Cleobule en leur faueur, ce fut vn éclat general de ris & d'allegreſſe qui s'eſmeut, diſans toutes enſemble (à la mode des femmes) qu'ils en parleroient comme les aueugles des couleurs, Car, diſoient elles, que peut ſçauoir Cleobule ce que c'eſt du mariage ne l'ayant iamais eſpreuué ? & le Seigneur Comte oſera-t'il bien ſi toſt chanter la Palinodie, & ſe ietter ſi promptement en la grande compagnie des Repentis ? encore s'il attendoit comme les Nouices, que ſon an de probation fuſt expiré : mais en cette Religion icy, outre qu'on faict profeſſion deuant l'eſpreuue, les Nouices ne ſont pas ſi long temps en exercice, auant que de se mettre en pelerinage ou à la visite de leurs parens pour donner vn peu relasche à leurs austeritez & à leurs essais de mortification & de penitence. Palombe qui voyoit le Comte en plus belle humeur de railler qu'il n'auoit esté depuis ses nopces, rioit à pleine teste, tant elle estoit contente: Helas pauure innocente! de quoy ris-tu, tu ris de tes malheurs, ton ris est Sardonien, c'est à dire mortel; si tu sçauois les pensées de cette Ame double, & à quoy il vise par tous les discours qu'il a tenus à Cleobule, & par les vers de ce funeste Epithalame qu'il veut chanter, tu pourrois bien dire auec le Sage, qu'il vaut mieux entrer en la maison des pleurs qu'en celle des risées, & que l'extremité de la ioye est ordinairement accompagnée de larmes & de desplaisirs. La partie fut remise au lendemain, afin que nos Poëtes & Châtres eussent le loisir de mettre leurs rimes à la liure, ils conuiennent de l'air & du chant, & qu'ils parleroient alternatiuement en forme d'Eglogue, parce que les respōses entre-coupées seroient plus gracieuses. Mais que de diuerses imaginations martellent en l'ame du

Comte, tandis qu'il remaschoit ses vers, que de vers rongeoient sa poitrine, car certes il pouuoit bien dire auecque cét autre,

Que les vers de cent mill' ennuis
Le rongeoient les iours & les nuicts.

Car d'vn costé il se voit contrarié aux principes de son mal-heureux dessein par le frere vertueux de la vertueuse sœur ; de l'autre il a sur les bras à son grand regret son propre frere. He! que doit-il esperer de cette sage Glaphire, si iugeant de sa nourriture par celle de son frere, il voit les montaignes d'impossibilité qui s'opposent à son desir. Dionée est si prudente & si honnorable, qu'elle aimeroit mieux voir perir ses enfans deuant ses yeux que de les voir forligner vn tant soit peu de l'eclyptique de l'honneur. Vous auez veu par les propos de Cleobule que c'est vn ieune homme qui porte vn sens de vieillard sous vn front de iouuenceau. Que sera-ce de la sœur, si le frere est si seuere qu'il ne se veut pas, ny par complaisance ny par condescendance relascher d'vne parole qui ne soit conforme à la Verité & à la Raison?

Neantmoins que n'espere-t'il faire par ses ruses, celuy qui a desia osté la maistresse à son frere, pourra, ce pense-t'il, encore esblouïr les yeux de la mere & du frere de celle qu'il tient pour maistresse, & qu'il espereroit pour Amancebade, si ces deux Dragons ne veilloient point si attentiuement sur cette pomme d'or.

Las ! que n'esperent point les furieux
 Amans,
Pour arriuer au but de leurs contente-
 ments.

Il ne pense qu'aux moyens de retenir cette aimable malade en sa maison, & à cela il fait battre tous les ressorts de son inuention, & sans doute sa subtilité luy en fera treuuer l'industrie. Alors il s'attend de conduire son affaire à chef sourdement & sans bruit; car il luy est besoin de fausser bien des gardes. D'autre-part que dira son frere Siridon quand il sçaura qu'il luy a volé sa Palombe ? pour petit que soit vn ennemy, il ne le faut iamais mespriser, vne vipere qui est si petite peut tuer vn Elephant qui est bien grand. Dauid qui estoit si hardy apres auoir trahy Vrie, tremble à l'ombre d'vn homme mort, & est contrainct de crier à Dieu qu'il le deliure de la voix du sang qui le trouble. Cain de mesme ayant traistreusement traitté Abel, fuit tremblottant par toute la terre, ayant frayeur de tout ce qu'il rencontroit. En fin rien n'est si redoutable que le desespoir, & ayant donné sujet à son frere de s'y plonger, que ne doit il craindre de sa fureur. Voila les angoisses qui le pressent de toutes parts. O que le Prophete Roy a bien dit, que le fleaux du pecheur sōt en grād nombre, mais que la misericorde celeste enuironnera celuy qui a toute son esperance en Dieu. Au milieu de toutes ses agonies, il ne laissa pas de rencontrer sa veine poetique, ou plustost sa verue frenetique pour descharger sa bile contre ce sacré lien, non pas ennemy de sa liberté, comme il estime, mais de son libertinage. Le lendemain tant attendu les Dames s'assemblerent comme des abeilles autour du rayon de miel, auprés de la chere malade, pour entendre le concert de nos Orphées & de nos nouueaux Amphions. Elles estoient vn bon nombre, car outre les suiuantes, qui sont pour l'ordinaire en

LIVRE TROISIESME. 265
plus grande abondance que les Maiſtreſ-
ſes, il y auoit de principales apres la
Comteſſe & Glaphire, Sedoſe tante
de Palombe, qui auoit eſté comme ſa tu-
trice par auctorité de la Iuſtice, & qui
luy tenant lieu de mere ne l'auoit point
encore laiſſée depuis ſon mariage ; elle
auoit vne fille couſine de la Comteſſe,
& qui en eſtoit fort cherie, que nous appellerons Ericlée, gentille Damoiſelle
& de bel eſprit ; de plus il y auoit la ſœur
de Fulgent nommée Dogne Cantidia-
ne iudicieuſe fille & de fort agreable
conuerſation, qui neantmoins n'auoit
pas tant de beauté ſur le front que de
vertu en l'ame : deuant que ſon frere
fuſt marié elle demeura chez vne Dame
de qualité, parente du Comte, auecque
cette ſœur que nous auons dit au commencement de cette Hiſtoire qui ſe fit
Religieuſe, & qui portoit le nom de la
mere de la treſſainćte Vierge. Auec cela
eſtoit Dionée mere de Glaphire & de
Cleobule, qui ne perdant point ſa fille
de veuë eſtoit bien aiſe en donnant ſes
yeux à l'vne qu'elle contemploit touſiours comme ſon Idole, de donner les
oreilles au chant de ſon fils, & ſes admirations à celuy du Comte, qui certes

auoit fort bonne grace en cét exercice. Quand nos Combattans furent entrez, aprés les reuerences & les compliments ordinaires entre des personnes si honnorables ; les Dames prindrent place sur des coyssins de velours, autour du lict de la belle malade, qui en sa palleur vn peu plus vermeille qu'à l'ordinaire faisoit paroistre sous vn Ciel d'Azur vne Lune claire & viue, au milieu des Estoilles : telle au moins parut-elle au Comte, qui la prit aussi pour vne Diane, quand lasse de la chasse elle se repose parmy des fleurs. Nos Contendans s'assirent en des chaires les guiterres à la main, leurs vers en l'esprit, ou plustost sur le bord de leurs langues, qui ne demandoient que le silence pour faire entendre par l'harmonie de leurs voix, leurs raisons & leurs rimes. Dionée qui se sentoit extremement redeuable à Fulgent du soin qu'il auoit, non seulement de la santé, mais de la recreation de sa fille, luy dit : Mamie regardez les obligations que vous auez à toute cette honnorable compagnie, & principalement au Seigneur Comte, qui nous traitte & vous & moy & vostre frere, comme si nous estions les maistres de sa maison, vrayment cette grace passe tout moyen de l'exprimer, Et mesme de la reconnoistre, reprit Glaphire, car tant de bons offices ne se peuuent payer que par le silence & l'admiration. Mais si le pouuoir nous manque, la volonté au moins nous demeurera, auec laquelle il est seulement permis de payer les choses inestimables. Fulgent qui en promptes repartis & en belles paroles ne cedoit à nul autre, dict Que les seruices qu'il leur'auoit rendus estoient peu de chose à proportion de ceux qui estoient deus à leur merite; & puis en continuant, Il me semble, dit-il, que vous me reprochez leur petitesse en me parlant de leur grandeur, & qu'en releuant trop haut des actions si peu dignes de consideration, vous me vouliez faire honte de les auoir produittes. Seigneur, repartit Cleobule, vos bien-faicts nous accablent, mais vos honnestetez nous tuent, car vous sçauez en faire de si grands en effect, & les rendre si petits en estime, que comme on ne peut se reuancher des vns, on ne peut repliquer aux autres; vous voulez tousiours estre victorieux, à quoy nous consentōs volontiers, parce que le profit en demeure aux vaincus, à ceux-cy l'vtile, à vous l'hônorable. Voyla, dit Sodofe, vn mauuais prefage pour voftre duel harmonieux, car vous vous rendez auant que combattre. Madame, repliqua Cleobule, mon bon droict difputera pour moy, & la caufe que ie defends vaincra d'elle-mefme, car ie fuis le champiõ du mariage. Braue champion, dit Dionée, qui ne fuftes iamais inftruit en fon Academie: vous en parlerez comme vn Clerc des armes, & comme vn Moine de la Court. Au moins, reprit il, i'en parleray en Cheualier Chreftien, & felon que la foy m'enfeigne qu'il faut traitter d'vn fujet fi fainct & fi venerable: ie fçay qu'on ne le peut attaquer qu'auec des armes payennes, armes qui font de cire deuant le feu de la pieté, armes de nuée deuant le Soleil de la verité:

Il eft hors du pouuoir des armes de la terre
 De furmonter les Cieux,
Mais il eft bien aifé de furmonter en
 guerre
Par les armes du Ciel les plus audacieux.

Voyez comme il rime defia, dit le Comte, & comme fa Mufe nous braue: mais neantmoins comme vn champion de la liberté,

liberté, i'espere faire changer de ton au
defenseur de l'esclauage.
Ce bois de ces cordes monté,
  Soustenu d'vn vers bien chanté,
  Ne treuuera rien qui l'égale,
  Pincé d'vne puissante main.
  Qui tousiours à vaincre fatale
  Ne touche point d'accord en vain.
Quel orgueil donc ne mettra pas
  L'effort de ces armes à bas,
  Si d'vn bois inutile en guerre,
  Brauant la fortune & les Cieux,
  Maintenant ie porte par terre
  Le front des plus audacieux?
A ce que ie voy, dict Sedofe, la meslee
fera rude, puisqu'en ces preludes, si l'vn
assault biē, l'autre se defend mieux. Mais
tout ce que ie treuue d'estrange, c'est ce
changement de party, & ce qui me faict
estimer les armes inegales, car la defence du Mariage ne viendroit-elle pas
mieux au Seigneur Comte, qui est maintenant dans les plus grandes douceurs
de cette saincte association, & celle du
libertinage à ce ieune Galant,
  Qui cherche vn bel escueil pour y faire
    naufrage?
Vrayement, dict Fulgent, ie suis bien
aise d'auoir de mon costé la Tante de

T

la Dogne Palombe, veu qu'elle appelle naufrage ce lien cōtre quoy ie vay chanter. Si tout le monde faifoit vn pareil desbris que vous, repartit la Dogne Sodofe, chacun fe feroit marchand fur cette mer, & les tempeftes y feroient plus defirables que la bonace. Mais tandis que nous nous amufons à ces deuis, qui principalement entre des femmes n'ont iamais de fin, nous ne penfons pas que nous priuons cette vertueufe troupe des delices qu'elle attend de voftre melodie: ô fi le mal de la belle Glaphire eftoit de ceux qu'on dict fe guarir par la Mufique, que nous aurions grand fujet de croire que la fin de voftre chant feroit le commencement de fa fanté. Ie ne doute point, dict Palombe, que cela n'y ferue, car quand l'efprit eft recreé, le corps en reffent du foulagement. Madame, dit Cleobule, fi tout l'vniuers confifte en harmonie, & n'eft autre chofe qu'vn inftrument mufical, le mefme fe doit dire de nous qui fommes des petits mondes, & comme la maladie eft vn defaccord des humeurs, la fanté n'eft autre chofe qu'vn concert bien ordonné des elemens qui nous compofent, ou la mefme eft en la temperature.

Mes Dames, dict le Comte, si vous laissez parler ce Philosophe & Theologien, il vous rendra toutes sçauantes, & toutes des Sainctes, & ie m'asseure qu'il nous va donner des vers Chrestiens, bons à chanter à l'Eglise; mais ie suis resolu, puisque cette assemblee est pour la recreation de vous dire des choses fort eslognées de mon sentiment pour le suiet dont ie parleray, mais qui seruiront comme les nottes noires ou les faux tons en la Musique, & comme ces mousches artificielles que vous mettez sur vos visages pour en releuer la blancheur de vostre teint. Nous auons expressément changé d'armes le Seigneur Cleobule & moy, non tant pour galanterie, que par ce qu'il semble aussi peu seant à vn marié de loüer le mariage, que de priser sa femme : & il a meilleure grace à le mespriser, comme d'ordinaire nous nous mesprisons nous mesmes, & les choses que nous possedons, ce qui faict que plus par affetterie que par verité, nous disons que nous auons vne meschante maison, pour belle qu'elle soit, vn meschant habit, vn meschant cheual, pour bon qu'il puisse estre, & en

T ij

vn besoin diroit-on que l'on a vne meschante femme, encore que l'on sçache bien le contraire, & qu'on ne voudroit pas que cela fust, car il n'y a marié, pour peu charitable qu'il soit, qui n'ait plus de soin de la conscience de sa bonne femme, que de la sienne propre. Voyez, mes Dames, dict Cleobule, comme le Côte donne desia le gantelet, declarant qu'il va chanter contre sa conscience, & que ce qu'il aura sur la langue sera fort esloigné de son cœur, si bien que sa voix ne doit à ce conte toucher que vos oreilles, non vostre creance. Ce que ie vous prie de remarquer soigneusement, de peur que son chant ne vous enchante, en sorte que vous vous laissiez surprendre & persuader à des raisons dont il n'est pas persuadé luy mesme. Mais nous perdons le temps en des contestations inutiles; il est temps de venir à l'essay, & de voir quel sera le billō, & le vray or, & que l'eau de depart, le feu, & la coupelle facent connoistre de quel costé est l'aduantage de la Raison, sans se laisser endormir à la rime, à la voix, ou au pouce. Comme ils estoient bien deliberez, ils ne firent point de ces vaines excuses qui rendent les Musiciens fascheux en compagnie, car plus on les prie, moins ils chantent, & ils ne cessent iamais de chanter, quand on ne les presse point. Ils eurent diuers agreables pourparlers durant leur Eglogue, dont ie pourrois enrichir ces pages: mais i'ay mieux aymé la representer toute d'vne haleine, que de la couper par tant d'entretiens gratieux, dont les digressions me pourroient tirer hors de mon sujet principal: ie ne me suis point voulu amuser à traduire les vers Espagnols, car outre qu'en cette nation ils sont aussi mauuais Poëtes que longs Orateurs, ie suis pour le moins aussi mauuais Poëte qu'eux, mais i'ay choisi sur ce sujet les Antitheses de nos Muses Françoises, dont l'vne certes n'a pas esté si fameuse que l'autre, qui a acquis vn grand nom dans la France, mesme par sa docte version des Pseaumes; mais cette inégalité viendra bien à propos pour faire voir la iustice de l'Arrest qui fut rendu par cette troupe d'Astrees. Voicy les Stances entre-meslees contre & pour le Mariage, & correspondantes les vnes aux autres auec tant d'art, & tant de grace, que le Lecteur en sera recreé.

PALOMBE.
FVLGENT.
De tous les déplaisirs dont nous sommes pressez,
De tout ce que les cieux ardemment cour-
roucez
Peuuent darder sur nous de tonnerre &
d'orage,
D'angoisseuses langueurs, de dure infirmité,
De soucis, de trauaux, de faim, de pauureté,
Rien n'approche en rigueur la loy de Mariage.

CLEOBVLE.
De tous les dons du Ciel qui sur nous sont
versez,
De tout ce que nos yeux doucement car-
ressez
Peuuent considerer de grace & d'a-
uantage,
De saintes voluptez, de riche vtilité,
De ioye, de plaisir, & de felicité,
Rien n'approche en douceur la Loy de ma-
riage.

FVLG.
Dure & sauuage loy, nos plaisirs bannissant,
Qui fertile a produict vn Hydre renais-
sant

De mespris, de chagrin, de rancune & d'enuie,
Du repos des humains l'inhumaine poison,
Des corps & des esprits la cruelle prison,
La source des ennuis, le fiel de nostre vie.

CLEOB.
Douce & benigne loy, nos plaisirs nourris-
sant,
Qui produit en honneur l'homme qui va
naissant,
De vertu, de valeur, & de Gloire sui-
uie.
Du repos des humains l'agreable maison,
De deux en vne chair la saincte liaison,
La source du bon-heur, le miel de nostre
vie.

FVLG.
Le fascheux Mariage à son commencement
Promettant de seruir tend au comman-
dement,
La liberté le fuit comme son aduersaire,
Plaisant à l'aborder, à l'œil doux & riant:
Mais qui sous beau semblant, cruel nous va
liant.
D'vn mot que seulement il nous conuient
de dire.

CLEOB.
Le mariage au ciel a son commencement,
Principe du bon-heur de nostre auāce ment,

T iiij

PALOMBE.

Abondant en tous biens, où l'homme se
    peut plaire,
D'vn beau nœud Gordien deux cœurs en-
    tre-liant,
Que la cruelle mort seule va desliant,
Et nul autre ne peut aucunement deffaire.

FVLG.

Il tient dessous ses pieds le repos abbatu,
    De cordage & de fers son corps est reuestu,
    Le Soin est à costé, le Trauail le re-
        garde,
    La Peur, la Ialousie, & cette opinion
    Qui faict que d'Acteon l'on craint la fi-
        xion,
    Puis vient le repentir, chef de l'arriere-
        garde.

CLEOB.

Il tient sous son pouuoir l'Honneur & la
    Vertu,
D'vn eternel soulas son corps est reuestu.
La Paix est à costé, & l'Amour le regarde,
Le Nectar & le Miel sont sa refection,
Et ne doit auoir peur du mal d'opinion,
Car la femme d'honneur l'en preserue &
    l'en garde.

FVLG.

Le Dueil & le courroux apres le vont sui-
    uant,
Amour le va fuyant, leger comme le vent,

Bien que le nom d'Amour masque sa tyrannie,
Car ce puissant vainqueur des Princes &
 des Roys,
(Magistrat souuerain) n'est point sujet
 aux loix,
Et de toute sa Cour la contrainte est bannie.

CLEOB.
Le dueil & le courroux ne le vont point sui-
 uant,
Le plus loyal Amour va son bien poursui-
 uant,
Ce sont deux corps en vn, vne double
 ame vnie,
Que l'ouurier Tout-puissant a beny de
 sa voix,
Et nos predecesseurs ont plié sous ses loix,
D'autant que de sa Cour la discorde est
 bannie.

FVLG.
Ie t'ay tant de regrets, de soucis, & d'ennuis,
Tant de iours déplaisans, tant de fascheu-
 ses nuicts,
Tant de rapports semez, tant de plaintes
 ameres,
Qui les pense nombrer aura plustost
 conté

PALOMBE.

Les fleurettes de May, les moissons de l'Esté,
Et des plaines du Ciel les flambeaux ordinaires.

CLEOB.

Ie t'ay tant de faueurs qui chassent nos ennuis,
Tant de iours gracieux, tant de ioyeuses nuicts,
Tant d'ébats, tant de ris, tans de ieux ordinaires,
Que les penser conter auroit plustost ietté
Le sablon que la Mer à ses bords a porté,
Ou les éclats dardez par les rayons solaires.

FVLG.

He! donc parmy ces maux que n'auons nous des yeux
Pour connoistre en autruy la vengeance des Cieux,
Euitant sagement nostre perte asseurée,
Mais au fort du peril nous nous allons ruer,
Nous forgeons mal-heureux le fer pour nous tuer,
Et beuuons la poison par nos mains preparée.

CLEOB.

He ! donc parmy cét heur, quoy ? perdons
nous les yeux,
Pour reconnoistre au vray l'influence des
Cieux,
Faut-il que sa douceur ne soit point
sauourée,
Faut-il sans la gouster soy-mesme se ruer.
Sans iouyr de son bien, & sans s'esuer-
tuer,
Couler ainsi nos iours de si peu de durée.

FVLG.

Celuy n'auoit iamais les nopces esprouué
Qui dict qu'aucun secours contre Amour
n'est trouué,
Depuis qu'en nos esprits il a fait sa ra-
cine,
Car quand quelque sujet vient nos cœurs
embraser,
Le voulons nous hayr, il le faut épouser,
Qui veut guarir d'Amour, s'en est la
medecine.

CLEOB.

Celuy qui n'a iamais les Nopces esprouué,
Ne peut sçauoir quel heur y peut estre
trouué,
Ignorant les effects d'vne cause si belle;
Ny ne sçauroit iuger des douceurs du
brandon

Du celeste Anteros, au prix de Cupidon,
Qui trauaille les cœurs d'vne flamme
cruelle.

FVLG.

Mille fois Iuppiter d'Amour tout égaré
Pour la grande Iunon a plaint & sou-
spiré,
Puis il l'eut en horreur dés qu'il l'eut es-
pousée,
Luy déplaisant si fort, que pour s'en estran-
ger;
En beste & en oyseau ne feint de se chäger,
Ne treuuant rien fascheux pour la rendre
abusée.

CLEOB.

Mille fois Iuppiter en l'Amour a erré,
C'est vn Dieu à plaisir des Payens figuré,
On ne doit des faux Dieux ensuiure la
brisée,
A la loy des Gentils il ne faut se ranger,
Vn homme bien prouueu ne voudroit pas
changer
Aux plus riches tresors sa ioye plus prisée.

FVLG.

C'est vn estrange cas que le Palais des
Dieux
Ne s'est peu garantir des debats furieux,
Naissans du mariage autheur de toutes
plaintes,

Et que ce Iuppiter que tout l'Vniuers craint,
Aguetté de Iunon cent fois s'est veu contrainct
De couurir sa grandeur sous mille estranges feintes.

CLEOB.

C'est vn cas asseuré qu'il n'est rien sous les Cieux
Qui puisse estre plus beau, plus doux, plus gracieux,
Ny qui soit plus prisé parmy les choses sainctes,
Car le grand Dieu viuant, dont le iour n'est esteint,
De sa diuine voix donna le nom de Saint
Au sacré Mariage, où deux Ames sont iointes.

FVLG.

La nopce est vn fardeau si fascheux à porter,
Qu'elle fait à vn Dieu son Empire quitter,
Elle luy rend le Ciel vn lieu plein de tristesse,
Et treuue en ses liens tant d'infelicité,
Qu'il aime mieux seruir en terre vne beauté,
Que iouyr dans les Cieux d'vne espouse Deesse.

CLEOB.

La Nopce a ce bon-heur qu'elle peut appor-
ter
Tout ce que l'homme peut faintement fou-
haitter,
Luy rendant fa maifon Paradis de lieffe,
Et treuue en fes liens tant de benignité,
Que ie ne puis penfer qu'autre felicité
Puiffe tenir fon cœur en plus grande alle-
greffe.

FVLG.

L'exemple de Iuppin qui peut eftre fuiuy,
Monftre à celuy qui eft en ces lacqs af-
ferui,
Par mille inuentions d'alleger fon mar-
tyre,
Par diuers paffe-temps de foulager fon
cœur,
Et chaffer loin de foy toute ialoufe peur,
Quand vn homme eft ialoux fa femme
en deuient pire.

CLEOB.

A l'exemple de Dieu qui doit eftre fuiuy,
Reueré, honnoré, adoré, & feruy,
A telle fainteté il faut que l'homme af-
pire,
Aux nopces de Cana il voulut faire hon-
neur,

Et de vin en lieu d'eau y fut large don-
neur.
Voire le nom d'Espoux il se voulut es-
lire.

FVLG.

O supplice cruel en la terre transmis,
Pour gesner les humains, gesne mes en-
nemis,
Qu'ils soient chargez de fers, de tour-
ments & de flame,
Pourquoy es-tu venu t'auoisiner de moy ?
Celuy qui connoistroit ta rigoureuse loy
Espouseroit plustost vn tombeau qu'vne
femme.

CLEOB.

O celeste bon-heur en la terre transmis,
O sainct contract d'Eden, oblige mes
amis,
Dessous ce sceau d'honneur pudique est
toute flame,
Mon sang, ma chair, mes os, mon desir,
mon esmoy,
Ma vie, mon appuy, fay ton approche à
moy,
Le Paradis du monde est vne honneste
femme.

Vrayemét cette conclusió de Cleobule fut bien autrement accueillie des Dames que cette barbare & farouche, dont le Comte auoit terminé son chant. Si bien que toutes d'vne commune voix & à leur mode toutes ensemble estans faittes iuges en leur propre faict, donnerent leurs suffrages au defenseur du sainct Mariage. Cleobule chargé de Lauriers (car cette plante consacrée à Appollon à cause de Daphné, est commune aux Capitaines victorieux & aux Poëtes triomphans) & paré de couronnes par de si belles mains, & couuert de loüanges par de si dignes bouches, se treuua si confus, que les changemens de son visage tesmoignerent bien qu'vne secrette gloire meslée auecque sa joye animoit son courage, & qu'il auoit de la peine à contenir l'excés du contentement qu'il ressentoit. Ce ne furent que les premiers presages de la felicité que cette honnorable action luy acquit: car comme deuant les grands desastres il arriue ordinairement des signes qui en donnent des aduertissemens; le mesme en est-il des prosperitez futures. En la mer du monde comme en celle de l'Occean, il y a des pronostiques de tempeste & aussi de calme qui remplissent diuersement, tantost de crainte, tantost d'esperance les cœurs des Nautonniers.

tonniers. Voila comme Dieu ne laisse aucun bien, pour petit qu'il soit, non pas le don d'vn verre d'eau froide, sans recompense: Comme aussi aucun mal pour petit qu'il soit (si vne offense commise contre vne si haute Majesté peut estre appellee petite) sans chastiment: vne parole oisiue, vn terme de despit, le moindre égarement de son deuoir, sont punis par ce iuste Iuge. Ce qui arriua au Comte, qui eut beau plastrer de belles excuses la temerité & l'extrauagance de ses rimes, si laissa-t'il tousiours quelque scandale dans ces foibles esprits, mais principalement il blessa, que dis-je, mais il outra le cœur de la sage Comtesse, qui commença lors à soupçonner quelque dégoust de Fulgent enuers elle, & à former des presages, (helas! qui ne furent que trop certains) des maux qui luy suruindrent. Les yeux & la bouche sont les fenestres du cœur à ceux qui ont les yeux penetrans,

Et à qui la Prudence a dextrement appris
A lire les secrets qui sont dans les esprits.

Car si la bouche parle de l'abondance du cœur, ce mesme cœur agit plus puis-

V

samment sur nostre veuë, & comme il la faict volontiers arrester sur ce qu'il aime, il la destourne aussi de ce qu'elle n'aime pas, si bien que l'œil ne s'y peut attacher qu'auec impatience. Ainsi Iacob reconnut aux regards de Laban, que ses affections ne buttoient plus de son costé. Iusques là, que regarder de bon œil est passé en prouerbe, pour dire aymer. L'Amour a des yeux qui percent son bandeau, & la ialousie en a de plus aigus que le Linx, puis que ceux là penetrent seulement les obstacles pour voir ce qui est, mais ceux-cy trauersent les murailles & la poitrine pour apperceuoir souuent ce qui n'est point, prenant des fantosmes pour des corps solides, & des songes pour des veritez. Ces deux passions en s'emparât du cœur de Palombe, r'affinerent la simplesse de son esprit, & luy firent prendre garde, non seulement aux paroles & aux regards, mais iusques aux moindres actions, contenances, changemens de visage, & deportements de Fulgent, où elle nota beaucoup de choses qu'vne seule humeur ialouse peut remarquer, car à toute autre veuë elles estoient indifferentes. Mais elle auisa principalement aux regards, qui messagers des affections s'eslançoient tousiours auec vne attention extreme vers Glaphire, & ne faisoient que passer legerement sur son visage, où autrefois ils s'arrestoient si fixement durant que son Amour luy donnoit des transports en suitte de ses admirations. Cela estoit bien suffisant de donner du marteau dans la teste d'vne femme, & d'vne femme Amante. Adioustez que son inuectiue auoit esté sanglante contre le Mariage, & faicte, & prononcée auec vn accent qui descouuroit trop à clair le ressentiment de son interieur ; & ses excuses & complimens auoient esté si pleins de froideur, qu'il estoit aisé à coniecturer de quelle part son cœur panchoit, & que si c'estoit à refaire, il n'engageroit pas sa liberté à si bon conte. Il estoit facile à iuger qu'il parloit de la liberté à regret, comme Israel qui souspiroit apres l'Ægypte en la quittant : & qu'il s'estimeroit heureux s'il auoit le priuilege qui n'est pas donné à toute nation, de se pouuoir retracter de sa parole.

Que de confusions en sa pensee, que de pensees s'esleuerent en son courage, & en mesme temps que de couleurs monterent à son visage, quand elle ouyt la conclusion furieuse de ces Stances, qui preferoit à vne femme le tombeau. Et puis r'appellant sa memoire, & iugeant de la difference qu'elle auoit remarquee entre Fulgent Amoureux, & Fulgent Marié; elle ne pouuoit comprendre l'extremité de cette metamorphose, car si celuy là estoit tout de feu, cettuy-cy estoit tout de glace. Changement extrême, & arriué tout à coup. Elle auoit bié quelque sujet de croire que c'estoit vn effect ordinaire de la iouyssance, qui a de coustume de faire dédaigner ce qu'auparauant on estimoit par dessus tout ce qui se peut priser au monde: mais maintenãt elle est en de plus forts termes, car elle croit que c'est quelque autre plus puissant object que le sien qui le rauit & l'emporte, elle n'en ayant que le corps & l'escorce, & vne autre le cœur & le desir, & en cela (quoy qu'à trauers beaucoup de tenebres) elle ne laisse d'atteindre au but. Peut estre que c'est quelque ressouuenir qui le tourmente, & que les Sirenes de Madrit qui l'ont autrefois enchanté, r'appellent sa memoire aux plaisirs passez, & luy leuent le goust de ses liesses presentes : car d'asseoir aucune creance bien asseuree sur Glaphire, outre que l'honnesteté de cette fille & de sa mere ferme la porte à tous soupçons de leur costé, si est-ce qu'elle n'a point encore si peu de connoissance de sa propre beauté par le rapport fidele de son miroir, qu'elle ne pense auoir plus de graces, saine, gaillarde, & en bon point, que Glaphire siévreuse & malade. Aussi n'a-t'elle plus ces yeux de Colombe lauee de laict, & bagnee dans l'innocence: mais les siens luy font apperceuoir qu'és regards du Comte vers cette fille couchee il y a plus de passion, que de compassion, & que ses deuoirs si empressez prouiennent d'vn autre motif, que de celuy de la Charité, qui nous oblige d'auoir soin des inferieurs : & elle n'auoit point encore remarqué tant de deuotion en Fulgent, qu'il reglast ses actions par ces maximes pieuses. Tout luy fait ombre, car la ialousie est vn mal qui se nourrit & s'augmente de tout, & ne se guerit de rien. Elle n'est point si aueuglee de l'Amour de soy-mesme qu'elle ne voye bien que sa Riuale (si

V iij

elle l'est) estant remise en sa vigueur n'ait quelques auantages sur elle, & qu'elle ne porte en son front de quoy donner des allarmes aux plus resolus courages, & aux ames les plus fortes & continentes : c'est ce qui l'afflige & qui pour dire le vray estoit bien capable de mettre en peine vne habile femme. Que s'il nous est loisible de mesler nos pensees aux siennes, il n'est que trop euident, que tout ainsi que plusieurs choses empeschent l'attraction du fer par l'aiman, comme la presence du diamant le fer frotté d'ail & de graisse la trop grande distance, ou vn autre aiman de pareille grosseur : Aussi le cœur de Fulgent ne pouuoit plus estre emporté auec tant de vehemence vers son ancien aiman, d'autant que Glaphire, comme vn beau diamant, dont il ne ressent encore que l'esclat, mais dont il espreuuera l'inflexible dureté, le retient; d'autant que l'ail puant d'vne affection adultere, aidee des aiguillons que la chair & le sang meslent dans la graisse de sa prosperité trop abondante ; d'autant en fin que son cœur estant esloigné de son vray & legitime aiman pour s'approcher d'vn autre puiſſant en eſprits attractifs ſuſpendent en luy cét eſcoulement de ſon ame vers ſon object honnorable, en quoy conſiſte l'eſſence de la vraye Amour. Mais tandis que nous nous amuſons à crocheter le ſens des cœurs, & à ſonder les penſees, tant de Fulgent, que de Palombe, nous ne ſongeons pas à la naiſſance d'autres pures & honneſtes affections que ce chant de Cleobule engendre en vn ieune cœur qui n'a point aſſez de deux yeux pour le regarder, de deux oreilles pour l'ouyr, ny d'vne langue pour eſleuer ſes loüanges iuſques au Ciel. Les Poëtes agreables & ſerieux en leurs fictions, ont faict Adon, qui veut dire le chant, le mignon de la Deeſſe de Cithere, parce qu'il n'y a rien qui excite tant cette paſſion auant qu'elle ſoit née, ny qui la témoigne ſi euidemment quand elle eſt formee, comme faict le chant ; & d'effect c'eſt ce qui preſſe les oyſeaux à dégoiſer, c'eſt ce qui tire diuerſes voix des animaux terreſtres : que ſi l'Amour a deux aiſles, ie croy que ce ſont la Muſique, & la Poëſie qui les compoſent,

& que les vers & les airs en font les plumes. Tant que Cleobule chanta Cantidiane eut toufiours les yeux arreſtez ſur luy, & outre qu'il touchoit fort bien ſa guitterre (inſtrument dont ſe ſeruent volontiers les Eſpagnols)&auoit la voix aſſez bonne pour vne voix maſle, il l'y accordoit auecque tant d'art & de conduitte, que cela en releuoit extrémement la douceur, douceur qui faiſoit donner cette ieune ame iuſques dans le rauiſſement. Ce qui bailloit vn grand deſauantage au Comte, qui ſans doute y eſtoit plus expert que luy, c'eſtoient ſes raiſons, qui faiſoient naiſtre vn murmure parmy les langues de ces Dames, murmure qui r'abbattoit beaucoup de la grace de ſon harmonie : mais quand Cleobule qui plaidoit pour l'honneur chantoit à ſon tour, alors il ſe faiſoit vn tel ſilence, que le ramage de ces oyſeaux ſe changeoit en la taciturnité des poiſſons, & il ſembloit à les voir immobiles, que ce fuſſent des ſtatuës, pluſtoſt que des perſonnes animées. Cleobule eſtoit le beau-frere d'vne belle ſœur, ſi bien que les yeux des ſpectatrices n'eſtoient pas moins occupez autour des traicts de ſon viſage qu'il

LIVRE TROISIESME. 293

ne deffiguroit point en chantant (ce que font beaucoup de Muficiens) que leurs oreilles pendües à la fuauité de fa voix, & leurs ames fufpendües à la force de fes raifons. On fe reffouuenoit en mefme temps des ciuilitez, & des honneftetez qui luy eftoient fi ordinaires en fa conuerfation parmy fes amis, & de ce grand courage qui l'auoit tiré fi fouuent d'entre les mains de fes ennemis à leur confufion & à fa gloire, & cela en fa premiere ieuneffe. Toutes l'ayant pour fpectacle auoient bien vn mefme obiect, mais combien diuerfement le regardoient elles. La mere le voyoit auec des yeux, & l'oyoit auec des oreilles de mere, c'eft à dire auec des tendreffes inexprimables ; fa fœur d'vne veuë d'amitié fortifiée par vne eftroitte alliance ; Palombe d'vn œil indifferent, Sedofe d'vn œil fimple : mais Cantidiane d'vn œil humãt cette fecrette poifon auffi defirée que dangereufe, & auffi aifée à aualer que difficile à vomir. Elle eftoit mediocrement prouueuë de beauté, mais en vn aage floriffant qui fuppléoit en quelque façon à ce manquement : car il n'eft point de fleur que la fraifcheur & la nouueauté ne rende agreable, la ieuneffe, printemps de la vie, est d'elle mesme si pleine de graces, qu'elle rend toutes sortes de visages sinon aimables, au moins non des-agreables: mais si la nature luy auoit au corps esté moins liberale de ses faueurs, le Ciel qui luy auoit donné l'ame l'auoit recompensée d'vn esprit transcendant qui la rendoit d'vne conuersation pleine de charmes & de gentillesse: joint qu'estant parée à l'auantage comme requeroit son rang & sa qualité, cela augmentoit sa bône façon, d'autant qu'il n'y a si grande beauté que les ornemens ne rehaussent encore, ny deformité qui n'en reçoiue de la diminution és sujets mediocres ; ils ostent ce semble toute la laideur & font arriuer à vn entregent passable. Cantidiane s'attachoit donc auec vn long art les ajencemens dont elle sçauoit dextrement parer ses defauts & enrichir ses graces, car bien qu'elle ne fist au commencement aucun dessein sur la personne de Cleobule, neantmoins le desir si naturel aux filles de paroistre belles ou braues en compagnie pour y captiuer quelque courage, & mettre quelques mousches dans leurs filets, luy auoit fait desirer de se monstrer iolie en cette

LIVRE TROISIESME. 295
assemblée. Mais il arriue assez ordinairement que les personnes qui vont à cette chasse pour prendre se treuuent prises, & reçoiuent la passion qu'elles desirent donner, ny plus ny moins que ces ingenieurs qui perissent sous leurs machines. Elle se trouua doncques emportée de cét object, qu'elle eust parauanture aussi puissamment rauy, si l'extreme discretion de Cleobule ne luy eust interdit toute presomption, ne s'estimant pas digne de hausser les yeux vers vne personne de si haut lignage, & sçachant que les meilleurs mariages se font entre pareils. Il ne laissa pas pourtant d'imprimer en ce ieune esprit, comme sur vne carte blanche & neuue les caracteres de son Amour, bien qu'il fust ignorant de cét effect dont il estoit la cause. Il y auoit vne autre ieune Damoiselle en la troupe nommée Ericlée, fille de Sedofe, & cousine tres-chere de la Comtesse, qui surmontoit autant en beauté la Dogne Cantidiane, comme elle en estoit surpassée par la naissance & les moyens : & en faict de mariage la gloire d'vne illustre alliance & la commodité des richesses sont de grands attraicts & qui suppléent

abondamment aux defauts des beaux traicts d'vn visage, pourueu que le corps d'ailleurs n'ait point de deformité qui face horreur. Celle-cy auoit desia plusieurs fois consideré Cleobule comme vn obiect qui faisoit naistre en elle beaucoup de desirs, mais dont l'attrempance ou pluſtoſt la froideur faisoit mourir toutes ses esperances. Elle luy auoit assez souuent parlé auecque les yeux; mais ses regards estoient reciproques, ou ne luy tesmoignoient pas d'entendre ce langage si vulgaire en Espagne, & si commun par tout où se trouuent des gens qui aiment : que s'il voyoit & entendoit ces signes, c'estoit vne marque euidente qu'il estoit des pires aueugles & des pires sourds, qui sont ceux qui ne veulent ny voir ny entendre. Voyez vn peu comme les cartes sont brouillées en cette conuersation. Le Comte aime illicitement & n'ose se declarer, Glaphire est aimée & n'aime pas, ne pensant ny à l'vn ny à l'autre : Cleobule ignore les bōnes volontez que ces deux creatures ont pour luy, qui toutes deux ne sçauent rien de leurs communes affections. Palombe comme estourdie du coup commence à ressentir les premieres pointes de la ialoufie, & en deuient toute refueufe. Les meres Dionée & Sedofe ne fçauent pas les pensées de leurs enfans, moins le Comte celles de fa fœur, affez occupé des fiennes. Certes voicy vne fusée qui nous donnera de la peine à démefler, & ie ne fçay pas bonnement quel filé nous tirera de ce labyrinthe: car fi vne feule paffion trouble tellement vn efprit qu'il a de la peine de fe retreuuer en fe cherchant en foy-mefme, combien fera-t'il plus difficile de nous defembarraffer d'vn fi grand nombre? Car qui ne void que i'ay ouuert vn theatre où les defefpoirs, les ialoufies, les defirs licites & illicites, les affections conftantes & les volages, les tromperies & les trahifons, les perfidies & les loyautez, l'honneur & l'infamie, en vn mot le Vice & la Vertu, doiuent donner d'eftranges combats & iouer de merueilleux perfonnages : & qui pourroit augurer d'autres euenemens que tragicques de tous ces principes ; & neantmoins celuy qui ne dort point en gardât Ifraël, & qui a les yeux toufiours veillans fur les Iuftes, qui font fes fauoris, fera triompher fa Mifericorde de fa Iuftice, efleuant felon fa couftume celle-là fur celle-cy, & faisant surabonder la grace où le delict se treuue abondant. Car celuy qui promit à Abraham pour dix iustes de sauuer vne ville execrable pour ne confondre les bons parmy les meschans, n'est pas moins bon qu'il estoit lors, sa pitié s'estendant sur ceux qui le craignent & le reuerent de generation en generation. Il y a en cette occurrence que ie descris tant de bonnes & iustes affections, qui contrepesent la passion illegitime de Fulgent, qu'il est à croire que Dieu touché de misericorde, dont il est riche sur ceux qui l'inuocquent, l'a pris en fin à mercy en consideration des vertus de Palombe, selon qu'il est escrit, que la femme fidele sanctifie l'espoux infidele. Ainsi Dieu eut pitié de Salomon en faueur de Dauid, & Dauid mesme reuocqua la sentence de mort qu'il auoit prononcée contre l'ingrat Nabal, en consideration de la sage Abigail. Si bien que pour ne troubler le Lecteur auant terme, il doit esperer que la bonté de Dieu surmontant la malice de l'homme, tirera du bien de tout ce mal, comme les roses du milieu des espines, & la lumiere du creux des tenebres, & attendre vne ioyeuse yssuë de tant de tragicques menasses. Estant vn euenement assez ordinaire,

De recueillir en ris ce que l'on seme en pleurs,
Dautāt que les plaisirs succedēt aux douleurs.

Mais tout ainsi que pour deffiler la bobine ou le pelotō du ver à soye on treuue quelquefois le bout où l'on pense le moins, il sera bon, laissant les affaires ainsi confuses & les desseins si embrouïllez à Tarragone, que nous allions à Madrit voir comme s'y comporte Siridon, & reconnoistre ce qu'il auance aux negociations qui luy ont esté commises. Il est si neuf & à la Court, & au maniement des affaires, qu'il semble cōme l'on dict estre tombé des nuës, pareil à ceux qui sortent des tenebres à la lumiere, & qui sōt quelque tēps à r'auoir l'vsage de leurs yeux. Sās Hesique il eust hesité à chaque pas & fust demeuré court en toutes ces entreprises ; mais ce fin Cōducteur, qui sçauoit à quel dessein ce ieune homme auoit esté par sō maistre enuoyé à Castille, n'esparge aucune soupplesse pour luy faire, ou par le benefice du temps, ou par le malefice de tāt de Circez, dōt cette Court est fertile, oublier Palōbe: A ce dessein la dépence n'est point espargnée, comme vn moyen tendant à cette fin là. Si bien qu'ayant à combattre Sathan, le Monde, la Chair, & cét ennemy d'autant plus dangereux qu'il estoit domestique, il luy estoit non difficile seulement, mais comme impossible d'euiter tant de pieges. Sur quoy nous remarquerons quel doit estre le soin des parens, qui enuoyent la ieune Noblesse pour voyager en diuerses regions, & y apprendre la Sagesse dans le liure du monde, de donner à ces Pelerins de bons Gouuerneurs, car ils reuiennent ordinairement à la maison Vicieux ou Vertueux, selon le ply que leurs laissent prendre leurs Conducteurs par leur industrie, ou seuerité, ou par leur conniuence ou stupidité. Parce qu'en cét âge glissant si l'on n'est esclairé de prés il est mal-aisé (tant la pente du mal est precipitée) de ne tomber dans cét abysme où se perdent tant de gens: Mais combien est ineuitable la perte, si le Pilote faict expressément bailler le vaisseau à trauers des bancs, s'il le tourne vers les escueils, s'il le conduit vers les gouffres? Au commencement du seiour de Siridon à Madrit, tandis que les especes de la beauté de Palombe estoiët encore

encore viuement & fraischement imprimees en sa fantaisie, son ame se treuua si remplie des perfections de cette idee, qu'il n'y auoit point de place vuide pour y loger aucune autre bien-veillance ; il demeura assez long temps morne, pensif, & taciturne comme vn homme desorienté, non seulement par le changement de lieu, de vie, & de contree, mais comme celuy qui chemine à tastons, apres auoir perdu la desirable lumiere. Il estoit present de corps à la Court, mais il en estoit absent de cœur, & par vn effect ordinaire à l'Amour qui diuise l'esprit de l'ame, cette-cy estoit au lieu qu'elle animoit, mais celuy-là où il aimoit. Sa vie se fondoit en pleurs, ce n'estoient que regrets, que soufpirs, que tristesse; sans cesse cette belle image de Palombe se presentoit à sa pensee, & luy liuroit mille assauts & mille allarmes. Ouy, car comme si les esprits auant-courriers de son desastre luy en eussent porté les presages, il passoit les iours en inquietude, & les nuicts en continuelles apprehensions, à tout propos il luy sembloit, ou qu'on luy arrachoit le cœur, ou qu'on luy desroboit celle qui le luy auoit volé.

X

Tantost ce cher object des desirs de son ame
Luy paroist au milieu d'vne effroyable flame
Qui l'alloit embrasant.
Tantost il la voyoit d'vn Pirate rauie,
Et tantost la fortune abandonnoit sa vie
A quelqu'autre danger qui l'alloit menassant.
En ces extremitez il croit qu'elle s'escrie,
Siridon, Siridon oste-moy ie te prie
Du malheur où ie suis.
La fureur le saisit, il met la main aux armes,
Mais son destin l'arreste, & luy donne des larmes,
C'est tout ce qu'il pouuoit enuironné d'ennuis.
Tantost toute sa peur est qu'vne longue absence
Ne luy face tourner, d'vne iuste licence,
Autre part ses appas.
Et qu'estant, comme elle est d'vn sexe variable,
Sa foy, qu'en le voyant elle auoit agreable,
Ne luy soit contëptible en ne la voyant pas.

Peut estre, disoit-il, que mesmes à cette
heure
Que ie languis icy, ie souspire, & ie
pleure,
D'ennuy me consumant,
Elle qui n'a soucy de moy, ny de mes lar-
mes,
Estale ses beautez, faict monstre de ses
charmes,
Et met en ses filets quelque nouuel
Amant.
Puis tançant ces pensers comme melanco-
liques,
Tout beau, leur disoit-il, Augures trop
iniques,
Qu'osez-vous discourir,
Impudens boutefeux de noise & de que-
relle,
Ne sçauez vous pas bien que ie n'aime rien
qu'elle,
Et que me la blasmer, c'est me faire mou-
rir.
Dittes plustost qu'elle est fidele & sans re-
proche,
Et que sa fermeté est vne viue ro-
che
De constance & de foy:
Preschez-moy ses vertus, dittes-m'en
des nouuelles,

C'est le seul entretien qui plaist à mes oreilles,

Mais pour en dire mal n'approchez point de moy.

Il auoit beau s'escrimer ainsi contre ses propres pensees, c'estoit se debatre contre le vent, le vray moyen de les enraciner d'auantage, est de faire auec elles à coups de poing, parce qu'il n'y a rien qui s'enfonce d'auantage en la souuenance que ce qu'on veut plonger dans l'oubly. L'esprit veut estre flatté, & doucement diuerty, autrement il se cabre, & ne faict rien moins que ce qu'on luy veut faire faire par force. Les pensees ressemblent aux mouches, qui reuiennent auec d'autant plus d'importunité, qu'on les chasse auec aspreté. Le cauteleux Hesique qui sçauoit son mal, taschoit de le diuertir le mieux qu'il pouuoit, le reprenant de cette extréme tristesse, à laquelle il s'abandonnoit:

Mais tout ce qui la blasme offense son oreille,
Si bien qu'il l'irritoit, l'en pensant soulager.
Et qui veut l'affliger, il faut qu'il luy conseille

De ne point s'affliger.

L'impuissance de faire des vers qui peussent charmer son chagrin ly faisoit auoir recours à ces flatteurs des passions humaines, que l'on appelle Poetes, & que l'on peut appeller nourriciers de ces tourmens interieurs, plustost que medecins de ces playes de l'ame, gens que pour ce sujet le Philosophe Platon bannissoit de sa Republique, comme déprauateurs des esprits & corrupteurs de la ieunesse. Voyez où ce paure Gentil-homme alloit au conseil en sa manie, & si ce n'estoit pas courir à l'huille pour nourrir son feu, plustost qu'à l'eau pour l'esteindre. Or à Madrit il y a force de ces Poëtastres, qui mercenaires, mettent, s'il faut ainsi dire, les Muses à l'incant, quelquefois ils rencontrent assez heureusement, comme ces faiseurs d'anagrammes qui treuuent ordinairement ce qu'ils ne cherchent pas, & cherchent ce qu'ils ne treuuent point, plus redeuables à la fortune qu'à leur esprit. Aussi tost qu'il auoit treuué quelque piece à son gré il l'enuoyoit à son frere, qui d'vn costé n'estoit pas trop aise de le voir continuer en sa passion, de l'autre se rioit de sa folie. Il escriuit vn iour à Hesique, que si Siridon despensoit autant en soye qu'en vers, il feroit en fin vn grand trafic de vers à soye. Mais le mal estoit, que ces faiseurs de vers qui n'estoient pas de soye, rongeoient autre chose auprés de Siridon que des fueilles de meurier, si nous ne voulons dire, qu'encore ils en viuoient, si nous prenons le mot de meurier selon le Grec, qui veut dire folie. Ces rimeurs sçauoient bien tirer, ou si vous le voulez ainsi faire filer l'or & l'argent de la bourse de ce Cheualier, & plumer mignardement ce pigeon tandis que l'eau estoit boüillante. Il s'en faut beaucoup que les Espagnols n'approchent en cét art tant vanté & tant chanté, de la pureté de l'air François, soit pour la douceur de la diction, soit pour la grace des pensees. Car hors des mots enflez, des frazes empoulées, des metaphores bizarres, & des éleuations forcees, les Castillans n'ont rien en leur Poësie, qui monstre vne agreable imagination, vne pointe delicate, vne inuention subtile, ny vne diction aisee. C'est pourquoy laissant là ces tristes Romances, i'ay creu que ie deuois mettre en leur place des pieces Françoises, qui exprimeront bien plus naïuement les sentimens de Siridon, & au parangon desquelles toute la Poësie Castillane n'arriuera iamais. Voicy la premiere,

  Quel Astre malheureux ma fortune a bastie!
  A quelles dures loix m'a le Ciel attaché,
  Que l'extréme regret ne m'ait point empesché
  De me laisser resoudre à cette departie.
  Quelle sorte d'ennuis fut iamais ressentie,
  Egale au desplaisir dont i'ay l'esprit touché,
  Qui iamais vit coupable expier son peché
  D'vne douleur si forte, & si peu diuertie.
  On doute en quelle part est le funeste lieu
  Que reserue aux perdus la iustice de Dieu,
  Et de beaucoup d'auis, la dispute en est pleine.
  Mais sur ce beau sujet pour bien philosopher,

*Ainsi que les Démons par tout portent
  leur peine,
Où Palombe n'est pas ie pense estre en
  enfer.*

Vne fois pour le diuertir de cette profonde solitude, où sa melancolie le reduisoit, Hesique le fit promener par les maisons Royales qui sont autour de Madrit, comme à la Cassine du Champ sur le riuage du Mancenarés, au Prado, aux admirables allees, verdures & iardinages d'Aranchois, & au prodigieux Monastere de l'Escurial, dont la fabrique surpasse l'imagination humaine: mais tout cela luy seruoit aussi peu que les lambris dorez, & les licts de brocat & de soye à vn siévreux: vous eussiez dict qu'en voyant ce Sainct Laurens le Real, sous qui baisse la teste l'orgueil des pyramides d'Ægypte, il ne voyoit rien, tant il estoit occupé

*De ses inquietes pensees,
  Qui ne pouuoient estre lassees
  De troubler sa Paix sans raison,
  En faisant reuolter son ame,
  Non sans le rendre plein de blasme
  Contre sa propre guerison.*

Certes il faut auoüer que la veuë des

plus rares beautez de l'art ou de la nature en l'absence de ce qu'on aime, non seulement ne touche point, mais augmente le déplaisir de cette priuation, tout de mesme que la Musique si allegre aux ioyeux, redouble la tristesse des melancoliques. Mais voyons vn peu ce sentiment bien & naïuement representé par vne de nos plus terses & nettes Muses.

Beaux & grands bastimens d'eternelle Structure,
 Superbes de matiere & d'ouurages diuers,
 Où l'vn des plus grands Roys qui soit en l'vniuers,
 Aux miracles de l'art fait ceder la nature.
Beaux Parcs & beaux iardins qui dans vostre closture,
 Auez toufiours des fleurs & des ombrages verds,
 Non sans quelque Demon qui defend aux hyuers,
 D'en effacer iamais l'agreable peinture.
Lieux qui donnez aux cœurs tant d'aimables desirs,
 Bois, Fontaines, Canaux, si parmy vos plaisirs,
 Chagrine est mon humeur, mon visage se plombe.

Ce n'est pas qu'en effect vo° n'ayez des appas,
Mais quoy que vous ayez, vous n'auez
point Palombe,
Et moy ie ne voy rien quand ie ne la voy
pas.

En fin comme il n'est point d'animal si sauuage, ny de naturel si farouche qui ne s'appriuoise auecque le temps, ny de douleur si vehemente à qui la suitte de plusieurs iours n'apporte quelque liniment; peu à peu Siridon commença à respirer. Et comme les compagnons d'Vlisses craignans de perdre la memoire de leur patrie ne vouloient point aborder la terre des Lothophages, mais ils ne la peurent quitter quand ils l'eurent vne fois touchée & gousté de ce fruict de Lothe, qui fit en eux le mesme effect que l'eau de Lethé chez les Poëtes: de mesme nostre Cheualier qui auoit tant de peine à laisser son Ithaque pour sauourer les delices de la Court, delices qui charment tant de gens, s'y attacha d'autant plus fort, quand par l'industrie de Hesique il les eut goustées. Pareil à ces enfans qu'on ne peut remettre au laict quand ils sont sevrez, & duquel ils sont si friands auant qu'ils soient accoustumez à la varieté des autres viandes. Son Conducteur sous couleur de luy faire folliciter les affaires qui l'auoiét mené en Court, luy en fit voir les pompes & les magnificences, l'introduifit fous le credit & l'aueu de fon frere qui auoit laiffé vn grand nom, & acquis beaucoup de connoiffance à Madrit, parmy les compagnies ; l'habille fomptueufement, afin qu'il y paroiffe conformément à fa qualité, fonce à la defpence autant qu'il veut, amorce qui n'eft pas petite à la ieuneffe. La Nature qui fe cherche toufiours luy perfuade auffitoft qu'il eft impoffible de viure longtemps fans prendre quelque foulagement & confolation, il ne croit point que cela foit contraire à fon principal deffein, que l'ennuy eft l'ennemy de la vie & vne lime fourde qui nous mine infenfiblement, que parmy les conuerfations il fe polira & façonnera, fe dreffera, & ainfi fe rendra plus mettable dans le monde, & plus agreable à celle de qui l'affection eft le but de fa fortune. Auec le bifcuit de ces perfuafions, & fous la clarté de ce flambeau attifé par Hefique, il s'embarque fur la mer & dans les obfcuritez du fiecle, il n'eft plus de fefte qu'il ne s'en face, bien monté & bien equippé, il fe faict voir par les ruës, il frequente les Academies, va aux spectacles publics, se treuue auec les ioueurs, où il apprend à ses despens diuerses sortes de ieux, va quelquefois au Palais, faict sa Court chez les Grands, il courtise ceux de qui il espere de l'apuy pour faire reüssir ses pretensions; en fin les affaires le font auant qu'il les puisse faire, repeu de belles esperances, il mort à la pomme d'Atalante & s'y amuse en sa course, son courage s'enfle, la Vanité, le desir de la grandeur entre en son ame par la veuë de tant de ceremonies où les grands tiennent vn si notable rang, que les autres ne semblent y seruir que de nombre; la conuoitise des richesses prend possession de son cœur, voyant qu'elles sont les nerfs de la vie, & le soustien de toute la grandeur mondaine: Mais sur tout Hesique le pousse en la conuersation des Dames sous pretexte d'y apprendre à bien discourir, car outre que le sexe est de nature babillard, à Madrit principalement, il semble que les Dames facent profession & tiennent escole de parlerie. Ce fut là où nostre Galan treuua du goust, ce goust luy donna de la complaisance, la complaisance le porte à la bien-veillāce, & la bien-veillance à l'Amour. Il ne s'addon-

na au commencement à cette sorte de
faineante occupation que pour se diuertir du chagrim qui l'assassinoit, mais
en fin ce qu'il auoit pris pour antidote se
fit vn venim pour son ame, beaucoup
pire que sa premiere prison, si i'ose appeller ainsi vne affection legitime, mais
affligeante.

Ainsi voulant du joug se décharger,
Souuët vn peuple arme vn Prince estrãger
Contre celuy sous qui Dieu l'a faict naistre;
Mais rendu serf du pouuoir emprunté,
En fin il voit que pour la liberté
Il n'a que l'heur d'auoir chãgé de maistre.

Les ieunes cœurs ont quelque ressem-
blance auecque les tablettes, où la premiere escriture s'efface aisément pour
faire place à la seconde, & auecque les
sauuageons, qui entez d'vn greffe quittent leur premier naturel, pour porter
des fruicts selon la branche qui leur a
esté inserée. Vne bonne femme condui-
sant son mary au tombeau se voulut enterrer toute viue dans le mesme sepulchre où l'on mettoit le corps de son
espoux decedé, mais empeschée par ses
parens, & retenuë par vn meilleur conseil, elle se retira en criant & en se de-
battant horriblement, estant encore au-

près de la fosse, mais à mesure qu'elle s'en esloignoit, on remarqua que sa voix, côme celle des Ecos se perdoit en l'air & diminuoit peu à peu, si biē qu'arriuant chez elle on la vit toute accoisée & d'vn esprit assez tranquille pour entēdre les amiables propositiōs d'vn nouueau mary. Le tēps auec vne esponge insensible efface les peintures les mieux huillées, & oste des ames les idées les mieux grauées. Siridon sent allentir son feu pour Palōbe à mesure qu'il s'amine pour des obiects plus pressans, comme plus presens. Et tout ainsi que du débris du Colloffe de Rhodes, les anciens sculpteurs firent plusieurs autres statuës, de mesme de l'assoupissemēt de cette belle, pure & vnique flamme que Siridō auoit si long temps nourrie pour Palōbe, sortirēt mille estincelles, & des bluettes de feux volages qui le faisoient brussleter pour diuers sujets. Et comme les flammes moins legitimes sont volontiers plus aiguës & cuisantes que celles qui sont fondées sur la moderation & l'honneur, aussi se laissa-t'il aller bien plus rapidement à ces mauuaises inclinations, que l'on ne sçauroit croire. Hesique qui de temps en temps donnoit auis au

Comte côme se passoient ses affaires, ne manqua pas de l'auertir promptement de cette diuersiō de Siridō, qui s'égage tous les iours en diuers lieux, c'est à dire que se desgageant de Palombe, il ne s'attachoit fermement en aucun lieu. Et c'est ce que Fulgent demandoit. Sur ces entrefaittes fut obtenuë la lettre du Roy, tant desirée pour le mariage de Fulgēt & de Palōbe, si bien que Siridon se tenant cōme asseuré de la posseder s'addonna à la desbauche auparauāt que se retirer, ny plus ny moins que ces dissolus qui se desbordent au Carneual, sous couleur que le Caresme est bien long, & qu'ils y auront tout loisir de faire Penitence. Mais comme Dieu a puny Fulgent de sa trōperie, ne luy permettant pas de iouïr à sō aise des felicitez de son mariage, aussi chastiera-t'il Siridon de ses dissolutiōs & de son intention sinistre, qui se seruoit de la connoissance de la bonté de Dieu pour l'offencer auec plus de liberté, ou plustost auec plus d'effronterie, anticipant le bien par le mal. A la verité il faut auouer que chacun est architecte de sa fortune, & la bastit bonne ou mauuaise, selon qu'il se comporte. Fulgent receut la lettre du Roy estant desia marié, & (merueille de la Prouidence) elle renuoyoit à la Iustice des lieux que sa Majesté rēdoit, curatrice de la pupille pour ce regard, a decesion de cette affaire, au contentement du Comte qu'elle recommandoit, & à l'auantage de la Damoiselle, à quoy elle vouloit que l'on eust grand esgard. Cette lettre confirma ce qui auoit esté faict à la honte & au creue-cœur d'Eriberte, qui grondoit sans cesse & menaçoit de se plaindre au Roy de la vilenie qui luy auoit esté faicte en luy ostant sa fille. Ce qu'elle peut faire quand cette lettre luy fut signifiée, ce fut de renouueller ses maledictions & murmurer contre l'authorité Royale, sur quoy silence luy fut imposé promptement, si elle ne vouloit experimenter que le nom des Roys en la terre ne se blaspheme pas si impunément que celuy de Dieu. Si ce rescript fust arriué deuant le mariage, lors que le vin de l'Amour du Comte estoit encore en sa ferueur, il l'eust tenu pour vn oracle du Ciel, & pour vne grande recompense: mais arriuant depuis lors qu'il auoit l'esprit embarrassé d'autres affections, il fut accueilly auec ingratitude:

les

les biens-faicts comme les fleurs & les fruicts doiuent venir à bonne heure pour estre agreables, les tardifs & hors de saison perdent vne grande partie de leur grace par leur retardement.

Fin du troisiesme Liure.

PALOMBE.
LIVRE QVATRIESME.

LORS que Hesique sentit Siridon engagé si auant en d'autres passiōs, que la nouuelle du mariage de Fulgēt, dont il n'auoit point encore esté auerty, ne luy pouuoit apporter aucun trouble; il prit si bien son temps qu'il creua cette apostenre sans qu'il y pensast, & sans luy faire ny apprehensiō, ny douleur: il luy represēta les regrets, (helas qui n'estoient que trop veritables) du Comte se voyant contrainct par les parens de Palombe de l'espouser, à quoy il se treuua engagé de sa parole, que tout homme d'honneur doit auoir aussi chere que sa vie; luy faict entendre que iamais Palombe n'auoit eu d'inclination pour luy, ce qui estoit vray, & que sur la proposition que Fulgent auoit faicte de luy donner vne terre de sa maison & vne charge pour tēter si l'on voudroit entendre à luy bailler cette fille, il auoit esté rudement esconduit, si bien que par raisō d'Estat, & pour la conseruatiō de sa maison, de son honneur & de sa parole, il s'estoit sans Amour engagé à ces nopces là qui luy estoiēt fort onereuses & desagreables, & que pour essayer de le seruir, il s'estoit rēdu miserable; qu'il l'auoit engagé, & puis l'auoit laissé dans le peril de cette recherche où il voyoit sa fortune eschoüée, & le vray naufrage de son cōtentement : mais que pourtant il n'en estoit pas irrité contre luy, sçachant qu'il ne l'auoit pas embarqué à dessein de le voir perir, au contraire qu'il s'estoit par son propre conseil mis les fers aux pieds, & preparé le calice d'amertume qu'il aualoit ; qu'il n'en desiroit pas moins son auancement & son bien, & qu'il luy tesmoigneroit qu'il estoit son frere par la bonne part qu'il luy vouloit faire de son bien ; que si sur ce grand theatre des merueilles de Madrit, il rencontroit quelque sujet digne de captiuer son courage, il s'asseurast les mesmes auantages qui luy auoient esté promis pour le regard de Palombe, voire de plus grands, Fulgent luy souhaittant autant de contentement qu'il luy auoit causé de déplaisir. Il luy bailla des lettres du Comte, qui tenoient le mesme langage, & tracées d'vne main qui mõstroit assez vn cœur saisi de vrais regrets, & qui eust desiré racheter sa liberté pour tous les biens qu'il possedoit en Tarragone. La Verité est si forte d'elle-mesme, que sans art, & plus encore sans fard, elle se persuade toute seule : Et celle-cy treuua Siridon si à propos, & en vne disposition si desirable, que ce qui luy eust esté vn desespoir en vn autre temps, luy fut vne consolation en cettuy-cy : aussi peu iudicieux que le chien de la fable, qui quitta le corps pour l'image qu'il en voyoit dedans l'eau. Car tout ainsi qu'en vn banquet les derniers morceaux chassent le goust des premiers, & semblent tousiours plus delicats que ceux qui sont aualez; de mesme les affections posterieures effacent en l'ame le sentiment des precedentes; & comme elles sont plus viues, elles sont aussi plus proches du cœur. Ioinct que les Dames esleuées dans les mignardises & delicatesses de la Court ont des affetteries & des artifices qui charment bien plus puissamment que n'ont pas celles qui esleuees à la simplicité és lieux esloignez de ce genre de vie ne lancent pas de si dangereux attraicts: Ainsi le miel d'Heraclée qui est venimeux, paroist plus doux que celuy d'Hiblée qui est salutaire, parce que l'vn est cueilly sur l'aconit qui luy donne vn surcroist de douceur, & l'autre sur le thim, herbe amere, qui luy laisse tousiours quelque pointe de rudesse: mais l'vsage en est bien different, car celuy-là donne la mort, & cettuy-cy apporte la santé. Les levres de la femme affettee & trompeuse, dit le Sage, ressemblent au rayon de miel distillant, mais la fin en est amere comme l'absinthe. Siridon charmé & côme assoupy par les attraicts de ces subtiles Torpilles, qui sont les Courtisannes, menoit vne vie dissolue parmy ces perdues, qui estoit en quelque façon semblable à celle du prodigue de l'Euangile, & il est croyable que s'il eust eu en sa disposition la part de l'heritage qui luy devoit arriuer, il eust esté bien tost mis à blanc, & s'en fust retourné aussi drilleux & deschiré que l'autre. Mais Hesique n'ayant charge que de laisser mordre ce poisson à l'appas, sans luy donner loisir de rompre la ligne, bailloit auis de tout au Côte, & entre les autres, combien paisiblemēt, ou plustost ioyeussement il auoit receu la nouuelle de son mariage auec Palombe, estant imprimé de beaucoup d'autres ieunes fantaisies qui luy faisoient treuuer cette perte pour luy, non seulement sans dommage, mais auantageuse, tellement que le battu fut condamné à l'amende : Fulgent prenant occasion de là de luy escrire, cóme courroucé contre luy, qu'il auoit bien peu de ressentiment de la misere où il l'auoit plongé en l'embarquant à ce mariage, duquel il ne pouuoit attendre que deschet en sa fortune & mescontentement en sa personne ; & puis faisant le censeur de ses desbauches pour le retirer de cette infame pratique des Courtisannes, il luy cóseilloit de ietter les yeux sur quelque object legitime duquel il peust en vn sainct Mariage auecque plus d'honneur esperer plus de felicité qu'il n'en auoit du sien, d'autant que s'il continuoit en ces desbauches si peu honorables, il n'estoit pas resolu de supporter d'auantage cette despése qui n'auoit ny fonds ny riue, ces Harpies estás de ces sang-suës qui crient tousiours, Apporte apporte, & dont la faim canine n'est iamais rassasiee. Cela estonna vn peu nostre ieune Courtisan, & cette peur luy redonnant vne partie de l'entendemét qu'il auoit presque tout perdu, s'estant rendu semblable à ces animaux qui n'ont point d'intelligence par ses desirs effrenez, il iugea bien que s'il continuoit cette vie dissolue, outre qu'elle ne seroit pas de duree, elle luy feroit encore perdre les bonnes graces de celuy de qui dependoit toute sa fortune: de maniere que songeant à l'auenir, il jetta les yeux sur celles dont il pouuoit esperer vne dotte raisonnable pour passer à son aise le reste de ses iours : mais côme il n'y a point de marché plus sainct en la societé des hommes que celuy du mariage, vous diriez que l'homme ennemy qui ne demande qu'à rendre profanes les choses les plus sacrees, prenne plaisir à sursemer l'yuraye en ce champ là, & à y dresser des pieges de tromperies, qui font que plusieurs font naufrage de leurs fortunes, où ils pensent y rencontrer le port. Et quelques precautions qu'apportẽt les plus habiles és contracts qui se dressent pour la fermeté de ces alliances, si est-ce que la fraude y maintient tousiours son droict. Il n'est rien de si specieux que le front d'vne recherche, ce n'est qu'or, qne grandeur, que plaisir; rien de si triste que l'issue, & cependant vn sage a dict,

C'est de la fin & de l'euenement
Qu'il faut iuger, non du commencement.

Entre plusieurs sujets honnorables qui partagerent aussi long temps l'esprit incertain de Siridon, côme c'est l'ordinaire de la ieunesse peu iudicieuse, il arresta ses yeux, non sur le meilleur, mais sur celuy qui auoit en apparence plus de lustre, en effect moins de cômoditez, & peut estre moins d'honneur. C'estoit la fille d'vn Cheualier Croizé de Calatraña, qui sous le nom specieux d'Academie receuoit les joueurs dans sa maison, où sa fille que nous appellerons Callitrope (parce que beaucoup d'yeux estoiët retournez vers sa beauté) estoit indistinctement cajollee & muguettee par ceux qui mettent tous les iours leurs facultez au hazard, ne possédans rien que sous le sort malheureux des dez ou des cartes : plusieurs la vouloient bien pour maistresse, & faisoient gloire de se dire ses seruiteurs, mais peu la desiroient pour espouse, parce que les facultez de son pere ne répondoient pas à la monstre qu'il en faisoit: celle cy dôna dâs les yeux de Siridon, qui n'estant pas, côme vous auez peu remarquer par la suitte de cette Histoire, des plus ruzez, se laissa aisément engager en ses caresses, & persuader qu'outre les délices que son imagination luy promettoit auec cette plus curieuse que naturelle beauté, il tireroit encore beaucoup de moyens de cette maison, où tout reluisoit d'apparat, & ne monstroit que magnificence. Tandis que cette mousche se prend & s'embarrasse dans ces filets, estalant de son costé la grandeur de sa race, & les biens que sous les promesses de son aisné, il esperoit de sa maison, le pere & la fille conspirerent de s'acquerir l'vn pour gendre, l'autre pour Espoux, ce bon Catalan qui n'estoit pas encore trop leurré au style de la Court. Retournons à Tarragonne pour voir quelles autres toiles d'araignée file Fulgent pour prendre cette mousche tant desirée, mais qui par vn effort genereux & digne d'vne fille de bien, rompra tous ses tissus assez deliez pour tromper la veuë, mais non assez forts pour la retenir. Desia la santé de Glaphire estoit toute asseurée, & non seulement la fievre l'auoit quittée, mais la conualescence redonnoit peu à peu l'embon-point à ses ioües : que si toute pasmée & sanglante, si toute enfoncée dans la douleur & dans les portes de la mort, elle auoit paru si belle aux yeux du Comte, de quels efforts deuoit elle assaillir son cœur ayant repris cette specieuse forme qui la rendoit aussi belle fille que Palombe estoit belle femme? Desja Dionée & Cleobule parloient de la remener en la maison paternelle, ce qui estoit vne mortelle nouuelle pour Fulgent. Et comme ils luy disoient que demeurer dauantage en son Palais apres la necessité passée, ce seroit en mesnageant mal ses faueurs s'en rendre indignes, & passer du besoin dans l'importunité. Tant s'en falloit, leur disoit-il, que cela fust, qu'au contraire le bien de leur cõpagnie luy estoit si cher, que sans preiudice de la vie de Glaphire, il eust souhaitté ses playes & son mal incurables pour n'en estre iamais priué. Que iusqu'alors ce qu'il auoit fait ne deuoit point auoir le nom de charité ny de courtoisie, mais de Iustice & de deuoir, veu qu'ayant esté en quelque façon la cause du mal, il estoit bien raisonnable qu'il y apportast le remede : mais que s'il leur plaisoit quitter cette petite ville d'où ils estoient habitans pour choisir leur demeure en Tarragone & dedans sa maison, non seulement ils se deliureroient des importunitez, des menaces & des defefpoirs de Sindulphe, qui comme furieux eſtoit touſiours à redouter, mais ils rencontreroient beaucoup de meilleures compagnies & ſeroient en vn Palais où rien ne leur manqueroit. Mais ces propoſitions leur ſemblerent ſi exceſſiuement fauorables, qu'elles en furent d'autant moins receuës, ſi bien que le Comte fut contrainct de recourir aux ſtratagemes & de feindre des beſoins pour les obliger à cette demeure, qui n'importoit pas moins à ſon repos qu'à ſa vie. Vn iour ayant tiré Cleobule à part, Vous voyez, luy dit il, qu'il n'y a rien de ſi ieune, ny de moins experimenté non ſeulement au meſnage, mais en la conduitte du mõde que ma femme : de ſorte que pour ſa perſonne, elle a autant beſoin de gouuernante que iamais, & moy pour ma maiſon d'vne perſonne qui la regiſſe, j'ay ietté les yeux ſur voſtre mere pour ce regard; & parce que ie ſçay que vous auez honneſtement dequoy viure chez vous ſans vous engager chez autruy, auſſi ne prendray je pas cette faueur, s'il luy plaiſt de prendre cette charge que ie luy offre par vous en tiltre de feruitude, mais bien cõme vn ſecours en ma neceſſité, dont ie luy ſeray redeuable toute ma vie, elle aura les clefs & la superintendance de tout ce que ie possede, ie la tiendray pour ma mere, & nous viurons ma femme, ma sœur & moy en ce respect enuers elle, & auec vous & vostre frere fraternellement. Cette proposition si plausible, & qui comme la fueille d'Asphalte cachoit vn serpent sous de belles couleurs, fut accueillie de Cleobule, selon le son de la lettre, (le sens en estant reserué à l'intelligence de l'Autheur) à cœur & à bras ouuerts, car desia s'estoit-il bien apperceu de l'affection que Cantidiane auoit pour luy: de sorte qu'il estima que par ce seruice il se frayeroit le chemin à cette autant vtile qu'illustre alliance. Car le Prouerbe est tres-vray qui dict, que les fideles & signalez seruices font le chemin à la maistrise. Ericlée d'autre-part qui s'estoit hazardée iusques là de luy descouurir sa passion, luy auoit jetté dans l'esprit, outre les attraicts de sa grace, ce charme sans enchantement, mais ineuitable: Aime qui voudra estre aimé. Ce qui luy faisoit desirer le sejour de Tarragone, celuy de ses foyers paternels par vn trop long vsage luy estant deuenu moins sauoureux. Il est bien vray que de ces deux aimans Cantidiane estoit le plus fort, d'autant que son genereux courage regardoit plustost à l'honneur d'vne belle & riche alliance, & aux vertus qui paroissoient plus grandes en Cantidiane, qu'à la beauté, qui estoit moindre en elle qu'en Ericlée ; au fort ayant ces deux cordes en son arc, & les aimant quoy que differemment des autres, indifferemment entre elles, il s'imaginoit que s'il descheoit de ses vœux vers Cantidiane il treuueroit assez de faueur vers le Comte pour acquerir Ericlée, qui estoit la cousine & la fauorite de Palombe. Voila comme l'Amour qui oste les yeux aux autres en donne à cettuy cy pour se conduire dextrement entre ces deux escueils, sans faire naufrage de sa raison, ny en l'vn ny en l'autre. Certes il falloit qu'il fust excellent & expert Pilote, cinglant si iustement entre cette Scylle & cette Caribde sans leur donner aucun sujet de se deffier de son amitié, & sans faire naistre aucune ialousie entre ces deux vertueuses Riuales. Mais tout ainsi qu'il est bien mal aisé de conduire si droittement vne barque sous l'arche d'vn Pont où l'eau coule auec vne extreme rapidité sans toucher à l'vne ou à l'autre des piles qui souftiennent l'arcade, aussi ne dis-ie pas que ces deux filles n'eussent assez d'esprit ny d'assez bons yeux pour recognoistre que Cleobule estoit leur commun tourment, mais leur ialousie n'estoit que legere, parce qu'il auoit vn tel soin de mesnager ses caresses & ses ciuilitez, principalement quand c'estoit en presence de l'vne & de l'autre, qu'il leur estoit mal-aisé de iuger en cette indifference, de quel costé panchoit plus son cœur; il se tenoit si petit, & se jettoit en de si humbles estimes de soy, que ne se tenant pas digne de les seruir en la qualité qu'elles desiroient, il les amusoit d'vn vain honneur qui occupoit leur imagination & la paissoit de fumée: ioint que chacune auoit si bonne opinion de soy, l'vne de sa Noblesse & de sa richesse, l'autre de sa beauté & de sa bonne grace, qu'elles ne croyoient pas que sa competitrice pûst entrer en parangon auec elle, ny luy disputer la preéminence au iugemēt de Cleobule, qui (tout ainsi que l'eau prend la forme du vase où elle est) sçauoit si bien entretenir l'vne & l'autre selon son humeur, qu'il n'y auoit celle qui ne pensast auoir seule ce que tou-

ces deux posſedoient (ſans le poſſeder)
par indiuis. Certes ce n'eſt qu'auec
quelque ſorte de confuſion que Cantidiane voit les auantages d'Ericlée, dont
la face ſurmontoit la ſienne ſans comparaiſon : & Ericlée faiſant quelquesfois
des conſultations auec ſon miroir reſ-
ſentoit vn ſecret orgueil de la victoire
qu'il luy donnoit ſur les defauts de
Cantidiane. Mais quand elle venoit
à regarder la poudre de ſes pieds, ſa
rouë ſe recueilloit d'autant plus qu'elle
n'eſtoit moins aſſortie du lignage & des
moyens qui eſleuoient l'autre au deſſus d'elle.

Autant qu'vn Pin baiſant la nuë
Surpaſſe l'herbette menuë.

D'autre-part elle eſtoit parente de la
Comteſſe, mais touſiours inegale en
rang à Cantidiane qui en eſtoit la belle
ſœur. Ainſi ſe balancent les choſes humaines par contre-poids, & qui abonde
en vne choſe manque en vne autre.

Onc ne furent en vn toutes graces don-
nées,
A chacun par meſure elles ſont ordonnées.

Le partage des biens veut que l'a-
uantage de l'vn ſoit le dommage de
l'autre, ſi les vns regorgent les autres
ſont accablez de diſette & de neceſſité.

Mais reuenans de ce destour en nostre voye, disons que Cleobule donna bien-tost les mains à Fulgent pour acquiescer à son desir, luy tesmoignant qu'il n'auoit point tant de Vanité que la qualité de seruiteur honnorable en sa maison ne luy apportast de la Gloire, & se faisant fort de persuader à sa mere d'accepter ce party. Neantmoins il eut vn peu de peine à l'y faire resoudre, car soit que son Genie luy presageast vn succés sinistre de cét engagement, soit que prudemment elle aimast mieux vne libre mediocrité qu'vne seruitude opulente, sçachant bien le vieil Prouerbe,

Qui en maison d'autruy entre, deuient Serf, quoy qu'il soit libre quand il y vient.

Et cét autre precepte venu à nous, tant par l'enseignement des Sages, que de l'experience.

Ne soit point à autruy qui peut estre à soy-mesme.

Soit que plus desireuse du repos que du soucy elle se voulust descharger sur son fils du maniement de ses affaires domestiques, bié esloignée d'embrasser celles d'autruy, tãt y a que ce ne fut point sans de grands combats qu'elle condescendit par les prieres & les coniurations de son fils,

fils au desir que le Comte auoit de la retenir pour Gouuernante de sa femme, & pour surintendante de sa maison. Quant à Cleobule il fut receu pour Escuyer, & pour conducteur de la Comtesse, & Glaphire pour estre auprés d'elle en qualité de suiuante, plus pour l'ornement & pour estre compagne de Cantidiane, que pour rendre aucun autre deuoir. Cecy ne fut point sans quelque petit murmure de Sedose, qui bien qu'elle n'eust eu aucune pretension à semblable charge, neantmoins creut auoir esté postposee à Dionee qu'elle tenoit pour estrangere. Car il y a de certaines choses que nous mespriserions, si l'enuie ne nous aiguisoit le desir de les posseder, non tât pour nostre auantage, que pour empescher le bien de ceux dont nous regardôs la prosperité de trauers. Peuteste aussi que cette enuie de la mere prouenoit de la suggestion de la fille qui eust bien desiré demeurer auprés de la Comtesse, de qui, & comme parente, & par inclination particuliere, elle estoit aymée: folle qu'elle estoit, qui ne consideroit pas que sa demeure en la maison de Fulgent estoit l'exil de Cleobule de la ville de Tarragone, priuation qu'elle n'eust peu souffrir qu'a-

Z

uec vn desplaisir qui ne se peut experimer. Quel fut le sentiment de Palombe, il est mal-aisé de le dire, car bien que les pointes de la ialousie commençassent à la chatoüiller puissamment, si est ce que sa bonté naturelle, sa douce humeur, & la crainte de desplaire au Comte, qui luy auoit desia faict sentir en termes assez clairs qu'il ne vouloit pas estre contredit, mais estre le maistre absolu en sa maison, estoufferét en sa bouche toute plainte, faisant semblant de permettre & mesme de vouloir, & d'estre bien-aise de ce qu'elle ne pouuoit empescher. Mais il seroit impossible de raconter quelle fut la ioye de Cantidiane, quãd elle sceut la demeure de Cleobule, nõ seulemẽt à Tarragone, mais au Palais de son frere; car quel auãtage ne se deuoit elle promettre sur Ericlée qui en sortoit, & qui ne deuoit plus voir Cleobule, ny en estre veuë que raremẽt, veu mesme que Sedose, qui depuis la nopce n'auoit point quitté la Cõtesse, se retiroit d'auprés d'elle auec quelque sorte de mescontentement? Ce que Fulgent recõnoissant, il dict à Palõbe, qu'il ne croyoit pas que sa tante eust voulu entendre à l'intendance de sa maison, comme estant vne fonction moins conuenable à celle qui par cette alliance estoit entrée en son parentage, & que s'il en eust esté auerty, il l'eust sans doute preferée à toute autre, bien que le besoin qu'il auoit d'vne personne comme Cleobule (voyez comme il sçait dextrement desguiser son dessein) l'eust fait resoudre à la donner à Dionee. Les choses sont donc reglées de la sorte, & Palombe vraye Colombe sans fiel, beut ce calice sans contredire, se vit priuee de sa fauorite sans murmurer, receut vne Gouuernante, elle qui deuoit gouuerner, & sous le nom d'vne suiuante, vne creature qui la precedoit en l'affection de son mary, vne compagne, ou plustost vne maistresse, si le prouerbe est vray, qui dict que celuy qui reçoit vn associé en la participation de sa puissance, se range auecque le temps sous la discipline d'vn Superieur. Il arriue souuent auprés des Grands que leurs fauorits ont plus de credit que leurs propres femmes, ny leurs meres, ny leurs parens plus proches, parce que l'Amour qui est vn lien propre, ne veut tenir par autre ligature que par la sienne propre, toute autre obligation luy estant sinon odieuse, au moins vn peu contraire à sa liberté;

Z ij

qui procede d'vne volonté franche & nullement necessitee, ce qui faict que l'Amour se fait si mal volontiers par deuoir, le commandement d'aimer en ostant quelquefois le vouloir à tel qui s'y fust porté, si on ne l'y eust point pressé ou poussé par côtrainte. De là vient que Palombe voyant les extrémes faueurs dont le Comte obligeoit tous les iours Cleobule pour arriuer par luy à elle, c'est à dire par le frere à la sœur, soit par prudence, soit parce que comme femme honnorable & eminente, elle ne vist que par les yeux de son Espoux, elle honnore de son costé ce qu'elle luy voit aymer, estant d'ailleurs seruie de ce Gentilhomme en qualité de Conducteur auec tant de respect & d'honnesteté, qu'il eust fallu renoncer à toute humanité pour n'en auoir du ressentiment. Que si le Comte par toutes sortes de bôs offices assiegeoit le cœur de cét homme, afin de ne l'auoir pour contraire à son dessein, & s'il faisoit pour dire ainsi, la Cour au frere pour joindre la sœur, Cleobule qui auoit la mesme visee, mais legitime, pour Cantidiane, ne se rendoit pas moins côplaisant & seruiable autour du Côte : voyez côbien l'interest remuë de ressorts, estāt le vray principe qui meut toute la machine du Siecle, & côme l'ame des actions des mondains. Palombe careſſe Cleobule, pour ſe maintenir par luy aux bonnes graces de ſon mary, qu'elle voyoit plus empreſſé de ce Gentil-homme que d'elle, & cette faueur extraordinaire eſleue les eſperances de Cantidiane qui s'imagine qu'elle ſera la recompenſe de cette amitié de ſon frere, & que par ce moyen faicte eſpouſe de Cleobule, elle ſera au but de ſes pretenſions. Ericlée ne paroiſſant plus que rarement, la proximité de cét ayman, & ſa conuerſation ordinaire (conuerſation element de la bien-veillance) toucha plus ſenſiblement le cœur de Cleobule, de maniere que Cantidiane eſtoit aimée de luy par vne Amour de preference, parce qu'encore qu'elle ne fuſt pas ſi belle, elle eſtoit neantmoins plus ſage, plus diſcrette, & en vn mot plus vertueuſe qu'Ericlee, qui ſe regardant vn peu trop, & faiſant l'agreable, auoit vne façon affectee, qui monſtroit vne vanité d'affettee, choſe déplaiſante aux perſonnes iudicieuſes. Deſia, mais auec beaucoup plus de pudeur & meſme de candeur, la ſage Cantidiane auoit declaré à Cleobule les inclinations qu'elle auoit pour luy, qui receuant cette grace comme les Medecins leur salaire en refusant, se disant trop honnoré qu'elle eust daigné abbaisser ses yeux sur vn pauure Gentil-homme, de qui la naissance n'auoit rien qui approchast de la gloire de son illustre sang, & qui s'estimoit trop heureux d'estre, & de se dire seruiteur de sa maison, qu'en cela il estoit redeuable à son bon naturel, & à sa bonne fortune, plus qu'à son merite, qui luy auoit faict treuuer grace, non seulement deuant la face du Comte son Seigneur, mais encore deuant la sienne, & que sa courtoisie preuenãt sa temerité luy donnoit le courage de se porter à des pensées trop hautes, si elles procedoient de luy seul, mais genereuses puis qu'elles ne faisoient que seconder la grace qu'elle luy faisoit, de laquelle il tascheroit de meriter de plus en plus par ses deuoirs & ses respects, ou l'augmentation, ou la continuation. L'affection non declaree s'appelle Bien-veillance simple, quãd elle est manifestee elle se nõme Amour, mais quaid cette Amour est honneste & reciproque, alors elle est vraye Amitié. Telle pouuons-nous appeller celle de ces deux Ames pleines d'vne mutuelle, honnorable, & saincte dilection, qui auoit pour but le sacré Mariage, & pour moyens d'y paruenir la volonté des Superieurs, vraye pierre de touche pour discerner le faux ou franc alloy des recherches. Toutes choses sembloient disposees selon le dessein du Comte, qui se treuuera neantmoins à la fin bien esloigné de son conte. Tout son soucy maintenant est de faire connoistre à Glaphire cette grande passion qu'il souffre pour elle, & au milieu de tant d'yeux la luy faire voir en sorte que ceux-cy soient esbloüis, & qu'elle mesme soit tellement deceuë & esbloüye qu'elle ne le puisse accuser. Ce destroit icy est si estroit, qu'il desespere de se pouuoir si iustement conduire qu'il ne dône dans les bancs & les Syrtes qui sont de part & d'autre à la ruine infaillible de toutes ses pretensions: en quoy son trauail estoit semblable à celuy des verriers, qui sont long temps à souffler & à cuire ce qu'il ne faut qu'vn momêt & vn debile effort pour briser & gaster. Il connoist Dionée si amoureuse de l'honneur, si ialouse de celuy de sa fille, & si seuere gardienne de ce tresor, que si elle s'apperçoit vne fois qu'il le regarde, ou le marchande, il n'y aura pas moyen de la retenir, ny d'empescher qu'elle ne se retire d'vn si funeste riuage; il sçait que Cleobule est de la mesme humeur, & que toutes les obligatiõs du monde ne seroient point capables de luy faire rabatre vn seul point de son honneur. Quant à Glaphite, c'est la mesme pureté, la mesme grauité; que si elle a des attraicts pour se faire aimer, elle n'a pas moins de seuerité pour se faire craindre: tous ces obstacles capables de decourager le plus opiniastre de la terre, mettent de l'huille au feu de ses desirs, qui comme la chaux s'embrasent de cette eau qui semble les deuoir esteindre. De quelque costé qu'il se tourne il ne voit que halliers: Ce qui me faict souuenir de ce que Dieu dict au pecheur, par la bouche d'vn Prophete, l'enuironneray ta voye d'espines. S'il se descouure, il se tient pour perdu, car ses œuures sont de tenebres, qui craignent de paroistre à la lumiere: de se resoudre aussi à mourir d'vne langueur muette auprés de son idole sans oser souspirer vne plainte, ny dire le sujet qui le tuë, c'est vne viande qu'il ne peut digerer.

Voila comme il perit dans son propre remede,
Comme vn vaisseau qui brusle au milieu de la mer.

Voila comme le feu de ses blesseures prouient du lenitif qu'il y pensoit apporter : aussi est-il asseuré qu'il luy eust mieux valu pour se guarir de cette passion qui le tourmente, se priuer de la veuë de celle qui la cause, & attendre du benefice du temps le secours qu'il ne pouuoit emprunter de sa raison, que la retenir chez soy, comme vn demon domestique attaché à son collet, luy faisant experimenter en terre le supplice que les Poëtes font feintement souffrir à Tantale dans les Enfers. L'obiect irrite le desir : & si nos premiers parens n'eussent point jetté l'œil sur le fruict defendu, ils ne l'eussent pas si ardamment desiré, que par vn si petit plaisir ils eussent voulu se ietter dans la mort dont ils estoient menassez. Il passe son temps de la façon entre l'Esperance & la Crainte, l'vne luy donne des aisles qui esleuent ses desirs, l'autre luy donne le contre-poids d'vne pesante masse. A quoy pouuons nous mieux comparer ces angoisses spirituelles qu'aux douleurs d'vne femme qui veut accoucher & qui ne peut. Il est si plein de passion, & ensemble de retenuë, qu'il est pareil à ces vases dont l'emboucheure est estroitte qui ne se peuuent descharger quand ils sont trop pleins, leur plenitude mesme empeschant qu'ils ne se vuident. Il se consume comme vn flambeau, & l'occasion de se manifester à Glaphire ne se presente point, ou si elle se presente, il n'a pas la hardiesse de la prendre aux cheueux : de sorte qu'il meurt à veuë d'œil d'vne peine inconnuë à ceux qui le voyent, & cela au milieu de tout ce qu'il pouuoit desirer : Et bien qu'il face tous ses efforts pour desguiser son mal, cachant sa vraye langueur sous vne satisfaction dissimulée, si ne peut-il empescher que son teinct qui se desteinct peu à peu ne le trahisse, & ne face connoistre aux moins iudicieux qu'il a quelque chose dans l'esprit qui le fasche & l'inquiete. Tous y prennent garde, & s'affligent de voir ainsi flestrir les fleurs auparauant épanouyes sur son visage: mais entre tant d'opinions, nulle n'atteint au blanc de la verité; tous s'imaginët toute autre chose, & penseroient-ils luy faire tort que d'en soupçonner tant

LIVRE QVATRIESME. 343
soit peu la vraye origine. Palombe s'en
deffie aucunement, mais c'est auecque
beaucoup d'incertitude pour n'en remarquer point de clairs indices, encore
qu'elle voye bien par des traittemens
vn peu rudes, & des paroles dures,
que le cœur de son mary n'est pas
vers elle ny tel qu'il estoit quand il n'estoit espris que de sa beauté, ny tel qu'il
deuroit estre y estant obligé par vn lien
si sainct, & par tant de caresses & de faueurs dont elle luy estoit si liberale. Elle concerte auec Dionée, Cantidiane,
Glaphire & Cleobule, de ce que l'on fera
pour tirer le Comte de cette melancholie qui le ruine: s'ils eussent consulté aussi
heureusement que le Medecin qui descouurit l'affection que le ieune Demetrius auoit pour sa marastre Stratonice,
ils eussent deuiné le vray secret; mais ce
que leur prudence leur suggera ce fut de
luy faire changer d'air, comme si la fievre quittoit vn corps pour le passer d'vn
lict à vn autre. Il a de belles maisons
aux champs, entr'autres vne sur les riues du fameux Ebre, qui auoit esté
les delices de ses predecesseurs, & qui
eust pu resiouïr la mesme tristesse, tant
elle estoit accompagnée de canaux,
de boccages, de jardins, de fontaines,

& de tout ce qui peut rendre agreable vne demeure champeftre. On luy faict treuuer bon d'y aller, fous pretexte d'y promener fa nouuelle efpoufe. La folitude amie de la refuerie qui l'occupoit l'y conuie, fe promettant de defcharger fa paffion à l'efcart en la communiquant au filence des bois, & tirant fa confolation du rebattement des Ecos qui repeteroient fes plaintes. C'eftoit en la faifon de l'Automne, qui fe peut appeller finon la plus belle, au moins la plus delicieufe de toute l'année, puis qu'elle joinct le plaifir au proufit. Là toute cette bonne compagnie s'effaya de faire efpreuuer à Fulgent tous les contentemens qui fe peuuent recueillir à la campagne, mais on recogneut à la fin que les honneftes delices & les paffetemps innocens & ruftiques n'eftoient pas plus conuenables à fa guerifon, que l'entretien des villes. Nul diuertiffement ne pouuoit defoccuper fa fantaifie, & les compagnies du voifinage qui luy venoient rendre honneur & le congratuler de fon mariage, ne faifoient qu'accroiftre fa playe en la retaftant. Son plus grand plaifir (s'il en auoit quelqu'vn accablé de tant de trifteffes) eftoit de fe

Livre quatriesme. 345
desrober quelquesfois pour entretenir seul en sa pensée celle qu'il ne pouuoit entretenir qu'en commun, car Glaphire ne perdoit iamais de veuë la Comtesse ou Dionée, c'estoient ses gardes & ses boucliers, ses murailles & ses auant-murs. Vn iour que pour entretenir ses solitaires pensées il estoit descendu dans vn boccage qui estoit au bout du jardin, où se treuuoient diuers destours en forme de labyrinthe, & en quelques recoins des Cabinets d'Orangers & de Grenadiers si sombres & si couuerts, que le Soleil n'y enfonçant iamais la pointe de ses rayons, la fraischeur & le silence y residoient, à l'ombre d'vn gratieux & impenetrable fueillage; apres auoir bien resué, il luy prit vne humeur ou de chasser ou de charmer ses resüeries par le chant: De sorte qu'appellant vn page & luy commandant d'aller querir sa guiterre, Palombe qui auoit tousiours l'œil au guet, creut que quelque ioye auoit accueilly le cœur de Fulgent, puisqu'il se disposoit à la Musique, & qu'elle feroit bien de l'aller treuuer pour adiouster à ce chant la conuersation & l'entretien conforme au dessein de le diuertir. Cleobule qui se treuua lors auec elle

loüa fort cette penſée ; ſi bien que deſcendant aprés le Page, auquel elle deffendit de dire au Comte qu'elle l'alloit treuuer, pour luy rendre la ſurpriſe plus agreable, Cleobule la conduiſant elle fit auecque luy & ſes Damoiſelles, entre leſquelles Cantidiane & Glaphire tenoient le premier rág, vn tour de jardin, pour donner loiſir à Fulgent de ſe mettre en train de chanter : le Comte ayant commandé au Page de ſe retirer & de fermer aprés ſoy la porte du jardin pour iouïr plus à l'aiſe d'vne profonde ſolitude, le garçon fit ce qui luy auoit eſté commandé, mais Palombe y eſtoit deſia entrée auecque ſa troupe. Tandis que les filles s'amuſent aprés ce qui leur reſſemble, qui ſont les fleurs ; & que la Comteſſe leur commande de l'attendre parmy les parterres, où elles font vne picorée d'abeilles, elle s'auance auecque ſon Eſcuyer vers le bois, ils ouyrent de loing la voix de Fulgent qui reſonnoit d'vn accent lugubre vn air dolent & plaintif; pour ne l'interrompre ſi toſt par leur preſence, ils ſe gliſſerent par des routes deſtournées en des lieux d'où ſans eſtre veus ils pouuoient entendre diſtinctement, non

LIVRE QVATRIESME. 347
seulement le chant, mais les paroles, qui
arriuoient au sens de celles-cy d'vne de
nos douces & Colombines Muses.

Puis qu'estant si prés du trespas
 Par vne cruelle contrainte,
 Mon Destin ne me permet pas
 De me soulager d'vne plainte,
 Sources, deserts, fleuues, & bois,
Et vous de ces jardins intelligences sainctes,
 Si iamais d'aucuns cris vous ne fustes at-
  taintes,
 Las ! soyez-le des miens cette derniere
 fois.
Tant d'ennuis me vont consumant,
 Mon mal-heur est si deplorable,
 Qu'on ne vit iamais vn tourment,
 Plus cruel & moins tolerable.
 Sources, deserts, &c.
Depuis que le dueil mon vainqueur,
 Me tyrannise & me martyre,
 Nul plaisir n'a touché mon cœur,
 Tousiours il se plaint & souspire.
 Sources, deserts, &c.
Mais souffrant d'vne ferme foy
 Tant de cruautez incroyables,
 Que doit-on attendre de moy,
 Que des complaintes pitoyables ?
 Sources, deserts, &c.

Cette derniere Stance fut trachée par vn
profond souspir qui tint quelque temps

noſtre Chantre reſuant en vn profond ſilēce, & puis par vn autre ſouſpir reprenant la voix qu'il ſembloit que le premier luy euſt faict perdre, il fit entendre ces paroles: Miſerable Comte, le plus infortuné de tous les humains, faut-il que tu conſumes ſi triſtement les deplorables reſtes de ta plus floriſſante ieuneſſe? perdras tu donc ta vie auec tant d'inutilité au veu & neantmoins au deſceu de celle qui te la fait perdre? Faut-il que prodigue de tes ſanglots & de ton ſang à celle qui ignore la cauſe de tes ſouffrances, tu te fondes ſi mal-heureuſement ſans au moins luy faire ſçauoir qu'elle eſt l'innocente cauſe de ton ſupplice? Incomparable Glaphire, pouuez-vous bien tous les iours dedans vne ſidele glace voir les auantages dont la nature a embelly voſtre front, ſans vous ſentir coulpable des maux que vous me voyez endurer, & qui en me minant me meinent peu à peu dans le cercueil? Serez-vous du naturel du caillou qui froid donne des eſtincelles? Mais que ſçay-je ſi le iuſte Ciel ne permet point que ie ſois ainſi affligé pour me punir de la trahiſon commiſe enuers mon frere, de ma deſloyauté enuers cette vertueuſe

Palombe

Palombe qui me fut jadis si chere, & qui me deuroit (si i'auois tant soit peu de raison) estre si precieuse. O Fulgent tu violes par ta furieuse & aueuglee passion le plus sainct droict de la societé ciuile qui est le mariage, & encore celuy d'hospitalité, retenant Dionée pour abuser sa fille, & encore celuy d'amitié en obligeant vn frere honorable pour le desobliger cruellement en vne sœur qui est la mesme honnesteté. Est-il quelque chastiment plus grand que celuy que i'en souffre, que s'il n'en est point de capable d'expier vn tel crime, quel pardon en puis-ie esperer, s'il vient à estre cônu, & s'il ne peut attendre de pardon, quelle excuse luy pourra-t'elle seruir de couuerture? Mais qui ne seroit forcé par la puissance de cét objet, si rauissant qu'il surmonte tout par la violence de sa douceur? Effort ineuitable, & dont la grandeur peut non seulement amoindrir ma faute, mais comme ie pense la rendre digne de merite & de recompense. Mais non, perisse plustost nostre vie dans le silence pour sauuer nostre honneur, estoufons nostre honte & nos iours dans nostre souffrance.

A a

Qui ne sçauroit tenir sa blesseure secrette,
Ne merita iamais de mourir d'vn beau coup.

Ces vers luy donnerent courage de reprendre sa guitterre, & apres l'auoir touchée, & luy auoir faict rendre quelques accorts, il accompagna cette melodie artificielle de la grace naturelle de son chāt & de la douceur de ces paroles,

Quelques tourmens cruels que la douleur me face,
On n'entend point mes cris en plaignant se hausser,
Mes souspirs pour sortir à peine treuuent place;
Comme si mes poulmons se sentoient oppresser.
En flamme par desir, & par respect en glace,
Mesmes en l'honnorant, ie crains de l'offencer,
I'ay la tristesse au cœur, le ris dessus la face,
Et souffre plus d'ennuis qu'on n'en sçauroit penser.
Mais parmy tant de maux, i'ay tousiours en memoire,
Que tant plus i'ay de mal, tant plus i'auray de gloire,
D'auoir iusqu'à la mort celé ma passion.

C'est vn extréme mal, qu'endurer & se feindre,
Mais i'ayme mieux souffrir par ma discretion, (plaindre.
Et me faire admirer, que de me faire

Le chant plaintif faisoit bien connoistre qu'il auoit l'esprit malade, mais le ramage du discours découuroit le nom de la maladie, qui estoit l'Amour, & le sujet qui estoit Glaphire, dont l'innocence estoit iustifiée par son accusation. Il seroit mal-aisé de dire qui fut le plus émerueillé de Palombe ou de Cleobule, car la cause de cette passion leur estoit également inconnuë; mais il est facile à iuger que Cleobule en detioit estre le plus honteux, & Palombe la plus marrie: tous deux neantmoins eurent en ce mesme instant, (car ils aymoient, bien que differemment ce Seigneur) plus de pitié, que de despit de sa fureur, veu qu'il s'en accusoit comme reconnoissant son offence, & s'en repentant; tant a de force vne declaration penitente, pour leuer l'aigreur que l'on peut iustement conceuoir contre l'iniquité. Ils se regardent l'vn l'autre sans dire mot, l'estonnement d'vne nouuelle tant inopinée les ayant rendus comme immobiles. Et puis

Aa ij

iugeans bien qu'il n'estoit pas temps de se monstrer à Fulgent apres auoir descouuert le pot aux roses, & entendu vn secret qui luy eust faict ietter ses habits au feu s'ils eussent esté capables de le reueler; ils se retirerent tout doucemēt sans estre apperceus, laissans ce melancolique en la compagnie de ses réueries, n'en ayans pour ce coup là que trop appris. Sortis de ce labyrinthe de fueilles, ils entrent dans vn autre bien plus confus de diuerses pensees, dont ils ne peuuent treuuer d'issuë, & moins le moyen de s'y conduire. Aussi certes y auoit il bien de quoy mettre en peine de plus habiles qu'eux : car par quel bout cōmenceront ils à démesler cette fusee? Palombe ne voit ses doutes que trop éclaircies, & à son dam ne se treuue que trop certaine deuineresse, c'est à cette heure que les escailles ou les tayes luy tombent des yeux, & que repassant par sa memoire les effects nez du rafroidissement de l'affectiō de son mary dés le iour de ses nopces, elle en voit la cause euidente. D'autre costé Cleobule r'appellant à sa souuenance tant de caresses extraordinaires dont le Comte l'auoit fauorisé, cognoist le but où elles tendoient, & que c'estoiēt de effects de l'Amour qu'il portoit à sa sœur, pluſtoſt que de l'Amitié qu'il auoit pour luy; principalement ne luy ayant iamais rendu de ſeruices qui meritaſſent tant de courtoiſies, & n'eſtant pas hôme qui luy en peuſt rendre de tels qu'ils le deuſſent obliger à tant d'excez d'honneur, & ne reconnoiſsāt non plus en ſoy les qualitez exquiſes qui peuſſent exciter tant de bien-veillance. Mais toutes ces conſiderations ſe ruminent en ſilence, chacun rongeant ſon frein ſans rien cōmuniquer l'vn à l'autre de ce qu'ils penſoient. Cependant il n'y auoit pas moins de peine à ſe taire, que de ſcandale à entamer vn ſi mauuais propos; le diſſimuler, c'eſtoit ſe rendre coulpable par cōniuence d'vn crime que chacun d'eux auoit intereſt d'eſtoufer auāt qu'il jettaſt de plus amples racines. Et bien qu'il ſoit mal aiſé de iuger quel des deux eſtoit le plus intereſſé, Palombe l'eſtant en ſon repos & en ſon contentement, & Cleobule en ſon hôneur attaqué en celuy de Glaphire : ſi eſt-ce que ſoit que la paſſion de la Comteſſe fuſt plus viue, ou elle plus ſenſible, côme eſtant plus foible, ou ſon auctorité plus grande; ce fut elle qui la premiere s'auança de dire : Vrayement Cleobule, je ne m'esbahis plus de la langueur de Fulgent, puis que vostre sœur en est le sujet; vne beauté si eminéte, qu'il la tient pour incomparable, ne peut produire que des passions excessiues, & si elle en estoit auertie, ou y prenoit garde, ie ne croy point qu'elle fust si rigoureuse de laisser si pauurement deperir vn tel Cheualier sans prendre connoissance des playes qu'elle faict en son ame, & le soin de les guerir selon que les loix de l'honnesteté & de la bien seance le pourroient permettre. Madame, reprit Cleobule, les Medecins cherchent premierement à connoistre les maladies, & puis ils auisent aux remedes conuenables pour les chasser, & bien que leur connoissance arriue à la cause du mal, il n'est pas tousiours au pouuoir de leur art de r'apporter la guerison. L'ignorance de ma sœur auoüee par celuy là mesme qui se plaint des blesseures qu'il dict receuoir de sa veuë, l'excuse d'vne part, mais beaucoup plus son honneur, auquel cette affection attente auec autant d'interest de vostre repos, que de nostre famille. A ma volonté qu'il ne tint qu'à luy faire vn baing de son sang ou du mien pour le soulager de cette furieuse manie qui le possede, nous tiendrions à faueur de sauuer sa vie par la diminution de la nostre: mais, Madame, ie vous puis asseurer que quand Glaphire deuroit receuoir de ma main le mesme coup pour le mesme sujet que l'ancienne Virginie receut de son pere, il sera plustost dict, que Fulgent se baignera dãs nostre sang, que dedans nostre honneur, nous l'auons trop visiblement graué sur le front, pour souffrir que seulement vne affection illicite, mesme passiue, y apporte ie ne diray point quelque tache, mais vne seule ombre de dechet. Aussi, repliqua Palombe, y ay-ie adjousté la modification de la loy du iuste, & de l'honneste, sçachant que ny vous, ny vostre mere, ny vostre sœur ne pouuez que ce que vous deuez, la regle de vostre deuoir estant celle de vostre amitié & de vostre courtoisie. Mais cela presupposé, ie ne croy point qu'il soit contre la ciuilité, ny la bien-seance de tascher par de douces paroles, ou par quelques autres moyens gracieux, sans interest de ce qui doit estre plus cher que la vie, de procurer la paix d'vn esprit inquieté, & la guerison des passions qui le tourmentent. Madame, repartit Cleobule, ie suis né d'vne mere qui nous a tenu tousiours la bride si haute, & plus encore à ma Sœur qu'à moy, que non seulemēt toute condescendance en vne affaire de telle importance luy seroit suspecte (cette maladie empirant estant flattée,) mais elle tiendroit pour vn affront insupportable, que sa fille fust regardée autrement que ne permettent les termes de l'hōneur & de la Religion, fust ce par le plus grand Prince qui soit sur la terre. De maniere que si elle s'apperçoit vne fois du moindre signe qui lui puisse decouurir la passion du Cōte, mon Seigneur, vne armée ne seroit pas capable de la retenir, ny par consequent sa fille vn moment en vostre maison. De moy i'estimerois commettre vne trahison contre elle, contre mon sang, contre moy-mesme, que de luy celer ce que i'en sçay, afin que par sa prudence elle y dōne l'ordre necessaire, & que selon ses cōmandemens dont ie ne me suis iamais departy ie regle mes deuoirs. Et parce que ie préuoy qu'aussi tost elle parlera de s'en retourner, la vie suiette & surchargée d'affaires luy estant desia à contre-cœur, & ne demeurāt icy que par la violence de mes coniurations, ie croy que ce sera vn moyen pour guerir tout à fait le Comte, & en luy ostant l'occasion de se manifester, l'arracher encore aux mesdisans le sujet de parler si cecy estoit apperceu: ainsi vostre maison sera exempte du soupçon comme du crime, la cause en estant ostée par cét esloignement, & vous euiterez le déplaisir de voir vne autre vous diminuer les affections d'vn cœur qui ne doit point auoir d'Idée que celle de vos perfections. Palombe qui auoit vne pleine connoissance de la vertu de son Escuyer, & qui sçauoit que le discours de sa langue se rapportoit sans feintise au vray sentiment de son cœur, & qui n'auoit que trop de témoignages de la probité de Dionée sa Gouuernante, qu'elle appelloit sa mere, & à qui la pudique honnesteté de Glaphire n'estoit que trop visible, bien qu'elle vist que ce remede estoit necessaire pour son repos & pour le bien de sa maison, ne le creut pas neantmoins de saison, & en le precipitant tenoit qu'il seroit aussi dangereux qu'auec le temps il se rendroit vtile. Ce qu'elle declara rondemét & nettement à ce Gentil-homme, duquel apres auoir loüé la prud'hommie & estimé le courage, elle le conjura de ne rien faire à la volée, mais de proceder lentement en ce faict, où il falloit pluſtoſt deſcendre que deſchirer, & ſe ſeruir d'induſtrie que de violence. Elle appreuue ſon genereux deſſein, & luy promit que cette retraitte luy ſeroit plus aduantageuſe que dommageable (en quoy elle ſe treuua meilleure Prophete qu'elle ne penſoit) mais qu'il la falloit acheminer dextrement, & ſe haſter bellement. Sur ces deuis & cette reſolution, à quoy acquieſça Cleobule, ils ſe retirerent à la maiſon auecque leurs Damoiſelles, qui auoient cueilly autant de fleurs qu'ils venoient de recueillir d'eſpines. Long-temps apres reuint Fulgent auecque les yeux ſi battus, qu'il eſtoit facile à iuger qu'au vent de ſes ſouſpirs auoit ſuccedé la pluye de ſes larmes. Il diſſimuloit neantmoins le mieux qu'il pouuoit les ſoucis dont ſon ame eſtoit agitée, & comme il ne ſçauoit pas que ſes doleances euſſent retenty ſi prés des oreilles de ſa femme & de ſon Conducteur, il ne s'auiſoit pas que ſes regards trop attachez ſur Glaphire ſeruoient de commentaire à ſes diſcours, & ne donnoient que trop à connoiſtre à ces perſonnes ſi bien auerties combien ses paroles estoient veritables. Il a beau se contrefaire, sa mine est euentée, il est ouuert iusques aux entrailles; & cependant il pense estre si à couuert qu'il croit n'estre apperceu d'ame viuante. Car cōme se fust-il imaginé que l'ombre eust mis ses pensées en lumiere, qu'estant caché son secret fust venu en euidence, & que le muet silence des bois eust accusé sa passion? Mais celuy qui faict sortir la clarté du milieu des tenebres, qui ne laisse rien de voilé sans le deceler, s'estāt seruy des ombrages pour le descouurir, & de la solitude pour le conuaincre, il estoit d'autant plus trompé qu'il pensoit mieux trōper, & d'autāt plus abusé qu'il croyoit ietter de la poussière aux yeux de tout le mōde. Ainsi Dieu permet que la simplicité triomphe de la duplicité, faisant voir que la sagesse humaine est vne pure folie deuant luy, & que les plus fins ne sont pas tousiours les plus auisez. Ce n'est pas assez de se taire deuant les hommes, les parois mesmes ont des oreilles, dit le Prouerbe, parler seul est vne extreme indiscretion, & ceux qui pensent se soulager par la plainte & cōmettre leurs secrets aux Forests & aux Rochers, se treuuent quelquefois trahis par ces choses insensibles à l'aide des Ecos, dont les repercussions babillardes resident toufiours dans leurs centres & repetent plusieurs fois vn mesme gemissement. Cela faict que toutes les actions de Fulgent sont notées, sa retenuë mesme contre-faisant la naïueté monstroit naïuement son artifice. Ses paroles ambiguës estoient aussi tost interpretees en leur vray sens, ce Samson n'auoit plus d'Enigmes dont l'intelligence ne fust soudain notoire : il monstroit également sa fausseté és contrainctes caresses dont il amusoit Palombe, & és feints mespris qu'il tesmoignoit à Glaphire, & parmy toutes ces gesnes qu'il se donnoit s'il estoit le plus feint, il n'estoit pas le plus fin, ouy bien le plus mal-heureux. Mais tandis qu'il se conduict par contre-poids comme les funambules,

Et qu'il chemine sur des cendres
Qui couuent des charbons ardens,

comme dit cét ancien Poëte ; & que d'ailleurs Palombe & Cleobule conferent le moyen de luy oster cette espine du pied, c'est à dire cette passion de l'ame: Allons voir ce que fait à Madrit Sidon, & de quelle façon il auance sa ruine. Plusieurs fois Hesique auoit auery le Comte de ses desbauches & de ses despenses : mais Fulgent estoit si fort occupé de ses propres imaginations, que les affaires d'autruy n'entroient en sa pensée, que comme les voyageurs aux hostelleries, pour en sortir au plustost. En fin ce conducteur du chariot,

Voyant que les cheuaux n'entendoient pas
les guides,
Et qu'ils alloient errans en secoüant leurs
brides,

fut contrainct de se seruir d'vn stratageme de fidele & prudent seruiteur, & plus curieux de l'honneur & du bien de son Seigneur, que son Seigneur mesme. Il sçauoit toutes les menées de Siridon chez ce Cheualier Academique, ses pratiques auecque Callitrope, dont il éuentoit le secret, en feignant de les fauoriser, il sçait que cette maison a plus d'esclat que de reuenu, que la mise y passe la recepte, ce qui est le grand chemin de l'hospital, de plus que la reputation de la fille est vn peu suspecte, au moins qu'on en parle, chose fascheuse à qui veut auoir vne femme aussi nette de soupçon que de faute. Dauantage il descouure les väteries du Cadet qui se faict fort de tirer de son aisné des biens notables, qui debite ses esperances pour argent contant, c'eſt à dire en bons termes qui à beaucoup de fumée & peu de viande: Que faict Heſique, il ſuggere par vn tiers au pere de la Damoiſelle de perſuader à Siridon d'aller en Tarragone effectuer ſes promeſſes, ſe rendant maiſtre des biens eſperez, & mettant l'herbe en gerbe, & qu'à ſon retour, il emporteroit la fille auſſi legerement que Samſon les portes de Gaza. Le pigeon ſe prit auſſi-toſt à cét appaſt, & pour faire voir qu'il eſtoit homme de parole, & qu'entre dire & faire chez luy il n'y auoit point de difference; il prend le vol du coſté de Catalogne, où ſõ eſſor ne l'a pas pluſtoſt faict venir (laiſſant Heſique à la Court pour ſolliciter les affaires & faire terminer les procés) que nous l'allons voir empaſtant les aiſles de ſes deſirs à la meſme glus, & s'empeſtrant aux meſmes filets où ſon frere a donné: Car il n'eut pas pluſtoſt apperceu cette eminente beauté de Glaphire, qu'elle effaça en ſon cœur le foible crayon de Callitrope auſſi promptement que les Aſtres diſparoiſſent à la venuë du Soleil. Pauure Gentil-homme, quel Aſtre a preſidé à ta naiſſance pour te rendre touſiours riual de celuy qui te peut riuer les clouds de ſi près que tu ne puisses regimber sans te defferrer : helas le papillon qui se brusle se perd sans sçauoir ce qu'il faict. Comme vn ieune leuron nouuellement venu de la Court, pour monstrer qu'il s'est rendu vn bon Courtisan & galand homme, il faict le ioly parmy les Dames, & autant l'entendu qu'il estoit peu iudicieux. Palombe qui par son mary auoit appris de ses nouuelles les auoit teuës à ses filles à la façon des femmes, qui ne disent iamais ce qu'elles ne sçauent point, si bien qu'attaqué de toutes parts par ces becqs bien affilez, il estoit tout estonné de voir que ses affaires fussent si connuës en Tarragone. Il se douta bien que Hesique auoit escrit, & cessa d'en douter quand son frere le tirant à part luy fit voir qu'il estoit bien informé de ses affections vers Callitrope : mais que s'il ne se desistoit de cette poursuitte, il ne se deuoit rien promettre de son assistance, parce que outre l'incertitude de la reputation de cette fille, de qui l'on parloit aussi hardiment comme sa conuersation estoit libre, il auoit appris de bonne part que les moyens de son pere ne respondoient pas à l'estalement qu'il en faisoit, l'esclat de la Court n'estant pour l'ordinaire qu'vn luſtre dont on ſe ſert pour amuſer les yeux & pour abuſer les iugemens de ceux qui n'ont de la veuë qu'en la teſte, & dont tout le iugement eſt dans les prunelles, toute leur raiſon de croire eſtant celle de voir. Siridon qui eſtoit deſia guery de cette maladie par vn dictame qui auoit tiré cette fleſche de la playe de ſon cœur, mais remede qui reiettera ce meſme traict dans celuy de Fulgent par vne furieuſe ialouſie, ayant ingenuement auoüé ſa faute en demanda pardon auecque tant de franchiſe qu'il l'obtint auſſi-toſt, ſon frere luy permettant toute autre recherche, pourueu que l'honneur fuſt tellement graué ſur le front du ſujet qu'il mettroit en butte à ſes deſirs, que rien n'y puſt eſtre reproché qui puſt ternir la gloire de leur famille: ce que le Cadet iura ſolemnellement & promit religieuſement. Il auoit deſia demeuré peu de iours à Tarragone, quand il s'apperceut du peu de correſpondance d'affection qui eſtoit entre ſõ frere & ſa belle ſœur, non pas que Palombe n'eſſayaſt par toutes ſortes de complimens & de careſſes de ſe rendre le cœur de ſon mary plus amiable & plus doux; mais la rapidité du du merite de sa plus violente passion l'emportant ailleurs, il ne pouuoit auoir pour elle que des auersions veritables, & des tesmoignages d'amitié aussi froids qu'ils estoient accompagnez de contrainte. Cette Dame qui auoit appris de Fulgent lors qu'il estoit és belles humeurs de sa recherche, la tromperie dont il auoit vsé enuers son frere pour le supplanter de sa possession, & croyant obliger son mary, en témoignant vne honneste bien-veillance à celuy qui luy estoit si proche, luy rendoit tout plein de deuoirs d'vne sincere & cordiale amitié: & bien qu'elle ne fust pas si malicieuse que de vouloir par cette industrie donner de la jalousie à son mary, au contraire faisant ces actions là simplement pour luy complaire, si est-ce que l'humeur Espagnole qui symbolize beaucoup en cecy auec l'Italienne, faict que le Comte ne voit pas autremẽt de bon œil cét accueil si gracieux dont Palôbe honnoroit Siridon, craignant, ou que cela ne ressuscitast les anciennes flammes de son frere, ou que ses desdains ne rejettassent le cœur de sa femme de ce costé là, bien qu'il en fust fort esloigné, & qu'il eust appris d'elle que iamais elle n'auoit regardé

B b

Siridon, que comme vne personne indifferente. La jalousie est vn mal que l'on a beau cacher, tousiours (comme la flamme.) il se manifeste par quelque rayon: mais vn iour ce ne fut pas vn éclair, ains vn éclat de tonnerre, quád sans y penser, durant vne conuersation, apres le repas, Siridon ayant appellé Palombe son anciéne maistresse, elle repliqua en se riant de ce tiltre, qu'il estoit dóc son seruiteur du temps passé, Et du present, & du futur encore, repartit Siridon, Madame, car ie sçay l'honneur que ie vous dois, & l'obeïssance que ie veux rendre à vos commádemens. A ces mots les diuers changemens du visage de Fulgent firent voir l'alteration de son esprit, si bien que se leuant tout à coup sans dire vn seul mot, mais n'en pensant pas moins, il se retira ruminant en soy-mesme, & remaschant vne gráde colere, son œil hagard & troublé fit assez cognoistre son mal-talent: & Palombe qui le deuina, tirant à part Siridon, le pria d'estre vne autrefois plus discret & retenu en ses paroles, & sur tout qu'il éuitast les ambiguës, parce que les esprits ombrageux les prenoient tousiours en mauuaise part, estant leur coustume de saisir le tison par où il brusle: alors elle luy raconta (sans luy en dire le sujet, ains feignant de l'ignorer) les froideurs, dédains, paroles rudes, & mauuais traittemens dont le Comte auoit payé sa fidelité depuis leur mariage : & soudain Siridon s'imagina que c'estoit le repētir que son frere auoit de s'estre engagé en ce party, & de le luy auoir osté, qui causoit tout cela, & le dit naïuemét à Palōbe en la façon que son frere luy en auoit escrit à la Court: mais elle plus auisée, dissimula prudémēt ce qu'elle sçauoit, toutes les veritez, quoy que bōnes à sçauoir n'estans pas bōnes à dire. Palombe de ce pas alla treuuer le Comte, sçachant qu'il faut remedier promptement à semblables atteintes, & que le scorpiō soudainemēt écrasé sur la playe qu'il a faite, sert d'antidote à son venim; mais cōme elle pensa s'accoster de cét hōme irrité, elle en fut rudement repoussee, & cōme elle pēsoit parler pour faire ses excuses d'vne parole asseurée & plustost inconsideree que malicieuse, il l'interrompit en luy disant qu'elle fust plus retenuë en ses passiōs, & qu'au moins deuāt luy elle ne les mit pas tant en euidence, autremēt que cette impudēce le cōtraindroit à repartir à de sēblables affrōts par des effets plus sāglāts que le silence, & s'il luy restoit quelques

Bb ij

flâmes de son ancien, fust qu'elle essayast de les cacher sous la cendre de quelque modestie. On ne sçauroit dire quel fut plus grand alors en l'esprit de Palombe, du despit, ou de la honte, car il n'y a rien de plus sensible à vne honneste femme, que de se voir, ie ne diray pas accusée si cruëment ou si cruellement, mais seulement soupçonnée d'vn crime qu'elle n'a pas eu en la pensee. Il tint à peu que cét outrage ne fit éclatter à sa modestie ce que sa Patience & sa Prudence luy firent retenir pour ce coup, ne iugeant pas à propos de recriminer en rejettant sur celuy qui l'accusoit d'vne affection illicite la mesme faute dont il la vouloit rendre coulpable. Il y a de certaines medecines qui sont bonnes donnees en temps, mais dãgereuses baillees hors de saison: L'antimoine, s'il n'est bien preparé est vn aussi present venim, que puissant antidote quãd il est assaisonné en la façon que sçauent les Medecins & Pharmaciens experimentez. Comme Palombe eust eu de cette eau en la bouche, qui faisant taire les femmes, les sauue de la batterie de leurs maris, ne repliqua à cette insolente reprehension, que par le mespris & le silence, non se sentant coulpable, ains trop innocente pour se defendre d'vne tache qui n'estoit pas seulement tombée dans son imagination : mais cét effort qu'elle fit sur soy-mesme luy fut cherement vendu, car tout ainsi

Que les plus ameres douleurs
Sont soulagees par les pleurs,

comme dit cét ancien Poëte; aussi quand les larmes sont retenues prisonnieres, elles font quelquefois des rauages au dedans, pareils à ceux de ces furieux torrens qui bruyent dans les vallees, & tout de mesme, que quand les eaux qui sont dans les concauitez de la terre se changent en air, & cét air resserré pour reprendre son centre faict ces bouleuersemens horribles, qu'on appelle des tremblemens de terre; aussi les souspirs, les sanglots, & les plaintes deues au sentiment d'vne iuste douleur, quand elles sont violemment estouffées, excitent des conuulsions d'esprit, que le Psalmiste compare aux douleurs d'vne femme qui enfante.

Dans vne excesiue douleur,
S'oser plaindre est l'heur du malheur.

Palombe pour espargner son infidele mary se pensa perdre, & de peur de le fascher par vne replique verte, qui eust rendu sa mine découuerte, alla iusques aux portes de la mort par vn saisissement qui la prit & la fit choir toute pasmee. Le Comte qui ne doutoit nullement de son innocence, & qui la sçauoit toute blanche de pureté & d'honnesteté, eut regret de l'auoir par ses outrageuses paroles reduitte à cét estat, de sorte que prenant pitié de sa peine, il cria au secours, & à force de remedes on la fit reuenir de son éuanouïssement. Il chanta aussi tost la Palinodie pour appaiser sa douleur ; & bien qu'il eust enuie de cacher sa vraye passion qu'il auoit pour Glaphire, sous vne feinte ialousie pour Palombe, afin que ce change empeschast qu'on n'apperceust son dessein, si ne peut-il si dextrement ioüer ce personnage que Palombe & Cleobule ne vissent clairement que l'auersion qu'il auoit de la Comtesse, prouenoit plustost d'vne autre affection qui le tourmentoit, que d'aucun ombrage qu'il eust de sa loyauté. Il ne laissa pas neantmoins de coucher en œuure cette fausse feuille pour mettre à couuert dessous les desdains, les rigueurs, & les farouches traittemens dont il affligeoit autant iniustement cette innocéte femme qu'estoient iniuſtes les adulteres affections qu'il couuoit pour Glaphire, & qu'il couuroit à ſon auis bien finement. Il en fit auſſi de froides & aſpres mines à Siridon qui eſtoit en vne angoiſſe nompareille de ſe voir ce luy ſembloit, deſcheu, plus par ſon inconſideration que par ſa malice, des graces de celuy duquel ſeul il pouuoit eſperer ſon auancement, & qui tenoit en ſes mains ſes bônes & mauuaiſes deſtinees. De maniere que pour guerir cette playe de ialouſie dont il penſoit que le cœur de ſon frere fuſt extrememēt vlceré, il ſe compoſe ſi modeſtemēt, & ſe comporte ſi ſagement autour de Palombe, qu'en ſes regards, en ſes paroles, & en ſes actions, il témoigne pluſtôſt auoir de l'auerſion pour elle qu'aucune inclination vers elle; il éuitoit ſa rencontre comme vn eſcueil, façons de faire qui euſſent tenu du meſpris, ſi le ſujet qui les produiſoit n'euſt porté en meſme temps ſon excuſe. Palombe qui conſpiroit au meſme but de la gueriſon de Fulgent le payoit en pareille monnoye, & ne luy parlant que par rencontres & de choſes fort indifferentes, monſtroit aſſez euidemment,

B b iiij

que si iamais ses pensees n'auoient esté retournées vers ce Cheualier, elles en estoient alors fort esloignees. Le Comte eust aussi tost pincé sur le poly d'vne enclume, ou sur la glace d'vn miroir, que treuué à redire au moindre de leurs deportemens, de quoy il feint vn cōtentement exterieur, mescontent en son interieur de ce que ce pretexte de maltraitter sa femme luy estoit arraché des mains. Siridon auoit vn Poete de ses amis, auquel il se communiquoit fort familierement, ne luy cachant rien de ses desseins, de ses passions, ny mesme de ses pensees. Luy ayant donc découuert son oubly de Callitrope, son mespris de Palombe, & sa nouuelle flame pour Glaphire; cettuy-cy aussi prompt à produire des vers, que l'autre à receuoir diuerses impressions en son ame, luy traça deux poesies, dont il fit subtilement tomber, l'vne és mains de Fulgét & de Palombe, & l'autre en celles de Glaphire; pour témoigner aux vns qu'il n'aymoit plus, & à l'autre qu'il estoit fort allumé. La premiere piece disoit ainsi:

Que ce iour fut heureux qui rōpit le cordage
Par vn terme si long qui m'auoit arresté,
I'estimeray tousiours vostre legereté,

*Puisqu'elle m'a sauué d'vn euident nau-
frage.
Ie gaigne en vous perdant,& c'est mon auan-
tage,
Si i'ayme mon repos que vous m'ayez
quitté,
Vous payez mon seruice & ma fidelité,
Lors que vous me mettez hors de vostre
seruage.
Iadis quand vostre obiect arrestoit mon desir,
Tousiours ou quelque soin ou quelque dé-
plaisir,
Trauailloit mon esprit, ou faschoit ma
memoire.
A cette heure de vostre estant deuenu mien,
Ie me voy si contant, que i'ay sujet de
croire,
Que mesme en me quittant vous me vou-
lez du bien.*

Cét escrit fut si dextrement glissé entre les hardes de nuict du Comte, qu'vn soir en se couchant il le treuua sous sa ta-uayole, & l'ayāt leu & releu pour essayer de l'escratigner en quelque coin & en repaistre sa mauuaise humeur, Tenez, Madame, dit-il en le baillant à la Com-tesse, voila vn pacquet qui s'addresse à vous, & qui vous faict l'Amour à coups de poing. Palombe faisant voler son sang vers son visage deuint toute rouge de confusion & de colere, n'ayant pas accoustumé de trafficquer de telle marchandise, qui mesme par les plus effrontez ne se remet pas entre les mains des maris. Elle rejetta ce papier, se contentant de digerer dans vn respectueux silence l'affront que luy faisoit Fulgent: lequel pour la picquer encore dauantage, Lisez-le hardiment, luy dict-il, Madame, & vous y verrez les mespris de ceux que vous estimez tant: mais tel se pense excuser qui s'accuse, car ie ne suis pas si peu nourry dans les ruses du monde, que ie ne sçache l'artifice ordinaire de ceux qui s'entr'aymét, qui est de se ietter des pierres, de se dire des iniures, & de se faire la guerre,

Les Amans sont soldats, l'Amour a ses armées,
Les Ames en aimant de colere animées,
Outragent d'autant plus qu'elles aiment plus fort, (Mort.
On n'inuocque rien tant en Amour que la

C'est vne finesse trop grossiere en aimant que de feindre des mespris & des haines,

Celuy qui dict trop souuent,
Ie hay, il a bien auant

LIVRE QVATRIESME. 375
Le traict d'Amour en son ame,
Cette glace n'est que flame.

Cela c'estoit offencer au vif & blesser outrageusement le courage d'vne hôneste femme. Palõbe ne sçauoit que penser de cecy, & croyant que ce fust vn guet-à-pens, & quelque piege pour luy dresser vne querelle, n'osant par vne replique descharger sa pensée, versoit vn torrent de larmes par ses yeux. N'auez-vous iamais pris garde à ces Colombes à qui la ialousie (encore qu'elles soient sans fiel) donne quelque pointe ou plustost quelque nuage de colere; quand leur pair reuient à l'essor, elles s'approchent de luy en grommelant, en tremoussant de l'aisle, & d'vn accent plaintif elles semblent l'accuser d'infidelité & d'auoir porté ailleurs les affections ou les passions qui leur sont vniquement deuës, comme si le soupçon les animoit, elles donnent des coups de bec & de plume par vne espece de chastiement & de vengeance; & bien que le crime d'adultere soit esloigné de leur naturelle association, tant la loyauté leur est naturellement recommandable, neantmoins ce seul escart semble vne faute à ces doux, aimables & aimans oyseaux symboles de l'Amour chaste & pudique. Certes nostre Palombe est comme cela, & bien faschée de voir que son pair la vueille taxer d'vne tache dont luy-mesme est extremement blasmable: comme femme elle a bien de la peine à s'empescher de luy donner des coups de bec, & de luy renuoyer au front vn crime dont il la veut noircir auec autant de fausseté, que la reproche qu'elle luy en peut faire seroit veritable. En fin sa Patience & sa Constance surmonta la fierté du Comte, qui fut contrainct de tourner en risée ce qu'il auoit dict auec dessein de la courrousser, & en luy faisant la lecture de ces vers il leur fut aisé de coniecturer d'où ils venoient, & aussi de la simplicité de Siridon qui donnoit carriere à son mespris vers celle qui ne l'auoit iamais estimé qu'entant qu'il auoit l'honneur d'appartenir à Fulgent, & de luy estre si proche. Ils conclurent neantmoins d'aduertir Siridon qu'il ne se meslast plus de ces tours de soupplesse, ny de leur faire voir de semblables gentillesses: parce qu'il luy estoit plus seant de se taire que de parler, ou faire rimer pour soy si peu iudicieusement; s'il ne deuoit pas aimer, aussi ne deuoit-il pas haïr ny faire paroiſtre aucun meſpris vers ceux auſquels il eſtoit obligé par les loix de la nature & de la bien ſeance de rendre toutes ſortes de reſpect. Palombe ſe chargea auecque la licence & par le commandement du Comte de luy donner cét aduertiſſement, ce qu'elle fit auec tant de douceur & de prudence, que Siridon ſe confeſſa ſon obligé, en luy manifeſtant la ſincerité de ſon intention, qui ne viſoit pas tant à la deſdaigner, comme à guerir ſon frere de cette ialouſe humeur qui le tourmentoit. A quoy Palombe repliqua, que la raiſon comme la vertu ſe treuuoit entre deux extremes: & que ſi trop de paſſion pour elle pouuoit donner vne iuſte ialouſie à ſon mary, trop de meſpris auſſi luy pourroit, ou faire ſoupçonner quelque colluſion ou intelligence ſecrette, ou bien ſe faſcher de voir meſeſtimer celle qu'il auoit appellée à la part de ſon lict & de ſes honneurs, & rendue ſa compagne, ſi bien que le meilleur ſeroit de cheminer ſimplement & auecque de la confiance ; la rondeur & candeur des actions l'emportant touſjours ſur la fineſſe & duplicité. Conſeil que ce Gentil-homme receut à cœur ouuert, & qu'il pratiqua depuis auec tant & peut-estre trop de franchise, car cela le porta en d'autres inconueniens qui se remarqueront en la suitte de ce tissu. Les autres vers eurent vn autre succés, car les ayant glissez secrettement dans la manche de la Symarre de Glaphire sans qu'elle s'en apperceut ; vn iour qu'elle estoit en la compagnie de Cantidiane & des autres filles de la suitte de la Comtesse, en pensant tirer son mouschoir, le papier volant à terre, en fut soudain releué par des mains curieuses qui y leurent ces paroles,

Aussi-tost que mes yeux firent comparaison
   Des vulgaires appas que i'appellois ma vie,
   A ceux-là dont Glaphire à l'aimer me conuie,
Mon cœur à l'instant mesme obtint sa guerison.
Et bien que iusqu'icy le temps ny la raison,
   N'eussent peu me la rendre ou m'en donner enuie,
   Ce miracle nouueau dont mon ame est rauie,
M'a faict prendre en horreur ma premiere prison.

Ie voy bien que ce choix mille maux me pre-
pare,
Et que ie n'auray rien d'vne beauté si
rare,
Où toute Vertu loge au degré le plus hault.
Mais c'est en ses vertus que mon espoir se
flatte,
Car puisqu'il est ainsi qu'elle n'a nul de-
fault,
Dois-ie pas m'asseurer qu'elle n'est point
ingrate.

Que de couleurs monterent au visage de la vertueuse Glaphire quand elle s'entendit nommer en ces vers, elle crut que Cantidiane qui les auoit leus y auoit inseré son nom à plaisir pour la surprendre : mais quand son œil le vit sur ce papier, papier qu'elle auoit veu sortir de sa manche, Dieu ! que deuint-elle, tantost la palleur de la crainte, tantost la rougeur de la honte s'emparoit de ses jouës, & tous ces changemens la rendoient plus belle que l'Aurore, ny que l'Iris, tant il est vray que tout sert d'ornement à vn chaste courage, & que tout reüssit en bien à ceux qui sont bons : la peur qu'elle auoit qu'on ne l'estimast coupable de la reception de ce Sonnet (crime auquel elle n'auoit iamais presté aucun consentement, semblable rencontre pouuant arriuer à la plus innocente du monde) la remplissoit de differentes pens͞es qui faisoient voir en l'alteration de son front & au trouble de sa contenance autant de sincerité qu'elle soupçonnoit du contraire. C'est grand cas que l'innocence a ses marques, & se faict connoistre comme le Soleil se faict voir aux trauers les nuages, tout de mesme que la coulpe pour voilée qu'elle soit de mille replis & d'espaisses tenebres, ne laisse pas de venir en euidence. Glaphire ne forma point d'excuses de ce que cét oysillon estoit sorty de ses habits, sa seule contenance la iustifia : seulement elle s'estonna à la veuë de cette fueille, comme si elle eust rencontré vn serpent en son chemin ; & comme elle estoit tout à faict sans experience és sentimens & és subtilitez de ce feu gregeois, que l'on appelle Aimer, elle ne pouuoit deuiner qui luy auoit dressé cette supercherie. Cantidiane qui estoit, (ainsi que nous auons remarqué) de fort bon esprit, & qui auoit sceu de Palombe, dont elle auoit gaigné les bonnes graces, ce qui estoit

estoit arriué de la premiere rime, iugea aussi tost, & à la veine, & au procedé, que cela prouenoit de Siridon, qui auoit treuué cette inuention pour descouurir couuertement, & faire entendre sa passion à la simple Glaphire. Aussi ne fut-elle pas trompee en sa conjecture, de maniere que sans éuenter ce secret, auparauant que d'en auoir communiqué à Siridon, elle se contenta de faire vn peu la guerre à Glaphire, qui estant tout à faict ignorante de ce stratageme, ne luy respõdoit que par vne rougissante confusion, à trauers de laquelle on voyoit à clair l'honnesteté de son ame. Ayant donc vn iour tiré à part Siridon, & ingenieuse qu'elle estoit, apres l'auoir entretenu de propos ambigus, qui témoignoient assez, s'il les eust voulu entendre, qu'elle auoit intelligence de ses affaires, luy croyant qu'elle le iettast sur le propos de ses vieilles affections pour Callitrope : Helas, luy dit-il en rimant!

>   *Qu'il me seroit bien desirable*
>   *Que ie ne fusse miserable*
>   *Que pour estre dans sa prison.*
>   *Mon mal ne m'affligeroit gueres,*
>   *Et les herbes les plus vulgaires*

M'en donneroient la guerison.
Mais ma malheureuse auanture
En vn chef-d'œuure de nature,
Autant chaste comme il est beau,
Tient ma liberté si bien close,
Que le mieux que ie m'en propose,
Est d'en sortir par le tombeau.

Mon cher frere, reprit Cantidiane, ie me suis bien apperceuë à vos contenances que vous auiez quelque chose en l'ame qui vous tourmentoit; ie pensois au commencement que ce fust le regret de voir le Comte en si mauuais humeur, mais en fin i'ay pensé que quelqu'autre demon agitoit vostre fantaisie; pour cela i'ay esté au deuin qui m'a donné ce billet, dedans lequel il m'a faict voir comme dans vn miroir la belle cause de la passiõ qui vous trouble, & en vn mesme tẽps il m'en a mis les remedes en la main. Elle disoit cecy en luy remettãt ces vers qui estoient volez du lieu où il les auoit mis sans estre apperceu de personne, aussi tost il auoüa la debte, & reconnut que sa sœur en ces secrets estoit plus subtile que luy, & qu'elle auoit éuenté sa mine : il confessa, non pas sa faute, mais sa douce erreur, de laquelle il ne se repentoit pas, puis qu'il protestoit ne s'en pouuoir retirer : de façon que continuant son enthousiasme, il dict : C'est la verité, ma chere sœur,

Que de Glaphire me procedent
Les passions qui me possedent,
Sans relasche & sans reconfort,
Glaphire faict mes destinees,
Et comme il luy plaist, mes annees
Sont ou prés, ou loin de la mort.
Ie voy que c'est vn cœur de glace,
Où l'amour n'eut iamais de place ;
Et que rien ne peut esmouuoir:
Mais quelque froideur que i'y blasme,
Ie ne puis l'oster de mon ame
Pour vn autre obiect receuoir.

A ce que ie voy, mon frere, dict Cantidiane, nous sommes frappez à mesme coin, & nous auons vn pareil ascendant en nos naissances, car vostre ingenuité à me manifester vostre playe me conuie à vous descouurir la mienne, & à vous dire que i'ayme le frere, dont vous aimez la sœur, & que si nous sommes de bon accord, & de mutuelle intelligence, nous viendrons & vous & moy à bout de nos iustes & honnestes pretensions. Siridon rauy d'aise à ces paroles se iettant à genoux deuant sa sœur, & luy prenant les mains qu'il arrosa de ses larmes : Ha! dit il, voftre franchife refufcite mes efperances, & voftre promeffe me donne la vie, ma chere fœur, ie remets mon secret, mon cœur, mes affections, & tout mō bien, à voftre conduitte, puis que tout mon bien confifte en mes cheres affections, à la perte defquelles ie ne pourrois furuiure. Comme ces deux ames eftoient atteintes d'vn femblable traict, & la confolation des miferables eftant de rencontrer qui leur reffemble, il leur fut aifé de s'accorder à vn fecours mutuel, comme l'aueugle & le boiteux de l'embleme. Cantidiane fit connoiftre à Siridon qu'elle auoit declaré fa bien-veillance à Cleobule, qui l'auoit accueillie auec des refpects, des honneftetez, & des courtoifies reciproques, & comme il eftoit fage, qu'il auoit remis tout à la volonté de fa mere pour son regard, & à celle du Comte pour elle, adiouftāt, que iufques alors la pudeur & la bien-feance l'auoient empefchee de fe declarer à Fulgent, luy femblant que cela n'eftoit pas decent à vne fille de fa qualité, qui deuoit pluftoft fouffrir vne recherche, que fe mettre en termes de rechercher. Mais que s'il luy vouloit faire ce plaisir que de representer cela au Comte son frere, comme ayant découuert quelque estincelle de cette pure flāme, elle seroit obligee de faire pour luy (outre les inclinations naturelles qu'elle auoit de procurer son contentement) tout ce qu'il estimeroit à propos qu'elle fist pour le rendre sainctement & honorablement possesseur de Glaphire. Siridon qui se fust mis en mille pieces pour donner quelque naissance & auācement à sa passion, luy promit ce qu'elle voulut, estant bien raisonnable & plus conuenable à son sexe de se hazarder le premier de parler pour Catidiane à Fulgent, touchāt l'alliance de Cleobule qu'il estimoit coüenable, que non pas à sa sœur de parler pour soy mesme, ou pour luy. Cependant Cantidiane se charge, non seulement auec sa permission, mais par sa priere, de faire entendre à Glaphire qu'il est l'autheur du stratageme du Sōnet, & que n'osant ietter ses propos en ses oreilles, il les auoit glissez en sa manche, pour luy témoigner auec toute sorte de respect l'honnorable affection qu'il auoit pour elle: & puis si elle rencōtroit dans cét esprit de la correspōdance & de la disposition à le fauoriser d'vne reciproque bien veillance, qu'elle continueroit d'vn mesme air à luy rendre auprés du Comte les offices necessaires pour le faire consentir à cette recherche. Vous, Lecteur, qui auerty par cette histoire, voyez mieux dans l'éuenement que ces ieunes gens qui visent au but à l'aueugle, & qui sçauez l'estat de Fulgent, vous, dis-ie, iugez bien quelle des deux graces est plus facile à obtenir du Comte, & que Cātidiane aura bien plus prompte expedition de ce qu'elle demande pour soy par son frere, que de ce qu'elle se promet d'obtenir pour luy : Car Siridon n'eut pas plustost ouuert la bouche à Fulgent, touchāt les affectiōs de sa sœur enuers Cleobule, que le Comte, comme le préuenant en sa demande, donna son consentement à ce mariage, estimant que par vn lien plus specieux & plus fort il ne pouuoit attacher Glaphire en sa maison, ny par vn plus grand témoignage d'amitié obliger ce Gentil-homme à luy estre fauorable en ce qu'il pretendoit auec tant d'iniustice, qu'il n'en osoit entamer le propos. Tant est vray ce qu'a chanté le Psalmiste,

Que toute iniquité a la bouche oppilee,
N'osant manifester d'vn propos deceuant
Ce qu'elle va couuant,

Tenant sous le secret sa honte recelee.
Le mesme sainct Prophete parlãt de celuy qui veut produire vne action iniuste & meschante, dit qu'il cõçoit en douleur & enfante la malice auec de violẽtes trãchees, & que souuent il arriue qu'il tõbe en la fosse qu'il a creusee, & donne dans les pieges qu'il a tédus, perissant comme vn Perille dedans son propre artifice. Dieu sçait si cette responce rauit Cantidiane quand elle luy fut rapportee : ceux qui aymẽt & esperduëment cõme faisoit cette fille, en peuuent seuls iuger cõme il faut. Tandis que Siridõ luy demande les estrenes pour cette bõne nouuelle, Fulgent estant instruit des affections reciproques de Cleobule pour sa sœur, mais qu'il cachoit par modestie comme luy par dissimulation celles qu'il auoit pour Glaphire : & sçachant que la préuention est vn redoublement de bien faict, selon l'ancien prouerbe, qui dit :

Celuy donne deux fois, qui baille promptement,
Sans se faire prier bien faisant librement :
Ayant fait appeller Cleobule, il le tança au cõmencement de son discours du peu de confiance qu'il auoit en l'amitié qu'il luy auoit témoignée en tant de façons,

encore qu'il fceuſt que ce n'eſtoit pas tant vn defaut de confiance qu'vne abondance de modeſtie qui luy auoit donné cette retenuë, & vn excés d'humilité qui l'auoit empeſché de hauſſer les yeux vers la fœur de celuy qui luy tenoit rang de maiſtre; mais tout ainſi que les amandes ameres font trouuer le vin plus doux & delicieux; & comme la ſuauité du miel eſt plus penetrante quand on a maſché du chicotin; de meſme le Comte fceut ſi dextrement coudre à la teſte rubarbatiue de ſon diſcours vne queuë, & vne concluſion ſucrée & emmiellee, que le pauure Cleobule ſe voyant préuenu par ſon Seigneur en vne grace qu'il deſiroit plus qu'il ne l'oſoit eſperer, ne ſçauoit en la confuſion de ſes penſées, où rencontrer des paroles pour reſpondre à vne telle faueur, ny des complimés ou des reſſentimens aſſez forts pour correſpondre à tant de courtoiſie. Le Comte luy manifeſta de qui il auoit appris les affections reciproques de ſa fœur Cantidiane & de luy, leſquelles il loüa lors, & approuua, eſtimant le iugement de cette fille en vn ſi digne choix, proteſtant qu'elle n'euſt peu ietter les yeux ſur vn ſujet qui luy euſt eſté plus agreable ; qu'il cheriſſoit cette alliance, pour la cloſture de laquelle il luy offroit de luy donner telle part de ſon bien qu'il demāderoit, ſe reſiouyſſant de l'enter en ſa maiſon en qualité de beaufrere, afin qu'il fuſt intereſſé en la conſeruation de ſa fortune & de ſes biens, deuenant non ſeulement par l'amitié, mais par la conſanguinité vn autre luy-meſme. Ie n'aurois iamais faict à raconter les paroles de gentilleſſe, d'honneur & ciuilité qui ſe dirent de part & d'autre : car ſi le Comte ſçauoit auec vne langue de Courtiſan meſeſtimer & raualer ſon bien faict ; le gentil Cleobule auec celle d'vn Licentié, c'eſt à dire d'vn homme qui auoit la connoiſſance des bōnes lettres, faiſoit ſes reparties ſi à propos & releuoit auecque tant d'art les immortelles obligations dont il demeuroit eternellement redeuable au Comte, qu'en ce combat, ou pluſtoſt en cette eſcrime de langues, il euſt eſté difficile de iuger qui eſtoit le victorieux. Mais las en vain, dict la ſainte Parole, tend on des filets aux oyſeaux qui volent bien haut, & qui les voyent de loin, ce n'eſt pas pour les grands Aigles que les araignées tendent leurs toiles, mais pour les mousches. Cleobule s'apperceuoit bien que toutes ces faueurs du Côte visoient à la ruine de l'honneur de sa maison, & estoient autant d'attentats contre la pudicité de sa sœur, & que cette alliance ne buttoit qu'à l'engager à souffrir cette infame passion qu'il n'eust pas endurée pour la perte de mille vies: neantmoins comme il estoit iudicieux il creut ne deuoir prendre le tison que par où il ne brusloit pas, & qu'il ne deuoit pas faire comme ces resueurs & inconsiderez, qui en espluchant des noix, iettent sans y penser ce qu'il y a de bon pour mettre les peleures ameres en leur bouche. Il faut tout espreuuer, disent les sainctes Pages, & s'arrester à ce qui est bon. Ce n'estoit pas à luy de cómencer la querelle ny de témoigner à Fulgēt qu'il sçauoit de ces nouuelles pl⁹ qu'il ne pensoit, & qu'il n'eust desiré: peut-estre que le temps, disoit-il en soy-mesme, effacera auec vne esponge insensible cette adultere passion de son esprit & balayera son cœur de cette mauuaise volonté colorée du nom de bienveillance. Quoy! sa confession ne monstroit-elle pas que c'estoit à regret qu'il se sentoit engagé en ces liens, ains plustost en ces lacqs,

& qu'il ne souffroit la gesne de cette chaisne que par contrainte? peut-estre que le respect de cette alliance qu'il me propose le diuertira de cette maligne pensée, & ne luy permettra pas de vouloir couurir le visage de son beau-frere d'vne telle infamie; en tout cas ma mere peut retirer ma sœur, l'absence guerira & sondera cette playe, & le Ciel par quelque bonne inspiration le peut mener à resipiscence. Tandis que le bien se presente, il le faut accueillir, & prendre l'occasion par les cheueux qui luy battent sur le front, puisqu'elle est chauue de la teste. Sur cette resolution il se retire d'auprés de Fulgent, apres mille remerciemens, auec permission de se dire ouuertement seruiteur de Cantidiane. Quand Dionée sceut ces accords elle en fut rauie d'aise: car outre l'honneur d'vne alliance si illustre & honnorable pour son frere, l'vtile y estoit manifeste en la grande & notable dotte que promettoit le Comte, & de plus l'esprit & l'humeur de Cantidiane luy reuenoit tellement, qu'il n'y auoit Damoiselle au monde (si elle eust osé esleuer ses desirs si haut) qu'elle eust plus desirée que celle-la pour belle fille, mesme quand elle eust esté de moindre condition. O Dieu quelles actions de graces en rendit-elle à Fulgent, protestant que tous les seruices du reste de sa vie ne seroient point capables de se reuancher d'vn si grand bien faict. Palombe aussi qui aimoit cherement, & qui cherissoit honnestement tant de Vertus qu'elle voyoit reluire en son Escuyer, fut bien resiouye quand elle le vit arriuer à la qualité de son beau-frere : mais comme elle estoit informée des passions de son mary, elle iugea bien où buttoit le dessein de cette alliance funeste, pareille à celle du lierre auec la muraille, qu'il rõge, qu'il ruine, & qu'il tire à bas par la succession du tẽps. O que les voyes des iniques sõt tortuës, & biaisées; au lieu que celles des iustes sont droittes & aisées, sans contours, sans destours, parce qu'ils sont reuestus d'armes resplendissantes pour cheminer honnestement en la lumiere de la vertu. La Comtesse voit bien que ce mariage de Cleobule & de Cantidiane n'est qu'vn pretexte & vn moyen d'attacher d'auantage à la maison de Fulgent, celle qu'il vaudroit mieux en arracher, mais cõme elle estoit extrememẽt sage, elle soumet humblement sa prudence propre à la prouidence diuine, sçachant que toutes les voyes de Dieu sont iudicieuses & incomprehensibles, & qu'il a des secrets inconnus dans les tresors de sa science pour perdre & escarter les routes des pecheurs. Elle acquiesce dõc paisiblement aux accords de ces nopces, pour lesquelles celebrer auec apparat, le Comte se prepare à des magnificences & sumptuositez dignes de la splendeur de sa maison & de son courage. Mais comme toutes les choses humaines ne pendent qu'à vn filet, & comme les plus horribles bourrasques de la mer sont precedées par les plus profondes bonaces: Aussi ces accords & ces preparatifs si pompeux furent renuersez par vn soudain tourbillon qui pensa mettre Cantidiane au desespoir, & qui fit le plus grand éclat qui se puisse imaginer. Mais si les vents contraires sur l'Occean font faire des naufrages; il arriue d'ordinaire sur la Mer du monde, que ce sont ceuxlà qui font surgir à bon port. Car quand on est arriué en la haute Mer, & que la tempeste est preste de nous engloutir, c'est alors que l'extremité de la tribulation & de l'angoisse nous pressant de recourir à Dieu & de l'inuocquer, nous faict rencontrer sa misericorde au tẽps mesme où nous pensions ressentir les vengeances & les chastimens de sa iustice. Nous verrons arriuer le semblable en l'euenement que deduit ce Narré. Tandis que Palõbe & Cleobule consultent ensemble des moyens qu'ils tiendront pour guerir le Comte du mal qu'il tient autant secret comme manifeste, & qu'ils dressent vne contremine pour mettre au vent ses mauuais desseins; Siridon exigeant de sa sœur par l'impatience de la passion qui le trauailloit les mesmes deuoirs enuers son frere pour auoir la belle Glaphire qu'il luy auoit rendus pour luy acquerir Cleobule, mit le feu à la mine, qui en creuant pensa tout bouleuerser & mettre toute sa fortune & sa maison en cendre. Tous deux ignorent les secrettes affections que le Comte auoit pour Glaphire, & qu'il n'auoit iamais declarées qu'aux Rochers & aux Bois dont les Echos les auoient rapportées aux oreilles de Palombe & de Cleobule : tellement que cheminans dans les tenebres de cette ignorance, il ne faut pas s'estimer s'ils chopperẽt si lourdemẽt qu'ils pensẽrent rompre le col à leurs honnestes pretẽfions; mais les yeux de Dieu qui veillent sur les choses iustes, & dont les oreilles oyent, & la bonté exauce les prieres qui luy sont faittes en droitture de cœur, eut pitié de ces Amans & leur fit tirer du profit de leur tribulation, & cueillir des raisins du milieu des halliers, & des figues d'entre les espines, acheminant leur sainte vnion contre toute apparence & contre leurs esperances. Cantidiane ayant pris son temps pour remercier son frere du consentement qu'il auoit donné à ses plus ardans desirs en l'vnissant à son cher Cleobule, qui estoit la lumiere de ses yeux, le pria en suitte de cette grace de luy en faire vn autre, & de n'attrister pas son visage par vn refus. Le Comte qui vouloit mettre toute pierre en œuure pour esleuer le bastimẽt de sa perfidie & se seruir d'elle pour se facilliter l'accez vers l'esprit de Glaphire, luy promit de ne luy refuser chose quelconque, fust-ce la moitié de son bien, parce qu'il se disoit si ialoux de son contentement & de celuy du Gentil-homme qu'il luy donnoit pour espoux, qu'il n'y auoit rien de ce qui estoit en sa puissance qui ne luy fust plus aisé à leur bailler qu'à leur offrir. Cantidiane le remercia de cette promesse, & luy tesmoignant que ce n'estoit point pour son propre interest qu'elle vouloit parler, la dotte qu'il luy donnoit n'estant que trop suffisante pour la contenter, puisqu'elle surmontoit les attentes de son futur espoux: C'est, luy dit-elle, pour le contentement d'vne personne qui vous est autant que moy, & qui m'est autant qu'à vous, nostre commun frere Siridon, lequel n'est pas moins passionné de la sœur que ie le suis du frere, mais son affection pareille à la mienne est si saincte & si legitime, qu'il ne vise qu'au mariage, s'estimant plus heureux si par vostre permission il peut posseder Glaphire, que s'il estoit rendu maistre de tous les tresors du Perou. La mesme facilité que vous auez monstrée à m'accorder au frere, luy promet & à moy aussi que vous l'aurez pour luy accorder, ces deux mariages se pourront faire en mesme temps & à mesme iour, les mesmes raisons qui sont pour l'vn estans aussi fortes pour l'autre. Que deuint le Comte entendant ces propos, ie le laisse à penser à toute personne de bon sens, confessant ingenuëment que ma plume n'est point capable de representer comme il faut les mouuements de son ame,

qui

qui se faisant voir assez clairement aux alterations de son visage, à qui eust esté informé de ses preteñsions, furent neantmoins des lettres closes pour cette fille, qui comme vne innocente, & peu caute perdrix donnoit d'elle mesme dans la trame où elle se deuoit perdre, ou plustost se mettoit sous le tonnerre qui deuoit porter par terre tous ses desseins. Que n'eust dict Fulgent à cette proposition, s'il n'eust eu peur de descouurir trop ouuertement ce qu'il couuoit il y auoit si long temps en son ame, à peine vn coup de poignard eust-il tiré du sang de ses veines, tout le sien s'estant ramassé autour de son cœur, pour l'empescher d'esuanouir; vn traict de foudre qui eust balayé la terre sous ses pieds, l'eust alors frappé sans estonnement; car il se vit si estourdy du coup que la langue de sa sœur donna à son esprit, qu'il en perdit par quelque espace la cognoissance de soy-mesme. Puis reuenant à soy de cette espece de transport, dissimulant autant qu'il pouuoit le sentiment de sa playe, & pour parler auec cet ancien Poëte,

Pressant dedans son cœur
Vne haute douleur;

Il respondit assez moderément à Cantidiane (disant la verité contre son sens) que l'affaire qu'elle luy proposoit estoit beaucoup plus difficile qu'elle ne pensoit, & que cela meritoit bien qu'on luy donnast du temps pour y songer. Ce qu'il disoit pour imiter Cesar, qui se sentant esmeu de colere en émoussoit la pointe & la promptitude en recitant l'alphabet, car qui peut se donner le loisir de digerer ce que la boutade du courroux suggere de, premier abbord viét aisémen t à bout de ce mostre, & ne tôbe pas dans les accidens qui trainent aussi tost au repentir. Il escarta donc (comme il estoit fin & ruzé en sa malice, & selon les termes de l'Escriture, prudent au mal) de propos à autre le discours de sa sœur, remettant à vne autre fois sa responce, & vsa-t'il de ce stratageme pour ne découurir son ieu en la fureur qui boüilloit alors dans son esprit. Si bien que Cantidiane s'en retourna de cette conference auec de l'espoir, mais sans aucune certitude que le Comte deust consentir à ces nopces de Siridon & de Glaphire: neantmoins de peur d'attrister démesurément l'esprit du pauure Siridon, qui à son retour attendoit auec l'impatience & la crainte que l'on peut coniecturer cét oracle de sa responce, comme vn arrest de sa vie ou de sa mort ; elle sceut si bien attremper ses propos, & luy faire croire qu'elle auoit leu en la contenance de Fulgent vn desir de le contenter, mais que pour ne traitter à la legere vne affaire de tant d'importance, il auoit demandé quelques iours pour prendre auis de son conseil, & auiser aux moyens qu'il luy deuoit donner pour le mettre à son aise, & le tirer de necessité ; lechant ainsi doucement sa playe, elle en osta l'inflammation, & leua de son esprit le soupçon d'vn rebut qui luy eust esté moins supportable que le plus cruel de tous les supplices:

L'Amour en sa blesseure a tousiours quelque plainte,
Et à ses deux costez le soupçon & la crainte ;
Les pleurs & les souspirs ce sont ses alimens:
Il se paist de langueurs & de gemissemens.

Siridon qui auoit veu auec cõbien de prõptitude Fulgent s'estoit porté à cõsentir au mariage de sa sœur, ne se peut figurer d'où luy vient ce malheur qui le persecute, si bien que s'en prenant à l'innocence des astres, & accusant leurs regards & leurs influences de malignité, il sembloit vouloir rendre le Ciel cõplice des maux qui sont en la terre, sans considerer que si les estoiles sont separees des hommes par leur nature, elles sont encore beaucoup plus esloignees de leur malice; car elles ne se detraquent iamais du cours qui leur a esté prescript par leur premier Moteur, qui leur a donné & l'estre & l'ordre qu'elles tiennent, ainsi que dict la saincte Parole. Au lieu que les enfans des hommes pesans de cœur cherissent tant la vanité qu'ils ne font que chercher la mensonge. Tantost il croit que c'est vn mal-heur fatal qui l'accompagne, & qui le suit, ainsi que l'ombre faict le corps, tantost que cette contradiction qui luy est faicte par son frere est vne secrette vengeance qu'il veut prendre, ou de ce qu'il l'a engagé aux nopces de Palombe, ou de ce qu'il auoit osé regarder (bien que sans dessein) cette chaste Comtesse: mais toutes ces diuinatiõs sont vaines & fausses, pareil à ceux qui tirẽt en tenebres, pas vn de ses traicts n'atteint au but de la verité. Cependant il est à remarquer que Cantidiane, comme se tenant asseurée de tirer vne pareille responce de Fulgent pour Siridon que celuy-cy auoit eu pour elle, auoit faict entendre à Glaphire le secret du Sonnet, & par là luy auoit declaré les extrémes passions que ce Cadet souffroit pour elle, ignorante qu'elle estoit de celles de son aisné. Cette Damoiselle qui estoit aussi vertueuse que belle, & autant honnorable que le mesme honneur, bien que cette proposition flattast doucement sa pensee, & luy fust fort agreable, estoit neantmoins si fort attachee à l'obeïssance, & à la soumission qu'elle rendoit à sa mere & à son frere, que sans faire paroistre à Cantidiane (qui l'appelloit sa sœur, mesme auant qu'elle fust promise à Cleobule) les douces emotions de son ame, elle n'eut autre responce, sinon qu'elle feroit ce que Dionée & son frere, les deux poles de sa conduitte, luy conseilleroient & commanderoient; auoüant neantmoins, tant elle estoit pleine d'ingenuité, que si sa mere de sa part, & le Comte de la part de Siridon, s'accordoient en cette alliance double du frere à la sœur, & de la sœur au frere, elle mettoit cét hôneur au plus haut point des felicitez de sa vie, comme estant vn degré auquel elle n'eust osé aspirer, & vne gloire qu'elle n'eust peu esperer. Sur cette parole Siridon s'auentura de luy offrir son seruice & ses plus sinceres affections, ce qu'elle accueillit auec vne simplicité mesleé d'vne indifference, qui tesmoignoit assez qu'elle n'estoit pas de celles qui s'engagent legerement en des bien-veillances reciproques, quelque apparence qu'il y ait de les voir reüssir à vne bonne & honneste fin. Et pour dire cette verité en passant, les filles sages, & bien nourries, ne peuuent iamais estre assez reseruees en cecy: car comme elles dependent entierement des volontez d'autruy, (nulles loix ne laissant ce sexe en la puissance de soy-mesme) comment peuuent-elles se determiner, puis que c'est aux Pilotes qui les conduisent de faire surgir leurs barques à tel port qu'il leur plaist? Cette Damoiselle qui estoit la mesme modestie, n'ayant ny receu, ny rejetté les vœux de ce nouuel Amant, estant encore fort nouice en de telles pratiques, le laiſſa neantmoins auecque autant de ſatisfaction de ſa courtoiſie, qu'il eſtoit plein d'admiration pour ſa beauté, d'où il prit la liberté de ſe dire ouuertement ſon ſeruiteur, ne ſe promettant pas moins de grace de ſon frere que Cantidiane, veu meſme que pour le retirer de la recherche de Callitrope, il luy auòit permis d'aſſeoir ſes inclinations ſur tout autre ſujet, pourueu qu'il fuſt noble & accompagné de vertu, en quoy il n'auoit pas manqué, bien que le Comte n'entendiſt pas qu'il tournaſt ſes yeux vers Glaphire. Les demonſtrations de bien-veillance particuliere auoient deſia donné dans les yeux ſoupçonneux & ialoux de Fulgent, mais la declaration de Cantidiane luy ayant faiſt voir à clair ce qu'il n'auoit apperceu qu'en ombrage, alors qu'il ſe vit ſeul & en la liberté de ſe plaindre, que ne diſt il, que ne vomit-il, que ne foudroya t'il contre le pauure Siridon, qui n'auoit autre crime, que de le heurter, comme feroit vn aueugle qui ne voit pas ceux qu'il choque, si c'est vn crime que de souhaitter iustement la possession d'vn object que Fulgēt ne pouuoit seulement regarder auec desir sans se rendre coulpable d'adultere. O que les humains sōt iniustes en leurs balances, souuent il arriue que les petits sont criminels en leur innocence, & que les forfaicts des grāds sont pris pour des actions de iustice, que leurs fautes sont sans infamie, tandis que les moindres gemissent sous le faix d'vn tyrannique deuoir : parole fidele & digne de soigneuse remarque ditte par vn grand cerueau; le monde est vn Iuge inique, tousiours fauorable à ses enfans, qui sont les pecheurs, & cruel à ceux qui suiuans les sentiers de la droicture, se retirent de ses voyes tortuës; il louë ceux-là és desirs de leurs ames, & les benit en leurs mefaicts, tandis qu'il declame contre ceux-cy, & les charge de taches supposees à faute de les pouuoir couurir de reprehensions veritables. Fulgent courroucé à outrāce contre Siridon auec autant d'iniustice, que Saul contre Dauid, que Cain cōtre Abel, & que les enfans de Iacob contre Ioseph leur frere, ne se cōtēte pas de retracter sa parole & se dédire de la promesse qu'il auoit faite à Catidiane de ne l'escõduire point en sa demãde, qui estoit autant iuste qu'il l'estimoit iniuste ; mais il prepare des chastiemens pour Siridon qu'il a aussi peu meritez comme son offence est nulle. Cecy me fait souuenir (s'il est permis de conferer les choses vulgaires aux sacrées) de cette promesse que fit Salomon à Bersabée de luy donner tout ce qu'elle luy demanderoit, fust-ce la moitié de son Royaume, & dont il se retracta aussitost qu'elle luy eut proposé l'alliance d'Adonias son frere auec Abisag Sunamite, destinant & condamnant aussitost son propre frere à la mort comme criminel de leze Majesté : Et me remet encore en memoire le regret qu'eut Iephthé quand par le salut de sa fille qui luy vint la premiere à la rencontre au retour de sa victoire, il se vit engagé par son vœu temeraire à la sacrifier: Et celuy d'Herode qui se repentit soudainement de la promesse qu'il auoit faitte à cette baladine qui luy demanda la teste du grand Baptiste. Le Comte se desdisant tout court de ce qu'il auoit protesté à la sœur, va plus auant, & minute de faire perdre terre à son frere, & de l'enuoyer si loing ou en Italie ou en Flandres, ou plustost aux Indes, qu'il n'ait plus occasion d'entreprendre sur ses marchez ou de marcher sur ses brisées & de luy donner des ialousies. L'exil du pauure Siridon est resolu en l'esprit de son aisné. Si bien que (laissant à part les paroles de colere & de transport que la fureur luy tira de la bouche comme mieux teuës que sceuës) lors que Cantidiane le vint retreuuer pour sçauoir sa resolution, elle le vit tout allumé de courroux, & en cette esmotion que ne luy dict-il. Allez, ma sœur, vous deuriez vous contenter que ie fay pour vous plus que ie ne puis, & que ie ne doibs, sans encore me faire voir celle qui deuroit en toutes façons procurer mon bien, au contraire minuter ma ruine. A la fin si ie vous croyois vous me mettriez en pourpoint, & en abusant de mon indulgence & de ma facilité, ceux à qui ie doibs faire la part me voudroient donner la loy. Mon conseil ne porte pas que ie doiue faire à mon Cadet les auantages qu'il se promet en vn heritage qui m'appartient, quand ie l'auray reduict à la legitime, il connoistra que c'est à luy de busquer

sa fortune autre-part, & que l'alliance de Glaphire ne luy peut estre que
desaduantageuse, s'il veut se retirer & se
marier auant terme. Ce sont de ses im-
pertinences ordinaires, & non content
de s'estre sauué du naufrage où il alloit
se perdre à Madrit, il vient encore comme vn Pilote peu experimenté, donner contre vn banc de necessité, amu-
sé par le blanc d'vne vaine beauté, de la
possession de laquelle il seroit aussi-tost
rassasié que ie l'ay esté de la femme
que son peu de iugement m'a procu-
rée. Il y a de la difference entre prouuoir vne fille & vn ieune homme, les
filles sont de mauuaise garde, il s'en
faut deffaire comme l'on peut, c'est vne
marchandise qui s'empire en vieillis-
sant, & qui en peu de temps perd son
debit; c'est ce qui m'a faict consentir
à vostre alliance auecque Cleobule, en
laquelle ie me suis forcé plusque ie ne
pouuois, & peut estre plus que ie ne deuois, pour vous mettre & luy aussi à vostre aise: ie ne puis faire le semblable de Siridon & de Glaphire, c'est à lui d'aller dās
les armes ainsi que font tous les Cadets
des meilleures maisons d'Espagne, chercher de l'auancement, auāt que songer à

sa retraitte dans vn mesnage; bien que ie sois son aisné, si est-ce que ie me repens de m'estre marié si tost, & si c'estoit à recommencer, ie me garderois bien de donner de si bonne heure dans les entraues, mais ce qui est faict est faict,

Il faut souffrir vn mal qui n'a point de remede,
Et qu'au pouuoir des loix toute puissance cede.

Ne me parlez donc plus de cette alliance si vous me voulez obliger, parce que ie n'y veux nullement consentir, que si mon frere perseuere en sa poursuitte, ie luy trancheray ses morceaux si courts qu'il aura tout loisir de se repentir de s'estre marié contre ma volonté; & si vous m'importunez plus de cette inciuile & iniuste requeste, ie vous feray paroistre que ie sçay les moyens de deffaire ce que i'ay faict pour vous, & que ie sçay ranger à leur deuoir ceux qui me contrarient. Cantidiane outre l'estonnement fut saisie d'estranges frayeurs durant tout ce discours prononcé auec vne vehemence qui faisoit bien paroistre le grand courroux du Comte. De sorte que de peur de ruiner sa propre feste, en voulant establir celle de Siridõ, elle creut, prudente qu'elle estoit, qu'il falloit biaiser le gouuernail & gauchir au coup, aimant mieux ceder comme le roseau à l'orage, & plier comme la bonne lame que de rompre. Il faut aimer son prochain comme soy-mesme, & non pas plus; elle se contenta donc d'auoir rendu à son frere puisné vers son aisné les deuoirs qu'elle se sentoit obligée de luy rendre : mais de mettre au hazard son propre contentement pour auancer celuy d'autruy, c'est ce que sa prudence ne luy conseilloit pas de faire, estimant que le temps plaideroit la cause de Siridon, & qu'appellant de Fulgent courroucé à luy-mesme adoucy, il la pourroit gaigner auec plus d'auantage. Pour ne ressembler donc à ceux qui perissent dans les eaux voulans sauuer ceux qui se noyent, elle s'excusa vers le Comte de ce que pressée par Siridon, elle l'auoit prié d'vne chose qu'elle n'estimoit pas qu'il deust auoir à contre-cœur, & le remerciant de la continuation qu'il luy faisoit esperer des effects de sa bonne volonté, elle luy promit de ne luy parler plus de ce qu'elle voyoit luy déplaire, l'auertissant neantmoins que Siridon estoit si éperduement amoureux de Glaphire, que sous vn manifeste desespoir elle ne pensoit pas qu'il peust supporter cette priuation. Ie voy bien, reprit Fulgent, qu'il prepare quelque folie, mais ie l'enuoyeray si loing, que l'absence effacera aussi tost de son esprit cette idee, comme il a perdu promptement celle de sa maistresse de Madrit; il le faut vn peu dépaiser, & puis quand il aura paty, il ne sera plus si facile à se laisser surprendre à toute sorte d'objets. Ie n'ay point de paroles pour exprimer comme il faut l'assaut du cœur de Siridion lors que Cantidiane luy fit le rapport de ce refus si rude & si absolu; car bien qu'elle détrempast cette absinthe és termes les plus succrez & les plus suaues qu'elle pouuoit inuenter, & qu'elle laissast au fond de cette boëtte de Pandore quelque image d'esperance, neantmoins il n'y eut sorte de rauage que la rage de se voir frustré d'vne si chere attente, ne fist en ce courage autant outré qu'il estoit passionnément Amoureux: Tantost se reuoltant contre son aisné, il dict des choses qui luy eussent tourné à grand preiudice, si Cantidiane en eust faict le rapport, mais outre qu'elle l'aimoit comme frere, elle estoit trop discrette pour semer des noises entre ses freres. Sçachant bien que c'estoit la briefue fureur de la colere qui parloit en la bouche de ce triste Gentil-homme, & non pas la Raison. O que c'est vne horrible conuulsion d'ame quãd l'huille de l'espoir vient à manquer à la lampe d'vn extreme desir, il n'y a roüe d'Ixion, soif & faim de Tantale, ny supplice aucun semblable à ce tourment. Encore si vous vous representez que Siridon prejugeant des succés de son alliance pour celle de sa Sœur, se tenoit pour asseuré de la sienne, vous verrez que sa passiõ venant à treuuer vn obstacle au milieu de son cours, est semblable à vne flesche qui se brise contre vne pierre auant qu'arriuer à son but, & vn vaisseau qui donne contre des brisans cachez sous l'eau lors qu'il a le vent plus en pouppe, & qu'il cingle auecque plus de roideur vers le port, ou bien à vne femme enceinte qui perd sa vie & son fruict dans les douleurs de l'enfantement & sur le point qu'elle pense produire sa ioye, qui se void descendre au cercueil, s'il faut ainsi dire, toute viuante. O ! pouuoit-il dire,

Que tyrannique est le deuoir,
Et violent est son pouuoir.

Encore, disoit-il, si c'estoit la puissance paternelle qui me traittast de la sorte, il y auroit plus d'apparence de mordre la terre & de ronger son frein en silence, sans murmurer contre ceux par lesquels le Ciel nous a donné l'estre : mais que dois-je à mon frere, ne suis-je pas autant, & de mesme sang, & de mesme nature, & de pareille maison que luy? pour auoir plus d'aage en est-il plus noble? cruelle loy qui fais que les richesses & le droict d'ainesse qui emporte presque tout le bien d'vne famille, fassent gemir sous les iniustes rigueurs d'vn aisné des Cadets innocens, les rendans victimes de la pauureté pour estre venus les derniers au mõde, & qui fait que de ceux qui sont nés de mesmes parens, les vns gemissent sous les fers de la dure necessité, tandis que les autres sont gorgez de superfluitez & dans l'abondance par dessus la teste. Apres cela se resoluant de secoüer le ioug de cette authorité fraternelle, aimant mieux estre pauure & content que riche & peu satisfaict, il se determine de demander sa legitime (sans considerer qu'és despenses faictes à Madrit, à Madrit, il en auoit desia englouty vne partie,) & d'essayer d'auoir Glaphire auecque cela, croyant que sa naissance suppléeroit au defaut de ses moyens. Cantidiane qui voit que cela apportera du bruit à la maison, & du trouble à son mariage, le coniure de prendre vn peu de patience, d'attendre qu'elle soit mariée auecque Cleobule, & que ce remede estant extréme il le faudroit employer quand tout autre manqueroit, luy promettant de l'assister en cela tant de ses facultez, comme du credit qu'elle aura plus grand enuers Dionée, dont elle sera belle fille, & de Cleobule dont elle sera espouse. Siridon, non sans peine, acquiesce à cette priere, coniurant sa sœur de luy estre fauorable en son dessein, qui ne luy estoit pas moins important que de la vie, & de le maintenir autant qu'elle pourroit aux bonnes graces de Glaphire, laquelle il protestoit de seruir nonobstant toutes les defences & les oppositions du Comte; ce qu'elle luy promit auec autant de sincerité qu'elle estoit affectionnee pour son bien. Cependant Dionée auoit esté auertie par Cantidiane de cette inclination que Siridon auoit pour sa fille, & elle auoit remis cette seconde & double alliance à la volonté de Fulgent, ioyeuse d'auoir rencontré si heureusement à loger ses deux enfans en vne mesme maison, où elle gouuernoit auec vn empire aussi absolu que dans la sienne propre : combien à voitre auis fut-elle estonnee, quand elle sceut que le Comte qui auoit si librement & si promptement accordé l'vn des mariages, auoit si brusquement & rudement reietté l'autre. Sa prudence ne presagea rien de bon de ce refus, soit qu'elle estimast que Fulgent fauorisast la poursuitte de Sindulphe, ou que quelque ennemy voulust par le rebut de l'vne trauerser l'autre alliance, & mesler de l'amertume dans sa ioye. O qu'eust-elle dict si elle eust esté auertie par Cleobule des iniustes & infames pensees que Fulgent auoit pour sa fille, que bien tost elle eust tout rompu, & brisé les cordages qui la tenoient à l'ancre en cette plage pour s'écarter de ce riuage malencontreux. Mais il n'appartenoit qu'à ce Cheualier & à Palombe de penetrer le secret des tenebres, & de deuiner ce qui estoit dans la cachette du cœur du Comte, & de sçauoir la raison pourquoy ayant consenty à l'vne des alliances auec tant d'applaudissement, il reiettoit l'autre auec tant d'aigreur ; veu mesme qu'il auoit autrefois promis de faire tant d'auantages à ce frere, & iusqu'à lors tesmoigné si peu d'affection pour l'auancement de Cantidiane. Quand la Comtesse & son Escuyer depositaires de la reuelation des bois sceurent la response de Fulgent, touchant la poursuitte de Glaphire par Siridon, il ne leur fut pas mal-aisé à iuger d'où procedoit cette inegalité d'esprit, mais ne iugeans pas à propos d'éuenter rien de cette passion iusques à ce que le Comte mesme en eust rendu des témoignages plus euidens, & donné suiet à Dionée & à sa fille de songer à leur retraitte ; ils attendoient en patience le salutaire de Dieu sur cette ame, c'est à dire, que reuenant à son bon sens ; il renonçast de luy mesme à vne passion si odieuse & si desreglée. Mais il arriua tout au-rebours de leurs pensées, car comme les suggestions du maling sont tousiours fortes és ames embourbées dans le sang, c'est à dire, dans les sensualitez, & dans les volontez des voluptez de la chair, que ne sont les inspirations diuines, dont les rayons comme ceux du Soleil ne penetrent point les corps opacques & espais, selon que dit l'Apostre, l'homme charnel ne conceuant pas facilement ce qui est de l'esprit de Dieu, esprit de pureté & d'honnesteté. Aussi auint-il que le Comte se laissant emporter au tourbillon, & au torrent de la tentation, se resolut de manifester ses folles affections, ou plustost ses puantes infections à Glaphire, ne pouuant plus supporter, ny son propre vice, ny son remede. La veuë de Siridon qui en sa presence se portoit ouuertement pour le Cheualier de cette Damoiselle, ne luy est plus supportable, comme le Ciel ne peut souffrir deux Soleils, ny l'Asie deux Princes, selon que disoit Alexandre à Darius, aussi en sa maison il ne peut souffrir de compagnon, ny sa maison deux maistres. Si la nature l'oblige à aymer Siridon, comme frere, il le haït en qualité de riual, toutes ses actions semblent insolentes, & comme faictes pour le brauer, sans considerer qu'il estoit ignorant de sa passion, & que si c'est la seule volonté qui offence, il n'en pouuoit auoir de l'offencer, puis qu'il ne sçauoit pas ses pretensions. Il s'arreste seulement sur le peu d'estat qu'il semble faire de la defence qu'il luy a signifiee par Cantidiane de continuer cette poursuitte, sans penser que les affections ne se despoüillent pas si aisément que des habits, ioint que la ciuilité & l'honnesteté obligent à descoudre plustost qu'à deschirer de semblables recherches, & que dans la conuersation ordinaire de ceux qui habitent en vne mesme maison, il se dict beaucoup de choses & se passent plusieurs actions plustost inconsiderees, que malicieuses, plustost indifferentes, que produittes à dessein de fascher, qui neantmoins paroissent à vn œil ialoux & maling criminelles & outrageuses : Mais la passion est vn milieu trompeur & vn verre coloré, au trauers duquel tous les obiects paroissent en vne autre forme & teinture que la leur naturelle. Les regards colombins qui sortent des yeux de Glaphire, bien que pleine d'innocence, & comme lauez dans le laict pour exprimer son honnesteté, auecque des paroles sainctes, luy semblent affettez; & bien qu'elle regarde Siridon à son accoustumee, c'est à dire, auec simplicité, & que ses actions & ses propos ne sentent que leur naïueté, & leur modestie, il y faict neantmoins des gloses & des Commentaires de duplicité, qui luy font croire qu'elle est éprise de la mesme flamme qui consomme à veuë d'œil pour elle l'infortuné plustost que malicieux Siridon. Si bien que pour se deliurer de la frenaisie qui le possede, il se resoult d'escarter ce Cadet, estimant qu'il en auroit aussi bon marché qu'il en auoit eu pour Palombe, pareil en cela à ceux qui sont mordus des bestes enragees, dont le premier remede est d'oster de leur presence les animaux qui les ont blessez, autrement leur guerison seroit desesperée. Ayant donc tiré à part son frere, & luy ayant témoigné qu'il se sentoit offencé du peu d'estat qu'il faisoit de sa defence, nonobstant laquelle il ne laissoit de poursuiure sa recherche de Glaphire, il le traitta de menaces de le ruiner & de le perdre auec des paroles si rudes, que cela tenta fort la patience de Siridon; à ces pointures, il adiousta des onctions & des lenitifs, luy remonstrant combien ce party luy estoit desauantageux, & que se mariant si tost c'estoit le moyen de ne paruenir iamais à aucune fortune digne du rang où son sang & sa naissance l'appelloient. A cela il adiousta d'assez foibles raisons pour luy faire connoistre la difference qui estoit entre luy & Cantidiane, à laquelle l'alliance de Cleobule n'estoit pas tant disproportionnée comme luy seroit celle de Glaphire, protestant que si contre son gré il prenoit cette fille pour espouse, il conteroit sur sa legitime toutes les despences qu'il auoit faictes à Madrit, & au lieu de luy faire vne part honorable de ses biens, il le mettroit en chemise & le reduiroit en vne extremité si necessiteuse que la misere luy apprendroit qu'il ne falloit pas tant és mariages se prendre par les yeux, que par les mains, c'est à dire, s'y embarquer par la beauté, tant que par la commodité, & n'y auoir pas tant égard à ses propres plaisirs, qu'aux interests de sa posterité.

Fin du Liure quatriéme.

PALOMBE
LIVRE CINQVIESME.

Tovt cela le bon Siridon ne respondit rien, tant de peur de mettre son frere hors des gonds, que pour ne s'emporter soy-mesme à des paroles de precipitation, dont il eust à se repentir le reste de sa vie. Mais la principale raison qui modera les sentimens de son iuste despit, & qui luy arracha de la bouche les repliques dont la calamité est tousiours fertile, ce fut la promesse qu'il auoit faicte à sa sœur, & l'apprehension qu'il eut de ruiner son contentement, ce qui luy eust esté vne extreme ingratitude, veu qu'elle auoit essayé d'auancer le sien autant qu'elle auoit pû.

Il fut donc faict sourd ainsi qu'vne souche,
Et n'ayant point de response en sa bouche,
Il se tient coy, & ne repliqua rien,

Quoy qu'il se vist enleuer tout son bien. Pourtant il n'en pensoit pas moins, & quelques menaces qu'il entendist de son frere, si est-ce, que cela faisoit en luy le mesme effect du vent, qui faict par ses bouffées que les grands arbres iettent de plus fortes & profondes racines, car son cœur ainsi que les paulx s'affermissant par ces secousses se releuoit comme la palme contre le faix, se durcissoit comme l'enclume sous les marteaux, & comme le fer & le rocher se polissoit par la lime & les vagues. Quoy que le Comte tonnast à ses oreilles, son esprit n'en estoit point estonné, mais se determinant à souffrir toutes sortes de peines pour la conqueste de la cause qui l'animoit, il projettoit de n'estre iamais à autre qu'à Glaphire, deust-il aller chercher sa bonne fortune au bout du monde, & acquerir au prix de son sang les auantages que son frere luy auoit promis en sa maison, & qu'il luy desnioit alors auec autant de honte que d'iniustice. Ce silence donna la victoire en apparence à Fulgent, & en effect à Siridon, car en faict de colere celuy qui endure les iniures sans repartir est le victorieux. Il promit au Comte ce qu'il voulut, auec intention de ne rien tenir qui fust contraire à son affection. Mais certainement il ne tint à rien qu'il n'eschappast lors que Fulgent luy proposa de faire vn voyage en Italie ou en Flandre, parce que n'estant point

A l'ame d'vn fidele amant
De plus grand tourment que l'absence
De l'obiect de qui la presence
Le comble de contentement:

il ne iugeoit pas pouuoir sans mourir endurer la cruauté de cette separation, ny souffrir vn si long martyre. Il iugea bien que c'estoit vne deffaicte honnorable, & que son frere le pensoit amuser de cette façon, & luy faire perdre cette affection en la mesme maniere qu'il s'estoit deffaict au voyage de Madrit de celle de Palombe, mais la facilité de cette derniere alliance ayant par son espoir allumé plus puissamment son desir, & la vehemence de son desir ayant plus ardamment attisé le feu de son amour, & attiré son cœur vers Glaphire qu'il ne l'auoit iamais esté vers Palombe, luy faisoit connoistre que le seul tranchant de la mort pourroit dissoudre son lien, comme le nœud Gordien le fut par le glaiue d'Alexandre. Il se soumit neantmoins à cette loy, sur la pensée qu'il eut de pouuoir esquiuer cét esloignement par quelque soupplesse, feignant vne maladie, ou se tenant à Barcelonne, ou par quelque autre industrie que son conseil & son amour luy suggereroient. Le Comte le prenant au mot, & comme on dit au pied leué, crut qu'il falloit battre le fer durant sa chaleur, si bien que l'ayant faict equiper promptement de tout ce qui luy estoit necessaire, il le fit aller à Barcelonne pour y attendre ou le retour des Galeres de Gennes, ou le voyage de celles d'Espagne vers Naples ou Sicile, car soit à Milan, soit en Flandres, & sa qualité & sa nourriture à la Court luy auoient acquis ou des parens ou des amis, ou des connoissances par tous les presides & toutes les places fortes où sa Majesté Catholique tient des gens-darmes és Estats qu'elle a hors de l'Espagne. Ce fut icy que la corde de l'arc pensa rompre, & que Siridon se mutinant contre vn bannissement autant iniuste que soudain, fut sur le point de se departir de sa promesse & de se reuolter contre son obeïssance. Mais les persuasions de Cantidiane furent si fortes,

& les protestations qu'elle luy fit de le maintenir bien auecque Dionée, Cleobule & Glaphire, & de luy procurer cette fille pour femme par toutes sortes de moyens, que se resoluant à la ruse des Parthes qui combattent & vainquent en fuyant, il se laissa aller sous la parole de sa sœur, à condescendre aux volontez de son frere. Ie surseois de representer ses regrets, ses sanglots, & le triste congé qu'il prit de Glaphire, comme aussi les diuers mouuemens de ces deux ames, les iugemens de Dionée, les pensées de Palombe & de Cleobule sur cét enuoy, les propos de Cantidiane pour le consoler, & les ioyes du malicieux Fulgent. Seulement ie me contenteray de dire que Siridon s'estant plaint à son Poëte de la rigueur de cette separation, il luy fit vn Adieu par vn Romáce Espagnol, qui n'arriua iamais à la beauté du sens ny à la grace des paroles d'vne de nos meilleures Muses Françoises, que ie mets icy en la place de la rime Catalane.

PLAINTE.

Quand ie pense au départ dont l'iniuste rudesse
Doit dérober bien-tost sa lumiere à mon œil,

Le bien de sa presence augmente ma tristesse,
Et mon propre bon-heur est cause de mon dueil.
Ie veux mal au destin qui me fut fauorable,
Et à ce cher espoir dont il m'a faict gouster;
Ayant à souhaitter de cét impitoyable,
Qu'il ne m'eust point donné ce qu'il me veut oster.
Car de quoy me sert-il de voir comme vn Torquate,
Courõner mes souhaits d'vn glorieux loyer;
Et sous vn point d'honneur dont la gloire me flatte,
Vne cruelle absence à la mort m'enuoyer.
Ainsi de verds festons & de fleurs couronnée,
Au milieu des hauts bois accompagnant ses pas,
La victime Payenne estoit iadis menée
Aux lieux qu'elle rendoit sanglans par son trépas.
Mais pour ne preuoir point sa mortelle auanture,
Tombant elle mouroit vne fois seulement,
Et moy, pour trop penser à ma perte future,
Ie souffre le trépas cent fois en vn momēt:
Si bien qu'vn clair flambeau en vain presque m'esclaire,

Prés de l'aueuglement qui mes yeux va
 bander,
Car la crainte de perdre vne chose si chere,
Faict que ie ne sens point l'heur de la pos-
 seder.
Impitoyable autheur du mal qui me consume,
Destin nõ pas vn Roy, mais tyrã rigoureux,
Ne donnes-tu du miel que meslé d'amer-
 tume,
Ny des plaisirs qu'auec des tourmens
 douloureux.
Las! la plus grande ioye en regrets est consite,
On ne voit point de ris, que tous baignez
 de pleurs,
Les biens comme les fruicts du riuage
 Asphaltite
Ont tousiours vn serpent caché dessous
 leurs fleurs.
Mais arme contre moy la plus fiere inclemẽce
Des maux dont ton pouuoir se plaist d'estre
 remply,
Que si ce n'est assez des tourmẽs de l'absẽce
Appelle encore ceux qui naissẽt de l'oubly.
Pour cela ta rigueur n'aura point la victoire,
Sur ce qui rend ma foy sans égale icy bas,
Ce sera son mal-heur, mais ce sera sa
 gloire,
Estant là son triomphe où seront ses com-
 bats.

Ces vers ou de semblables selon l'air du pays, furent laissez à Cantidiane, à la charge qu'elle les feroit voir à Glaphire, ce qu'elle iura, & aussi qu'elle luy donneroit souuent des nouuelles de cette fille, à qui elle feroit l'Amour pour luy sans qu'il en pust conceuoir aucun soupçon, & mesme de mettre en ieu tous les efforts & toutes les industries possibles pour flechir l'esprit de Fulgent à condescédre à vne si saincte affection. Sous ces asseurances il tire vers Barcelonne, n'ayant pour consolation és tenebres de cette absence où il s'alloit enfoncer, que cette idée qui rend en quelque façon les absens presens, & que l'on appelle Peinture. Car comme il se plaisoit à la poësie, aussi aimoit-il sa sœur germaine, & outre le pourtraict de Glaphire qu'il auoit auec vn burin de flamme graué sur son cœur, il en auoit faict faire vn autre en petit volume par vn peintre, & c'estoit là l'Idole de ce Michas, à laquelle il sacrifioit à tous momens ses regards & ses imaginations : prenant congé d'vn Poëte de ses intimes amis auquel il ne cachoit aucune de ses passions, il luy communiqua cette image, la veuë de laquelle il accompagna de ces vers.

Pourtraict

Pourtraict formé d'huille & de bois,
 Ie me suis estonné cent fois
 De te voir à mes feux durable,
 Mais si tu n'en as rien senty
 Il faut que le cours fauorable
 De mes pleurs t'en ait garanti.
Estant de mes pleurs animé,
 Mes feux ne t'ont point consumé,
 Quelle en sera ma recompense?
 Tu me sembles bien doucement
 Respondre auecque ton silence
 Que i'auray du contentement.
Aussi mourrois-ie de penser
 Que Glaphire me deust chasser
 De son ame, au change asseruie,
 Plustost ma mort puisse auenir,
 Non ie ne veux pas plus de vie
 Qu'elle a pour moy de souuenir.
Chere image, où mes yeux rauis
 La treuuent, comme il m'est auis,
 Aussi douce qu'elle est constante,
 Ie t'appends ma fidelité,
 Ainsi qu'vne lampe odorante
 A l'autel de la fermeté.

Nous representons ces petites particularitez en partie pour diuertir le Lecteur, lassé de la longue deduction de l'histoire, en imitant les voyageurs qui s'esgayent auprés des claires fontaines, ou parmy l'esmail des prairies qu'ils recontrent sur leur chemin ; ou comme ceux qui n'auigent vers l'Inde, qui moüillent quelquefois l'ancre à certaines costes pour y prendre des pierreries, y pescher desperles, ou y cueillir le corail : En partie aussi pour faire voir la resuerie des Amás, qui priuez des veritables obiects de leurs passions, se repaissent de vent & se plaisent autour des fantosmes. Siridon arriué à Barcelonne ne peut estre diuerty de l'humeur melancolique dont il fut attaqué, quelques beautez de l'art ou de la nature que peust offrir à ses yeux cette belle & nombreuse ville. Ny la fertilité de son champ, ny la douceur de son air, ny l'ouuerture de son port, ny la majesté de ses temples, ny la magnificence de ses palais, ny la pompe des habitans, ny la richesse des meubles, ny l'orgueil de son mole qui se iette bien auant en la mer, ny le grand abbord des marchandises, ny la diuersité des nations, ny la varieté des compagnies, ny la politesse des Cheualiers, ny la grace des Dames, ny les passetéps publics ou particuliers, ne peuuent entrer en son esprit, car il est si remply & occupé de l'Idée de Glaphire, qu'à peine a-t'il vne place en soy-mesme. S'il est à Barcelonne de corps; il est à Tarragone en esprit, sans cesse il regarde en arriere, à tous propos il escrit à Cantidiane pour auoir des nouuelles de celle à laquelle il n'osoit escrire, parce que son honnesteté, ou plustost sa seuerité ne les eust pas receuës. Le Comte qui a l'œil au guet comme vn ialoux, & qui ne voit que messagers qui vont & viennent, s'imagine plus d'intelligence qu'il n'y en a: l'occasion de faire passer Siridon en Italie ne se presente pas ; Barcelonne luy semble trop proche ; il croit que de là il peut venir aisément à Tarragone ; & y demeurer trauesti ; car ces deux villes ne sont distantes que d'vne iournée & demie l'vne de l'autre; cela le tient en des allarmes & inquietudes continuelles. Tandis qu'il attend des nouuelles de Flandres ou d'Italie, où il auoit escrit, il le veut tenir plus loing de soy, sur quoy il s'auisa de l'enuoyer au Preside de Perpignan, ville capitale du Comté de Roussillon au deça des Pirenées, c'est à dire du costé de la France, il luy fait vne depesche auec commandement d'y aller;

Ff ij

Le Castellan estoit de ses amis, & Catalan de nation, pour lequel il luy enuoye des lettres d'addresse & de creance. Hesique reuenu de Madrit est encore destiné pour cette conduitte, auecque charge de tascher de le diuertir de cette pensee qu'il auoit pour Glaphire. Ce fidele seruiteur d'vn infidele Maistre promet de faire ce qu'il pourra, & de joindre ses nouuelles inuentions aux anciennes pour tirer cette espine de ce ieune cœur. Mais comme dict ce Poëte Romain,

Tousiours la conualescence
Ne se treuue en la puissance
Des plus experts Medecins,
Et bien souuent la prudence
Ne sert de rien aux plus fins.

Hesique ayant eu de la peine à faire resoudre Siridon de quitter le sejour de Barcelonne, où par la proximité il se promettoit encore de ressentir quelques influences de son astre, pour endormir vn peu son mal, luy conseille de se promener par les belles maisons, qui sont esparses çà & là, comme les estoiles en vn Ciel bien serain, dãs la campagne florissante & delicieuse qui enuironne cette belle ville, qu'on peut appeller la gloire de la Catalogne. Mais tout ainsi qu'vn criminel que l'on meine du lieu où il a esté iugé, à celuy où il a delinqué, pour y souffrir vn honteux supplice, ayant sans cesse l'image de la mort deuant les yeux, ne pense ny à la bonne chere qu'on luy faict, ny aux belles terres qu'il rencontre par les chemins, ne pouuant estre retiré de cette amere pensee qui le ronge & le deuore, & qui luy faict continuellement anticiper la main du bourreau ; de mesme Siridon prenant son absence pour vn supplice, & supplice de mort, comme estant vn couppe-gorge de ses affections, ne se pouuoit aggréer en la veuë de tant de belles fabriques, de tant de delicieux iardinages & de gracieuses fontaines, s'imaginất tousiours que Perpignan luy seroit vne obscure prison, & la forteresse où il s'alloit renfermer, le tombeau de sa vie. Il obeït neantmoins, estant conuié à cela par Cantidiane, qui sembloit l'asseurer par ses lettres que ce n'estoient qu'autant d'essais de sa patience qui par ce reculement le feroient sauter plus auất dans l'affection du Comte, d'où dependoit toute sa fortune. Il aymoit la poësie naturellemết, encore qu'il ne sceust pas faire des vers, pareil à ces femmes steriles qui aiment esperduc-

Ff iij

ment les enfans, encore qu'elles n'en produisent point, ce qui luy fit rechercher dans ses papiers des Romāces qu'il auoit faict faire à Madrit lors qu'il estoit affligé de l'absence & de la priuation de Palombe; de sorte que se voyant retombé en la mesme peine d'esprit pour le sujet de Glaphire, il creut que le charme de ces vers appliqué à pareil mal luy apporteroit vn semblable soulagement que celuy qu'il en auoit autrefois experimenté. Il s'amusoit donc par le chemin à les relire, & il essayoit de se desennuyer en les chantant, mais toutes ces rimes Espagnoles ne valurent iamais la moindre de ces Stances que ie leur substituë, soit pour la pointe, soit pour la douceur, aussi sont-elles d'vn de nos plus élegans Poëtes. Elles disent ainsi:

COMPLAINTE.

Ie n'ay veu qu'à regret la clarté du Soleil,
Et rien tant soit-il beau n'a mon ame rauie,
Depuis que i'ay perdu cét obiect nompareil

De qui la seule veuë est tout l'heur de ma
vie.
Les iours les plus luisans, me sont obscures
nuicts,
Que ie passe en tristesse & complaintes fu-
nebres,
Ne pouuant le ciel mesme au fort de tant
d'ennuis
Illuminer le corps dont l'ame est en tenebres.
Ie ne fay que penser à l'heur que i'ay
perdu,
Quoy que ce souuenir aigrissant ma com-
plainte,
M'égale au criminel sur la gesne estendu,
M'estant chaque pensée vne mortelle atteinte.
Le seul bien d'vn pourtraict exprimant sa
beauté,
Console vn peu mes yeux, & mon dueil
diminuë.
Mais qu'est-ce que cela m'en voyant ab-
senté,
Si ce n'est, pour Iunon embrasser vne
nuë?
Ah! que ie veux de mal aux rigueurs de la
loy,
Qui de m'en esloigner s'est acquis la puissance,

Ff iiij

Que i'en hay mon deuoir auſſi bien com-
me moy,
Luy du commandement, moy de l'obeyſ-
ſance.
Falloit-il, qu'oubliant les liens d'amitié,
Pour croire vn vain reſpect, & ſuiure ſa
chimere,
Ie connoiſſe vne erreur indigne de pitié,
De peur d'en commettre vne excuſable &
legere?
Non ie ne me ſçaurois lauer de ce peché,
Ny ne puis conceuoir qu'il me ſoit pardon-
nable,
Et me dois voir ce crime à iamais repro-
ché,
Si ie n'en ſuis vangeur auſſi bien que coul-
pable.
Mais quel plus grand tourment que de m'en
voir banny
Peut chaſtier mon cœur, s'il faut qu'il s'en
puniſſe,
Helas! l'auoir commis, c'eſt m'en eſtre
puny,
Mon peché m'eſt luy-meſme vn rigoureux
ſupplice.
Auſſi, quoy que ie ſois traitté iniuſte-
ment,
I'eſpere voir vn iour par la pitié con-
traindre

Celuy dont le courroux faict mon banniſ-
ſement,
A me faire du bien, m'eſtimer & me
plaindre.

De cette maniere Siridon au lieu de flatter & endormir ſa douleur, comme s'il
euſt eſté ingenieux en ſon mal & inuen-
tif à ſe tourmenter, alloit regrattant ſa
playe ou pluſtoſt la deſchirant & enue-
nimant ſon vlcere: nous le laiſſerons à
Perpignan où Heſique le conſigna és
mains du Caſtellan qui promit de le
traitter en Cadet de bonne maiſon, &
de luy apprendre le meſtier de la guerre,
en le faiſant paſſer par tous les exercices
militaires & cóformes à vn Gentilhomme de ſa naiſſance & de ſon courage:
mais c'eſt en vain que par cét employ on
luy veut arracher l'Amour de la teſte,
comme ſi Mars & Venus n'auoient pas
des intelligences en terre auſſi bien que
dans les Cieux, ſi nous donnons quelque lieu aux imaginations des Poëtes:
car tout ainſi que ce feu artificiel qu'on
appelle Gregeois flambe iuſques au milieu des eaux, celuy de l'Amour luy eſt
ſemblable, l'Eſcriture meſme nous teſ-
moignant que celles de la mer, ny de
tous les fleuues du monde ne ſeroient

pas capables d'esteindre les flammes de la charité quand elle reside veritablement en vne ame, & quand elle en est vne fois puissamment embrasée. Tandis que l'obeyssance & le courage tiennent par des chaisnes inuisibles nostre Gentil-homme comme prisonnier dedans cette forteresse, digerant auec vn flegme à l'Espagnole les ameres rigueurs du déplaisir qui le tuë, de peur que cette douleur ne l'estouffe, & que sa flamme secrette ne creue sa poitrine, puisque les souspirs sont les souspiraux par où s'exhale vne partie de la tristesse qui oppresse le cœur, qu'il nous soit permis de donner air à sa passion par de beaux vers qui exprimeront naïuement le saisissement qui l'oppresse, ils sont d'vne veine masle & soldate, & autant conforme à l'humeur comme à l'estat & à la qualité de nostre relegué.

Souspirs.

Le Destin qui me rend prisonnier d'vne Dame,
 Me retenant icy seme en moy des discorts,
 Car il me fait aimer la prison de mon ame,
 Et me rend ennemy de celle de mon corps.

Aussi pourrois-je aimer le sejour qui retire
 Mes yeux du clair flambeau qui me don-
 noit le iour,
 Ie dois pour ce sejour qui cause mon
 martyre,
 Auoir beaucoup de haine ayant beaucoup
 d'Amour.
Le deuoir qui sur moy a gagné la victoire,
 Me faict bien ressentir son extreme ri-
 gueur,
 Ne me permettant pas de posseder la gloire
 D'auoir deuant les yeux ce que i'ay dans
 le cœur.
Mais i'espere qu'en fin apres tant de rudesse,
 Ie verray terminer mes mescontente-
 mens,
 Estimant qu'à dessein l'Autheur de ma
 tristesse,
 Pour doubler mes plaisirs augmente mes
 tourmens.
Mais apres ma franchise & ma clairté ra-
 uie,
 I'estime qu'esprouuant tous ces rudes tra-
 uaux,
 Pour souffrir longuement i'auray trop peu
 de vie,
 Mais ie n'en ay que trop puisque i'ay tant
 de maux.

Que si le fier Destin m'est tousiours si se-
uere,
Ie veux par mon trespas finissant mon
soucy,
Que mon propre mal-heur termine ma
misere,
S'il s'obstine long-temps de me tenir icy.
Glaphire, par ces maux, soitque le Ciel
auance,
Ou retarde ma fin, ie suppliray le sort,
Si ie meurs, que ie viue en vostre souue-
nance ;
Si ie vy, qu'à vos pieds ie rencontre la
mort.

C'est trop sejourné sur la consideration des regrets & des déplaisirs de Siridon, il faut retirer nos yeux du spectacle de ses miseres, car les maux sont contagieux, & la compassion a vne bonté maligne qui tire en nos cœurs par contre-coup les passions & les affections d'autruy : mais tout ainsi que le cristal de nos prunelles a vne inclination particuliere & vne sympathie vers les eaux, dont le courant attirant nos yeux charme nos esprits d'vne douce & molle resuerie ; de mesme quand nous considerons les torrens de larmes que verse vn cœur affligé, la pitié nous arreste & nous conuie à compatir à sa misere. Mais tandis que nostre Cadet fera l'apprentissage des armes dans ce Chasteau où la police militaire est fort exactement obseruée à Tarragone, retournons voir cōme se cōporte le Côte en l'absēce de son Riual, auquel il a dōné la chasse. C'est icy où il nous faut couler legerement comme sur vn mauuais pas, & creuer promptement l'aposteme d'où il ne peut sortir que de l'infection & de la puanteur. Certainement comme on ne peut assez employer de couleurs ny de riches paroles pour represēter la vertu par tout où elle se rencontre, afin d'en ietter l'Amour & la reuerence dedans les cœurs, aussi faut-il glisser vistement sur les vices, de peur que voulant insister sur leur blasme & à leur reprehension, il n'arriue tout au rebours de ce dessein, & que la description qu'il en faut faire pour en depeindre la laideur ne laisse des impressions és ames foibles plus attrayantes au peché que retirantes du mal, en imitant les mauuais Chirurgiens qui gastent des membres sains en voulant penser ceux qui sont malades; ou ces Escriuains peu iudicieux qui voulans refuter les maximes execrables des

Athées, s'y prennent de si mauuaise grace qu'ils plantent aussi pernicieusement l'Atheïsme qu'ils pensent suffisamment le desraciner; tant leur zele est indiscret & desprouueu de la science conuenable & necessaire pour produire l'effect de leur desir. Les discours qui font voir les actions des-honnestes pour modestes, reseruez & pudiques qu'en soient les termes, sont tousjours mal employez. C'est pourquoy sans estaler les industries malicieuses & les abominables subtilitez dont se seruit Fulgent pour glisser dans les oreilles de cette simple Eue, la pauure & innocente Glaphire, les suggestions serpentines de sa mal-heureuse conuoitise; il me suffira de dire qu'apres auoir sondé son courage & reconnu qu'elle estoit aussi peu attachée à Siridon que Palombe l'estoit quand il l'enuoya à la Court; il creut apres l'auoir desgoustée de ce premier marchand par mille blasmes & mocqueries qu'il luy fit de la sottise & des imperfections de son frere, que le marché seroit presque faict auecque le second, si marchand se doit appeller celuy qui ne peut acheter legitimement vne marchandise, le nom de larron luy estant plustost deub, puisqu'il est tenté de voler & de desrober ce qu'il ne peut iustement acquerir. Que tardes-je à dire que ce miserable ayant faict entendre à cette honneste & chaste fille, premierement par mille circonlocutions, & puis ouuertement & sans desguisement, ce grand tourment qu'il souffroit pour elle, & de quelle façon les feux sortans de sa beauté le consumoient, apres luy auoir appris ce que iusqu'àlors elle auoit heureusement ignoré : mais assaisonnant sa trahison d'autant d'attraicts, de protestations & de promesses de l'esleuer à vne haute fortune, que le serpent homicide dés le cōmencement en proposa au jardin d'Eden à nostre premiere mere pour la faire mordre au fruict defendu; peu s'en fallut qu'à cette inopinée declaration, la belle & pure Glaphire ne tōbast en syncope. Mais puisque i'ay resolu de ne rien deduire de ce qui se dict en ce mal-heureux entretien, où le Comte se comporta aussi laschement que la vertueuse Vierge genereusement & sainctement, il me suffit de dire que sans respondre en aucune façon aux infames propositions de ce traistre, aussi-tost qu'elle se vit libre de ses discours autant importuns qu'impertinents, la premiere chose qu'elle fit ce fut de l'aller raconter à sa mere, luy remettant le soin de sa conduitte & de la conseruation de son honneur auquel le Comte attentoit manifestement par des propositions si prophanes. Ainsi doiuent faire & ainsi font les filles bien esleuées, & qui portent graué sur le front le saint nom de Pudeur, à qui elles sacrifient toutes leurs actions & mesme leurs pensées, en imitant les poussins qui couuent sous l'aisle de leur mere, si tost qu'ils apperçoiuent l'oyseau de proye voltigeant sur eux ou autour d'eux pour les surprendre & en faire sa curée. La fille Israëlite qui auoit estéviolée sans crier, estoit punie du mesme supplice de son rauisseur : Et celles qui se laissent cajoller & piper sans aduertir leurs parens des poursuittes qui leur sont faittes, sont presque autant coupables & blasmables que leurs corrupteurs, parce qu'ayans presté l'oreille à la tentation, si elles sont subornées, on dira que c'est comme la Grecque Helene,

Dont le rapt fut suiuy de son consentement. Aussi l'experience faict connoistre que comme le loup saisit d'abbord la brebis à bis à la gorge, de peur que son beellement ne la face recourir par son pasteur; aussi ceux qui par leurs artifices diaboliques veulent circonuenir les filles & procurer la ruine de leur pudicité, ne leur recommandent rien tant que le secret, les supplians de ne les deceler pas, sur tout à leurs parens: d'autát que comme les oyseaux carnassiers & rauissans par vn instinct particulier, fuyét au cry de la cresserelle, ainsi que le lyon au chant du coq; de mesme ces miserables s'écartent aussi tost, & mettent fin à leurs malheureuses poursuittes, quand les filles sont si auisees, que de reclamer le secours de leurs parens, auant que la vigueur de la constance, & l'amour de l'honnesteté les ait abandonnees, & tandis que la lumiere de leurs yeux, c'est à dire, la raison est encore auec elles: car c'est là le vray, & i'oserois presque dire le souuerain moyen pour conseruer leur integrité. De vous dire l'atteinte que fit en l'esprit de Dionée cette nouuelle que luy apprit sa fille, se voyant comme à la veille des nopces de son frere auecque la sœur du Comte, il est ma-laisé; encore ce collire ne fut-il point capable de luy dessiller tout à faict les yeux, ny de luy faire connoistre que

Gg

le refus de l'alliāce de Glaphire auec Siridō prouenoit de cette source, & de là mesme la permission de celle de Cleobule & de Cātidiane, Fulgent renouant tous ces ressorts, brassant tous ces stratagemes, & dressant tous ces pieges pour se faciliter l'accés à la corruption de cette fille. Elle n'eut pas si tost veu le peril, que comme le sage Pilote qui descouure vn escueil destourne aussi tost son vaisseau pour éuiter le naufrage, aussi elle se resolut de quitter cette maison, où iusques alors elle n'auoit esté fauorablement accueillie, que sous vn masque trompeur qui cachoit le plus grand affront qu'on puisse faire à vne famille, où comme en cette contrée d'Affrique, dont les habitans tuent en riant, on cachoit la desloyauté sous vne monstre de bienueillance, & où en l'embrassant on vouloit estouffer son honneur. Elle faict venir son fils, qu'elle treuua mieux instruict, & de plus lōgue main de cette mauuaise affaire, qu'elle mesme ny sa fille ne l'estoient ; car leur ayant recité la plainte du bois, qui luy auoit appris le secret du cœur de Fulgēt, dōt il auoit la Comtesse pour tesmoin, il leur dict que iusques alors il s'estoit tenu en silence, tant pour ne perdre l'alliance de Cātidiane, dōt il estoit deuenu autant amoureux ; que cette Damoiselle estoit passionnée pour luy, que pour la creance qu'il auoit, que le Comte iugeant & voyant les impossibilitez qu'il rencontreroit à l'execution de son mauuais dessein, se repentiroit de son entreprise, & suffoqueroit par la force d'vne masle vigueur cette passiō en sō ame, sans en produire aucun témoignage au dehors: mais qu'au refus qu'il auoit faict de permettre à Siridon la recherche de Glaphire, & à l'exil de ce bon Gentilhomme ; il auoit bien presagé que l'orage creueroit, & que Fulgent manifesteroit à la fin sa mauuaise volonté pour sa sœur, sous le tiltre de bien-veillance. A ce recit les escailles tomberent des yeux de Dionée, & ce second collire luy fit voir à clair les peruerses intentions du Comte, qui donnant sa sœur à son fils, vouloit rauir l'honneur à sa fille, faisant comme celuy qui tient le pain d'vne main, & la pierre de l'autre, prest d'assommer l'animal qu'il veut attirer par cet appas. Que ferōt ils en ce destroict, où pour cōseruer Glaphire, il faut trauerser le cōtentement de Cleobule; mais la cōsultatiō est toute faicte, car il n'est point questiō de deliberer sur ce que doiuent faire des ames à qui l'honneur est plus precieux, non que les commoditez de la vie, mais que la vie mesme: si bien qu'en cette balance le bassinet de la cōseruation de Glaphire l'emporte sur l'alliance de Cleobule. Ainsi les matelots pressez de la tempeste soulagent leur vaisseau, en iettant en mer les balles des plus precieuses marchandises. Cleobule mesme comme vn Ionas s'offre à estre sacrifié, pour destourner l'orage du deshonneur qui menaçoit sa maison; il ayme veritablement Cantidiane, car sa naissance & sa vertu l'y obligent, & encore plus l'amour qu'elle luy porte, qu'il ne peut sans ingratitude mécognoistre ny reconnoistre dignement que par vn reciproque amour: mais comme ce Philosophe aymoit plus la verité que Platon ny Socrate ses maistres, ainsi le genereux Cleobule prefere l'honneur à sa dilection & à sa maistresse, son grand courage ne se laissant maistriser que par la vertu, & n'ayant autre regle de ses actiōs que son deuoir, où il mettoit tout son interest & toute sa gloire. O combiē il est vray que ceux qui cherchent Dieu ne perdent aucun bien, & qu'à celuy qui recherche le Royaume du Ciel toutes sortes de felicitez arriuent en suitte, car Cleobule remettant son mariage (vrayement arresté au ciel) au soin de la prouidence, le verra reüssir contre toute apparence, & renonçant à son contentement pour sauuer l'honneur de sa sœur conseruera celuy-cy, & ne perdra pas l'autre. Ils concluent dōc en leur conseil de vuider au plustost de cette maison funeste, neātmoins (pour n'éuenter point cette ordure, qui ne pouuoit causer que de la puanteur) que ce seroit auec tout le respect, la modestie & la douceur qui se pourroit pratiquer, sans témoigner aucun mescontentement au Comte ny aucun ressentiment de son attentat: de cette façon Cleobule estimoit se conseruer en l'alliance de Cantidiane, & que sa mere & sa sœur s'estans retirées, il meneroit apres elles sa nouuelle Espouse en leur maison; mais l'œil de la prudence humaine ne voit rien dās les tenebres des choses futures; aux hōmes les propositions, à Dieu les dispositions, c'est luy qui voit les pensees des mortels, & combien elles sont vaines, c'est luy qui atteint fortement à la fin par des voyes douces & des moyens suaues, ce que nous verrons au démeslement de cette fusee: Car Palōbe par Cleobule ayant sceu que le Comté auoit en fin découuert sa sale prentension à sa sœur, elle fut admise à la consultation qui fut faicte auec Dionée, des moyens qu'il faudroit tenir pour faire vne sortie honnorable & sans bruit de cette maison. Le premier fut de feindre quelque affaire importante, qui demandoit la presence de Dionée à la Selua: mais Fulgent éluda ce coup par soupplesse, promettant d'employer tout son bien & tous ses solliciteurs pour la deliurer de cette peine, disant qu'elle estoit si necessaire au gouuernemẽt de sa maison, qu'il ne se pouuoit passer de sa presence; & puis se voyant pressé de cette bonne Dame d'vn congé de quelques iours, tant par necessité, disoit-elle, que pour son contentement particulier, il luy permit, pourueu qu'elle lui laissast pour gages de son retour sa fille, qui demeureroit auec sa femme & sa sœur en la mesme façon qu'elle auoit vescu iusques alors : ce qui me faict souuenir de la paix que les loups voulurent faire en l'Apologue auec les brebis, pourueu qu'elles se défissent de la garde des chiens. Dionée a beau dire que sa fille est son baston de vieillesse, & l'ombre inseparable de son corps, le

Comte ne veut point confentir qu'elle forte, luy offrant d'aller pluftoft auec tout fon train à la Selua, iufques à ce que l'affaire qui luy menoit fuft terminée. Courtoifies extraordinaires, & qui prouenoient de l'excez de fon amour. Cette corde rompuë, il fallut feindre vn mefcontentement, que Palombe confentit eftre ietté fur elle, encore qu'elle fceuft que cela luy attireroit de la part de fon mary plus d'anathemes & de maledictions que le bouc emiffaire enuoyé au defert par les Hebrieux. Dionée fit donc entendre à Fulgent que les yeux de la Comteffe eftans changez pour elle, & ne receuant que des defplaifirs & des mauuais traittemens, peut-eftre parce qu'elle vouloit elle mefme commander en fa maifon, ce qui eftoit bien raifonnable, elle ne vouloit pas demeurer en ce Palais malgré la maiftreffe, quelques faueurs qu'elle receuft du maiftre à qui elle demeureroit eternellement obligée. Cecy eftoit ietter de l'huille dans le feu du courroux, & encore de l'amour de Fulgent : car fe doutant (comme les criminels fe deffient de leur ombre) que Palombe fe fuft apperceuë des

Gg iiij

passions qu'il auoit pour Glaphire, par laquelle il ne croyoit pas auoir esté decelé à Dionée, veu qu'elle ne luy en faisoit connoistre aucun signe, & que là dessus animée de ialousie, elle eust fait à sa gouuernante quelque traict, mais supportable, redoublant par son despit l'auersion que desia il auoit d'elle, il ne se peut dire de quels outrages il la chargea, quels rigoureux traittemés il protesta de luy faire sentir, protestant & iurant qu'il l'enuoyeroit en quelqu'vne de ses maisons des champs, où il la tiēdroit comme prisonniere, pour luy apprendre l'obeïssance qu'elle luy deuoit, & à ne faire rien d'insolent contre ceux qu'il fauorisoit de son amitié, & ausquels il auoit plus de cōfiance qu'en elle, entendant Dionée & son fils. Ils ont beau se plaindre & feindre des sensibles desplaisirs, ny pour cela le Comte ne voulut consentir à leur sortie, faisant mille sermens d'enuoyer plustost sa femme dehors, & de faire contre elle vn extréme vacarme. Et d'effect de ce pas il l'alla treuuer, & fit à cette innocente vnevie telle, que se separant de son lict & de son appartement, il la rendit cōme recluse, la menaçant de beaucoup pis, si elle cōtinuoit à luy déplaire, & si elle disoit ou faisoit rien qui puſt deſagreer à Dionée. Voyla comme le pauure eſt bruſlé, ainſi que parle Dauid, tandis que l'impie enflé & bouffy d'arrogance tonne des brauades. L'on a beau déguiſer la verité & la couurir de voiles, il faut qu'elle paroiſſe, ce Soleil fond toutes les nuées, trauerſe toute ſorte d'obſtacles & ſe faict voye dans les eſprits malgré que l'on en ait. Dionée ne pouuant plus ſupporter l'inſolence de Fulgent, qui à ce que ſa fille luy rapportoit, importunoit d'autant plus Glaphire qu'il ſe voyoit proche d'eſtre deſcouuert (ce qui me faict ſouuenir des tentations du malin d'autant plus fortes que l'on eſt voiſin de la mort, ſçachant qu'il a peu de temps pour perdre ou pour gagner vne ame) & deſirant au pluſtoſt ſortir de ces angoiſſes, ne ſçauoit quel conſeil prendre pour la retirer de ces pieges, & quitter cette maiſon ſans faire murmurer toute la ville de Tarragone : ny Palombe, ny Cleobule n'auoient pas le courage de luy porter la parole de deffy & de guerre, celle-là eſtant ſujette reſſerrée & timide, cettuy cy craignant de perdre ſa chere Cantidiane ; mais ce fut Cantidiane meſme, qui eſtant auertie de toute cette brouillerie s'offrit de s'auanturer de parler à son frere pour luy remonstrer le tort qu'il auoit de vouloir iniustement pour soy ce qu'il auoit iniustement desnié à Siridon. Pauurette qui pensant obliger Dionée, Glaphire, Palombe & son aimé Cleobule, les pensa ruiner tous, & encore soy-mesme. O que les pensees des hommes, dit la sainte Parole, sont incertaines & foibles, adioustons trompeuses & friuoles; souuent nous pensons edifier nostre fortune, & nous la demolissons, & quand nous estimons perdre nous gagnons, Dieu nous voulant faire connoistre que nostre prudence humaine est vne folie deuant ses yeux, ains vne mort, comme dit l'Apostre, & que ceux qui sont sages en eux-mesmes & prudens en particulier sont insensez en general; en somme parmy les tenebres qui nous enuironnent en cette vie, nous sommes aueugles & conducteurs d'aueugles, ce que nous allons voir en Cantidiane qui par vn aueuglement d'inconsideration pensa se precipiter & ceux dont elle conduisoit l'affaire dans la fosse, ou plustost dans l'abysme de diuers malheurs, sans que la sincerité de son intention pust iustifier la bonté de sa procedure. Car apres auoir representé à Fulgent en termes de fille de bien & d'honneur & zelée de la gloire de sa maison, le grand tort qu'il se faisoit de destourner ses yeux de dessus les vertus & les beautez de son espouse legitime, pour attacher ses affections à vn object qu'il ne pouuoit iustement posseder, trahissant laschement en vn mesme temps & la fidelité de son mariage & le droict d'hospitalité, adioustant à cela des coniurations de reuenir à vn meilleur sens, d'arracher ce mal-heureux dessein de sa fantaisie, & de consentir plustost aux nopces de Siridon, & de Glaphire, que de poursuiure vne entreprise dont il ne pouuoit r'apporter que des infamies & des desespoirs. Le Comte qui se sentit tout à coup & sans y estre preparé touché dans la prunelle de l'œil, & à l'endroit le plus blessé & par consequent le plus sensible, qui estoit celuy de sa folle passion, sortant inopinément hors de soy-mesme, comme celuy qui se voit enleuer des mains vne proye longuement attenduë,

& ardamment desirée, se mit à contrecarrer le discours raisonnable de sa sœur par tant de fougues, de boutades, & de paroles extrauagátes, que i'ayme mieux les passer sous silence que d'en charger ou plustost souïller ce papier, n'estát pas resolu de tenir regiftre de ces insolentes procedures. Tant y a que se voyant descouuert, tout ainsi qu'vn larron qui est pris sur le faict, il fit rampart de sa temerité, bouclier de son effronterie, & gloire de sa confusion: de sorte que rendant à sa sœur, pour les sainctes remonstrances qu'elle luy auoit faittes, des iniures, des brauades, & des outrages, il la menaça en fin de rompre son alliance auec Cleobule, & de reuocquer son consentement à ses promesses si elle estoit si hardie que de s'opposer à ce qu'il estoit resolu d'emporter ou d'y perdre la vie. C'estoit à son auis le dernier degré où sa vengeance pouuoit monter, en luy faisant voir les esclairs du tonnerre qui deuoit foudroyer ses pretensions. Mais Cantidiane qui estoit vertueuse, & que la noblesse de son sang rendoit genereuse, faisant reflexion sur la bonté de la cause qu'elle soustenoit, prenant, comme Antee, force de son terrassement,

& releuant son courage, ainsi que la palme qui se relance contre le faix qui semble la deuoir accabler, ne fit aucun semblant de se soucier des interests de son affection particuliere ; ne faisant estat que de l'honneur de sa maison & de la defence de celuy de Glaphire. Si bien que ie croy que cét acte de Iustice & de Charité, s'exposant, s'il faut ainsi dire, aux coups pour sauuer le prochain & empescher sa perte, fut peut-estre cause que Dieu prenant soin de ses affaires, puis qu'elle se monstroit zelée pour sa gloire fit reüssir en bien ses plus chastes desirs. Outre ce zele qui la deuoroit, son esperance estoit encore nourrie de la promesse qu'elle auoit receuë de son cher Cleobule de l'espouser comme sa promise, quand elle ne tireroit de sa maison autre dotte que celle qui ne luy pouuoit estre desniée en qualité de legitime, au cas que la fureur de Fulgent le fist honteusement retracter de sa parole & le portast à reuocquer ses promesses. Sur cét appuy hardie comme vne Lyonne, elle replique en faueur de sa belle-sœur Palombe, & faisant voir au Comte la vergogne & l'opprobre qui alloit tomber sur son visage, si laissant cette vertueuse Côtesse, il se portoit vers vne fille de laquelle (estant toute pleine d'hōneur) il n'obtiendroit que des desdains & des mespris. Auec ces soufflets de responses magnanimes elle alluma vn si grand feu de colere dans l'esprit du Comte, qu'il s'en fallut peu qu'il ne vinst des mots aux mains & des termes insolens aux effects outrageux. Ce qu'il fit, ce fut de la chasser de sa presence, & de luy dire que ny elle ny homme du monde ne le pourroit empescher de posseder celle qui estoit en sa puissance; estimant qu'il luy seroit loisible par force ou par Amour, de rauir le corps de celle qui luy auoit enleué le cœur. I'obmettois que se iettant sur les inuectiues, il auoit accusé d'ingratitude Cantidiane, luy reprochant qu'elle estoit ennemie de son bien, & lors qu'il faisoit ses efforts pour elle, & se priuoit du sien propre pour la mettre à son aise, elle prenoit plaisir à le contrarier en la chose du monde qu'il desiroit le plus, & que de celle dont il esperoit le plus de secours, il experimentoit le plus de trauerses. Cantidiane s'en retourne faire son rapport du peu qu'elle auoit gaigné sur le courage de ce Pha-

Livre cinqviesme. 459
raon endurcy en son iniquité. De sorte que le masque estant leué, c'est à camp ouuert que le Comte se rend pourfuiuant de Glaphire, il ne se desguise plus, il se declare Amoureux, & si passionné, qu'ayant perdu le front aussi bien que les yeux, le cœur, le iugement & la raison, il faict parade du mal, & se glorifie & resiouyt en ses malignes pretensions, tant est veritable cét oracle sacré, que l'impie estant arriué au profond abysme du mal-heur, mesprise les meilleurs conseils, s'abbandonnant à toute extremité. Cleobule luy en pensant faire plainte, & luy remonstrer que c'estoit luy vendre bien cher l'honneur qu'il luy faisoit de le rendre son beaufrere, en attentant à la pudicité de sa sœur, le Comte luy respondit auec vne arrogance Espagnole, & vn aueuglement impudent, qu'il pensoit en luy donnant Cantidiane qu'il ne luy deuoit pas estre moins liberal de Glaphire : & comme Cleobule luy remonstroit l'extreme difference qu'il y auoit entre ces possessions, dont l'vne seroit autant infame & execrable que l'autre

honnorable & fainte; Fulgent luy répliqua que fa ieuneffe le priuant d'experience le rendoit ignorant de la liberté des Amancebades (qui eft en bon François des concubinages) fi vniuerfellement répanduë par toute l'Efpagne. A quoy Cleobule refpondant, qu'vn crime pour eftre public n'en eftoit pas moins vice, & que fi la loy ou pluftoft l'impunité confentoit à ce mal (qui deffiguroit l'Eftat d'Efpagne, ainfi qu'vn horrible chancre qui ronge vn vifage) il eftoit trop bien inftruict és regles de l'honneur pour fouffrir vne telle tache fur fa maifon; & bien qu'il fuft affeuré qu'il perdroit fon temps aprés cette vaine recherche, cónoiffant affez l'integrité de fa fœur & la generofité de fa mere, neantmoins s'il croyoit que Glaphire deuft feulement auoir des oreilles pour fes difcours ou des yeux pour le confiderer, il luy arracheroit les yeux & les oreilles tout d'vn coup en luy tranchant la tefte, & en lauant dans fon fang la moindre penfée qu'elle pourroit auoir contraire à l'honnefteté, & que pour luy eftant né Gentil-homme il n'eftimeroit iamais fa vie mieux employée que pour la defence de fa reputation.

Le

Le Comte, au lieu de s'adoucir, ou au moins de feindre quelque resipiscence, rendu plus opiniastre par ces iustes oppositiõs, selon le naturel de l'humeur superbe qui s'esleue tousiours par dessus ce qui s'oppose à son bouffissement, se mit à tonner des rodomontades contre Cleobule, qui n'estoit pas vne fille pour les souffrir, ny accoustumé à estre traitté de la sorte, car vous eussiez dict que le Comte le tenoit pour vn valet, & que luy reprochant la grace qu'il luy faisoit de luy donner sa sœur, ce luy fust encore de l'auantage qu'il prist Glaphire pour concubine: ce qui outra de telle colere ce Gentilhomme (d'ailleurs extremement modeste & retenu) que soudain il luy demanda son congé, & aussi pour sa mere & sa sœur, disant ne pouuoir supporter vn tel affront, duquel il auroit vn ressentimẽt tel que doit auoir vn noble courage, quand il seroit hors de sa maison. Le Comte auec vn desdain pareil à son orgueil le luy donne pour luy & pour sa mere, comme le chassant honteusement auec des paroles pleines d'ignominie, mais nõ pas pour Glaphire, qu'il dit vouloir auoir & la posseder, soit par amour, soit par force. A peine que ces mots ne fissent mettre la main à l'espee à Cleobule, pour vanger sur le chant vn tel affrōt, mais de peur de ruiner sa maison, sa fortune, & mesme l'honneur de sa sœur en perdant sa vie, joint qu'il estoit chez le Comte, & par consequent le plus foible, il se contenta de repartir, que quand il seroit hors de son seruice, alors il parleroit en homme libre, & qu'il pēsoit que la Iustice publique seroit pour le petit autāt que pour le plus grand, & que s'il attētoit rien par la violence, cét affront tōberoit sur sō visage & à son preiudice. Cependāt il proteste de ne sortir point qu'auec sa sœur, voulant demeurer auec sa mere pour estre le gardien de son integrité, & mourir pour sa conseruatiō. Les meschās ne māquent iamais de cōplices pour executer leurs malheureux desseins: Herode veut-il massacrer les innocens, il ne treuue que trop de Satellites, ny Saul que trop de partisans pour affliger & persecuter l'innocent Dauid. Quand Sichem voulut enleuer Dina, il ne māqua pas de gens dont les pieds courent au mal aussi legerement que ceux des Cerfs, & qui ne font que trop prompts à respandre le sang, ou à supporter les malices suggerees par la chair & le sang; tels sont les Braues, personnes assez communes en Italie & en Espagne, & qui ne viuent qu'en commettant tous les iours des actes dignes de mort; pareils à ces animaux qui font nourriture de poisons & de pourritures. Outre ces gens là, le Comte n'a que trop de support en Tarragone, y tenant vn grand rang, y estant fort appuyé & apparenté: à tout cela que pouuoit opposer Cleobule, sinon vne inuincible grandeur de courage, qui luy pouuoit faire dire auec Dauid, Quand vne armee seroit en ma presence ie n'aurois point de peur; quand vn million de gens-d'armes fondroit sur moy comme vn torrent, ie seray autant immuable qu'vn rocher, & mon cœur ne trembleroit point. Il se retire donc, non pas de la maison, ains seulement de la presence de Fulgent, picqué iusques au vif; mais il se retire en lyon; c'est à dire, d'vne démarche plustost asseuree que fiere; & comme vn homme qui est resolu, ainsi que l'abeille, de mettre sa vie en la vengeance du tort qu'on luy brasse. Car en effect le Comte auoit desia attiré des Braues, pour empescher que Glaphire ne sortist de son Palais, ou pour l'enleüer si Dionée l'emmenoit. Il auoit outre cela des amis (mais faux amis, puis qu'ils le soustenoient en son vice, la vraye amitié ne logeant qu'auec la vertu) qui luy promettoient toute assistance en cette malheureuse entreprise, & qui menassoient d'exterminer Cleobule, s'il vouloit dresser vne querelle au Comte, à quoy ils iugeoient que se deuoit aboutir son iuste ressentiment. Mais Dieu qui sçait sauuer les Susannes des mains des vieillards, Daniel de la gueule des lyons, Ioseph de la prison, & Dauid des embusches de ses ennemis, sçaura bien encore aueugler ces prophanes, qui veulēt prendre vne ame qu'il a en sa garde, en laquelle quicōque demeure est aussi ferme que le mont de Syon, qui sans s'esbransler deffie tous les orages. Ce grand Dieu qui a fait passer Israël au trauers des flots de la mer, & l'a tiré de la puissāce du Roy d'Ægypte & de ses Ministres, a encore des stratagemes dans le Cabinet de ses inuentiōs pour faire que Glaphire comme vne autre Iudith, trauerse le cāp des Assyriens, pour retirer cette Colombe des serres du Milan, & pour la rendre

LIVRE CINQVIESME.

victorieuse & triomphante de tant de pieges, & de gens coniurez à la ruine de ton honneur. Et c'est icy où ie suis forcé de chanter ces motets du grand Psalmiste.

Tous ces gens qui troublez de rage
   Ozent bien vomir vn langage,
   Où la raison n'a point de lieu,
   N'auront iamais pour leur partage
   Le Temple & la Maison de Dieu.
Fay les tourner comme vne rouë,
   Et que ta fureur les secouë,
   Grand Dieu iustement irrité,
   Comme on void vn vent qui se ioüe
   Du festu çà & là porté.
Comme la force courroussée
   Du feu sur la forest poussée,
   Sans pitié la va consumant,
   Ou comme la flame eslancee,
   Les monts saccage en vn moment.
Ainsi la tempeste les chasse,
   Et d'vn tourbillon qui fracasse
   Brise tout l'orgueil de leur cœur,
   Iette tant de honte en leur face,
   Qu'ils te reconnoissent vainqueur.
Qu'oncques leur vergogne ne cesse,
   Que tousiours la frayeur les presse,
   Afin qu'ils remarquent tes pas,
   Et que d'eux ton nom se connoisse,

               Hh iij

Eternel seul grand icy bas.

De vous dire les allarmes de Dionée & Glaphire en cét estat, il est mal-aisé: car comme Cleobule les eust il peu guerir de la peur qui n'en estoit pas exempt luy mesme, se voyant tout seul entre tant d'ennemis, & presque à la porte d'vne mort asseuree. Tout ce que peuuent faire ces femelles esperduës, c'est de se presser auprés de l'autel d'vne Chappelle qui estoit en l'appartement de Palombe, c'est d'estre tousiours auprés de la Comtesse, c'est de ne se perdre iamais de veuë l'vne l'autre, c'est de faire le guet toute la nuit, c'est de passer en larmes, prieres, ieusnes & veilles la plus grande partie de leur temps, c'est de trembler sans cesse au moindre bruict, & au plus petit sujet de crainte, c'est d'imiter les poissons qui se cachent en des cauernes durant la tempeste, les colombes qui se r'assemblent dans les coulombiers quand il tonne, & les brebis qui se pressent en foule quand le loup rode autour de leur bercail. Ce qui me faict souuenir du sac de Troye, descrit par le Prince des Poëtes Latins, où il represente la femme de Priam auec ses filles autour d'vn azile où el-

LIVRE CINQVIESME. 467

les s'estoient réfugiees pour éuiter la fureur des ennemis.

Icy la triste Hecube en pleurs, & hors de soy,
Et ses filles encor s'assemblant en effroy
Enuironnoient l'autel, & se serroient entre elles,
Comme font en fuiant les promptes colombelles
Quand vn nuage épais noircit le front des cieux,
Et le tonnerre faict vn éclat furieux.

O qu'il est bon de se coller à Dieu, & de ietter en luy son esperance; ouy, car celuy qui espere en sa toute bonté n'est iamais confus: Celuy qui faict sa demeure en son ayde, & qui se range sous sa protection, n'ay nt refuge qu'a son secours, sera deliuré des lacqs & des pieges des chasseurs, & de l'aspreté des plus violentes menasses.

A l'abry dessous ses aisselles
Il le cachera sous ses aisles,
Et le bouclier de verité
Le maintiendra en seureté,
Et l'affranchira des encombres
Qui rodent és nocturnes ombres.

En tout ce beau Pseaume où Dauid represéte le bon-heur de celuiqui est en la garde

Hh iiij

de Dieu, il semble que soit peinte au naïf l'image de la deliurance de Glaphire, car elle fut preseruée de la fleche qui vole de iour, de la pratique des tenebres, & des illusions du demon du Midy, elle trauersa sans peril des dangers qui ne se peuuent ny escrire, ny lire, sans quelque sorte, sinon de frayeur, au moins de fremissement. Et cela

Pour auoir en la bonne sorte
Pris l'Eternel pour defenseur,
Et choisi sa demeure forte
En vn lieu si ferme & si seur,
Là des maux qui font plus de crainte,
Deliurée en cette saison,
Auantageusement atteinte,
Ne fit de playe en sa maison.

Ouy, car le Seigneur commanda à ses Anges de la preseruer en ses voyes, & de la guider à bon port en son égaremét: de maniere qu'auec cette assistance & ces armées, elle marcha sur l'aspic & le basilic, & écrasa la teste du dragon.

Puisque la vertu elle embrasse,
Et se plaist à la reuerer,
Ie veux (dict la celeste grace)
Franche des dangers la tirer,

Ie veux conſtamment la defendre,
Puiſqu'elle a mon nom publié,
I'ay voulu ſes plaintes entendre,
Si toſt que i'ay eſté prié.
Au temps de l'angoiſſe inhumaine,
I'ay campé prés d'elle touſiours,
Comme prenant part à ſa peine,
Ie ſuis venu à ſon ſecours,
A tous la rendant venerable,
Ie la ſauueray en ſon temps,
Et puis d'vn ſuccés agreable
Ie rendray ſes deſirs contens.

Vous allez voir par la deduction du faict ces vers changez en Prophetie. Mais auparauant que ie raconte le ſtratageme que Dieu inſpira à Glaphire pour ſe ſauuer des griffes des Lyons rugiſſans preparez à la proye, & de la corne des Licornes, il eſt beſoin de ſçauoir que tous les accords de l'alliance de Cleobule & de Cantidiane, comme la recherche de Glaphire par Siridon, s'eſtans publiez par Tarragone, & ces deux mariages eſtans tenus pour aſſeurez par tout, la nouuelle paruenuë aux oreilles de Sindulphe à la Selua, il ſe rendit auſſi-toſt à Tarragone, reſolu de reprocher au Comte la fauſſeté de ſa parole, le manquement de ſa promeſſe, & de mourir pluftoft que d'endurer que Siridon eust cette fille pour efpoufe. Mais quand il eut abouché le Comte, & fceu de luy qu'il eftoit fort efloigné de permettre à fon frere cette recherche, & qu'au contraire il le vouloit enuoyer en Italie ou en Flandres pour le diuertir de cette affection; & luy en ofter l'object de deuant les yeux auecque l'efperance de le poffeder, il s'accoifa; & fes inquietudes cefferent quand il vit que Siridon eftoit relegué à Barcelonne & depuis à Perpignan en attendant l'occafion de luy faire faire vn plus long voyage. Il demeuroit neantmoins affez ordinairement à Tarragone pour efpier les occafions de voir l'Aftre feul qui pouuoit efclairer les tenebres qui l'enueloppoient: & comme il arriue affez fouuent que les malheureux & ceux qui font atteints d'vn mefme mal s'affocient les vns aux autres par vne fimpathie que leur donne la reffemblance de leur calamité, il vid Ericlée cette fille de Sedofe, & parente de Palombe, que nous auons dict qui eftoit paffionnée pour Cleobule; & tout ainfi que la main fe porte volontiers aux playes du corps, ainfi la langue vers celles de l'ame. Si Sindulphe fe plaignoit de Cleobule qu'il accufoit d'ingratitude comme l'empeschant en la recherche de sa sœur, Ericlée picquée d'vn autre mouuement, c'est à dire d'vne Amour animée de ialousie & changée en colere pour ce Gentil-homme, ne formoit pas de moindres plaintes se le voyant enleuer par Cantidiane qu'elle pensoit surmonter en merite comme en beauté, & prenant les paroles de compliment & de courtoisie dont Cleobule auoit autrefois par ciuilité flatté son oreille pour des termes d'engagement & des promesses de fidelité, elle le blasmoit d'inconstance & de peu de fermeté en ses affections, ce qui reuenoit fort à l'humeur de Sindulphe qui le haïssoit. Et comme il n'y a point de milieu és filles qu'vn rebut a renduës d'Amantes pleines de courroux entre la haine & la vengeance, les blasmes dōt Sindulphe chargeoit Cleobule luy firent penser qu'elle se pourroit seruir de cette animosité pour faire déplaisir à celui qui l'auoit laissée pour vne autre. Cette rencōtre d'humeurs fomētée par vne cōuersation assez frequente engēdra vne familiarité entre ces deux personnes qui deuint bien-veillance, mais bien-veillāce commune, car Sindulphe estoit tellemēt occupé de l'idée de Glaphire (auprés de laquelle Ericlée ne pouuoit paroiftre sans despit, & sans la honte de s'en voir surmonter d'vne fort longue espace) qu'il n'auoit aucune place vuide en son ame pour y loger vn nouuel obiect. Et Ericlée au trauers de sa haine, sentoit encore tant d'attachements vers Cleobule, & la flame de sa colere estoit allumée de tant d'Amour, que si elle eust eu quelque esperance de conquerir legitimement ce Cheualier, & de supplanter Cantidiane, elle eust esté plus preste de luy demander pardon que de luy tesmoigner aucun ressentiment du crime dont elle le chargeoit. Cela faisoit qu'encore que ces deux ames se voulussent du bien & se communiquassent leurs pensées assez franchement, ce bien là neantmoins demeuroit dans les termes de l'amitié, sans autre desir qu'elles eussent l'vne de l'autre, parce que chacune auoit sa veuë & ses pretensions ailleurs. Comme ils estoient en ces termes, la passion du Comte pour Glaphire venant à esclater, elle fut incontinent sceuë de toute la ville, & en suitte les coleres de Fulgent contre Palombe, qui ayant vne particuliere cõfiance en Sedofe la faisoit venir en son Palais pour se cõsoler auec elle, & fe cōfeiller par elle de ce qu'elle deuoit faire en toutes ces brouïlleries. Eticlée y fuiuoit fa mere, qui comme fille curieufe & enquerante apprenoit des autres Damoifelles, qui ne luy celoient que ce qu'elles ne fçauoient point, tout ce qui fe paffoit en ces affaires, & que nous auons deduict, de quoy eftant de retour en fa maifon elle auertiffoit Sindulphe. Et ce qui la contenta plus que tout, & r'alluma vn peu fon efpoir prefque efteint, ce fut la querelle du Cōte & de Cleobule, & les proteftations que celuy là faifoit de ne donner iamais fa fœur à celuy-cy, puis qu'il s'oppofoit à fes paffions. Sindulphe d'autre cofté (comme chacun penfe à fon intereft propre) s'imaginoit qu'il ne fe pouuoit defirer pour luy aucune plus fauorable occafion pour obliger Dionée & Cleobule à luy donner Glaphire en mariage, qu'en fe rendant le Persée de cette Andromede, & en la deliurant par fa vaillance de la gorge du monftre qui vouloit deuorer fon honneur. Car en cette action, outre fa vengeance propre à laquelle il eftoit porté, tant pour les bleffeures qu'il auoit receuës du Comte quand il le traitta fi mal en fa maifon, que parce qu'il vouloit des-honnorer sa maiſtreſſe, apres l'auoir laſchement trompé en l'amuſant de paroles, & feignant de parler pour luy lors qu'il pratiquoit de ſeduire cette Damoiſelle: il penſoit d'abondant ſatisfaire à ſon deſir, obligeant la mere, le frere & Glaphire meſme ſi eſtroittement en cette occurrence, que ce ſeruice ne ſe pouuoit payer que par les nopces de Glaphire, ſeul but de ſes pretenſions. Tout cela eſt bon à penſer à vn cœur Amant qui ne trouue rien de difficile, ny meſme d'impoſſible pour contenter ſon appetit, & pour venir à chef de ſon deſſein ; mais quand il faut venir à l'execution il ſe treuue court d'amis & de force, &

De quoy ſert le vouloir quand le pouuoir defaut,
Sinon à faire voir qu'on a le cœur trop haut?

Car quand il euſt eu la force d'vn Samſon ; qu'euſt-il faict contre tant de Philiſtins, luy qui s'eſt treuué ſi foible à la Selua contre Cleobule, que fera-til à Tarragone contre le Comte ; ſinon teſmoigner ſon impuiſſance & monſtrer les dents à celuy qu'il ne peut mordre? Seulement s'il menace, ou ſe plaint, ou faict mine d'auoir du reſſentiment, ou de vouloir fouſtenir le party de Cleobule, il ſera auſſi-toſt exterminé, il aura cent Braues en queuë qui chercheront à toute heure & de nuict & de iour les occaſions de luy faire mordre la poudre. Seulement il ne peut faire entendre de ſes nouuelles, ny offrir ſon ſeruice en cette occaſion à Cleobule ; ny le retirer de la main du Comte ; de laquelle il auoit eſté ſauué par ce Cheualier lors qu'il eſtoit ſur le point d'eſtre percé à mort ; d'autant qu'outre le portier ordinaire de la maiſon de Fulgent, il auoit mis des gardes à ſa porte plus redoutables que Cerbere, & qui auoient autant d'yeux qu'Argus pour empeſcher qu'aucun ne puſt pratiquer des intelligences aueeque Dionée & Cleobule pour auoir Glaphire ; & affin que nul n'entraſt non le plus fort, mais ſeulement auec des armes en ſon Palais. Ils auoient bien charge de laiſſer ſortir Cleobule quand il voudroit (ſelon la maxime qui veut qu'on dreſſe vn Pont d'or à l'ennemy qui s'en va :) mais à telle condition qu'il ne puſt r'entrer, & qu'à ſon retour la porte luy fuſt fermée. Voila les dures loix que ce grand Seigneur auoit faittes pour ſon Serrail : ce qui me force de m'eſcrier auecque le Roy Pſalmiſte,

O Dieu nompareil en puiſſance,
  Ne te fains plus, romps ton ſilence,
  Pers ce morne aſſoupiſſement,
  Car tes haineux pleins d'inſolence
  Tempeſtent merueilleuſement.
De ces gens la trouppe inſenſée,
  Porte la teſte fort hauſſée,
  Et de leur deſſein proietté
  La malice eſt toute braſſée,
  Contre ceux qu'ayme ta bonté.
Leur complot nommément regarde
  Les cachez ſous ta ſauuegarde,
  Et diſent d'vn cœur enragé,
  Perdons tout, rien ne nous retarde,
  Qu'Iſraël ne ſoit rauagé.

Comme nos priſonniers eſtoient en cette extremité, Cleobule n'attendant que l'heure qu'on le tuaſt, & Dionée auſſi & Glaphire que la perte de ce qui luy eſtoit plus cher que la vie, Dieu, que Dauid appelle ayde és opportunitez, & liberateur és plus preſſantes tribulations, diſſipa ſans coup ferir toutes ces forces

forces que Fulgent auoit çà & là ramaſ-
ſées pour ſe faire craindre par ceux dont
il ne ſe pouuoit faire aimer en la ſorte
qu'il deſiroit. Car apres beaucoup de cõ-
ſultations pour trouuer les moyens de
ſortir de cette captiuité, leur ſageſſe
eſtant deuoree, & ne pouuans comme
ces oyſeaux qui ſont en des cages bien
cloſes, rencontrer aucun paſſage pour
euader;vn iour ſur le ſoir,il pleut à Dieu
ietter ſoudainemẽt en l'eſprit de Glaphire, la plus intereſſee en toute cette affaire, vn moyen admirable, & tout à faict
extrordinaire pour ſe ſauuer & ſe tirer de
l'opprobre. Car ayant en garde quelques
habits de ſon frere,elle en met vn qui luy
vint aſſez bien, puis couurant ſes iambes
de bottes,& s'attachant vne eſpee au coſté,& repliant tous ſes cheueux ſous vn
grand chapeau à la Catalane, bouſchant
à moitié ſon viſage d'vn manteau comme faiſoit Cleobule depuis ſon meſcon-
tentement,elle deſcendit en la cour des
eſcuries,où ayant pris le temps à propos
& eſpié lors que les garçons d'eſtable
iouoyent en vn iardin, elle meſme ac-
commoda vn des cheuaux que ſon frere,
comme Eſcuyer du Comte,auoit accou-
ſtumé de monter, & l'ayant bridé & ſel-

Ii

le, monte dessus, & se presentant à la porte pour sortir, les gardes qui creurent à son habit, & à son port, que ce fust son frere, pensant faire grād plaisir au Comte de le defaire de cet homme, qui estoit le plus grand obstacle qu'il eust pour l'accomplissement de son infame desir, luy firent vn grand passage, auec resolution de luy dōner au retour vn visage de bois: Ainsi sortit Glaphire, conduitte, comme il est à croire, par son bon Ange, & animée de l'esprit de Dieu, qui luy donna vn courage, vne resolution, vne adōresse, & vne force tout à faict esleuée au dessus de la portée de son sexe: Et tout cecy fut si soudain, qu'elle n'en donna auis, ny à sa mere, ny à son frere, ny à Cantidiane, ny à Pàlombe, ny à aucune des Damoiselles ses compagnes, d'autant que ne pensant qu'essayer l'habit de son frere, tout à coup vne impetuosité interieure la saisit (vraye marque de l'esprit de Dieu, comme il est éuident en Sanson) qui la fit descendre en l'escurie, luy donna le pouuoir & l'industrie de preparer vn cheual, de se mettre dessus, & de se presenter pour sortir, sans considerer autrement ce qu'elle faisoit, ny où elle alloit, ny quelle route elle deuoit prendre, se iettant à yeux clos dans la prouidence de celuy qui ne dort iamais en gardant les vrays Ifraëlites, c'eſt à dire ceux qui sont de sa part, & qui pretendent par la vertu à l'heritage de salut. Auſſi toſt qu'elle fut en la ruë, le viſage tellement bouché de son manteau, qu'elle n'y laiſſoit rien de découuert que les yeux pour se conduire, apres auoir bien tournoyé çà & là, n'oſant demander le chemin, de peur de se faire connoiſtre, elle rencontra la porte de la ville, par où s'eſtant mise à la campagne elle fut bien toſt accueillie des tenebres de la nuict. Imaginez-vous vne vierge plus craintiue qu'vne Colombe dans l'horreur des tenebres, en vn équipage contraire à sa condition, ne ſçachant quelle voye elle deuoit tenir, ny bonnement où elle alloit, sinon qu'elle desiroit se sauuer à la Selua lieu de sa naiſſance, & de sa maison paternelle. O Seigneur! vous qui auez commencé que n'acheuez-vous, vos œuures ne sont-elles pas accomplies,

Ii-ij

& sans repentance, comme dict le sacré Texte, ne sçauez-vous pas qu'en vain bastit-on vne maison, garde-t'on vne ville, & faict-on quelque entreprise, si vous ne cooperez au bien qui se proiette : perfectionnez donc ce commencement, mettez la en vn havre asseuré, & ne la reiettez pas dedans les tempestes. Sauuez-la de ceux qui l'affligēt, deliuree de la main de ses ennemis ; faictes que sans peur elle vous serue en iustice & en saincteté, c'est à dire, en honnesteté tous les iours de sa vie.

Seigneur hausse ta main,& d'enhaut la luy donne,

L'arrachant du malheur,

Sauue-la du naufrage, & de la main felonne

De l'impie qui veut perdre la belle fleur

De son integrité qui luy sert de couronne.

Helas! que vay-ie dire, & qui ne fremira en lisant ces lignes? apres que la vertueuse Glaphire eut tracassé toute la nuict, tantost courant, tantost bronchant, tantost par les montagnes, puis par les vallées, cherchant des sentiers égarez, brossant à trauers des campagnes sans rencōtrer personne qui luy peust dire des nouuelles, ou l'addresser au chemin de la Selua, la peur humaine qui iusques alors ne s'estoit point emparee de son esprit, cõmeça à s'y faire place, & celle qui s'estoit monstree plus qu'homme, à la fin deuint plus foible qu'vne fille. O fille de peu de foy ! que craignez vous, si Dieu est pour vous, qui vous peut estre contraire? Cecy me faict souuenir de S. Pierre marchãt sur les eaux tant qu'il eut la foy ferme; & enfonçãt aussi tost qu'elle vint à defaillir. O Dieu! faut-il qu'elle voye clair dans les tenebres, & qu'à present que l'Aurore vient redonner la couleur aux choses, qu'elles soit frappee de l'esprit d'aueuglement & d'estourdissement; pareil à celuy des Siriens, qui se vindrẽt rendre en Samarie au milieu de leurs ennemis. O iugemens de Dieu! que vous estes d'étranges abysmes, ouy, pour accomplir la merueille il luy veut faire treuuer son salut parmy ceux qui luy sont contraires, & de qui elle doit attẽdre de la persecution plustost que du secours. N'auez vous iamais veu vne nauire battuë de l'orage auprés d'vne coste bordee de rochers, certes les nochers voudroient bien gaigner la haute mer, mais en fin la tempeste & les vents plus forts que leur industrie les porte en vne plage où pensans eschouër,

Ii iiij

& se perdre, ils se treuuent sur la greue en sauueté, & plus heureux en leur naufrage qu'ils n'eussent ozé esperer durant qu'ils estoient en peril. Tel fut l'éuenement de cette fuitte, car la sage Glaphire recreuë & lassee comme vne de son sexe inaccoustumee à de semblables traittes & coruees, apres auoir bien tracassé & cheminé en tournoyant sans s'écarter de Tarragone, se treuua aux portes de la ville, comme le Soleil commençoit à sortir de la maison de l'Aurore par le portail de l'Orient, alors pensant estre perduë, elle se relança par vne feruente priere entre les bras de Dieu, & voyla que soudain elle se sentit renforcée! las que ne peut l'amour de la chasteté sur vn gentil courage, certes il esleue l'ame au dessus d'elle mesme, & faisant resoudre les vierges à toute sorte de tourmēts & de mòrts, plustost que de perdre leur honneur, elle les porte à des actes si heroïques, qu'ils passent le moyen de les bien exprimer. Au lieu de demander le chemin de la Seiua, il luy vint en la pensee (Dieu le luy suggerant, ou le permettāt ainsi) d'entrer en Tarragone, & de s'aller rendre entre les bras de Sedose tante de Palombe, & mere d'Ericlée: elle auoit veu fort souuent

ces Dames chez le Comte, & elle n'e-
stoit pas ignorāte des affections que celle-cy auoit pour son frere, ce fut-là l'autel de refuge, & le trou de la pierre où s'al;
la ietter cette tremblante tourterelle. Elle auoit esté plusieurs fois en cette maison, en y accompagnant Palombe, quād
elle alloit visiter sa tante; si bien qu'entrāt
de grād matin elle y a la tout droict sans
auoir besoin de conduitte. Et voyez cōme tout reüssit en bien à ceux qui aymēt
Dieu, & qui suiuent la vertu, ses erreurs
de la nuict furent cause de son salut, car
si elle eust tenu vne droitte voye, ou si elle eust pris le chemin de la Selua, elle
estoit saisie, ainsi que nous allons voir, si
bien qu'elle estoit perduë, si elle ne se fust
ainsi heureusement perduë, & si son éga-
remēt ne l'eust menée sur ses brisées. Entrée dās la maison de Sedofe sous le nom
de Cleobule, elle fut admise pour parler à
cette Dame, comme elle estoit encore au
lict, parce qu'elle luy fit dire que c'estoit
pour vne affaire pressée & importāte. Ce
fut là que sous l'habit de Cleobule, elle
luy fit connoistre qu'elle estoit Glaphire,
luy cōtant de point en point tout ce que
nous venons de raconter, ainsi qu'il luy
estoit arriué, la coniurant de luy seruir de

mere, de protectrice de son honneur, & de bouclier côtre les attainctes des meschans, l'en coniurant par tout ce qu'il y a de plus sainct au ciel & en la terre, par le bien qu'elle vouloit à Palombe, qui estoit interessée en cette occasion, & par tout ce qui peut doucement forcer, soit par pitié, soit par raison vne Dame honnorable à la conseruation d'vne fille de bien: Autrement elle protestoit de se seruir de l'espee qui luy pendoit au costé pour se tirer l'ame du corps, plustost que de se voir deshonnorer par vn acte infame. Imaginez-vous quel estonnement saisit Sedofe, & encore Ericlee qui dormoit en la mesme chambre, quand ils entendirent parler Glaphire de cette façon, & qu'ils virent sauuée d'vn euident naufrage celle qu'elles croyoient tellement assiegee par le Comte, que nulle force n'estoit capable de la retirer de sa puissance. Il eust fallu renôcer à la profession qu'elles faisoient d'aymer l'honneur pour luy refuser assistance en cette pressante necessité, ioint que la mere & la fille auoiét diuers motifs qui les portoiét à cette ayde, celle-là desirant obliger Palombe sa niepce & sa pupille, celle-cy se promettât de rappeller à soy les affections de Cleobule par cet insigne seruice, veu mesme

LIVRE CINQVIESME. 485
qu'elle tenoit son mariage auec Cantidiane sa riuale pour entierement rompu. Mais parce que la puissance de Fulgent estoit redoutable à Tarragone, elles creurent que le plus seur estoit de la cacher au plus secret endroit de leur maison, ce quelles firent apres luy auoir faict changer d'habits, & l'auoir reuestuë d'vne des robes d'Ericlée, qui ne luy vint pas mal. O Seigneur que vous estes plein de misericorde, ô Dieu des vertus, que bien heureux est celuy qui espere en vous, ouy, car vous sçauez tapir vos esleus dans la cachette de vostre visage, & les sauuer du trouble des hommes, & comme si c'estoient des Alcions vous les faittes nicher sur les ondes de la mer, sans que les eaux les puissent submerger. Mais tandis que Glaphire respirera dans cét azile, & qu'elle esperera sous les aisles de Dieu, allons voir ce qui se passe au Palais du Comte: il fut aussi-tost auerty par les satellites qu'il auoit mis à sa porte de la sortie de Cleobule, dont il conceut vne ioye nompareille, estimant qu'vne grosse paille estoit hors de son œil, & son plus grand obstacle osté pour se mettre en possession de Glaphire. Ayant dõc donné ordre de ne le laisse

fer plus r'entrer, l'impatience de son desir le porta aussi tost en l'appartement des Dames pour paistre ses yeux de l'object dont la douceur luy causoit tant de douleur. Cleobule qui auoit tousiours l'œil au guet, & qui estant asseuré de sa sœur, parce qu'elle estoit en la garde de sa mere, & de Palombe, ne veilloit que sur les actions du Comte, le suiuit aussi-tost. Et comme il auoit la liberté d'entrer en la chambre de Dionée, n'allant plus en celle de la Comtesse depuis que Fulgent l'y auoit mise, ainsi qu'en vne prison, ce ne fut pas vn petit estonnement au Comte de voir à ses espaules celuy qu'il estimoit estre hors de son Palais, à peine qu'il ne le prit pour vn fantosme. Il ne luy dit rien, car ils ne se parloient que par des regards trauersez & qui à guise d'esclairs menaçoient vn prochain tonnerre: mais s'auançant à grands pas vers le quartier de la Comtesse, il le laissa entrer en celuy où sa mere estoit retirée. Tandis que le Comte s'amuse à entretenir Palombe de discours fort indifferents, & qui tesmoignoient vne froideur extraordinaire, fasché de se voir frustré en son dessein, & de ne rencontrer point

Glaphire auprés d'elle. Vos ialoufies, luy dit il preffé de son impatiente humeur, qui vous font hayr ce que i'ayme, vous font chaffer de voftre prefence, ce qui ne part iamais de celle de mon efprit, mais malgré vos fantaifies & toutes les oppofitions que l'on me fçauroit faire, ie feray le maiftre, & ie feray connoiftre à ceux qui mefprifent mon amitié des effects de mon indignation, & tels qu'ils fçauront que c'eft vne foudre quand le pouuoir fe rencontre auecque la colere. Palombe s'excufant le mieux qu'elle pouuoit, & proteftant que de toute l'aprefdinée elle n'auoit veu ny Dionée ny Glaphire, il la croyoit d'autant moins qu'elle l'affirmoit dauantage. Cleobule qui eftoit en des deffiances continuelles, fur tout quand Fulgent alloit chez les Dames, ou en lieu où il pouuoit voir fa fœur, ne la voyant point en la chambre de fa mere, crut qu'elle eftoit en celle de la Comteffe, ce qui le mit en allarme, & demandant à Dionée de fes nouuelles, Elle n'a, luy dict-elle, d'auiourd'huy forty de fon cabinet, Cleobule qui tenoit que la deffiance eft mere de seureté, & qui ayant la foy dans les yeux ne croyoit en ces matieres-là que ce qu'il voyoit, y entra, où ne trouuant sur le lict de sa sœur que ses habits qu'elle y auoit laissez lors qu'elle s'estoit traueſtie, il sortit tout troublé, disant à Dionée que l'escorce y estoit bien, mais non pas l'arbre, les vestemens, & non le corps. La mere auec vn effroy qui se peut mieux imaginer que representer, pensa pasmer à cette nouuelle, & toute tremblante, allant à ce spectacle treuua que les sinistres rapports ne sont tousjours que trop veritables. De vous dire ses cris, la guerre qu'elle fit à ses cheueux, & le desespoir qui la saisit, il me seroit impossible. Ce fut à ce coup qu'elle pensa estre trahie & sa fille ou tuée, ou ce qui luy sembloit pire, enleuée & deshonnorée. Cleobule comme homme la laissa plaindre, mais resolu d'en venir aux mains, & de faire sentir des effects d'vn iuste ressentiment aux rauisseurs de sa sœur, se prepare à mourir au milieu d'vne sanglante execution. De ce pas il entre hardiment dans la chambre de la Comtesse, où ie ne sçaurois dire ce que la colere luy fit proferer contre Fulgent, ny les termes dont il le traitta, capables de se faire mettre en mille pieces. Pour espargner ce recit & ce cōbat de paroles, venāt au faiɛ̃t, Fulgent au cōmencement se mocquant de se voir appeller rauisseur, sa conscience luy dictāt le contraire, c'est ce qui confirmoit Cleobule en sa creance, à cause du mespris qu'il luy témoignoit, joint que les mots ambigus de ses responses luy en donnoient sujet, le Comte disant quelquefois que quand il l'auroit faict il se soucieroit peu de ses menaces, & de ses iniures, & autres pareilles qui ne sembloient ny nier ny auoüer cette actiō. A la fin apres auoir long temps escrimé à l'aueugle, comme les Andabates, & battu l'air de vaines contestations, il se fallut éclaircir du faict, le Comte n'estant pas moins troublé que Cleobule, & chacun estimant auoir esté trompé, & qu'il y eust de la fourbe de part ou d'autre: pour accoiser ce grand vacarme & les cris de Dionée qui emplissoit l'air de regrets & de gemissemens inenarrables, le Comte fort allarmé appellant ses satellites, ausquels il commanda d'oster l'espée à Cleobule, tous ensemble firent vne patroüille par toute la maison, & ne laisserent caue, grenier, chambre, cabinet, ny recoin sans le visiter exactemẽt. Quand se vint à l'escurie, il se treuua vn cheual à dire, qui estoit celuy-là mesme que les gardiens de sa porte dirent que menoit Cleobule, & sur lequel en sortant il estoit montée: la dessus on forme diuerses coniectures, ce visage couuert d'vn manteau faisoit confesser à quelques-vns qui estoient à la porte, que ce pourroit estre Glaphire reuestuë des habits de Cleobule, coniecture qui fut treuuée veritable. On faict la reueuë des habits, cela se treuue ainsi qu'on le dict, les valets d'estable estans enquis, declarent qu'ils n'ont point veu prendre le cheual, estans à telle heure au jardin attachez au ieu, & c'estoit le temps de la sortie du feinct Cleobule. Le Comte alors pensant estre trahy, crut que les larmes de Dionée estoient fausses, & les coleres de Cleobule contre-faittes, & que sa femme & sa sœur auoient trempé en la conspiration de faire de cette façon euader Glaphire. D'autre part la mere de cette chaste fugitiue & son frere plainement ignorans de ce stratageme, soupçonnoient que le Comte l'eust faict enleuer secrettement & forgé cette ruse pour donner couleur à son Rapt. Ce n'est que rage & confusion, ce ne sont que cris, fureurs & tumultes, voila dans ce Palais le plus grand desordre du monde. Ce ne sont qu'accusations de part & d'autre, les plus fausses & les plus esloignées d'apparence qui se puissent imaginer. Le Comte dict que Dionée & Cleobule ont tué Glaphire par vne cruauté desnaturee, sacrifians sa vie à vne vaine ombre d'honneur, sçachans bien qu'autrement ils ne pouuoient l'arracher de ses mains, mais qu'il perdra tout son credit & tous ses biens plustost que de laisser impunie vne telle meschianceté, & qu'alors il paroistroit qui l'aura & plus & mieux aimée d'eux ou de luy. Il rend sa femme & sa sœur complices de cét attentat, qu'il nomme vne coniuration faicte contre son contentement, & proteste de leur faire sentir des traicts d'vne haute vengeance. Les autres croyent qu'il les preuient de ces accusations pour emousler la pointe des leurs, & pour cacher sous ces apparences sõ Rapt qu'ils tiennẽt pour manifeste, par l'aueu mesme des gardes qu'il auoit mises à sa porte, pareil à cette Courtisanne, qui ayant estoufé son fruict, reiettoit deuant Salomon cette faute sur sa compagne : Et de faict il n'y a point de bouches qui iniurient si tost que celles qui sont dignes de blasme : les mauuaises femmes sont tousiours les premieres à taxer les autres du crime dont elles mesmes se sentent les plus chargées. Mais tout ainsi que les loix, dit cét Ancien, sont muettes durant les armes, ainsi quand la Iustice est suffoquée par la force, & que le droict est en la violence, il faut que la replique demeure en la bouche, & que l'innocence plie sous l'oppression de la fureur, tesmoin ce Philosophe qui se laissa vaincre en dispute à vn Capitaine, non qu'il eust meilleure raison, mais parce qu'il commandoit à trente legions : ainsi Dauid dict qu'il s'est humilié, & qu'il s'est teu en sa defence, bien que sa douleur se rengregast par sa taciturnité. Pour comble de mal-heur Dionée & Cleobule, Palombe & Cantidiane se voyent separément enfermer en leurs chambres, qui leur tenoient alors lieu de prisons, iusques à ce, disoit le Comte, qu'il eust informé

formé la Iustice de leur meurtre, car il ne se pouuoit oster de l'esprit qu'ils n'eussent assassiné la belle Glaphire : il est impossible de representer les desespoirs de la mere, la rage du frere, les regrets de Cantidiane, & les souspirs & gemissemens de la douce Palombe. Tādis qu'ils rongeront leur frein entre ces murailles, attendant ce qu'il plaira à la Prouidence d'ordonner sur leur captiuité, ou leur deliurance, se voyant à la mercy de leur ennemy, & d'vn homme sans pitié, voyant les diligences que faict le Côte, non seulement les satellites de sa porte, mais les voisins & plusieurs autres passans témoignét d'auoir veu Cleobule à cheual, auec toutes les circōstances du téps, de l'habit, de la forme, du poil du genet, qui pouuoient faire croire que c'estoit Glaphire déguisee & couuerte des habits de son frere : on s'enquiert du chemin qu'a pris ce cheualier pretédu, & alors faisāt choix de ses plus cōfidens, il les met sur les cheuaux de son escurie, afin qu'ils suiuent à la trace ce Cheualier errāt. Ce qu'ils font auec vne diligence incroyable ; ils le suiuent à la piste, & battent la cāpagne çà & là, mais ils furent aussi tost accueillis des tenebres de la nuit, qui auec le moyen de

Kk

faire leurs enqueftes, leur rauirent celuy de faire leur quefte, neantmoins la plus cōmune opiniō d'entr'eux, eftant qu'elle auroit tiré vers la Selua pour fe fauuer parmy fes parens au territoire de fa naiffâce, & en fa maifon paternelle, tādis que quelques vns battēt la cāpagne plufieurs vōt à la Selua à toute bride, où ils fe treuuent deuāt que le Soleil reuenant fur l'orifon commençaft à blanchir la fommité des montagnes voifines. De forte que de là nous pouuōs reconnoiftre que ce que nous appellions tantoft abandōnement de Dieu eftoit vne affiftance fort particuliere ; car s'il n'euft tenu Glaphire par la main, & ne l'euft conduitte en fes heureufes erreurs, elle euft d'elle mefme dōne és mains de ceux qui la cherchoient pour la perdre. Il la mena donc (comme Ifraël par les deftours du defert) par des voyes obliques en apparence, mais fort droittes en effect, car fi elle fe fuft acheminée à la Selua, indubitablement elle eftoit prife & enleuée, d'autant qu'elle euft efté deuancee par ceux qui la cherchoient, ou rencontree par le chemin, mais reuenant comme elle fit fur fes erres, elle reffembla à l'écreuiffe celefte, qui ne laiffe pas d'aller droict en fon cours, encore

LIVRE CINQVIESME. 495

qu'elle retrograde. Car, qui se fust iamais imaginé, que celle qui fuyoit, & auoit tant de sujet de fuir Tarragone, y fust reuenuë, & qui l'y eust peu voir à son retour, qui fut deuant que l'Aube donnast assez de clarté pour discerner les choses, toute la ville estāt encore enseuelie dans le sommeil, & n'y ayant rien alors de plus desert que les ruës. C'est ainsi que Dieu sauue les siens miraculeusement, tantost en les couurant d'vn nuage, tantost d'vne toile d'araignee, tantost mettant vne statuë en la place de Dauid, tantost enuoyant la rosee au milieu des flammes, comme aux trois enfans de la fournaise, tantost en d'autres manieres: Car qui est-ce, dict la saincte Parole, qui peut arracher ses esleus de sa main. Belle main en laquelle demeurent en paix les ames des iustes, exempts du tourment de la malice, lors qu'elles estoient au bon chemin, elles sembloient exterminées & fouruoyees, mais la fin a faict voir que Dieu estoit leur guide pour les tirer du milieu des dangers, & les menoit au rafraichissement à trauers le feu, & l'eau des plus

K K ij

penibles angoisses. Le cerf & la biche sõt des animaux fort simples & timides, & qui mettēt leur sauueté en la legereté de leurs pieds, neātmoins en fuyant la meute affamee, & qui veut faire curee de leur sang, la nature leur suggere de certaines ruses pour mettre les chiens en defaut & leur faire perdre le sentiment de leurs voyes. Helas, la pauure Glaphire estoit encore plus craintiue que ces feres sauuages, & neantmoins cõduitte d'vn bon instinct, elle fit vne ruze qui fit perdre sa trace à tous ces chiens enragez qui la pourchassoient à force. Ils reuiennent à Tarragone aussi sçauãs qu'ils en estoient partis. Ce qui met le Comte en vn desespoir incomparable, duquel pour rendre ses prisonniers participans, il les accuse à la Iustice, comme ayãs cõmis vn meurtre en son Palais en la personne de Glaphire, demãdant vengeance de ce crime à ceux qui ne portent pas le glaiue en vain, mais qui l'ont en main pour le soustien des bons, & le chastiment des coulpables. Quel creue-cœur à Dionee, & à Cleobule, de se voir accuser par celuy qu'ils tenoiẽt pour le tyran de leur honneur, d'vn crime auquel ils n'auoient iamais pensé; mais voyez comme la malice est industrieuse, interrogez par la suggestion du Comte, s'ils n'auoiët pas cent fois menacé d'estrangler ou de poignarder Glaphire, si elle prestoit l'oreille à aucune recherche contraire à l'honnesteté, ils auoüerent franchemët qu'ils estoient coulpables d'auoir dit ces paroles. De plus, enquis s'ils n'auoient pas cette fille en leur charge, & en leur puissance, ils respondirent qu'ouy : & puis quand on leur demande où elle est,& qu'ils ayent à la representer, ils ne sçauent que dire, sinon que le Comte l'a faict enleuer pour abuser de sa beauté, au preiudice de son honneur. De preuue de cela, il n'y en a point, on tient ce qu'ils auancent pour vne recrimination odieuse, dót Fulgent demäde vne reparation solemnelle. Tellement que (pour ne faire icy au lieu d'vne histoire vne procedure de Iustice) Dionee & Cleobule se voyent à la requeste du Comte, & par l'ordonnance des Iuges trainez dedans vne prison ; mais celuy qui en a sceu tirer Daniel & Ioseph par des secrets admirables, permet que cét affront soit fait à ces innocens, pour auancer plus facilement leur liberté : car s'ils fussent demeurez dans le Palais és mains du Comte, il ne les eust iamais laschez sans se faire remettre Glaphire; tant il est vray que les loix séblables aux toiles d'airaignee, ne retiennent que les petites mousches, estans rompuës & percees par les bourdons. Quant à sa femme & à sa sœur, il les retient en sa garde, & si elles sont treuuees cōplices du crime dont les autres sont preuenus, il promet à la Iustice de les representer toutes les fois qu'il en sera requis. Voyla comme le tumulte s'accoise, & pourtant Glaphire ne se treuue point: mais Dieu qui ne laisse pas ses esleus dās le sepulchre (& qu'est-ce qu'vne prison, sinō le tombeau d'vn homme viuant) & qui ne permet pas que la corruption les accueille, ny que leur innocence succombe à la calomnie, tira bien tost la verité du fonds du puits, & la lumiere d'entre les tenebres à l'auātage de la mere & du frere, & à la hōte de Fulgēt, car Sedose estant informee de tout le vacarme arriué en la maison du Comte, & de la prison de Palombe sa chere pupille, s'y transporta soudain cōme pour consoler cette pauure enfermée, à laquelle ayāt racōté ce que nous auons dit de la sortie de Glaphire, & de sa retraitte en sa maisō, elle redōna la vie à Cantidiane & à cette desolée Comtesse, qui estoient en des frayeurs & en des agonies nompareilles.

Elles resolurēt neātmoins entr'elles que cleobule & sa mere en auroiēt l'auis auparauant que Fulgent en sceust rien, de peur qu'il n'ēleuat de force cete fille de la maison de Sedose auāt que sa mere par l'aide de la Iustice pût dōner ordre à sa seureté: cette resolutiō prise elle fut executee sur le chāp, de sorte que si Cleobule & Dionée entrerēt le matin en prisō, ils n'y passerent pas la nuit, leur eslargissemēt estāt aussi tost permis que demandé par les enseignes de la fille retreuuée: le Cōte n'eut auis de cecy que quād tout fut expedié, la fille mise en la sauue-garde de la Iustice, (Iustice redoutable aux plus grāds en Espagne, & qui n'oseroient auoir offencé le moindre Algazil) & les parēs remis en liberté. Se voyāt de cette sorte beslé & frustré de sa proye qu'il estimoit ne luy pouuoir estre par aucune force arrachée des mains, l'aueuglemēt & la fureur de sa passion sans auoir égard aux perils où il se precicipitoit, luy fit mettre toutes ses pensees és moyens de r'auoir à quelque prix que ce fust celle sans qui la vie luy estoit ennuyeuse; pour cela, Braues, satellites & amis en armes, ils font des assemblees secrettes, où se font des propositions qui ne peuuent estre suiuies

K K iiij

que d'executions forcenées, car ny le respect de l'autorité du Magistrat, ny la pudeur publique, ny la reuerence des loix
ne peuuent arrester le torrêt de la fureur
de cét enragé. Sindulphe sous main estāt
auerty des preparatifs du Comte en donne auis à Cleobule, afin qu'il se preparast
à la defensiue, s'offrāt de l'assister en cette
occasion, & taschant ainsi de se remettre
en ses graces, & de recōquerir Glaphire.
Mais Cleobule qui se sentant desgagé du
Cōte, ne vouloit pas d'autre part s'enga-
gerà Sindulphe, le remercia de ses offres,
se disant assez fort d'auoir Dieu & la Iustice de son costé, rebut qui mit Sindulphe
au desespoir, desespoir qui luy ietta en la
pensee de faire vne cōtremine & de preuenir Fulgent en l'enleuement de Glaphire, se promettant de iustifier son rapt
en l'espousant, & de guerir cette playe
que la vehemence de l'Amour pourroit
excuser par le mariage. Il va à la Selua, il
ramasse ses amis, & prepare quelques
Braues à cette executiō, à quoy luy donnoit vne grāde ouuerture & vne merueil-
leuse facilité, l'accés qu'il auoit en la maison de Sedose, se promettāt d'estre en cela fauorisé par Ericlée, qui aspiroit au frere cōme luy à la sœur. O Dieu, à ce que ie

voy, ce n'est pas seulement l'or qui doit pallir de peur à cause des embusches qui luy sont dresées de toutes parts, mais aussi la beauté. O escueil infortuné des ames incōsiderées, à combien de trauer-ses & de dangers expose-tu ceux qui te possedent comme vn riche tresor, certes cette personne est heureuse que tu rends agreable aux yeux, mais celle là pourtant n'est pas malheureuse à qui la nature n'a point donné cét auantage.

Maintenant, ô Seigneur, tes esleus n'aban-
 donne,
 Or que de toutes parts ces esprits enragez,
 Ces Taureaux de Bazan puissamment
  arrangez,
   Leur font vne couronne.
Diligente ta force à leur ayde ordonnée,
 Sauue leur ame, ô Dieu, du couteau menaſ-
  ſant,
 De la patte du chien rends toy garantiſ-
  ſant,
   L'vnicque abandonnée.

Ericlée ayant eu communication du dessein de Sindulphe, & par consequent de celuy du Comte, feignant de fauoriser celuy-là, creut auoir en main la plus belle occasion de s'obliger eternellement Cleobule qui luy peust iamais arriuer, pour cela elle luy escriuit ces quatre lignes pour le conuier à la venir treuuer pour luy apprendre les secrets de ces deux entreprises, qui visoient à mesme but de la ruine de son honneur. Elles disoient ainsi.

JE tiens en mes mains vos destinées, vostre bien & vostre mal est en mon pouuoir, i'ay les resnes de vostre bonne ou mauuaise fortune, & si ie l'ose dire ie porte les clefs de vostre vie & de vostre mort. Iugez Cleobule si ie vous aime, puisque sous les cendres de vostre oubly les charbons ardans de ma sainte & sincere affection n'ont peu s'esteindre. Maintenant que ie vous croy guery de vos legeretez par la priuation de l'object qui vous auoit faict prendre le change, i'experimenteray si l'ingratitude pourra auoir accés en vn courage que ie n'en ay iamais iugé capable, & si vostre cœur ne correspond à l'extreme & incomparable obligation que i'acquerray auiourd'huy sur luy en vous descouurant vn secret, que ce papier ne peut receuoir, & qui ne vous importe pas de moins que de la vie, ie ne croiray plus qu'il y ait de reconnoissance, ny d'amitié au monde. Si

vous en voulez eſtre informé, vous me viendrez voir, c'eſt à quoy tend l'auertiſſement que vous en donne
ERICLEE.

Outre l'inclination que Cleobule auoit de voir ſa ſœur, auprés de laquelle Dionée s'eſtoit rangée en la maiſon de Sedofe, imaginez-vous ſi cét eſcrit fut vn aiman puiſſant pour l'y attirer plus promptement que la paille ne vole à l'ambre. Là donc apres mille proteſtations de ne la deceler point, de ſe conduire auecque diſcretion, & de reconnoiſtre ſon honneſte amitié par vne bien-veillance reciproque, cette fille luy declara ce que le Comte & Sindulphe machinoient en meſme temps ſur l'enleuement de ſa ſœur. Cleobule qui auoit l'eſprit ſouple & gentil, voyant bien qu'il falloit vſer de feinte, fit voir à Ericlée que ſon alliance auec Cantidiane eſtant comme deſeſperée, il peſoit eſtre deſormais libre de ſa parole, veu meſme qu'elle n'auoit eſté faitte par Fulgent qu'à mauuais deſſein, & que cela eſtant il ne ceſſeroit iamais qu'il ne luy euſt teſmoigné par ſes ſeruices combien il ſe ſentoit viuement son redeuable, la suppliant de luy continuer ce bon office en dessournant Sindulphe de son projet iusques à ce qu'il pust donner ordre à la seureté de l'honneur de Glaphire. Il y adiousta tant d'autres complimens, ou si vous le voulez ainsi, tant de caiolleries (en quoy la gentilesse de son esprit le rendoit fort expert) qu'il laissa cette fille la plus contente du monde, & en la creance de l'auoir obligé en sorte qu'il ne s'en pourroit iamais dégager que par l'engagement du mariage.

Fin du cinquiesme Liure.

PALOMBE.
LIVRE SIXIESME.

Ependant Cleobule se retirant auec vne chere gaye, comme fort asseuré de son baston, pressoit en son ame vn extreme trouble de se voir si foible en vne terre ou il estoit comme estranger auec tant d'ennemis sur les bras, il craignoit qu'allant à la Selua pour appeller ses amis & ses parens à son secours, son absence ne donnast iour à l'insolence de ses aduersaires & n'offrist le tēps d'executer leur pernicieux dessein. Comme il ne sçauoit de quel bois faire fleche, ny selon le Prouerbe à quel sainct addresser ses vœux, luy tomba en l'ame ce mot des sainctes Pages, Si ton frere peche contre toy & se rend obstiné en sa malice & incorrigible, dis-le l'Eglise. Sur quoy ayāt faict reflexion luy vint en l'esprit d'auoir recours à l'Archeuesque de Tarra-

gone grand Prelat en biens, en naiſſance, en auctorité; mais ſur tout celà
grand en Pieté & en ſaincteté de vie.
Les Eueſques en Eſpagne ſont de petits Roys, & leur puiſſance y eſt auſſi
redoutée qu'elle eſt redoutable, car ce
ſont les hommes, ou pluſtoſt les Peres
& les Paſteurs des peuples ; & comme
ils ont la ſcience de la voix, ils rempliſ-
ſent auſſi-toſt leurs oüailles de l'eſprit
de leur bouche; & qui a le peuple pour
ſoy en la Republique eſt touſiours le
plus fort. Ce bon Paſteur qui auoit
deſia entendu par vn bruit ſourd &
par le recit de la renommée, plus fertile en menſonges qu'en veritez, le
mauuais meſnage de Fulgent auecque
ſa femme, proiettoit d'y apporter quelque remede, mais ce project n'eſtoit
rien à comparaiſon du zele qu'il teſmoi-
gna, quand informé par la bouche de
Cleobule qui s'alla ietter ſous ſa protection, il ſceut la verité du faict, & les
particularitez de tant d'euenemens que
nous venons de depeindre, car alors tout
embrazé de la gloire de la maiſon de
Dieu qui le deuoroit, & preſt de corriger le vice qui luy eſtoit rendu notoire

par vne relation fidele, il prit aussitost ce Gentil-homme auecque sa mere & sa sœur en sa sauuegarde; & parce qu'il estima que contre la violence, dont l'honneur de la fille estoit menacé, il ne pourroit treuuer promptement de plus forte barriere, ny de bouclier moins penetrable qu'vn Monastere, il commanda que Glaphire fust mise dans le plus fort & le plus signalé de toute la ville, non pour y estre Religieuse, elle n'y estant pas bien resoluë, & sa mere n'y pouuant consentir, mais seulement pour y estre comme dedans vne cale à l'abry de l'orage qui menaçoit son integrité; ce que la mere & le frere treuuerent bon de la sorte, & ce que la fille souhaitta esperduëment. Voila le Comte & Sinldulphe du guet. Et à la verité, comme

Si le grand Dieu viuant n'establit la maison,
  L'hōme en y trauaillāt se peine outre raisō,
  Et l'on veille sans fruict la Cité defendāt;
  Si contre ses haineux, il ne la va gardant:
Aussi en vain pensent les peruers destruire les liens de l'honneur, ou attenter à la vie d'vne personne qui est en la particuliere protection du Ciel.

Quand la troupe enuenimée,
 Des meschans toute affamée,
 Court comme pour la manger,
 En l'ardeur de cette guerre,
 Ses haineux bronchent par terre,
 Elle restant sans danger.
Que tout vn ost aduersaire,
 Soit campé pour la deffaire,
 Son cœur pourtant ne craindra,
 Que la bataille commence,
 L'horreur de sa violence,
 Plus constante la rendra.

C'est là que Glaphire comme vne tourterelle qui est eschappée des serres de l'oyseau carnassier, medite ainsi qu'vne Colombe dans les trous de la pierre, c'est là qu'elle peut crier à Dieu comme vn poussin d'arondelle,

Or heureuse ie contemple,
 Les cheres beautez du temple,
 Et des plaisirs de mon Dieu:
 Car en la saison contraire,
 Il me retient debonnaire,
 A couuert en ce saint lieu.
Il me donne pour retraitte,
 Vn partie secrette,
 De sa tente à me cacher,
 Afin que rien ne me grêue,
 En lieu si haut il m'esleue,

Que

LIVRE SIXIESME. 509
Que nul mal peut m'approcher.
Ia ma teste est rehaussee
  Dessus la troupe insensee
  Des haineux qui l'ont enceint,
  Offrant pour tel benefice
  Maint resonnant sacrifice
  En son tabernacle saint.
O Dieu! fay moy bien entendre
  Quel chemin il me faut prendre
  Pour de ces gens m'échaper,
  Ne m'expose à la furie
  De ceux qui troublent ma vie,
  Conuoiteux de m'attraper.

C'est maintenant que le Comte & Sindulphe perdent l'esperance de posseder Glaphire, soit par ruse, soit par violence, car ce qui n'eust esté qu'vn rapt & vn adultere, seroit maintenant vn sacrilege, qui ne se pourroit expier que par les flâmes, vangeresses tant de l'humaine, que de la diuine Iustice : & c'est icy qu'il me plaist encor de chanter auec le Roy Prophete :

  Qui en Dieu a sa confiance,
   Et son espoir en luy a mis,
   Celuy-là voit en asseurance
   La honte de ses ennemis.
  Le peruers fremissant de rage
   Ce voyant tout sec deuiendra,

LI

*Mais quoy qu'il brasse en son courage
La puissance luy defaudra.*

Ie ne suis pas resolu de m'arrester à descrire ce que la fureur d'vn desir ayant l'impossibilité pour obstacle opera dans les esprits de ces deux Amans. Encore Sindulphe comme ayant vn dessein plus raisonnable, ne perd pas l'esperance de sa pretension, & tant cela que sa foiblesse & son peu d'appuy tempere aucunement les boüillons de ses fougues, il se promet par le moyen d'Ericlée, & par ses soufmissions & seruices, de se mettre en la grace de Dionee & de Cleobule, & par là de reconquerir Glaphire, n'y ayant aucune autre porte pour y paruenir : mais le Comte d'autāt plus furieux qu'il estoit plus puissant (le feu estant plus aspre en vne matiere solide qu'en vne legere) deuint tellement hors de soy, qu'il n'estoit plus ny traittable, ny accostable, de maniere que pareil à ces chiens qui mordent la pierre qu'on leur ruë, sans s'attaquer au bras qui la leur lance, & au serpent de l'embleme qui vse ses dents en rongeant vne lime, ne pouuant se vanger de Cleobule, qui estoit en la protection de la Iustice & de l'Archeuesque, ny faire aucun deſſein ſur Glaphire, qui eſtoit entre les Veſtales ſacrees, & comme entre les mains de Dieu, il deſchargea ſon courroux ſur les innocens, chaſſant premierement les gardes qui auoient ſi laſchement, à ſon auis ; & toutesfois ignoramment laiſſé aller Glaphire, les accuſant de trahiſon & d'intelligence. Apres il congedia tous ſes Braues, & vne partie de ſes valets comme des deſloyaux & perfides ; rejettant meſme contre le Ciel & les aſtres la cauſe de ſon heureux malheur. Mais tout cela ne fut rien au prix du mauuais traittement dont il affligea la patiente Palombe, & en ſuitte ſa ſœur Cantidiane, car comme ſi elles euſſent eſté les inuentrices du ſtratageme dont s'eſtoit ſeruie Glaphire pour ſe ſauuer (ne ſe pouuant imaginer que ceſte fille ſeule euſt peu conceuoir ny moins executer cette penſee) apres les auoir plus eſtroittement renfermées, & outragé leur conſtance d'opprobres & de contumelies que ie n'oſerois reciter, en fin comme s'il euſt voulu ietter ſa maiſon par les feneſtres & ſe faire declarer tout à faict inſenſé,

& maniacle incurable, il les chaffa toutes deux honteufement de fon Palais, renuoyāt fa fœur chez cette parente qui l'auoit nourrie auant qu'il euft efpoufé Palombe, & releguant celle-cy en vne de fes terres qu'il auoit à la cāpagne fur le riuage de l'Hebre, que pour ce fujet nous appellerons Iberine. Mais Cantidiane qui aymoit auffi tendrement la fœur, qu'ardamment le frere, voulant courir la mefme fortune que Glaphire, obtint facilement de l'Archeuefque la permiffion de fe retirer au mefme azyle où elle eftoit, fi bien qu'eftans toutes deux en vn mefme Monaftere, elles attendoient auec patience le falutaire de Dieu, elles efcoutoient ce qu'il parleroit à leurs cœurs en cette folitude, foit pour fe tirer tout à faict des tourmens du monde, en fe faifant Religieufes, foit pour eftre mifes en vne condition qui fuft honnorable dedans le fiecle, & conforme aux defirs de leurs cœurs. Mais tout ainfi qu'il eft mal-aifé d'eftre long temps au Soleil fans fe bazaner, & dans la boutique d'vn parfumeur, fans contracter de bonnes odeurs, & à la Court fans en fuccer les mœurs & les façons de faire, le cœur humain eftant comme le poulpe qui reçoit en foy les couleurs des lieux où il s'attache ; & femblable aux brebis de Iacob, qui agneloient des petits felon la varieté des baguettes qui leur eſtoient prefentees, & pareil à ces perdrix & à ces lievres des Alpes, qui changent leur couleur grife en blanche à force de voir, d'odorer, & de fouler la neige : ainſi petit à petit IESVS-CHRIST, l'Amour de la Croix, & le defir de le feruir en vne vie plus parfaicte que la feculiere, s'alloit formant & grauant dans l'efprit de ces filles, par l'exemple de la bonne vie des fainctes Religieufes, aufquelles elles voyoient tous les iours pratiquer tant de vertus, & mener en terre vne vie qui a beaucoup de rapport auec celle que les Anges meinent au Ciel: Mais elles reffembloient à ceux qui ont eſté long temps en des çachots tenebreux, & qui reuenans à la lumiere, ont de la peine à en fupporter l'efclat, ne s'y accouſtumans que peu à peu, felon la debilité que l'obfcurité auoit imprimée en leur veuë. Auffi comme elles venoient des tenebres du fiecle plus efpaiffes & palpables que celles d'Ægypte, & d'entre les obfcuritez parmy les morts du monde, elles auoient de la peine à enfanter l'esprit de salut, & à passer de ces noirceurs de Cedar à l'esclat des tabernacles de Salomon, & pour parler auec vn Apostre, des cachots noirs de la terre, à l'admirable lumiere de la splendeur des Saincts. Ces passages de la vie Mondaine à la Religieuse, c'est à dire, de l'imperfection à la perfection, ne sont pas des ouurages humains, mais ce sont des changemens de la droicte de Dieu, il n'appartient qu'à luy de metamorphoser la bouë en feu, la terre en or, & les vases de honte en vaisseaux de gloire. Ce sont des coups de sa main, de transformer la glace en feu, & de faire naistre la lueur au milieu des ombres:

Dés qu'vn mot il luy plaist de dire,
De neige fondent les monceaux,
S'il commande au vent qu'il souspire,
Aussi tost s'escoulent les eaux.
Aux esleus il donne pour guide
Son Verbe & ses enseignemens,
Et à la race Israëlide,
Ses statuts & ses iugemens.
Il ne faict ainsi pour le reste

Des peuples de tout l'vniuers,
Leur rendant sa loy manifeste,
Et ses iugemens descouuerts.

Tandis qu'elles attendent en ce havre asseuré, ce que Dieu leur inspirera pour leur salut, & pour sa g'oire, à quelle vacation elles s'embarqueront, si elles iront à droict ou à gauche, de quel costé elles estendront la main, estans entre le feu & l'eau, la Religion & le siecle, mettons-leur en la bouche ce beau Cantique du grand Psalmiste, si conuenable à leur presente condition.

I'ay tout en patience, & d'vne ame con-
 stante
   Le Seigneur attendu,
Aussi mieux ne pouuoit s'appuyer mon at-
 tente:
Car il a secourable à mon ayde enten-
 du,
Et de ma triste plainte en son oreille en-
 trée,
   I'ay la grace impetree.
D'vn gouffre où les torrens grondent sans
 nulle cesse,
   Sa pitié m'a sauué,
Et d'vn sale bourbier où la fange est es-
 paisse,

     Ll iiij

Il a posé mes pieds sur un roc esleué,
Et m'a faict un chemin, où sans crainte
 & sans peine
Libre ie me promeine.
Auec un tel bien-faict il a mis en ma bou-
che
Les vers d'un nouueau chant,
Sus, que de nostre Dieu les loüanges ie
touche,
Plusieurs qui les verront ses merueilles sça-
chant,
Au Seigneur desormais en crainte & reue-
rence
Mettront leur asseurance.
O que l'homme est heureux qui rien ne se pro-
pose
Que Dieu pour tout espoir,
Et qui d'un sainct mespris tient la paupie-
re close,
Pour ne voir l'orgueilleux enflé d'un vain
espoir,
Et ceux qui desreiglez tournent leurs ames
foles
Aux mensonges friuoles.
Deliure moy Seigneur, Seigneur d'une aide
prompte,
Fay haster mon secours,
Soient ensemble confus, & tous couuerts de
honte,

*Ceux qui cherchent mon ame, & la fin
  de mes iours,
Qui pourchasse mon mal, qui rit de ma
  misere,
    Tres-busche en vitupere.
Soient perdus de tout point,& de leur infa-
  mie
    Qu'ils r'emportent le prix,
Ceux qui laschent sur moy d'une bouche
  ennemie
Mainte longue risée & maint traict de
  mespris,
Mais aussi d'autre-part soit comblé d'a-
  legresse,
    Quiconque à Dieu s'addresse.
S'esiouyssent en toy tous ceux qui te desirent,
    Et te vont recherchant,
Ceux qui pour leur salut ailleurs qu'à toy
  n'aspirent,
Tousiours de ce refrein accompagnent leur
  chant,
Loüé soit l'Eternel, & sa grace infinie
    A iamais soit benie.*

Que si elles tiroient de la consolation
en leurs ennuis de la sainte & pure conuersation de ces deuotes Religieuses,
elles en donnoient reciproquement à
ces Dames ; Cantidiane leur fournis-
sant de mille entretiens par la viuacité

& gentilleſſe de ſon eſprit, & Glaphire d'admiration par ſon extreme modeſtie & ſimplicité, iointe à vne beauté qui euſt peu donner de l'enuie à ces Veſtales ſi le meſpris de cette qualité ne leur euſt fait renoncer par vn voile & vn Cloiſtre à ce qui eſt ſi ardamment deſiré par celles de leur ſexe, qui eſt de paroiſtre agreables à tous les yeux qui les conſiderent. Si nos ſeculieres eſtimoient le bon-heur de ces regulieres ſequeſtrées du monde & de ſes vanitez, comme exemptes de ſes miſeres, affranchies de tout ſoucy & de tant de troubles qui rendent la vie des mondains plus agitée qu'vne mer bouillante. ô! qu'elles pouuoient bien châter,

Heureux qui eſt en ta demeure,
Seigneur, il te loüe à toute heure.

Nos Angeliques Moniales ne tenoient pas à petite merueille de voir des filles ſi ſages & ſi conſtamment vertueuſes dedans le ſiecle, qui eſt tout confit en malignité, pareilles aux meres perles qui ne viuent que de la roſée du Ciel, non de l'eau ſalée de la marine, & aux Alcyons qui nichent ſur la mer ſans ſe ſubmerger; en elles ſe voyãt quelqu'idée de ce qu'a dict vn Prophete, que Dieu dans

LIVRE SIXIESME. 519
la corruption du monde se reserue tousjours des seruiteurs fideles, & qui ne flechissent point les genoux deuant Baal. Sans doute ces Dames fussent bien-tost tombées d'accord ensemble, les vnes de demeurer en ce saint lieu, les autres de les y receuoir, mais comme l'ayman n'attire point le fer en la presence du diamant: aussi nos Damoiselles ne pouuoient-elles tout à fait rompre leurs liens pour sacrifier à Dieu des Hosties de loüange, parce qu'elles tenoient au dehors par des chaisnons inuisibles, mais d'autant plus fortes qu'elles estoient attachees par le cœur. Ouy, car Cleobule sous pretexte de visiter sa sœur, auoit aussi la liberté de voir sa chere Cantidiane, de l'Amour & fidelité de laquelle il estoit plus amoureux que de sa beauté, estimant peu, comme le ieune Tobie, la volupté du corps à comparaison du regne que la bien-veilce establit en vne ame. Or sçauoit-il qu'il estoit incomparablement aimé de cette fille, à laquelle il estoit doucement côtraint de rêdre Amour pour Amour, s'il n'eust voulu tôber dans la plus noire ingratitude qui se puisse imaginer. Et

Glaphire mesme toute sage & retenuë qu'elle estoit, si n'estoit-elle pas de marbre, ny d'aucune autre matiere insensible, pour n'estre attainte sinon de passion, au moins de compassion & de pitié pour Siridon, qu'elle voyoit banny à son occasion, & qu'elle sçauoit (par le rapport de Cantidiane qui l'en entretenoit souuent) endurer en cét exil vn martyre aussi violent que son Amour estoit extreme, puisque la grandeur de l'vn estoit la mesure de l'autre. Et certes il luy eust fallu estre tout à fait non seulement sans humanité, mais priuée de sentimens, pour ne faire estat de tant de moderation que ce pauure Gentil-homme témoignoit parmy les douleurs inexprimables d'vne priuation si cruelle, joint que Cantidiane auec son esprit subtil ne manquoit pas de mettre du bois à ce feu, representant les souffrances de son frere exilé à cette fille en la plus dolente & neantmoins aimable forme qu'elle pouuoit: de sorte qu'elle amena par sa dexterité les affaires à ce point, que comme Cleobule luy promettoit de l'espouser quand elle n'auroit autre dotté que sa legitime, aussi de donner sa sœur à Siridon quand il n'auroit de sa maison que ce que les loix luy acqueroient malgré les resistances, & les disgraces de Fulgent; voyla les rets qui retenoient nos prisonnieres, ou pluſtoſt nos recluſes de corps, engagées de cœur dedans le ſiecle; voila ce qui leur faiſoit regarder en arriere les embraſemens, ou pluſtoſt les embarraſſemens du monde, & partant ce qui les rendoit moins propres à mettre la main à la charruë, & d'aſpirer à la ſainéte perfection de la vie Religieuſe, qui deſtruit totalement en nous l'Empire mondain pour y eſtablir le Royaume de Dieu, en faiſant regner le Sauueur és cœurs abſolument & ſans diuiſion. De tout cecy Cantidiane donne auis à Siridon, le conjurant de prendre patience, de temporiſer, & en tout cas (ſoit que Fulgent changeaſt de courage ou non) d'eſperer bien de ſon alliance auecque Glaphire, puiſque Cleobule y conſentoit, lequel auoit vn grād credit ſur les volontez de Dionée, dont celles de la fille eſtoient dependantes, qui outre cela eſtimoit ſon merite, comme elle deuoit, & ſe ſentoit redeuable à ſon amitié. Les affaires eſtans en ce point de ce coſté là, voyons vn peu comme vont celles de Palombe; certes si cette Dame n'eust esté tout à faict sans fiel & prouueuë d'vne douceur incomparable, il n'y a point de doute qu'elle eust perdu, ou la Patience ou l'esprit parmy tant d'outrages, & que si son Amour extreme & son admirable sagesse n'eust esté comme le faiste du Mont Olympe, au dessus de tous les brouïllas & tempestes, elle n'eust pu supporter de si sensibles & sanglants affronts. Il n'y a qu'Eriberte sa mere qui triomphe de ses miseres, & qui bastit sur ses ruines l'edifice de son contentement, se vantant par tout que c'estoient là les effects de ses maledictions, en quoy elle n'estoit que trop veritable : mais il ne faut pas desesperer de la fortune de cette Vertueuse Comtesse, veu qu'il est escrit que la patience des pauures sera victorieuse à la fin, & encore, les Iustes seront benis de Dieu malgré les maledictions des peruers. Les bons sont en la main de Dieu, qui les exerce par tribulations, les esprouuant comme l'or à la fournaise, leur tastant le pouls, & les tentant pour essayer s'il les treuuera dignes de soy. Mais à la fin celuy qui mouille seche, & apres beaucoup d'effais leur recompense trop plus grande fait voir que la diuine Bonté n'a permis qu'ils fussent battus que pour les rendre pareils au fromẽt esleu, qui sort plus pur & plus net de dessous les fleaux & le van, & qu'ils fussent abbatus que pour estre plus glorieusement releuez, & perdus afin de les sauuer auecque miracle. Et pour monstrer que c'est vrayement luy qui mortifie & viuifie, qui pousse aux Enfers, & qui en retire, il attend que tous les remedes humains cessent, afin d'accourir au secours, afin que l'on voye que c'est luy qui faict misericorde, & qui en nous visitant, nous rachette & nous faict grace. Palombe releguée dans vne maison champestre separée de son pair, passe ses tristes iours en larmes & en plaintes, & ses longues nuicts entre les espines de mille ennuis, ses pleurs luy seruent de pain & de breuuage, & ses yeux autrefois armez de feux & de flammes ont perdu cét vsage pour seruir de canaux de fontaine, & comme s'ils n'estoiẽt plus destinez pour rien voir ils ne sçauent autre mestier que d'arroser ses joues, jouës jadis parterres de viues fleurs, maintenant baignées de torrents de pleurs qui rauagent toute leur beauté par leur lauage.

Iusqu'à quand la veux-tu bannir,
 Seigneur, hors de ton souuenir,
 Sera-ce vn oubly perdurable ?
 Iusqu'à quand la veux-tu tenir
 Si loin de ta face amiable ?

Ne doit-elle iamais cesser
 D'assembler penser sur penser,
 Et de se troubler le courage ;
 Son haineux doit-il se hausser,
 Ainsi sans cesse à son dommage ?

Tourne tes regards gracieux
 Sur elle, & t'en rends soucieux,
 Tends luy ton oreille propice ;
 Seigneur illumine ses yeux,
 Et que la mort ne l'assoupisse.

Que son haineux plein de fierté,
 Apres son courage dompté,
 N'en aille ventant la conqueste,
 Et que son courroux dépité,
 De sa perte ne fasse feste.

Elle a mis en toy seulement
 Son cœur, en souffrant ce tourment ;
 Sous l'espoir de ton salutaire,
 Rends luy donc son contentement,
 Auecque les biens qu'elle espere.

C'est ce qui arriuera, mais par les voyes les moins

LIVRE SIXIESME. 525
les moins preueuës & les moins imaginables du monde: car lors que le Comte viura en vn plus profond oubly, non seulement d'elle, mais de soy-mesme, ce sera le temps que Dieu choisira pour luy faire (comme à vn Paul conuerty) tomber les écailles des yeux, & pour illuminer ses tenebres, en le r'appellant des abysmes de la terre, c'est à dire, de l'engloutissement d'vne passion grossiere & terrestre. Ce bannissement de Palombe encore plus iniuste que celuy de Siridon, le mauuais traittement qu'il luy faisoit faire à la campagne par des gens malicieux executeurs de ses peruerses volontez, cette separation cruelle & scandaleuse, emplissoit, non seulement de murmure, mais de mauuaise edification toute la prouince Tarrogonnoise. Tandis que la cõtradiction & la picotterie des langues court en la terre, Fulgent, par des boutades horribles, met sa bouche dedans le Ciel, l'ouurant à des blasphemes espouuãtables que le desespoir luy faisoit produire. L'Archeuesque cõme bõ Pasteur, voyant ce Seigneur (l'vne de ses principales oüailles) en si grand danger de son salut, le visita souuét pour essayer d'arracher de son cœur le traict mortel qui li-

M m

uroit son ame en la puissance du Prince des tenebres. Ie pourrois beaucoup enrichir cette histoire des sainctes remonstrances de ce pieux Prelat, qui ne respiroit que la conuersion & la vie de ce pecheur, si ie ne craignois de l'estendre par trop, veu qu'elle a desia de beaucoup passé la mesure que ie luy auois prescrite: Tant y a que Fulgent le considerant, non comme le Pasteur de son ame, mais comme le tyran de ses desirs, & comme son plus cruel ennemy & plus fort aduersaire, ne pouuoit faire profit de ses remonstrances, estant mal-aisé de prendre vne medecine d'vne main suspecte, & de faire son conseiller de son contrariant. La lance Pelias guerissoit les playes qu'elle faisoit, la cantharide, la vipere, le scorpion, portent l'antidote de leurs morsures, le Chirurgien qui blesse, c'est celuy-là mesme qui panse, & il n'offense par le fer ou le feu, que pour restituer en santé. Le bon Archeuesque eust produict le mesme effect, si le Comte bannissant la raison ne se fust point rendu incapable des remedes. Mais le feu de ses blesseures prouenãt de la mesme main qui le vouloit guerir, il n'en pouuoit supporter la presence. Le sçauant Prelat, comme sage enchanteur, avoit beau charmer son mal, il ressembloit à l'aspic, qui se bousche l'oreille pour n'entendre cette harmonie qui luy devoit faire vomir son venim. Tous les discours de ce doux Pere aboutissoient à le convier de r'appeller auprés de soy sa femme legitime, & à quitter les illigitimes pretensions qu'il avoit sur vne Vierge qui ne luy pouvoit estre iustement acquise. Il avoit beau luy representer les excellentes vertus qui rendoient & l'vne & l'autre admirables pour l'exciter à la bien-veillance pour son Espouse, & à perdre l'espoir de posseder Glaphire, dont l'invincible chasteté rejettoit tous ses artifices, il ne vouloit point entendre pour bien faire, & pareil aux vieillards passionnez pour Susanne, il destournoit ses yeux du Ciel, c'est à dire, des pensees de l'Eternité & des choses celestes, au contraire il attachoit obstinément sa veue vers la terre, & son affection à ses desseins terrestres & indignes d'vne belle ame: de sorte que s'estant affermy en son mauuais propos, le sainct Prelat fut contraint de quitter cét incorrigible, le laissant en la main de son cõseil, cheminant en ses inuentions & abandonné aux

Mm ij

desirs déreiglez de son cœur desloyal & infidele. Les medecins ne peuuent pas tousiours redōner la santé aux malades, ny les Pasteurs r'amener les oüailles esgarées au bon chemin, Pharaon, Saul, Antiochus, Iudas, en sont des exemples effroyables. Souuent on est contraint de dire ; Nous auōs pansé Babylon, & nous ne l'auons pas remise en conualescence, parce que ses playes incurables ont surmonté la force de nos remedes. L'herbe ou le medicamēt composé, dit l'Apostre, ne guerit pas tousiours, ny si souuent que la puissante parole de Dieu, qui redonne la santé à toutes choses, voire mesme celle-cy peut elle, comme la seméce de l'Euangile qui tomba sur les pierres, choir en des cœurs empierrez, & si durs qu'elle n'y peut ietter aucune racine, ny produire aucun fruict. Il arriue mesme quelquefois, que les moyens de salut seruent à le faire perdre, cóme ces cheuaux rebours, qui se cabrent, & deuiennent d'auantage retifs plus ils sont chastiez, & que les menaces des excommunications & des censures, au lieu de ramener à leur deuoir des esprits déuoyez, les en detraquent encore plus, & les rendent cóme vn arc courbé, & en cét horrible estat de sens reprou-

Livre sixiesme.

ué aussi redoutable que l'enfer. Ce qui faict dire à Dieu par la bouche d'vn Prophete: les cœurs des peruers qui ne veulēt point venir à resipiscéce pour toutes les blesseures & meurtrisseures dont ils sont affligez (car comme dit Dauid, les fleaux du pecheur sont en grand nombre) ressemblēt à ces corps tellement déchiquetez qu'il n'y a plus de place pour de nouueaux coups, depuis la plante du pied, iusqu'au sommet de la teste, tout n'estant qu'vlcere. L'Archeuesque pressé par les parens de Palombe, qui n'estoiēt pas peu considerables, & plus encore des aiguillons de sa propre conscience, apres auoir employé tous les remedes anodins & lenitifs pour vāger cette desobeïssance qui scandalizoit toute l'Eglise de Tarragone, & tous les lieux de la prouince, où se respandoit le bruit, de ce mauuais mesnage estoit sur les termes de retrancher le Cōte du nombre des fideles, & de lancer sur sa teste la foudre de l'excommunication; mais pour ne rien precipiter en vne affaire si serieuse, nul retardement n'estant trop long, quand il s'agit non seulement de la vie temporelle d'vn homme, mais de son salut eternel, il alloit tousiours dilayant pour attendre ce pecheur à re-

Mm iij

pentance, & faisant comme les prudens & experimentez Medecins, qui n'ordonnent les sectiõs ou les medicamẽs qu'en temps opportun, de peur que le remede, au lieu de soulager le patient, ou d'exterminer le mal, ne le rengrege. Et voyez combien Palombe estoit bonne, (car cette femme est vne viue image de Vertu, d'honneur & de bonté) quand elle eut auis que l'Archeuesque estoit en cette deliberation pour son sujet, elle luy escriuit plusieurs fois, pour le coniurer de retenir ses maledictions, ou de les lancer pluftost sur sa teste, puis qu'elle estoit cause de ce desordre; à peu prés comme Ionas qui consent qu'on le iette en la mer, pour accoiser la tempeste, & comme le Docteur des Nations, qui demandoit d'estre anatheme pour ses freres. O Seigneur! si iadis vous auez pardonné les fautes à Salomon, en consideration de Dauid son pere, ayez pitié de cet infidele mary en faueur de cette douce & fidele espouse, qui tandis qu'elle arreste & suspẽd par ses douces prieres, qui eussent amolly les marbres, les censures de l'Eglise (en quelque façon, comme Moyse retenant le bras de Dieu) de sa part que ne faict-elle enuers la diuine Bonté par ses oraisons, ses aumosnes, ses ieusnes, & autres mortifications, pour appaiser l'ire du Ciel, preste à decocher sur la teste de son espoux ingrat les traicts de sa plus ardante colere. En toutes parts où elle sçait qu'il y a des seruiteurs & seruantes fideles à Dieu, & qui ont du credit enuers sa Misericorde, elle a soin de recommander les besoins spirituels de cette ame qui luy estoit si chere; que de sacrifices faict-elle offrir à cette intention. En fin Dieu escouta les iustes, exauça leurs demandes, & opera le salut de tous d'vne estrange maniere, parce que ce qui sembloit deuoir auoir le moins d'effect (comme la verge de Moyse, & la maschoire d'asne en la main de Sanson) fut ce qui fit le coup, cela s'entend à l'ayde de la grace, sans laquelle rien de bon ne se peut operer, n'y ayant aucun mal de peine, ny par consequent aucun bien en la Cité qui ne prouiéne de Dieu. Tout autre moyen d'aborder Fulgent estant interdit à la pauure bannie que celuy des lettres, elle l'employe pour ne laisser rien d'intenté à la recherche du salut de cette ame, & bien qu'elle sceust que cela feroit aussi peu d'impression sur son esprit que la pluye sur les rochers,

& qu'elle pensast semer sur le sable infertile vne semence qui ne rendroit aucun fruict, neantmoins Dieu qui choisit les choses debiles pour confondre les fortes, la folie pour abbatre la sagesse, & ce qui n'est point, ou ce qui n'est rien en apparence pour perdre l'orgueil de ce qui paroist estre bien grand, se seruit de ce moyen pour operer cette prodigieuse conuersion que vous allez entendre. Palombe escriuoit donc souuēt au Comte, & bien qu'il n'eust rien en plus grande horreur que son souuenir, & que ses nouuelles luy fussent extremement desagreables, il prenoit ses lettres malgré soy, estant poussé d'vn certain instinct, qui estoit vne tentation du maling, de les reietter, ou pour faire dépit à cette captiue exilee, de les luy renuoyer toutes closes. Il les mettoit donc en sa pochette, & cōme il ne les lisoit point, il n'y faisoit aussi aucune autre responce que de silence, & de mespris. Et tout ainsi qu'on ne laisse pas de donner des medecines à des malades qui les reuomissent, parce qu'il leur en demeure tousiours dans l'estomac quelque reste qui peut faire vne bonne operation, de mesme Palombe ne cessoit d'escrire au Comte,

LIVRE SIXIESME. 533

bien qu'elle ne receuſt de luy aucune reſ-
ponſe, tout ainſi que ſi elle euſt eſcrit ſur
le courant des eaux; & comme la fre-
quence de ſes lettres commençoit à paſſer à Fulgent en tiltre d'importunité,
pour luy marquer le comble de ſon deſ-
dein,& le peu d'eſperance qu'elle deuoit
auoir de reconquerir ſon eſprit, il entra
vn iour en ſon cabinet en deliberation
d'en faire vne liaiſſe, & de luy renuoyer
ce gros pacquet de lettres cloſes, pour
luy monſtrer combien ſa plume trauailloit inutilement, auecque defence de
continuer à peine de faire vn ſacrifice à
Vulcan de toutes celles qu'elle luy enuoyeroit par apres. Il entra donc en ce
lieu ſolitaire auecque ce cruel & impitoyable deſſein, qui eſtoit à mon auis le
comble de l'iniquité de Iuda. O treſors
inenarrables de la bōté de Dieu, ô flamme de la Charité eternelle, eſt-ce ainſi
que vous confondez les penſées humaines qui ne ſont que vanité, & que
vous fondez tout à coup ce talent de
plomb qui rendoit ce courage tant endurcy & obſtiné en ſon mal-heur. Oüy,
car comme il tiroit ces lettres l'vne apres
l'autre pour les mettre en vne maſſe, &
en faire vne pile, ou pluſtoſt vn faiſſeau,

ie ne sçay quelle curiosité luy vint d'en voir au moins vne pour sçauoir de quel air se prenoit cette releguée pour se remettre en ses graces, & si là dedans elle ne luy dscouuriroit rien du stratageme qui luy auoit tiré Glaphire des mains. Il arriua que cette premiere lettre comme vn chaisnon frotté d'aiman attiroit toutes les autres, & à la fin toutes ces boucles firent vne chaisne inuisible, dont son cœur fut tellement saisi, lié & garroté, qu'il ne fut iamais plus en sa puissance de sortir de ce doux, de cét amiable, de ce sainct, de ce iuste, de ce pur, de ce chaste, de ce desirable, de ce legitime esclauage que le ioug du mariage forme entre deux parfaicts & amoureux espoux: tellement que destaché en vn bien-heureux moment de tous les autres liens, ou plustost des mal-heureux rets & filets où il estoit engagé, il treuua la liberté dans le desgagement de ceux-cy, & dans l'engagement de ceux-là: ce fut là le point de sa visitation par l'Orient d'en haut; point qu'il embrassa de tout son cœur, & qui luy embrasa toute l'ame. O Dieu que vous estes admirable en vos inuentions, c'est donc ainsi que vous cachez l'appas sous des fueilles pour faire prendre l'hameçon de voſtre grace à ceux qui ſe rendent rebelles à la lumiere. Ainſi vous ſurprenez les vns par la lecture des liures de Pieté, les autres par l'exemple des gens de bien, ceux-cy par la veuë des images, ceux-là par la predication, & tous par des attraicts parfumez & qui ont toute leur force en leur ſuauité. Ie priuerois le Lecteur de la meilleure & principale partie de cét ouurage, ſi ie ne luy eſtalois & les paroles & la ſubſtance de quelques vnes de ces lettres, par leſquelles Dieu opera vn effect ſi puiſſant, que comme des marteaux elles briſerent ce cœur de pierre. Voicy donc celles que i'ay pu recueillir, & que ie prie le Lecteur de conſiderer auec attention, en ſe remettant en memoire les vertueuſes & ſaintes qualitez de celle qui les eſcrit, le deplorable eſtat de celuy à qui elles s'addreſſent, & la bonté de Dieu qui preſide ſur l'vn & ſur l'autre, les inſpirant à celle-là, & par elles donnant à celuy-cy les motifs qui le retirerent de ſa mauuaiſe vie, pour le remettre au train de ſon deuoir & au chemin de ſalut.

LETTRES DE PALOMBE A FVLGENT.

I.

N'Auez-vous point de peur, cruel & neantmoins tres-aimé Fulgent, que le Dieu des vengeances prenant la cause de mon innocence en sa main, ne vous face sentir les traicts de sa iuste colere? S'il n'estoit ennemy de vostre rigueur, il se rendroit coulpable de vostre defaut; mais comme cecy ne peut tomber en sa bonté, aussi deuez vous estre asseuré qu'il a en haine vostre crime. O Ciel iugez entre cét ingrat & moy, qui non satisfaict de me charger d'vn conseil que ie ne donnay iamais, se rit encor du déplaisir que i'ay qu'il me l'attribue. Helas les supplices que Dieu a establis au centre de la terre pour les demons & les reprouuez, ne sont ordonnez que pour la punition des coulpes auerées, & plus impitoyable à moy-mesme que les flammes de la diuine Iustice ne le sont aux ames perduës, i'execute contre moy vn chastiment sans equité d'vne faute qu'on m'impute auec autant de manquement de verité, comme de preuue. Combien y a-t'il que releguée en ce desert, ie rode par ces boccages, mes cheueux negligez seruans de iouët aux Zephirs, n'ayant à l'ordinaire que le Ciel pour couuerture, pour pasture que mes pleurs; & pour cela vostre cruauté au lieu de finir, s'estend; au lieu de s'amollir, se r'enforce: & pour ne vous rendre à aucune pitié, & ne prendre part à mes peines par vne compassion si naturelle à ceux qui ont tant soit peu de sentiment, vous m'esloignez tout exprés de vostre presence, auec autant de peur de me prendre à mercy que de voir mon desastre: Venez seulement & le voyez, ou souffrez que j'aille pour vous en faire vne monstre, & quelque feu que produise contre moy vostre iniuste courroux, ie me promets de l'esteindre par le deluge de mes larmes, & que la douleur qui me saisit sera capable de dissiper la tempeste qui me saccage. Permettez-moy, ie vous en coniure, cette derniere faueur, & vous me verrez mourir aussi contente que ie suis constante en la resolution d'estre à iamais inuiolablement toute vostre.

II.

Parler à vn sourd, escrire à qui ne respond point, & aimer qui ne correspond pas à l'amitié sainte qu'on luy porte, ne sont-ce pas des choses semblables? Il est vray, Fulgent, que ie m'afflige defreglément comme vous me tourmentez fans fuiet, neantmoins quand ie fonge que vous eftes l'aimable caufe pour laquelle & par laquelle ie fouffre, fa perfection foulage la cruauté de l'effect, & ie n'ay plus de voix pour me plaindre au milieu de mes plus fanglants déplaifirs, quand ie penfe que c'eft de voftre main tres-aimée qu'ils me prouiennent. Mais en fin à quoy font bons les foufpirs pour faire pardonner vne erreur dont on n'eft pas coulpable? le regret iniufte accufe autant que l'infenfibilité excufe, quand on fe repent n'auoüe-t'on pas fon offence? n'eft-ce pas eftre prodigue mal à propos d'vne liqueur fi precieufe que celle des larmes, que de l'efpancher pour vn fuiet auffi faux qu'il eft vain? n'eft-ce pas femer fur le fable que de courtifer l'ingratitude, & tenir peu de conte de fes fupplications que de les facrifier au defdain? Ne fuisie pas bien inconfiderée de m'attrifter de cette façon deuant vn efprit impliable, & qui tient à gloire les traicts de barbarie & de fierté? les Rochers & les Bois bien que fourds & infenfibles font touchez de compaſsion pour ma mifere, & lors que ie me plains à eux de voftre feuerité, ô Fulgent, les Ecos font vn rebattement de voix

LIVRE SIXIESME. 539

qui faict entendre mille repliques, autant de bouches de cauernes, ce sont autant de langues qui tesmoignent que ma douleur est accompagnee de raison, encore qu'elle ne se puisse dignement exprimer. Voyez si vous n'emportez pas sur ces choses inanimées la palme de la dureté. Helas! où est allé ce temps là heureux, auquel vostre visage serein & sans nuage me faisoit voir l'humanité & la douceur de vostre cœur? ô temps qui ne reuiens en ma memoire que pour me troubler, ou rends moy mon Fulgent, ou donne moy de l'eau de ce fleuue qui faict oublier les choses les plus cheres. A vous, alors le suiet de ma ioye, maintenant de mes plaintes, ie ne vous demande pas tant de responses que les Ecos, mais seulement vne petite trace de vostre main, mais ie desire trop, ne m'est-ce pas assez que sa reception me tesmoigne que mes escrits ne luy sont point desagreables?

III.

Fvlgent, ma lumiere, me laisserez-vous tousiours en tenebres? Continuerez-vous long-temps en cette rigueur que vous m'auez monstrée iusques à present? la douceur & la grace sont elles mortes pour celle qui les inuocque auec autant d'humilitez

& de coniurations qu'elle pousse de souspirs & que de pleurs luy coulent des paupieres, à quelle extremité me reduisez vous me faisant voir en moy-mesme vn spectacle si miserable, le soin que i'ay perdu de m'ajecer m'ostant l'vsage des miroirs m'oste bien les frayeurs que ie cause à ceux qui me voyent, & si quelquefois ie me panche sur le cristal des fontaines que mes larmes enflent en torrents, ie voy quelque traict de mes restes, mon ombre me faict peur : car la tristesse m'a tellement rauy ma premiere figure, que le vray moyen de me mesconnoistre, ce seroit de m'auoir veuë autres-fois. Non, ie ne suis plus cette Palombe jadis le Paradis de vos yeux, il ne me demeure sur le visage qu'vn simulacre pitoyable de ce que i'ay esté tant que vous m'auez enuisagée d'vn regard fauorable. Quoy donc à vostre auis pour me reduire à ce point plus deplorable que la mort, ay-je commis toutes les coulpes imaginables, d'où me vient cela que i'aye esté plustost condamnée qu'ouye, & que la foudre de ma punition ait precedé l'éclair de la menace ? S'il vous plaist que ie meure i'y consens, & ie me rends à vostre volonté, ie subiray toute condamnation, pourueu que ce soit en vostre presence que ie sois accusée ; & si vous me faittes cette cruelle grace de dicter deuant moy la sentence de

ma

ma mort, ie vo° promets de la souscrire, & puis apres de l'endurer auec allegresse. Pleust à Dieu que le feu de vostre dilection passee eust esté semblable à celuy de vostre courroux present, & qu'il eust eu autant de duree, ie ne serois pas en peine de regretter la briefueté de celle là, ny de souspirer la longueur de celuy-cy. Mais à mon mal-heur vostre Amour a ressemblé à ces debiles vapeurs aussi tost esuanoüies qu'eslenues, & vostre colere est pareille à cette pierre, qui ne quitte iamais la chaleur quand elle est vne fois embrasee. Vostre belle presence qui respandoit autrefois tant de rayons & d'éclat sur l'orison de cette prouince, n'aura-t'elle des mespris que pour moy mesme, cause fera-t'elle naistre des effects si diuers, tant de lumiere par tout, tant d'obscuritez sur mon ame. Separee de vous, ie suis comme les plantes durant l'hyuer plus morte que viue ; mais las ! ie ne suis que trop viue pour la douleur, & morte à tout ornement, & à toutes delices. Reuenez-donc mon beau iour, & ma plus aymee clarté, ou permettez que ie recherche en vous le flambeau de ma pensee, sinon vous entendrez bien tost dire que mes ennuis auront mis fin à mes douleurs auecque ma vie.

Nn

IV.

Ette maison où vous m'auez releguée, & où vn dur exil prolonge mon tourment auecque ma vie, au temps qu'elle estoit animée de vostre presence, m'estoit autrefois vn sejour de delices, & vn vray Paradis, & maintenant que vous n'y luisez plus, ce m'est vne region couuerte de mortelles ombres, ce m'est vn desert affreux, & dont l'horreur surmonte le moyen de le dépeindre. La terre deuestuë de ses ornemens y semble souspirer vn triste vefuage, les arbres s'éfueillent & paroissent comme des testes sans cheuelure, les zephirs resserrent leurs douces haleuées, Flore l'esmail dont elle embellit les prairies, les plaines ont perdu les vertes tapisseries dont elles se parent, l'air monstre son chagrin en se chargeant d'espaisses vapeurs, le Ciel en pleuuant paroist comme pleurant, le visage du Soleil voilé de broüillas n'enuoye plus ses rayons pour dorer les fleurs, la melancolie est par tout ; & parce que vous estes le Planette dont l'influence viuifioit tout ce qui rend cette demeure recomman-

LIVRE SIXIESME.

dable, se faut-il estonner si vostre eclypse la rend & morne & languissante? Mais qu'est-ce que de moy, à comparaison de tout cela, de moy miserable, qu'il semble que vous ayez protesté de ne reuoir iamais, puisque des choses beaucoup moins considerables que mon Amour recoiuent tant de dommage de vostre absence, qui a au moins cela de bon pour elles, qu'elle n'est point accompagnee de haine, au lieu qu'estant l'object de vostre inimitié, ie me voy en proye d'vn creue-cœur qui surpasse la faculté de se faire connoistre, d'autant que la liaison des esprits la plus excellente comme la plus forte de toutes les vnions, ne peut receuoir de rupture qui ne soit infiniment douloureuse. Ha! quand bien i'aurois failly en contrariant à vos iniustes affections, la peine que vous m'en auez faict souffrir iusques à present seroit-elle pas bastante à effacer tous les crimes du monde, si c'est vn crime que de vous obliger par les preuues de ma fidelité à la conseruation de la vostre, & qui est plus de vostre honneur & de vostre vie. Que si ie suis innocente, comme i'offre de vous le faire voir clairement, quelle obligation

Nn ij

auez-vous à mes peines des témoignages qu'elles vous offrent de ma sincerité? Helas! si vous me touchiez moins au cœur, vostre auersion me seroit fort indifferente: on pert facilement ce qu'on ne prise que bien peu, & au rebours la priuation est extremement sensible d'vn obiect cherement aimé, car qui ne sçait que rompre vne sainte amitié, c'est souffrir autant de supplices que l'on y moissonnoit de contentemens, & perir autant de fois que ces delices reuiennent en la memoire. Retirez moy de ces gesnes, ô vous! qui nonobstant vos cruautez, i'ayme plus que mes yeux: ou pour le moins venez honorer de vostre veuë le sacrifice que ie vous rends icy de ma propre vie, & que ie quitteray le monde sans regret, si ie me voy fauorisée d'vn seul traict de vostre pitié.

V.

Fasse le Ciel, que vous puissiez comprendre ma iustification à mesure que vos yeux s'engageront en la lecture de ces lignes, qui vous marqueront les preuues de mon innocence iointes inseparablement au tort que vous auez de m'auoir condamnée. Vous asseurez que ie vous ay offencé, & il vous plaist que cela soit par ce que vous le dites : si vous voulez absolument que ie sois cause de la fuitte de Glaphire, vostre volonté me tiendra lieu de raison, & pour vous témoigner la creance que i'ay en vous, ie démentiray ma propre connoissance pour acquiescer à vos paroles; mais quelque supposition que vous puissiez faire par vne auctorité imperieuse, si ne pouuez-vous nier que l'extremité de mon affliction ne passe les bornes d'vne punition equitable, quand bien le conseil que vous m'imputez seroit manifesté par toutes sortes de preuues. Vous auez appris la verité de la bouche de Cleobule, & comme Dieu qui se sert des choses les plus obscures pour mettre les plus cachées en euidence, par l'ombre des bois nous découurit vos pensées long temps auparauant que vous les eussiez declarées, se seruant de la solitude & du silence pour vous accuser, & pour vous conuaincre, & de vostre propre bouche pour vous trahir, & de vostre propre langue pour éuenter le secret de vostre cœur que vous reteniez prisonnier sous vne feinte modestie. Ce que nous entendismes ne fust jamais sorty de nos bouches, si vos effects n'eussent declaré vostre passion, de laquelle depuis vous fistes vn trophee, au triomphe que vous faisiez de mon respect & de ma *patience.* Si i'eusse tesmoigné des ressentimens du tort que vous me faisiez, ma faute n'eust elle pas esté digne, non seulement de pardon, mais de loüange? Il faudroit sortir hors de l'enceinte du monde pour treuuer vne femme qui enduraft vn pareil affront, auec tant de retenuë, & peut-estre que le Ciel me punit par la conniuence que i'ay apportée à vostre crime. Vn tel outrage, qui ne peut estre faict auec iustice, ne peut estre enduré auec honneur, le dissimuler, ou accuse la constance d'estre prodigue, ou faict voir l'insensibilité d'vn esprit, que ie ne die sa stupidité. Vous me reprochez d'auoir rapporté à Dionée que vous auiez de la passion pour sa fille : si vous me haissez pour cela, tournez vostre haine contre vous mesme, car c'est vous qui luy auez faict connoistre cela deuant que ie luy en parlasse ; ou plustost accusez en Glaphire, qui n'eut pas plustost entendu vos deshonnestes propositions, qu'elle courut en faire le rapport à sa mere, la coniurant de la tirer de ce naufrage de son honneur, dont vostre affection la menaçoit. Mais disons mieux, si ie vous ay descouuert, partageons la peine comme la coulpe, puisque vous vous estes descouuert vous mesme, publiant à la trompette ce que ie n'auois, mesme selon vostre aueu, decelé qu'à la sourdine. Pourquoy faudra-t'il que toute la punition tombe sur moy, si vous estes coulpable de la plus grande part de la faute? Allons plus outre, & auoüons de l'auoir publié, n'estoit-ce pas estaler vostre gloire, puisque depuis vous vous en estes vanté, comme faisant vn acte de iugement, & n'appliquant vos desirs qu'autour des objects pleins de merite? Autre fois quand i'auois le bonheur de posseder vos bonnes graces, lors que ie vous appellois ma lumiere en consideration de vostre nom, vous me donniez le nom de clairté, à present pourquoy vous faschez vous que ie vous aye decelé, comme si ce n'estoit pas le propre de la splendeur de manifester les choses les plus cachees; si vous m'en donniez la qualité, à quel propos m'en interdire l'vsage? O Fulgent, vos desseins estoient trop tenebreux pour compatir auecque cet eclat qui vous donne le nom, & auecque ce beau nom qui vous rend illustre: voyez comme vous perdez la raison apres auoir renoncé à mon amitié. Mais i'ay donné le conseil à Glaphire de s'euader, & ie luy ay ouuert l'esprit & affermi le courage pour executer le stratageme de sa sortie; ie ne veux point d'autre iuge que la mesme seuerité, si par le rapport de Glapixre, il ne se verifie que ie n'y trempe point, ny sa mere, ny son frere, ny vostre sœur Camilliane, ny moy, n'ayans esté aduertis d'vne chose, à laquelle elle-mesme ne pensoit presque pas en l'executant, tant elle estoit transportée par l'inspiration qui l'animoit. Ce sont les propres paroles qu'elle a temoignées à Sedase, & à Ericlée, où elle treuua son premier refuge apres s'estre sauuée de l'embrasement de vostre maison. Les mes-intelligences qui se rencontrerent sur ce point là rendent assez de témoignage de cette verité, ce qui me fit dédaigner de me defendre côtre vos soupçons & vos accusations, comme de choses qui ne me concernoient en aucune maniere. Mais comme tout se tourne en bile és bilieux, mon silence fut pris pour vne espece d'aueu, & là dessus sans examiner aucuns témoins ie me vis condamnée. Quoy? ne me sera-t'il point permis d'appeller de vous courroucé, à vous mesme plus rassis & raisonnable? helas! n'y a-t'il plus pour moy dedans vostre cœur de secret Aduocat, qui plaide la cause de mon innocence à l'auantage de mes desirs? Ie veux bien pour vous complaire n'estre pas creuë, mais ne vous croyez pas aussi en vostre courroux, & ne commettez pas cel-

LIVRE SIXIESME. 549
te iniuſtice de vous rendre iuge & partie en ce qui vous regarde; remettez-vous en au iugement des plus ſenſez, & ie m'aſſeure que ſi vous m'accuſez de vous auoir deſcouuert, ils ſe riront de cette obiection, & vous diront que cela c'eſt éclairer des tenebres, & non pas commettre vne faute. A tout autre tribunal que celuy de voſtre indignation mon procés eſt gaigné.

VI.

N'Auez-vous pas bonne grace, Fulgent, de dire que voſtre mal prouient de ma ialouſie, n'aurois-ie pas meilleure raiſon d'auouër que ma ialouſie procede de voſtre mal: mais à ma volonté que vous fuſſiez auſſi franc de l'iniuſte paſſion qui vous poſſede comme ie ſuis exempte de la iuſte que vous m'attribuez : que ſi i'eſtois ialouſe pour le ſuiet que vous m'en donnez, quel ſain ingement pourroit condamner l'effect pluſtoſt que la cauſe? car en fin ſi i'en auois le reſſentiment, touſiours la coulpe ſeroit-elle en vous. Oſtez-en le ſuiet, me voila guerie, vous ſerez ſans plainte, & moy ſans douleur, comme ſans riuale. Mais afin de me perdre ſous vn pretexte coloré d'vne ſpecieuse apparence, vous vous plaignez par tout que i'ay euenté vostre flamme qui estoit secrette, transportée d'vne furieuse ialousie: Pose que cela soit, n'estes-vous pas assez meritant pour estre aimé, n'auez-vous pas assez de graces pour me donner l'enuie de les posseder seule, & voyant qu'on me les vole pour m'allumer de ialousie, pourquoy accusez-vous en moy ce que vous auctoriseriez en vous si vn autre me regardoit contre les regles de l'honneur & de la bien-seance? Pourriez-vous souffrir vn riual en ce qui vous appartient vniquement? La sainte loy du Sacrement qui nous assemble de nous deux ne faict qu'vn, & ce que toutes les puissances de la terre ne sçauroient separer vostre colere le diuise. Ne m'auez-vous pas mille fois protesté durant vos premieres & plus pures affections, que vous ne bruleriez iamais d'autre flamme que de la mienne? quelle faute ay ie commise, si i'ay desiré vous maintenir en loyauté & vous leuer la tache de perfide? Ma ialousie (si i'en ay) n'est-ce pas la marque de mon amour? Peut-estre direz vous, que c'est vne Amour malade, & pareille à la fiebure, qui est vn excès de chaleur naturelle: mais qui ne sçait que c'est vne per-

fection que d'aimer exceßivement ce qui est
extremement desirable; & que ce sont les ami-
tiez vulgaires qui ont plus de cendre que de
feu, plus de lumiere que de chaleur ? Pleust à
Dieu que vostre Amour fust malade de la sorte, elle ne seroit pas esteinte : & au lieu que
vous vous faschez de ce que ie vous ayme
trop ardamment, ie n'aurois pas sujet de me
plaindre de ce que vous ne m'aimez plus du
tout. Si lors que la terre se met entre la Lune & le Soleil celle-cy eclypse, pourquoy vous
estonnez-vous que ma ioye se soit esuanouyë
quand i'ay veu qu'vn autre obiect me ra-
uissoit la lumiere de vos yeux, qui est tout le
iour de mon ame, & sans laquelle ie suis
enuelopée de mortelles tenebres. Au fonds,
ma faute est de vous aymer trop, comme
si vne grande flamme estoit moins ardante qu'vne bluette, & vne passion démesu-
rée perdoit la qualité de bien-veillance.
Vn fleuue a-t'il moins d'eaux qu'vn ruisseau,
la diminution se trouue-t'elle en l'accroiss-
sement, & le plus est il faute, où le peu est
en estime ? Quelle personne de bon sens ne
iugera cette proposition desraisonnable, qui
rend vne femme criminelle, non pour se
porter vers vn autre Amant, mais pour mourir de douleur de voir que son mary transporte ses affections vers vne autre Amante

R'appellez donc à vous vostre raison, cher Fulgent, & après vous retournerez facilement à moy: ne ressemblez pas à ceux qui voyent toutes choses ternes, parce qu'ils ont la iaunisse iusques dedans les yeux: il y a encore de secrettes & invisibles liaisons qui vnissent nos amis, mais vous ne les apperceuez pas, parce que vous n'estes ny à vous, ny en vous mesme. Si vne fois vous pouuez reconquerir vostre iugement, ie ne perds point l'esperance de r'entrer en vostre affection. Et alors ce beau Printemps me fera oublier le rude hyuer que i'experimente, & l'excés de mes ioyes surmontera de bien loing la grandeur de mes souhaits. O bon Dieu, rendez-moy mon Fulgent, ou plustost en me rendant à luy rendez-moy à moy-mesme.

VII.

ENtre deux combattans celuy qui peut mettre le Soleil dans le visage de son aduersaire a vn grand auantage, & tient comme vn pied dans la victoire: il n'y a rien de si fort ny de si luisant que la verité, iusques icy i'ay comme partagé auecque vous cette lumiere, cedant à vostre passion, comme à vn torrent auquel il faut donner le large, parce que nulles digues ne pourroient arrester son cours impetueux. Maintenant ie vous veux presenter l'image du vray, ou plustost son corps solide, sans aucuns attours, & encore sans destours, afin que sa simplicité conuainque vostre saintise. Ie prends le Ciel à tesmoin que ie ne parlay iamais qu'auec Chobule de ce que dans le silence des bois vous nous auiez sans y penser découuert vos passions, mais quand vous-mesmes les sistes sçauoir à Glaphire & elle à sa mere, & sa mere à moy, i'auoüe que ie luy repartis (voyāt vostre mine éuentée) que ce n'estoit pas d'alors que i'en estois informée, & que ie sçauois il y auoit long-temps que sa fille & moy nous vous possedions en commun, mais qu'elle auoit la meilleure partie. Cela la troubla, mais pour l'accoiser de cette emotion qui la saisit, ie continuay, qu'elle ne possedoit que l'esprit, & moy le corps; & que c'estoit embrasser vn mort, que de posseder vn corps dont l'ame estoit absente. Elle me fit dauantage expliquer comme si i'eusse parlé en Oracle, ce que ie fy auec plus de desir de la satisfaire que de manifester vostre honte. En cela qu'elle faute ay-ie commise en laquelle vous ne fussiez auparauant tombé ? ce que vous vouliez que ie celasse que ne le taisiez vous vous-mesme? & pourquoy disiez vous aux Ecos ce que vous ne vouliez pas qui paruint à mes oreilles, pourquoy declariez-vous à Glaphire ce que vous ne pouuiez ignorer que ie sçaurois incontinent? Pouuiez-vous douter de nostre bonne & mutuelle intelligence ? bien que ie sceusse vos pretensions, & qu'elle vous desroboit le cœur, qui m'estoit deub, luy ay-ie iamais monstré mauuais visage, ou dict aucune fascheuse parole? que n'eust faict, que n'eust dict vne moins moderee? Mais ie consideroos que i'eusse esté desraisonnable de m'irriter contre elle pour vostre crime, veu que ie n'auois aucune indignation contre vous, comme eusse-ie peu hair son innocence, puisque ie n'auois aucune auersion de vous qui m'offenciez. Vrayement si c'estoit vn crime d'estre belle, estre aimable le seroit aussi ; &, voyez iusques où alloit l'indulgence de mon amour, ie cherchois en ses beautez des excuses pour vostre faute : tant s'en faut que ie la haisse comme riuale, qu'au contraire ie la cherissois vniquement comme aimee de celuy que i'ayme plus que moymesme, & pour cela ie l'appellois ma sœur d'alliance, comme Dionée ma mere. Et ie vous proteste que si nous estions en la liberté des loix anciennes, il ne tiendroit pas à moy que vous ne fussiez vn Iacob, elle vostre Rachel, & moy la pauure Lie ; alors nous serions sœurs en felicité, & ie vous asseure que cette Marie ne seroit point enuiée de Marthe. Mais nous sommes sous vne loy d'autāt plus gracieuse, qu'elle paroist plus seuere, d'autant plus pure qu'elle semble plus dure, & d'autant plus iuste qu'on l'estimeroit plus rigoureuse. C'est celle qui vous condamne du crime d'adultere, si vous iettez seulement les yeux sur quelque autre visage que le mien ; c'est elle qui me rend malgré vos outrages, l'os de vos os, & la chair de vostre chair, comme vous estes, nonobstant vos rigueurs, l'ame de mon ame.

VIII.

ENcore que vous ne soyez plus mien, Fulgent, ie ne laisse pas d'estre vostre, si l'amitié qui peut finir ne fut iamais vraye, à cette pierre de touche il est aisé à iuger quelle de nos bien-veillances est de faux ou de franc alloy. Ne me serez vous donc plus ce que vous m'auez esté ? certes vostre foy donnée vous y contrainct, ma passion vous y conuie, vous y estes obligé par tout ce qu'il y a de plus sainct au Ciel & en la Terre. Que s'il faut quitter le Pere & la mere, à qui nous deuons les plus grands honneurs qui se puissent rendre, pour adherer à la personne espousée, combien pluftost doit-on rompre des iniustes affections pour s'attacher aux legitimes? Mais outre tout cela, ie sens encore en moy quelque chose (s'il vous reste tant soit peu d'humanité) capable de vous y forcer, iusqu'à present ie m'en suis teuë, & ie le tairois encore, si ie ne craignois en mourant sous l'effort de tant de desplaisirs qui m'accablent de commettre vn double homicide. Mais à qui parle-ie, à celuy qui ayant perdu la douceur du nom d'espoux n'a point encore experimenté ce que c'est que d'estre Pere. Helas, Fulgent, vous me donnez la mort au mesme temps que ie vous fais triompher du Destin, & que ie vous donne la vie, portant vn fruict dedans mes flancs capable (si vous ne le meurtrissez auecque la mere) de pousser vostre nom bien auant en la suitte des âges par vne heureuse posterité. Si ie suis si miserable que ie n'aye plus rien digne de vostre amitié, en consideration de cette creature qui vous appartient,

au moins

au moins escartez vostre haine, que si vous l'étoufez par la continuation de la tristesse dont vous m'estes cause, sa perte attachee à la mienne, rendra vostre rigueur (que ie ne die cruauté) inexcusable. Au moins pour sa conservation feignez de me vouloir du bien, ie tromperay ma propre creance en me persuadant que vos caresses seront sinceres, & ainsi l'ayant amené à bon terme, ie consens que vous vous deliuriez de moy, quand ie me seray deliuree de luy. Alors ie vous donne congé de darder sur moy tous les carreaux de vos indignations ; que si vous auez peur que l'embrasement de mon affection surpasse l'aigreur de ma peine, ie vous laisse le choix du supplice que vous voudrez que i'endure ; vous asseurant qu'aucun ne me sera iamais si cruel que la priuation de vostre amitié.

IX.

Quelle esperance puis-ie auoir de la guerison de vostre esprit s'il empire par les remedes ? quelle de l'amollir, s'il s'empierre de iour en iour sans pouuoir estre caué par l'eau de mes larmes ? Si vous receuez mes lettres, ie ne puis croire que vous les lisiez, ou si vous les lisez, & qu'elles facent si peu d'effect, que puis-ie dire, sinon que ie perds inutilement mes caracteres, aussi bien que mes pleurs, mes souspirs, & mes plaintes ? Ie veux croire que vous éuitez la veuë des lignes que ie trace, comme s'il y auoit des serpens pliez sous les fueilles que ie vous enuoye. Où est vostre courage ? vne plume vous faict peur, vous redoutez les doleances d'vne Ame qui vous adore ; & tant vous craignez la persecution de mes raisons, vous destournez vos yeux de la lecture qui les represente. On ne veut pas voir celuy à qui on ne veut point pardonner, & c'est là, selon mon iugement, le plus haut degré où la cruauté puisse atteindre. Sois satisfaicte, Palombe, sa faute te venge assez, s'il t'a quitté, ça esté pour n'acquerir que des regrets & des desespoirs ; aussi ne vois-tu pas, que les furies le persecutent depuis son infidelité, que les mal-heurs l'accueillent, & qu'il n'a ny paix, ny tréues, ny mesme aucun repos qui ne soit trauersé d'inquietudes, ny aucun sommeil qui ne soit troublé de mauuais songes ? Encore ne voit-il pas la main de Dieu appesantie sur luy, & c'est l'extremité du mal qui le rend moins sensible. Mais las ! d'où me vient que ie ne puis cesser de luy vouloir du bien, tandis que ie le charge d'opprobres? Ne suis-ie pas d'une bigearre composition, de rechercher celuy que i'injurie, & de supplier de me receuoir à mercy, celuy dont les refus & les mespris me sont si ordinaires? las! ma langue a beau injurier ce que mon esprit honnore; l'amour que ie luy porte surpasse de beaucoup les iniustices qu'il me faict sentir. Quand tout est dict, ie pare sa rigueur du tiltre de raison, souhaittant d'estre coulpable, afin qu'il soit innocent, & que ie sois équitablement punie: moins il a d'humanité, plus il me paroist tenir du celeste. Ie plaide ainsi pour luy contre moy-mesme, parce que l'aymant plus que moy mesme; malgré ses mauuais traittemens & mes souffrances, i'ayme mieux soustenir sa cause que la mienne; si ie me puis dire mienne (en dépit de l'infortune qui m'attaque) estant entierement à luy.

X.

A La fin, impitoyable Fulgent, ie voy bien que la mort sera la recompense de mon Amour, & le terme de mes miseres; aussi ne veux-ie plus de vie, puisque vous qui en estiez la cause, m'en ostez le suiet. Pleust à Dieu, que l'on peust, sans peché auancer le fil de ses iours, il y a long temps, que pour me deliurer de tant d'angoisses, ie fusse au rang de ceux dont la terre couure les desastres, & le Ciel couronne la Constance. Mais, comme ie ne me suis iamais detraquee de mon Amour enuers vous, aussi ne veux-ie pas tant oublier mon deuoir enuers Dieu, que de rompre sa loy en vn point qui me rendroit eternellement priuee de la lumiere de sa gloire. Ie ne veux donc plus desormais regarder que luy, sans partager mon cœur entre vostre iniustice & sa bonté, & viure ainsi miserablement diuisée. Pour cela, puisque ie ne puis, comme ie le voudrois, me donner vne mort naturelle, ie suis resoluë d'embrasser la Ciuile, & de me ietter dedans vn Cloistre, pour vous laisser en la liberté de vos desirs, & assouuir de cette façon vostre cruauté & vostre vengeance. Puisque les voiles, les vœux Religieux & les Monasteres sont les sepulchres des personnes viuantes, i'y couleray le reste de mes tristes iours parmy des obscuritez, entre celles qui sont mortes au siecle, & dont la vie est enseuelie & cachee en IESVS-CHRIST, en Dieu. Ainsi comme vne Palombe abandonnee de son pair, mon chant sera vn perpetuel gemissement, non tant pour le regret de quitter le monde que ie n'aymay iamais, comme pour la perte de vostre amitié, qui estoit tout mon bien, & toute la consolation que i'auois en la terre. Si cette retraitte des vanitez peut seruir à legitimer vos nouuelles affections, voyez le Fulgent, de moy ie suis si partiale de vostre contentement, que ie le souhaitte mesme aux despens de ma felicité. Et ie vous iure que si ie pouuois licitement & honnorablement vous donner Glaphire pour associee, deust-elle accoucher sur mes genoux, i'y consentirois tres-volontiers, tant i'aurois de desir de vous complaire ; & parce que ie sçay que ie ne puis rien faire qui vous soit plus agreable que ce sacrifice que ie pretends faire de moy mesme, comme d'vne hostie viuante au pied de l'Autel, ie m'y destine de tres-bon cœur, en vous creant (mesme au preiudice de cette creature, que ie sens mouuoir en moy) l'vnique heritier de tout ce que ie possede au monde. Cela ne se peut faire que sous vostre aueu, mais ie doute si peu de vostre permission que i'en tiendrois la demande pour inutile, n'estoit que ie ne puis, selon les loix diuines ny humaines, pretendre à cette saincte condition, sans en auoir vostre congé & par escrit. Cher Fulgent, c'est ce que ie requiers de vous à genoux, & les mains iointes ; mon Astre, c'est de quoy ie vous supplie, mon Amour, c'est de quoy ie vous coniure, ne me refusez pas cette grace doucement cruelle, puisque c'est la derniere que i'attends de vous. Et là exposee deuant Dieu pour luy presenter mes gemissemens, & mes larmes, ie vous promets d'auoir vn continuel souuenir de vostre salut, afin que la diuine Misericorde vous soit propice & fauorable. Là l'encens de mes prieres venant à s'éleuer vers le Ciel, y portera mes souspirs, & puis fumant deuant Dieu en qualité de sacrifice, puis-ie auoir commis aucun manquement en vostre seruice, & vous en la loyauté, que cette vapeur ne puisse expier. Pour estre toute à Dieu, ie n'en seray pas moins à vous, au contraire, i'en seray plus & mieux à vous, parce que i'appartiendray à celuy de qui toutes choses dependent. C'est le desir extréme que i'ay de vous deliurer du ioug qui vous pese, & de vous donner le repos que ie cherche pour moy, qui m'a faict prendre cette resolution. Si elle est à vostre gré (comme ie m'en tiens pour certaine) faictes-le moy signifier en la façon qu'il vous plaira, & me donnez par pitié l'au-

*mofne de ce qui fera befoin pour me procu-
rer cette fainéte retraitte. Affeuré que mefme le mourir me fera doux venant de voftre chere main, & que voftre volonté,
quelle qu'elle foit, en tout euenement me
feruira de regle,& fera de toute l'eftenduë de
ma puiffance promptement, amiablement,&
fidelement executée.*

Ces Lettres attentiuement leuës & affectueufement releuës, firent le mefme effect des rayons du Soleil, qui fendent les nuages, qui fondent les neiges & les glaces, & qui redonnent au Printemps la vie aux plantes qui paroiffoient mortes durant l'Hyuer. Elles attendrirent ce cœur auparauant infenfible, & en luy tirant les larmes des yeux, firent par la porte de la pitié r'entrer l'Amour és mefmes lieux où eftoit la haine. Il fe fentit accablé de la force des raifons, & de la douceur des paroles, & fon entendement fut tellement conuaincu par la verité qui y paroiffoit fans fard, comme fans art, qu'il rendit les armes de fon obftination à ces rais fi doux, qui le defpoüilloient

de ſes vieilles plumes ſans aucune violence. Vous euſſiez dict qu'il y auoit
treuué la parabole de la Thecuite, qui
changea tout à coup le courroux de Dauid côtre Abſalon en vne reconciliation
parfaicte, ou pluſtoſt celle de Nathan qui
fit en ce Prince adultere vne Metamor-
phoſe qui ſera ſans ceſſe admiree. Grand
& puiſſant effect de la grace, qui comme les autres operations de Dieu ſe produict en vn inſtant: Ouy, car en vn moment il ſe ſentit déueſtu des armes de
tenebres, & reueſtu de celles de lumiere,
ie veux dire deſſaiſi des chaiſnes qui le
garrotoient illicitement cõme vn S. Pierre à quielles tomberent en priſon, & remis en la liberté des enfans de Dieu, & en
la ſplendeur d'vn bel Orient, qui eſt la
part de l'heritage des Saincts, ie veux
dire en des affections bien ordonnees
& legitimes. Cette chaſte Palombe reuint deuant ſes yeux, en la plus belle &
glorieuſe forme qu'il l'euſt iamais veuë,
& comme les pleurs redoublent la beauté és perſonnes belles, cette dolente image, toute noyee de larmes, luy paroiſſoit
comme vne Colombe lauee dedans le
laict, & qui voltige ſur les plains cou-

rans des eaux claires & nettes. Tant
de vertus que cette femme honnorable
auoit tefmoignées durant fon affliction
luy reuindrent en foule en la penfée.
Et comme il eft impoffible que deux
grandes paffions regnent enfemble en
vn mefme cœur, l'vne deuorant l'autre,
comme la verge de Moyfe engloutit
celles des Magiciens, l'Amour de Glaphire luy parut fi layde & fi difforme à
comparaifon de l'honnefteté de celles
qu'il deuoit à Palombe, que honteux de
tant de fautes & de fauffes folies que cét
aueuglement luy auoit fait produire, il
en conceut vn tel regret, que s'il n'euft
efté affaifonné de l'efpoir du pardon
qu'il fe promettoit d'obtenir facilement
de la Bonté de Palombe, il euft efté reduict en vne pitoyable condition. Sans
s'embarraffer dauantage en fes imaginations, & fans confulter en vne chofe fi
claire, pour ne fuffoquer l'effort de l'efprit de Dieu, il alla promptement treuuer l'Archeuefque, auquel ayant faict
mille proteftations de mieux faire à l'a-
uenir, & apres auoir tefmoigné vn extreme repentir de tout ce qui s'eftoit
paffé, ce bon Pere pleurant de contentement le receut à bras ouuerts, comme

vn prodigue perdu & regagné, comme
vne dragme esgarée & retreuuée, &
comme vne oüaille retirée de la gueule
du loup & des portes de la mort. Que si
dedans le Ciel les Anges demeinent
grande ioye sur la conuersion d'vn pecheur qui quitte son mauuais ttain, les
Prestres & les Pasteurs qui sont les Anges visibles du Seigneur des armées, se-
ront-ils pas bien resiouïs quand ils verront venir à Penitence ceux qui peris-
soient en la contradiction de Coré & au
sentier de Caim? Il receut donc de ce
bon Prelat des benedictions au lieu de
maledictions, des congratulations au
lieu d'anathemes, imitant en cela le
grand Dieu, dont il estoit Ministre &
Dispensateur de ses mysteres, qui reçoit
le pecheur à mercy à toute heure qu'il
gemit de ses fautes. Apres s'estre recon-
cilié à Dieu & à l'Eglise par le ministere
de ce sainct Euesque, auec le dessein de
se remettre bien auecque son Espouse,
il luy manifesta la trahison dont il auoit
vsé enuers son frere pour le destourner
de la recherche de Palombe, & encore la rigueur qu'il auoit exercée enuers
sa simplicité, le releguant comme en

exil pour le diuertir des legitimes affections qu'il auoit conceuës pour Glaphire; enfemble les promeſſes qu'il auoit faittes à Cleobule de luy donner en mariage auec vne riche dote ſa ſœur Cantidiane: & que pour reparer tous ces torts il eſtoit reſolu de faire ces deux mariages, afin de faire abonder la grace où le delict auoit regné, & que la ioye fuſt pleine & d'vne meſure non ſeulement comblée, mais eſpanchante; adiouſtant qu'il vouloit faire à ſon frere Siridon les auantages dont il auoit repeu ſes eſperances. En quoy il fut non ſeulement confirmé par le tres-Illuſtre Archeueſque, mais de plus il en fut exhorté & coniuré, afin de mettre l'edification en la place du ſcandale, & que la reparation euſt du rapport auecque ſa faute: Il n'eſt rien à quoy ne ſe porte vne ame diſpoſée à la Penitence, s'il euſt pu arracher ſes propres entrailles pour teſmoigner ſon repentir, il l'euſt faict de tres-bon cœur. Et voyez comme toutes choſes arriuent à leur but & à leur terme, diſpoſées ſuauement par la douceur de la Prouidence; car c'eſtoit ſur le point que Cleobule auoit proietté de retirer sa sœur & son accordée de Tarragone pour les mener en la compagnie de sa mere à Torrillos pour y espouser solemnellement celle-cy, & conseruer plus seurement l'autre à l'ayde des parens de Dionée, & mésme pour la donner en mariage à Siridon qui les y fust venu treuuer de Perpignan, & qui pressoit auec vne extreme impatience ce voyage; Cleobule & Dionée n'estimant point pouuoir donner vn plus seur rampart à l'honnesteté de Glaphire, que l'alliance de ce Gentil-homme, qui se promettoit de pousser sa fortune dedans les armes, estant assisté de la faueur des grands ausquels il auoit l'honneur d'appartenir. Desia l'Archeuesque de Tarragone qui auoit pris en sa protection les deux enfermées, & en sa sauuegarde Dionée & Cleobule, auoit escrit à l'Euesque de Barcelonne afin d'auoir des gens de guerre pour faire cette conduitte en seureté, car alors cét Euesque se treuuoit Vice-Roy en la Principauté de Catalogne & au Comté de Roussillon, les Prelats en la plus grand part des Royaumes d'Espagne tenans les Gouuernemens, parce qu'en l'Vnité de Religion qui eſt en cette contrée, la grande creance qu'ils ont dans les peuples qui les reconnoiſſent auec vn grand honneur pour Peres & Paſteurs, ils ſe treuuent fort vtiles pour y maintenir l'auctorité Royale. L'Eueſque reſpectant ſon Archeueſque comme ſon deuoir luy obligeoit, auoit octroyé vn ſauf-conduict & des gardes pour ce regard: mais ce train de guerre ſe treuue inutile, la paix eſtant reuenuë auecque ſes aiſles d'or, & ayant r'amené ſa ioye & ſon abondance. Car le Comte ayant r'appellé ſa femme de ſon exil, alors qu'elle penſoit eſtre la plus eſloignée de ce bonheur, & faict entendre à Cleobule ce qu'il proiettoit d'accomplir pour les reciproques mariages de luy & de Cantidiane, de Siridon & de Glaphire, cette nouuelle fut tellement inopinée, & arriua lors qu'il y auoit ſi peu d'apparence que tout cela deuſt ſucceder de la ſorte, qu'à peine Dionée & ſon fils ſe pouuoient aſſeurer, croyant touſiours qu'il y euſt quelque trahiſon cachée ſous l'appas de ces propoſitions ſi ſpecieuſes & ſi deſirées: mais l'Archeueſque interpoſant ſon auctorité & ſe rendant caution pour Fulgét, aſſeura que tout cela s'accõ-

pliroit auecque sincerité & franchise:
ainsi les soupçons s'esuanouïrent, les
ombrages furent dissipez, & les deffiances firent place à l'asseurance. Les transports de Palombe, les ioyes de Dionée,
les rauissemens de Cantidiane, les con-
solations de Cleobule, les allegresses
de Glaphire, surpassent la faculté de les
exprimer. A peine les Tarragonnois
croioient-ils ce qui estoit deuant leurs
yeux, tant ce changement fut soudain, extreme & extraordinaire. Que
deuins-tu Siridon quand tu sceus ces
agreables nouuelles, sa liesse ne se peut
mieux representer que par le crayon
de ses desplaisirs, car le reuers faict par-
faittement bien connoistre les choses:
c'est pourquoy ie pense ne diuertir
point trop mal à propos le Lecteur, ains
i'espere que cette digression luy fera
agreable, si ie luy fay voir quelques Lettres qu'il escriuit à sa sœur Cantidiane
au temps qu'exilé à Perpignan, il ne se
paissoit que de souspirs & ne s'abbreuuoit que de larmes. Car d'escrire à Glaphire, il n'y osoit pas seulement penser,
d'autant que cét exemplaire de chasteté
n'eust pas pour mourir receu vn billet
sans le porter tout clos à sa mere. Mais

il prenoit la liberté de se plaindre à sa sœur, sur l'esperance qu'il auoit que ses doleances par cét Eco paruiendroient aux oreilles de Glaphire. Elles disoient donc ainsi.

LETTRES DE SIRIDON
A SA SOEVR CANTIDIANE.

I.

SI le Ciel, ma chere sœur, a resolu de me priuer de la presence de l'obiect qui est la lumiere de mes yeux, pourquoy souffre-t'il que ie voye le Soleil qui est son image? Si c'est pour rendre mes déplaisirs plus violens, il s'y prend bien mal, adioustant sans necessité vne foible atteinte à vne extreme playe, veu qu'il n'est point de tourment qui puisse égaler celuy que l'on souffre quand on est esloigné de ce que l'on cherit. Et bien que i'endure des peines que mes plus grands ennemis ne sçauroient voir sans pitié, si est-ce que l'extremité de ma langueur est principalement en ce point, de n'oser manifester mon supplice qu'à des suiets incapables d'y compatir & de me consoler. N'est-ce pas assez que le Ciel se bande contre moy, sans que les hommes adioustent encore

leur cruauté à mon desastre? Ie suis bien ad-
uerty que l'on vous retient auecque tout mon
bien dedans vne prison (car comme voulez-
vous que i'appelle autrement cette closture
qui vous enuironne) cela certes me faict pratiquer des degrez de Patience inouys aux
siecles passez, & que le nostre aura de la peine
à croire: Toutesfois quelque durée que prenne cette dure tyrannie, ie suis resolu d'endurer pour faire connoistre ce que peut vne pure
& sainte flamme en vn gentil courage, habitué à rechercher la couronne de la gloire
dans les rencontres plus mal-aisées. Au lieu
de me rebutter ie r'enforceray ma passion, &
comme le feu par le vent deuient flamme, &
la flamme s'aggrandit plus le souffle est violent, ainsi par l'effort des oppositions elle re-
doublera sa vehemence. Si ceux qui abusent
de leur auctorité pour m'affliger empruntent
la longueur du temps pour me faire desmordre par l'ennuy d'vn dessein qu'ils ne me
pouuoient oster par la force, i'espere estendre
ma patience au delà, & que la fin de mes
iours en ce suiet deuancera mon inconstance

II.

Qvelle cruauté, ma chere sœur, qu'il
faille que le contre-coup de ma disgrace vous

ce vous aßéne, mais d'vne atteinte si violente, qu'elle n'importe à rien moins qu'au débris de voſtre contentement & de voſtre fortune. O! qu'il n'eſt que trop vray, que les malheurs ne vont iamais ſeuls, & qu'ils naiſſent jumeaux dedans les flancs de l'aduerſité. C'eſt mon deſeſpoir, ma ſœur tres-aimee, de ſçauoir, que le ſort non content de m'eſtre iniurieux, vous ait par vne malicieuſe contagion renduë participante de ma miſere. N'eſtoit-ce pas aſſez que voſtre cœur y compatiſt, ſans que voſtre intereſt en patiſt, & que ſous vn meſme fleau le pur grain de noſtre fermeté fuſt ſeparé de la paille de l'inconſtance? Ie me voudrois beaucoup plus de mal, ſi ie n'apprenois par les voſtres que vos auātages & mes refus prouenoient d'vn meſme vicieux principe, d'autant que l'on penſoit s'auoiſiner de l'execution du pernicieux deſſein en vous approchāt de la conſanguinité, & en m'éloignant de la preſence comme de l'alliance: ainſi meſme ſuiet produiſoit deux differents effects. Certes ſi vous patiſſiez pour ma ſeule cauſe, cela ſeroit capable de changer mes regrets en fureurs, & mes reſſentiments en rages: Mais prenons courage, ma ſœur, ramons contre le fil de ce torrent, ne nous laiſſons pas emporter à la rapidité de ſon

Pp

cours : la magnanimité est ordinairement accompagnee d'heureux succez, les palmes de l'honneur ne s'arrosent que de sang, & de larmes. Dieu pour qui nous endurons, (puisque nous sommes persecutez pour la iustice) nous peut faire treuuer la liberté au milieu des fers, tout ainsi qu'il permet que des beautez capables de mettre tout vn monde en seruitude, soient elles mesmes en esclauage. Ah! faut-il que les liens des considerations dont vous garrotez mon courage, m'attachent aussi les mains, & me retiennent de mettre à execution les desseings que i'ay de vous remettre en franchise ? pourquoy m'empeschez vous de me mettre au hazard pour vous tesmoigner, & à vostre compagne (la merueille que i'honore) mon affection & ma fidelité ? Vrayement c'est icy le supréme degré de ma souffrance, & ie ne croy pas qu'vne autre moderation que la mienne se peust si long temps contenir dans les respects que vous me prescriuez : n'auez-vous point de peur de preiudicier à l'ardeur de mon amour par la froideur de cette discretion? Ignorez-vous que cette passion porte vn ban-

Livre sixiesme.

deau sur les yeux, & que ce luy est vne reproche d'estre appellée iudicieuse. Toutesfois la reuerence que ie dois à vos conseils, conformes aux volontez de la vertueuse Glaphire, qui me sont des decrets inuiolables, faict que ie me desauouë pour vous croire. Et l'apprehension que i'ay de preiudicier à vostre repos, faict que ie couure & dissimule mon déplaisir, comme s'il estoit mediocre. Ha! que celuy qui nous tyrannise auecque tant d'impunité se sçait dextrement préualoir de cette discretion ; en renforçant son arrogance par l'obeyssance que ie vous rends; vostre sexe vous rends timide, & m'impose des loix qui sont autant honteuses en moy, que pardonnables en vous. Ou prenez mon courage ; ou souffrez qu'il enfreigne vos regles. Comme les aueugles ne marchent qu'en crainte ; aussi les absens se défient tousiours. Ie ne puis m'empescher de redouter l'auenir, & que l'absence ne me supplante. Pardon, ma chere sœur, ce n'est pas de vous que i'ay ce sentiment ; mais de mon peu de merite : le soleil d'vne extréme affection a tousiours les soupçons pour ses ombres. Si ce change là, d'imaginaire se rendoit veritable : non ie ne le pourrois endurer sans mourir. Cieux, ne le permettez pas, puisque cette affection est conforme à vos loix, & du nombre de celles à la conseruation desquelles vous auez de l'obligation, veu qu'elle est tres-pure, tres-legitime, & tres-innocente. Et vous, ma sœur, que ne deuez-vous faire pour la maintenir pour moy en celle que vous possedez autant qu'elle me possede. C'est ce que i'attends de vostre bonté, si vous voulez auoir en moy, outre la qualité de frere, vn homme qui vous soit eternellement redeuable.

III.

CE que vous vous estes refugiees au Temple pour empescher que vous ne fussiez rauies à vos legitimes Amans, en vn mot, ce qui vous met en Paix, c'est cela mesme qui me trouble. Ouy, ma chere sœur, car que sçay-ie, si comme les poulpes, vous ne prendrez point la couleur du lieu où vous vous attachez, & si cette retraitte temporanee ne se fera point choisir à vos volontez pour demeure perpetuelle? Ainsi l'azyle de vostre liberté me deuiendroit vn esclauage, & me reduiroit aux termes du plus cruel desespoir

dont vne ame miserable puisse estre agitee.
Les Anges du Ciel se sont autrefois rendus
amoureux des filles des hommes,& les Vesta-
les, qui sont les Anges de la terre, ne pourroient elles point sentir la mesme passion pour
les beautez de leurs refugiees? Autrefois les
Dieux des Payens ont transporté de moindres
objects au rang des astres, & vos visages ne
seroient pas les premiers que les voiles & les
Cloistres desroberoient aux yeux des mortels.
C'est ce qui me tient en vne estrange agonie,
car ce vous seroit là vn pretexte si specieux
pour couurir cette humeur volage, si naturelle
à vostre sexe, de changer la terre au ciel, & les
creatures au Createur, que tel esblouy de cet
esclat priseroit vostre Pieté au lieu de blasmer
vostre inconstance. Et ie vous prie, ne seroit-ce
pas vn vœu feint, qui esteindroit vn feu sainct,
allumé dedans le Ciel, où les mariages se font
à ce qu'on dict, auant qu'ils se contractent en
le terre. Le Royaume de Dieu ne seroit-il pas
diuisé, si sous la belle couleur d'vn plus
parfaict seruice, on tranchoit ce nœud, s'il
semble auoir lié,& que les hommes ne peuuent
rompre. Comme Dieu hait la paix de ceux
qu'il a destinez à la guerre, aussi ne requiert-il
pas vne vie religieuse de celles qu'il appelle au
sainct Mariage, & quand la Religion seroit

(comme sans doute elle est) vn Paradis terrestre, Eue n'en sortit-elle pas pour suiure son Adam dans les espines de la terre? Auisez bien à cela, ma chere sœur, & en auisez vostre compagne: ne recompensez pas les sinceres affections que Cleobule a pour vous de legereté, & Glaphire les miennes d'ingratitude: ce seroient des taches que toute l'eau de la mer ne laueroient iamais, & qui vous rendroient eternellement contemptibles. Ce n'est pas que Dieu, infiny en bonté comme en puissance, ne soit & ne vaille incomparablement plus que nous, mais s'il a en horreur les sacrifices qui luy sont faicts d'hosties desrobées, de quel œil vous receura-t'il si par la loy de la parfaicte amitié vous n'estes plus à vous? Voyla mes sentimens sur vostre retraicte, laquelle ie louë d'vn costé, & ie crains de l'autre, redoutant que pour sauuer vostre honneur, vous ne tombiez sous le manteau de pieté dedans vn manquement de parole.

IV.

IVgeant que i'estois à la derniere periode de ma patience, vous me faites vn commandement absolu de m'arrester de la part de celle à qui ie desire tesmoigner qu'absent ou present ie ne respire que pour luy plaire. Si elle veut que ie meure elle n'a qu'à le dire, ie tiendray cela à plus d'heur que de trainer vne vie qui luy donne de l'affliction, & de l'inquietude. Car tandis que ie viuray, de croire que l'aduersaire de mon repos me puisse faire rompre la resolution que i'ay faitte de l'honnorer, c'est tenter l'impossible. De me remonstrer que ie l'aime auecque plus de moderation, c'est parler à vn sourd & faire tort à ma flamme ; si cela m'estoit commandé, mon obeissance se reuolteroit aussi tost contre la barbarie de cette loy, autant esloignee de la possibilité que de la Iustice. I'espere que l'œil du temps qui est si penetrant, & qui ameine au iour les choses les moins euidentes, fera connoistre à la fin la sincerité de mes intentions, & que celuy qui les contrarie aura de la peine à treuuer des mots assez complaisans pour les approuuer, tant s'en faut qu'il y resiste: l'artifice n'est iamais de duree, la nature & beaucoup plus la vertu le surmontent tousiours; l'absence que l'on a creu deuoir par vne esponge insensible effacer de mon souuenir les traicts de l'incomparable Glaphire, c'est elle mesme qui les y enfonce plus fortement, car mon affection suppleant au defaut de la veuë, m'a si viuement imprimé sa belle image dedans le cœur, que la tendre de la mort ne la sçauroit consumer; ie dédaigne d'ouurir les yeux à toute autre lumiere, c'est le seul objet qui flatte plus doucement mon imagination, ma memoire n'a point de plus gracieux entretien, c'est le but de toutes mes pensées, si i'ay quelque autre pensée que celle qui me represente ses perfections. Si i'auois des paroles aussi viues que les idées que ie m'en forme, i'en pourrois faire faire des pourtraits aux peintres qui ne l'auroient iamais veu, celuy que i'en ay deuant les yeux n'estant rien à l'égal de celuy que ie porte en ma fantaisie. Mais à quoy m'arreste-ie à caresser vn nuage comme vn Ixion, tandis que la Iunon que ie reuere est dans le firmament d'vn Cloistre qui se rit peut-estre de mes vœux & de mes souspirs. Car en fin, ma chere sœur, quelle asseurance ay-ie de sa foy, que par vos promesses, & qui promet pour autruy, tombe souuent dans vn desaueu. Quelle raison ay-ie de croire qu'elle me vueille du bien, veu qu'elle desapprouue mes entreprises. Les secrets de son ame ne me furent iamais connus, c'est vne humeur que la chasteté rend inaccostable, comme si elle estoit de verre, tout ce qui l'approche semble la deuoir briser. Que si ses intentions sont differentes de ce que ie me suis imaginé, si elle est froide comme le marbre auprés de mes feux, ne seray-ie pas semblable aux fieburenx qui sentent des ardeurs qui leur prouiennent du milieu des frissons & des glaces? L'espoir que vous m'inspirez, ma sœur, me faict parler comme certain de son affection, sans sçauoir seulement si elle a mon seruice pour agreable. Que sçay-ie si en luy offrant mon cœur, ie ne commets point vn sacrilege, ce que ie ferois en luy presentant vn sacrifice qu'elle reprouue. C'est sur vostre foy, ma sœur, que i'ay engagé la mienne, & mon mal est que si celle que vous m'auez obligée deuenoit insoluable, vostre responce ne me tourneroit pas à grande vtilité, & ne me tireroit pas de ma perte.

V.

LA resolution que vous auez prise de venir à Torrillos m'a redonné la vie. Ie dy redonné, car certes ie l'auois perduë en vous voyant confinées en vn lieu d'où les Roys ne pourroient pas vous retirer sans encourir la malediction du Ciel & la haine publique. Cela m'a faict resoudre de sacrifier encore ma patience au temps : mais ne me voudriez-vous point permettre de luy couper vn peu les aisles en vous allant attendre sur le chemin auecque les amis que ie me suis acquis en cette ville pour r'enforcer vostre escorte ? Il n'est point de valeur pareille à celle des Amans : mais elle deuient vne foudre & vn torrent à qui nulle puissance humaine ne peut resister, quand ils combattent en la presence du sujet aimé, & sur tout quand c'est pour sa defence. Car si l'Amour est aueugle, ceux qui en sont picquez ne voyent point les perils. Aussi bien que craindrons-nous plus de desplaire à vostre aisné, duquel nous n'esperons rien, & qui a si peu de soin de nous contenter, qu'il semble n'employer sa diligence que pour nous nuire. Dieu luy vueille toucher le cœur, ma sœur tres-chere, & luy deſſiller les yeux, afin qu'il voye la double honte que luy iette ſur le front & ſon illegitime paſſion, & l'empeſchement qu'il apporte aux noſtres legitimes. En cette occurrence me commander de demeurer & de mourir c'eſt vne meſme choſe : ne me liez donc point les pieds comme iuſques à preſent vous m'auez attaché les mains, ſi vous ne voulez me reduire à vne pire condition que celle des forçats, que la chaiſne clouë aux Galeres. Car quand le Capitaine qui commande en ce fort me retiendroit contre mon gré, ie croy que l'inuention de Dedale ne me manqueroit point pour me tirer de ce labirinthe, où i'ay trainé vne vie ſi triſte & ſi deſplaiſante, que ſi elle dure encore dauantage, la vehemence de ma douleur me fera par vn prompt treſpas finir cette longue mort.

Siridon eſtoit enfoncé dans ces melancoliques pensées, quand les nouuelles luy arriuerent du changement eſmerueillable de Fulgent. Le criminel qui ſur le point de ſon

execution voit arriuer sa grace n'en est
point plus resiouy qu'il en fut consolé. O
Siridon, c'est icy qu'il faut des aisles de
Dedale, car la poste est trop lente pour
aller où te transporte ton desir : il se rendit
donc à Tarragone en toute diligence,
& là les deux belles sœurs tirées du
Monastere furent preparées pour le
Moustier, & le voyle fut changé au drap
d'Hymenée. Et afin que la ioye fust entiere
en ceste feste, Sindulphe & Agerice
sur leur commun desespoir de posseder
celuy-là Glaphire, celle-cy Cleobule,
par l'entremise du Comte, & principalement
de Palombe qui en pria Sedofe,
furent promis l'vn à l'autre, non
sans vne grande prouidence du Ciel :
car tout ainsi que quand le Diamant est
osté de la presence de l'aiman le fer y
vole, ainsi ces deux objects qui empeschoient
la mutuelle attraction de leurs
desirs estans rauis à leur espoir, ils se
treuuerent liez d'affections mutuelles, &
leur bienveillance nourrie dans vne longue
conuersation se treuua tellement
forte que leur Amour fut accomplie dés
le point de sa naissance.

LIVRE SIXIESME. 585

Merueille! cét Amour à peine eſtoit-il né,
Qu'il voloit comme grand & perfectionné,
Armé de forts brandons & de puiſſantes
flames,
Qui firēt auſſi toſt vne ame de leurs ames.

Tant il eſt vray que les mariages ſe font dedans le Ciel, c'eſt à dire qu'il y a vne preuoyāce plus qu'humaine qui preſide ſur les Himenées. O quē Dieu fait parfaittemēt bien tout ce qu'il entreprēd, & que c'eſt à iuſte raiſon pour le mieux que nous deuons receuoir ce qui part de ſa main. Car ſans doute l'humeur d'Agerice mere de Sindulphe ſe treuuant inflexible en la haine qu'elle portoit à la maiſon de Narciſſe, iamais Glaphire n'euſt peu eſtre heureuſe auec ce Gentilhōme, qui desherité par ſa mere n'euſt eu pour partage que des maledictions & la pauureté. Ce qui n'arriua pas en ſon alliance auec Ericlée, qui auec d'aſſez beaux moyens apporta comme vne Colombe l'oliue de paix en la maiſon d'Agerice, qui l'aima tendrement comme vne belle fille qui luy eſtoit agreable. Quant à la mere de Palombe, l'Archeueſque la preſcha tant qu'en fin il flechit ſon ouurage : de ſorte qu'au lieu des maledictions qu'elle reuoequa, elle donna mille benedictions au mariage de Fulgent & de sa fille, dont l'alliance ne luy pouuoit estre qu'honnorable, joint qu'ayant reconnu qu'Edile n'auoit aucune affection pour elle, n'aspirant qu'aux biens de Palombe qu'il vouloit acquerir à son fils Nilamon, elle l'eut autant en horreur pour cette auarice, qu'elle l'auoit aimé pour sa bonne mine. Adioustez à cela que le Comte l'appellant en son Palais auprés de sa fille, la rendit gouuernante & la maistresse de sa maison & de ses biens; ce qui reuenoit fort à son goust, si bien qu'elle se vit, comme à Iob, toutes choses renduës au double par sa douceur d'esprit & sa condescendance. Ainsi les quatre Hymenées se rencontrerent, & furent celebrez en mesme temps, & firent comme quatre iougs de blanches Colombes qui trainerent le Chariot triomphal de cette Deesse qui fait aimer & qui preside aux nopces : & il me semble que i'ay quelque raison de mettre au rang des autres, celuy de Fulgent & de Palombe ; car si ce n'est pas l'vsage des corps, mais l'vnion des cœurs, qui faict ce sacré lien, qui ne voit que ce fut seulement en ce temps-

que l'honnorable Palombe posseda entierement son cher Fulgent, & que le Comte n'eut plus d'autre feu en son ame que celuy qui sortoit de ses chastes yeux. En suitte Cantidiane vint entre les bras aimez de son aimable Cleobule,& la belle Glaphire en ceux de l'enflammé Siridon, auecque des rauissemens qui surpassent la faculté de les redire. Et Sindulphe & Ericlée furent si satisfaits de leur vnion, qu'ils s'en conceurent vn parfaict oubly des passions qui auoient martyrisé leurs ames. Le Comte fit à son frere & à sa sœur les auantages qu'il leur auoit promis, y adioustant mesmes beaucoup de choses par excés de courtoisie & de liberalité, pour tesmoigner combien sa conuersion estoit veritable. Il fit les frais & les pompes de toutes ces nopces, & mesmes de celles de Sindulphe & d'Ericlée, ausquels il fit de beaux presens pour marque de sa bonne volōté. Il les tint assez long-téps en son Palais auec vne chere & vne magnificence de Prince. L'Archeuesque fit toutes les solemnitez des benedictiōs & assista à ces benistes nopces, où l'eau des angoisses passées fut chāgé au vin sauoureux & amoureux des delices presétes. Ie pourrois fort enrichir cette histoire du recit des despenses, des ieux & des tournois de ces festes, mais plus i'adiousterois à sa longueur, plus ie retrancherois à la grace de la brieueté. O Hymen que de gloire apres tant de peines, que de douceurs apres tant de douleurs, que le miel est suaue apres l'absinthe, le beau temps agreable apres la pluye, le calme plaisant quand l'orage est passé. Certes celuy, dict le gentil Toscan, ne peut bien estimer le prix de la paix qui n'a point espreuué les mal-heurs de la guerre : car tout ainsi que la pierre aiguisoire esclaicit le fer, ainsi l'infelicité affine les esprits. Iouyssez, Amans heureux, iouïssez apres tant de troubles & de desastres qui vous ont battus & agitez en tant de façons, de l'aise de ceux qui apres les tourmentes sont arriuez au port; cueillez les roses de vostre condition, apres tant d'espines; benissez les trauaux qui vous ont exercez & espreuuez comme l'or en la fournaise : benissez la main de Dieu qui vous a faict gouster le mal & le bien pour vous apprendre la bonté, la discipline & la science de ses voyes par tant d'experiences. Et vous souuenez,

D'esperer

LIVRE SIXIESME.

D'esperer bien tousiours, puisque tout est muable,
Et n'est rien icy bas qui soit ferme & durable,
Tout s'y change & rechange, & tousiours nous n'auons
Du mal & de l'ennuy tandis que nous viuons.

Ils demeurerent au Palais du Comte dans les delices & la bonne chere, benis de Dieu & caressez de tout le monde, iusques à ce que la discretion leur fit prendre party chacun chez soy. Siridon se retirant auecque sa chere Glaphire en vne belle terre voisine de Ceruera, dont son frere l'auoit rendu seigneur en faueur de son mariage: Cleobule auecque la sage Cantidiane & sa mere Dionée prindrent auecque Sindulphe & Ericlée (ayant contracté ensemble vne inuiolable amitié) le chemin de la Selua: Fulgent & Palombe demeurant à Tarragone. Dieu benit ces mariages d'vne heureuse lignée, & poussa leur commune bienveillance iusques dans leur posterité. En fin l'honneur & la Vertu l'emportent tousiours sur la passion & le Vice, l'Anteros clair-voyant a tousiours l'auátage sur l'aueugle amour:

Qq

il est vray que pour quelque espace de temps les nuages peuuent obscurcir le Soleil, mais en fin cét astre les creue, les dissipe & les resout en pluye: la fortune ennemie iurée de la Vertu souuét l'enuironne & l'enuelope d'aduersitez & de contradictions, mais celle-cy sort tousjours victorieuse du combat, & faict mordre la terre à la malice & à l'inconstance de l'autre. On peut tirer plusieurs beaux enseignemens des diuers euenemens representez en cette Narration, mais cettuy cy brille sur tous les autres, & est comme le piuot de tout ce recit, Que les femmes vertueuses & honnorables par la douceur & la Patience r'amenent à la fin au train de la Raison, les maris les plus dissolus & les plus desbauchez.

Fin de l'Histoire de Palombe.

APPROBATION
des Docteurs.

Nous soubsignez Docteurs en la faculté de Theologie de l'Vniuersité de Paris, certifions auoir veu & leu le liure inscrit, Pa-

lombe, ou la femme honorable, faict & escrit par Monsieur l'Euesque de Belley, Conseiller du Roy en ses Conseils d'Estat & Priué, dans lequel n'auons rien treuué dissonant à la Religion Catholique Apostolique & Romaine, en signe de quoy auons icy mis nos seings. Faict à Paris ce 24. Nouembre, 1624.

A SOTO.
I. TOVZART.

Extraict du Priuilege du Roy,

PAR grace & Priuilege du Roy, il est permis à CLAVDE CHAPPELET Libraire Iuré en l'Vniuersité de Paris, d'imprimer ou faire imprimer & mettre en vente vn liure intitulé, *Palombe, ou la femme honorable*, Histoire Catalane, faicte par Monseigneur l'Euesque de BELLEY, Conseiller du Roy en ses conseils d'Estat & Priué, faisant defences à tous Libraires & Imprimeurs, ou autres, de quelque qualité ou condition qu'ils soient, d'imprimer ou faire imprimer ladite Palombe, ou la femme honorable, la vendre, faire vendre, debiter, ny distribuer par nostre Royaume durant le temps de six ans, sur peine aux contreuenans de confiscation des exemplaires, & de cinq cens liures d'amende, moitié à nous & moitié audit expofant: comme il eſt contenu és lettres donnees à Paris le 26. Nouembre 1624.

Par le Roy en fon Confeil,

BERGERON.

www.ingramcontent.com/pod-product-compliance
Lightning Source LLC
Chambersburg PA
CBHW060413230426
43663CB00008B/1473